天邊

TO THE EDGE OF THE SKY

高　安華｜Anhua Gao｜著

謹以此書獻給我最親愛的爸爸媽媽
願他們的在天之靈永遠安息

父親高藝林，一九二六年於南京，二十歲

父母與我，一九五〇年五月

母親與父親（後排），衛國弟弟（前左），安東姐姐（中），我（前右），一九五三年春

一九五六年七月二十七日，父親在上海華東醫院病逝，母親讓他穿西裝的願望在靈床上實現了

一九五七年五月，母親與大舅（前左）和三舅（前右），兩個月後，三舅被打成右派，發配青海

戰友王小平（左）與我，一九六八年秋

安東姐姐，一九六九年一月赴內蒙前

我，一九六九年夏

我與衛國弟弟一九六九年一月送安東去內蒙後合影

我，一九七五年春，南京東郊梅花山

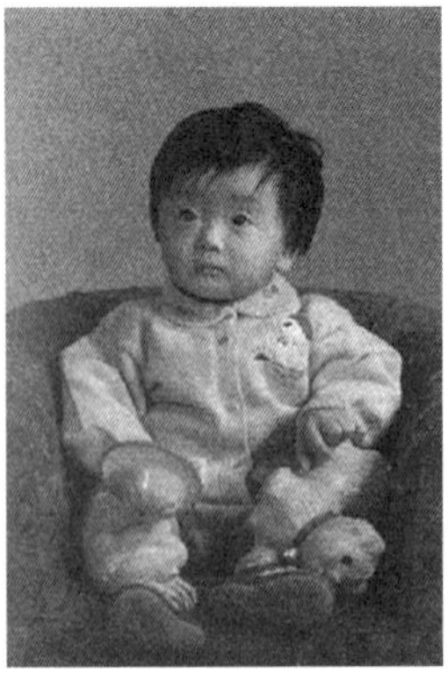
女兒小焱一歲，一九六七年秋

我的結婚照

我送給海瑞的第一張照片，他一見鍾情

我與小焱，一九八五年七月

我與海瑞在南師附中校園，一九九四年六月

自序

我的回憶錄《天邊》一書，最早是由英國企鵝出版社於二〇〇〇年五月在英國出版發行，出版的是英文版，書名是《To the Edge of the Sky》，一直沒有中文版。這是因為，我覺得中國人裡，比我的遭遇更苦更慘的人太多了，我的經歷與他們相比不算什麼。所以我從一開始寫的就是英文，主要是想讓西方人更瞭解當今的中國。但是近年來，我聽到了國內一些人對我的書有誤解。他們沒有讀過我的書，卻憑想像在互聯網上發表文章，攻擊我的書是「賣國」，這才促使我決定寫出中文版來，以正視聽。在朋友們的鼓勵和支持下，我用了大半年時間，足不出戶，寫出了中文版《天邊》。

中文版的整個故事結構與英文版相同，但是在細節上有所不同。英文版裡有英國人添加的少數議論，在中文版裡都不用。還有些詩詞歌詞，英文版裡沒有，中文版裡略有增加。例如我父親教我唱「黃水謠」，英文版裡就沒有。再比如，對文革背景的介紹，中文版要比英文版詳實些，不像英文版那樣一帶而過。另外，有些朋友和人物，在二〇〇九年以前已經去世，我也在中文版裡帶了一筆，給予了說明。但凡與英文原著在內容上有所不同或增減的，應以我的中文版為準。

我寫中文版的根本目的，是為了對中國近代史進行反思，對文革進行反思，對中國大陸在一九四九年以後發生的一系列政治運動進行反思，給我們的後人留下一點可以思索和借鑒的東西。同時也是為了表達我對父母，親人和朋友們的懷念和感激。我不是搞政治的，可是卻在政治氣氛極其濃厚的中國生活了四十五年，經歷了各種各樣的群眾運動和階級鬥爭，必然受到中國政治的極大影響，必然使我對中國的政治有所認識，這些認識在中文版裡有更好的表達。由於水平有限，我的認識和看法，不一定能被所有的讀者認同，尤其是我對毛澤東持否定態度，也許會遭到中國大陸部分讀者的非議。我希望讀者能本著求同存異，言論自由和互相寬容的原則，給予我批評和幫助。對於一切誠懇待人的批評聲音，我都非常歡迎，也很願意與讀者切磋討論，從而使自己得到提高。

在本書的寫作過程中，我得到了很多人的鼓勵和幫助，一直心存感激。特別要感謝我的先生海瑞，他在十年之前就開始敦促我寫中文版了。感謝老同學胡東光，在繁忙的工作中擠出時間甚至開夜車，仔細閱讀我的書稿，進行文字校對，並提出內容上或議論方面的修改建議。感謝辛子陵教授，不僅認真閱讀了我的書稿，還對書稿中的錯別字做了細緻的修改，對於個別事實背景的正確性方面，給予我實際的幫助。感謝我兒時的好友何天陵，在讀了我的書稿後，不僅完全融入我的感情，與我共鳴，給予我充分的肯定，而且在我寫書時一直鼓勵我，使我有信心完成全書的寫作。感謝老同學王燕虹，以真誠的友愛和熱情，關心我鼓勵我，並對我弄錯了的史實給予糾正。感謝臺灣秀威資訊科技股份有限公司的主編蔡登山先生，編輯蔡曉雯女士給予我的書稿認真仔細地編輯和校對。對於所有在本書寫作過程中給予我關心的親友，校友和朋友們，我在此一併表示誠摯的謝意。

希望我的書，作為對中國那一段歷史的真實記錄，為使政治悲劇不再在中國重演，能給廣大讀者一點啟迪，給我們這一代人一點回味，也給我們的下一代留下一點精神財富。

高安華

二〇一一年六月四日於英國

目次

引子

一九五八年，毛澤東在中國大地上掀起了一場「大躍進」運動，對工農業總產值制定了不切實際的高指標。中國人民不論城鄉，不論男女老少，都捲入了「大煉鋼鐵」和「畝產萬斤糧」的狂熱之中。

當年一條主要的政治口號是「工業在十五年內趕上英國」。這條標語在大街上隨處可見，成為人們日常談論的話題。

我那年剛九歲，不知英國在何方。但小小的我卻對英國產生了極大的好奇，就搬了張椅子，放在高掛在客廳牆上的世界地圖前面，爬了上去。從那張大地圖上，我看見了好多國家的名字，可就是找不到英國。我大聲地問：「媽媽，英國在哪兒啊？」媽媽笑著走過來，用手指著地圖的左上方說：「瞧，在那兒，遠在天邊。」

啊！是的，在地圖的左上邊緣，「英國」二字寫在幾個小島一樣的地方。「這麼小的國家卻這麼先進，我們要用十五年才能趕上。」我暗想：「將來有一天，我希望能訪問那個遠在天邊的地方。」

三十六年後，毛澤東的願望仍未實現，而我的願望實現了。在經過很多磨難之後，我終於踏上了這片遠在天邊的土地。

第一章　我的父母

一九二六年十月的一天，天空翻滾著烏雲，狂風怒吼。軍閥混戰的槍聲由於惡劣的天氣而暫時平息。一個二十歲左右的年輕小夥子坐在南京下關的長江邊，任憑呼嘯的大風吹亂頭髮，兩眼直直地盯著混濁咆哮的滔滔江水，一動不動。

憤怒，悲哀，屈辱折磨著他的靈魂。這兩天所發生的事像利劍一樣狠狠地刺著他的心。他已經在江邊坐了整整一天了，好幾次他都差一點躍進了翻騰怒號的江水以結束自己的生命，但是輕易去死又實在不甘心，他終於回到了現實。黃昏時分，他站了起來，對著蒼天呼喊：「天下這麼大，難道就沒有我的出路了嗎？」

他轉身離開了江岸，面對昏暗而朦朧的南京城——這座曾經寄託了他的希望和夢想的地方，喃喃地說：「總有一天，我會回來的！」然後挺直了腰桿，邁著堅定的步伐，向南走去。

這個年輕人就是我的父親。

高道龐，我的父親，字藝林，一九〇六年二月九日出生於安徽省舒城縣的一個地主家庭。他在兄弟姐妹中排行老二，上有一個哥哥，下有兩個妹妹。祖父不僅有幾百畝田產，有房三十一間，還開了一個米店和酒作坊，雇用長短工多人，生活相當富足。加之祖父曾在北洋政府中當過議員，是當地人中官做得最大的一個，被當地老百姓稱為「高家一世祖」。所以，高家雖然談不上在全國有知名度，但在這個大別山區的舒城縣還是相當有名的。

我的爺爺是個典型的封建專制的家長。他性格暴戾，說一不二，高家上下男女老少幾十口人，個個怕他。只要是他決定的事，甭管對錯，都得執行。他發脾氣是家常便飯，打罵孩子和雇工也是司空見慣。即使他打錯了罵錯了也沒人敢吱一聲。他的蠻橫霸道使父親從小就對他懷有強烈的不滿，父子關係一直不睦。

與爺爺形成強烈對比的是我的奶奶。奶奶出身大家閨秀，知書達理，性格溫柔善良。她雖不敢當面頂撞爺爺，但私下裡給方方面面很多照顧，消除了許多爺爺造成的積怨，才使這個大家庭得以相安無事，穩步發展。奶奶深受父親和其他家庭成員的愛戴。可以說，是由於奶奶的賢慧才有了高家的完整。

父親五歲時被送進私塾讀書。他天資聰慧又勤奮好學，不僅書讀得好，文章寫得流暢，而且練就了一手極其漂亮的毛筆字。其書法的精湛使得他的先生都自歎不如。父親的這一手毛筆字使他一生受惠無窮。

他十歲那年，第一次世界大戰爆發。小小年紀的他竟然寫稿投書報社，批評交戰的雙方，報社也居然發表了，這一下在舒城縣引起了轟動。父親被譽為「十齡童子心雄萬夫」，我爺爺因此很有面子，十分得意。雖然父親是爺爺的次子，但爺爺認為父親是他理想的繼承人，將來要讓父親接手他的米店生意和酒作坊，並且管理房地產。誰知，父親在讀書時，受到有西方激進思想的教書先生的影響，從小就具有強烈的民主自由意識，一心想外出見世面，根本不願在家經商，當地主。

父親十四歲時，爺爺正式對他說要他參與米店的管理，可萬沒想到被他一口拒絕。對爺爺來說，這真是在「太歲頭上動土」，家中竟然出了個逆子，敢於頂撞，這還了得！爺爺勃然大怒，操起一根棍子，沒頭沒臉地對父親狠命地抽打，一邊打，一邊罵，企圖用家長的威嚴和暴力鎮住父親，使其屈服。

然而倔強的父親卻不吃爺爺這一套。他對爺爺的專制早已不堪忍受，這次的毒打更促使他奮而反抗了。他一把奪過爺爺手中的棍子，狠命地用腳踩成兩段扔在地上，大叫一聲：「我是人，不是你的奴隸！」然後奪門而去。氣急敗壞的爺爺被這從未有過的反抗驚呆了，竟然半晌沒回過神來。等他想起來讓人去追趕時，哪兒還有父親的蹤影！

父親出走時，除了身上的衣服外，一無所有。時值一九二〇年一月，一個格外寒冷的冬日。父親，這個地主家的二少爺，帶著滿身的傷痕，開始了其艱辛的流浪生涯。他當時的目標，是去省城合肥尋找兩位在私塾讀書時結拜的把兄弟。可是從未出過遠門的他，哪裡曉得省城離家鄉有三百多里遠，且多是山路。一個十四歲的少年，在軍閥混戰兵慌馬亂的年月，迎著料峭刺骨的西北寒風，靠著兩條腿，身無分文地跋山涉水，豈非易事！

流浪的頭一天夜裡，父親是在一所破舊的山神廟中度過的。此時的他，再也不是昔日那個衣食不愁的二少爺了。他饑寒交迫，有家難歸。他縮在小廟的一角，幾乎被凍僵。他想念他的母親，淚水不禁奪眶而出。可他知道他不能回去，一旦回去，等待他的將又是爺爺的一頓毒打。他還必須給爺爺下跪，磕頭求饒才行。而他寧肯在外吃盡萬般苦，也絕不願忍受這樣的屈辱。他恨透了爺爺，爺爺在他心靈上烙下的創傷太深重，這創傷使他義無反顧勇往直前。

他開始沿路乞討。他吃過野果豬食餿飯餿菜，喝過溪水河水露水雪水，睡過豬圈羊圈牛欄馬棚。他只有一個信念：只要找到在省城做事的把兄弟，就會有出路。這個信念支持著他克服千重險萬重難，披星戴月，日夜兼程，向前，向前。

有一天，他在一個小村莊裡遇到了一個小羊倌，年齡與他相仿，個頭也一般高。小羊倌看著父親那一身骯髒而質地良好的少爺服很是吃驚，不知他為何那樣落泊。父親告訴他，自己是從家裡逃出來的，打算到省城去投靠朋友，已經走了好多天了，現在又冷又餓又乏。小羊倌靦腆地對父親笑了笑，走進羊群，擠了一罐羊奶，友好地遞給父親。父親對小羊倌作了個揖，接過羊奶，仰起脖子一飲而盡。

兩個少年，一個如豪爽的義士，見人有難拔刀相助；另一個如江湖俠客，訪師尋友雲遊四方。他們互相頓生傾慕，相見恨晚，隨即互通了姓名，指天為誓，結拜為義兄弟。少年羊倌名叫孫中德，年長父親幾個月，便為大哥。

傍晚，中德將羊群趕進羊圈，然後領著父親回家去見自己的父母。中德是獨子，他和父母都給村裡的地主當長工，生活過得十分清苦。但他家的茅屋卻充滿了人間的溫暖，充滿了真情，充滿了愛。

中德的父母打見面起就喜歡上了父親。在他們家裡，父親吃到了自流浪以來的第一頓熱飯熱菜。飯後，中德的母親還為父親燒了熱水洗了腳，又讓父親睡在最暖和的熱炕頭。人說「男兒有淚不輕彈」，父親被這善良純樸的一家人感動得淚水止不住地往下淌。他在中德父母面前跪下，鄭重地磕了一個響頭。中德的母親一把將他拉起：「孩子啊，從此以後，你就是我的親兒子！」

第二天，父親告辭，可中德一家人無論如何也不放他走。他們說，現在天寒地凍的實在不放心他在外長途跋涉，等過了冬天，氣候轉暖了再走吧，於是父親留下了。白天，他和大哥中德一塊兒去山坡放羊。放羊時，父親用樹枝手把手地教中德在泥土地上寫字認字。晚上，父親給中德一家人講水滸，三國，西遊記。中德家的小屋充滿了歡笑。

冬天過去了，父親沒有走。他與中德情同手足，實在捨不得分離。轉眼間，又一個冬夏過去了。終於，外出見世面的決心戰勝了父親的留戀，他要走了。

一九二二年的陽春三月，中德的母親噙住淚水為父親打點好行裝，準備了多天的乾糧，然後一家三口將父親送到村口。十六歲的父親已經成熟了許多。他告別孫家後，邊走邊找活兒幹。每到一個村或一個鎮，就給人幫幾天工，住上幾天，掙了點錢再往前走。這樣走走停停，到當年年底，終於到達了合肥。

父親在一家小客店裡住下後，便每天外出四處打聽他的把兄弟的下落。可是一晃十多天過去了也沒打聽出個結果。此時已近年關，家家戶戶都在準備過年了，父親的盤纏也快用光了。

這天，他懷著一線希望再次外出打聽時，見路口圍著一大堆人，七嘴八舌地說著什麼，怪熱鬧的。他走過去擠進人堆一看，原來是個老者在為人們寫春聯。中國人不論貧富都喜歡圖個吉利，一到過年就要掛上新春聯避邪祈福，辭舊迎新，招財進寶。毛筆字寫得好的人此時可派上大用場了，來請寫春聯和條幅的人絡繹不絕。

父親頓時心中一喜，茅塞頓開。他對排隊的人們說，他也會寫，若不信，可讓他寫一幅試試，寫得不好不要錢。於是有人拿來紅紙和筆墨讓他試試。父親抖擻精神，提起毛筆蘸飽墨，從容不迫地寫起來。他剛寫了一個字，便引起圍觀的人們的一陣驚歎：「這少年的字寫得太漂亮了，超過那個老翁！」待到父親寫完一聯，早已有一大批人排在了他這邊，連那個老翁看了父親的字也讚歎不已。

就這樣，父親以賣字為生，在合肥安頓下來。他不僅為人們寫春聯，也為各種婚喪喜事寫對聯，門聯，條幅和中堂。同時，不斷打聽把兄弟的消息。工夫不負有心人，一段時間以後，他終於打聽到他的兩個把兄弟如今都在南京政府裡任職，且都官運亨通，青雲直上。

父親興奮極了，當即離開合肥前往南京。他按照打聽來的地址很快就找到了國民政府辦公樓。他滿懷著對未來生活的希望，想像著和鐵哥兒們歡聚一堂的喜悅，憧憬著海闊天空般的遠大前程，大步流星地走上前去。

他向門口的哨兵說明了情況。哨兵見他是政府要員的朋友，不敢怠慢，立即放行。萬萬沒有想到，兩個把兄弟見他這麼寒酸窮困，便對他不屑一顧。他們不僅不認父親，還叫哨兵將他趕出去。這對父親簡直是晴天霹靂！他想不通，喝過血酒的把兄弟，怎能因貧富的差別而輕易翻臉呢？這不是侮辱人嗎？

這一沉重打擊父親始料不及。幾年來，為了今天的重逢，多少艱難困苦他都忍受了。而如今，兩位大哥的背信棄義卻讓他受不了。想當初，他們是「桃園三結義」指天發誓永不背叛的，怎麼現在一下子就不算數了？他實在難以相信，人的靈魂這麼容易發黴腐爛。眼前殘酷的事實不僅使他的一切希望瞬間破滅，而且使他的自尊心深受傷害。他先是悲痛欲絕，繼而滿腔憤怒。太不公平了！世態炎涼！

他一時不知所措。下一步該怎麼辦呢？昔日的哥兒們現在已形同陌路，想託他們找個體面的工作是沒有指望了。父親漫步走到了下關，來到長江邊，情緒低落，幾欲自殺。這，就是故事開頭時的父親。但父親畢竟是個頂天立地的男子漢，能經受住任何風浪和打擊。最終，勇氣戰勝了懦弱，自強自立戰勝了自暴自棄，他決定到南方去闖天下。

一九二七年初夏，父親到達廣西。離開南京後，他已輾轉幾千里。途中經過江西和湖南時，他看到各地的農會和赤衛隊在紅軍的支持下，打土豪分田地，感到很新鮮。一路上他不斷聽到朱德和毛澤東的名字，他對朱毛的紅軍肅然起敬，讚賞他們為窮人辦事的主張，然而他卻不想參加紅軍。在他看來，紅軍像是一群占山為王的草寇。他認為當兵就要當正規軍，所以他參加了李宗仁的國民黨軍隊。

李宗仁與蔣介石歷來不和。李主張討伐各地的軍閥，而蔣介石則在討伐軍閥的同時，把主要力量對準羽翼未豐力量弱小的共產黨。本來，在孫中山逝世前制定的「聯俄，聯共，輔助農工」的三大政策下，國共合作得不錯。一九二四年七月，由孫中山親自領導，國共兩黨合作舉行了北伐戰爭，意在推翻軍閥統治的北洋政府，消滅各地的軍閥勢力。這是一場轟轟烈烈的大革命。

不料，在北伐戰爭取得節節勝利並於一九二七年三月攻佔南京後，蔣介石突然叛變革命，搞起了清黨。他從當年四月十二日起，對共產黨進行瘋狂逮捕和大肆屠殺。一場大革命就這樣遭到血腥鎮壓而失敗了。

父親為人一身正氣，最講「忠義」二字，所以他對蔣介石的背叛，十分痛恨。他認為李宗仁是愛國將領，因而通過好友程思遠介紹，投奔了李宗仁。由於父親能書會寫，一穿上軍裝就當上了文書，不久又被提拔為上尉副官。

可是好景不長，他才當了短短三個月的副官，就不想幹了。原因是他看不慣國民黨軍隊的腐敗作風。據說李宗仁還是很廉潔的，但是天高皇帝遠，他管不了最基層的小軍官們。那些營連級甚至排級的軍官們腐敗成風，吃喝嫖賭，軍紀很差，父親對這樣的軍隊感到十分失望。他想反腐敗，無奈一個人孤掌難鳴，搞不好還會四面樹敵遭到忌恨。於是他來了個「三十六計走為上」，眼不見為淨。

他通過一個遠房親戚與他的母親取得了聯繫。他離家出走後，屈指算來已經整八年。老母親盼星星盼月亮地盼他回家，這下有了音訊，甭提有多高興了。她很快捎話來讓父親馬上回去，說父親已經不小了，該擇日完婚了。她已為父親挑了門親，只等父親回去，就把新媳婦娶過門。

父親呢，正好有了個離開軍隊的藉口。他以「遵循母命，回家完婚」為由，要求離職。國民黨軍隊雖然軍風軍紀差點兒，但其官兵多半信奉孔孟之道，講忠孝。他們見父親很孝順自己的母親，大加讚揚，不僅批准了父親的要求，臨走還多發給他三個月的軍餉。

父親在離家八年後踏上了歸途。他一身戎裝，英姿颯爽，格外俊俏。他在李宗仁的軍隊中待了近一年，吃的是魚肉蛋禽和上等的白米飯，臉色健康紅潤，兩眼炯炯有神，加之父親極愛整潔，很是有模有樣了。他，已不再是那個十四歲離家出走時的少年，他已長大成人。二十二歲的高藝林已飽經風霜，在流浪中嚐盡苦難，又在世態炎涼中頑強拼搏，從不向命運低頭。他從開始的沿路乞討，到如今口袋裡有了積蓄，證明了他是生活的強者。雖然談不上衣錦還鄉，卻也是很風光體面的。

父親回到家，全家上下一片歡騰。爺爺雖然曾因父親的頂撞和出走而大發雷霆，但看到父親出落得如此英俊瀟灑，回來後受到街坊鄰居和眾鄉親們那樣的喜愛和傾慕，也覺得很有面子，便不再言語。他容忍父親還有另一個更重要的原因，就是希望父親早日成婚，為高家生子傳宗接代。父親的哥哥已結婚數年，卻一直沒有子嗣，所以爺爺把沿續香火的希望寄託在父親身上。

父親與他的新娘結婚前從未見過面，這是一樁地道的封建包辦婚姻。可父親從小受的是儒家教育，頭腦中有不少孔夫子的信條，諸如「男大當婚，女大當嫁」，「不孝有三，無後為大」等。所以他輕鬆愉快的接受了爺爺奶奶的安排，同意結婚。

爺爺為父親擇了黃道吉日迎娶新娘，婚禮在爺爺宅邸的正廳舉行。為顯示婚禮的隆重，新娘是用八抬大轎抬來的。轎子還未到，四下裡就劈哩啪啦燃起了爆竹，引得整個舒城縣城裡的男女老少都湧上街頭看熱鬧。

此時爺爺家中已是賓客滿堂，喜氣洋洋。大廳和新人臥室一片大紅，地上鋪著紅地毯，床上放著紅緞被，窗上貼著紅雙喜，門上掛著紅燈籠。父親這個新郎官，身穿黑色絲綢長袍，頭戴黑呢禮帽，胸前佩戴著大紅花，神采奕奕地站在大廳門口迎候新娘。當新娘的花轎來到門口，兩名身著粉紅綢緞衣褲的少女伴娘拉開轎門，攙扶著新娘走下轎來。新娘身穿紅衣紅褲紅色繡花鞋，身段嬌美玲瓏可愛。但她頭上戴著大紅方巾，人們看不見她的臉。父親走上前拉著她的手進入大廳，婚禮就開始了。

我的伯父高天健擔任司儀。隨著他的一聲聲高喊，新郎新娘便深深鞠躬行禮，一拜天地，二拜高堂，然後夫妻對拜，贏得滿堂賓客的大聲喝彩。直到這時，父親方可領著新娘走入洞房，揭去新娘頭上的紅蓋頭，看看她的「廬山真面目」。

新娘端坐床沿，父親手拿一根小棍走上前，一下子就挑掉了新娘頭上的那塊大紅方巾。他只覺得眼前一亮，定睛看去，新娘好一幅花容月貌，真正一個小美人。她年方十八，五官端正，皮膚白晰，頭髮烏黑，配上她那櫻桃小嘴，柳條細腰，真像一支亭亭玉立，含苞待放的蓮花，活脫脫一個西施再現，人見人愛。父親幾乎看傻了眼。新娘含羞對著父親微微一笑，父親頃刻間便被征服了，他感到幸福無比。

父親的髮妻名叫英子。小倆口婚後親密無間，感情甚篤。不到半年，英子有喜。爺爺奶奶樂壞了，整個高家人人振奮，奔相走告。高家後繼有人了！誰知天有不測風雲，英子分娩時難產，失血過多而死。產下的男嬰僅在人世間活了三天就夭折了。

這一巨大的打擊使父親的感情世界受到重創。婚禮的熱鬧場面仍然歷歷在目，賓客們的喝彩聲仍然縈繞在耳際，但此時已是人去樓空，萬分淒涼。家中的一切總使他觸景生情，他受不了失妻喪子的悲痛，情緒低落。為了儘快忘卻心中的哀傷，奶奶支持他出去散散心，於是他再次離家外出闖世界。

這一回他有準備，帶了盤纏。他去了「冒險家的樂園」——上海。他到達上海時正值「九一八事變」發生不久。日本鬼子侵佔了我美麗富饒的東三省，又在幕後操縱，建立了偽滿洲國政府，讓「末代皇帝」溥儀充當傀儡。狡詐的日本人還策劃了一場政治聯姻，將日本女人嵯峨皓嫁給了溥儀的弟弟溥傑，實際上是將他倆完全控制在其股掌之中，妄圖達到長期霸佔中國領土的目的。大批東北同胞流離失所，妻離子散。他們被迫離開家園，淪為難民。日本鬼子無惡不作，所到之處，姦淫燒殺，吃喝嫖賭，打罵砸搶，一片淒涼，激起了全中國人民的極大義憤。

三十年代初的上海，各界人民的抗日呼聲已十分高漲。父親也是血氣方剛的年輕人，豈能等閒視之！他對小日本欺侮我中華民族的侵略行徑不能容忍，按捺不住激情，一個人單槍匹馬地自編了一本《藝林閒話》，廣為散發，專門諷刺挖苦國民黨政府中的親日派，很受周圍人們的歡迎。

父親當時最崇拜的一個人是偉大的人民教育家陶行知先生。他不僅閱讀了陶行知的許多文章，還去聽陶行知的演講。出於對陶先生的敬重，父親寫信給他，向他請教救國救民以及做人的道理。陶行知先生讀了父親的來信，十分器重他的文才和愛國熱情，當即給父親回信並且送給父親許多書籍。父親從此與陶先生結成長達十多年的忘年之交，直到先生逝世。

一九三五年夏，陶行知先生吸收父親參加自己主辦的工學團，並親自介紹父親去一所中學當校長。陶先生的關懷和栽培對父親的成長起了巨大的橋樑作用。父親以陶先生為榜樣，在學校裡給學生們講課時積極宣傳抗日救國，慷慨激昂。許多學生聽了父親的演講，感動得痛哭流涕，很快走上了革命的道路。他們之中很多人後來都成為共產黨政府中的省市級領導。例如，前安徽省委書記張凱帆之妻史邁，就是當年父親的學生，她就是聽了父親的抗日宣傳後走上革命道路的。

父親的抗日熱情及其才幹受到上海共產黨地下組織的注意，他們派人與父親取得了聯繫。聯繫人是一位年長父親幾歲的女同志，名叫傅承銘。她是一位資深望重的老共產黨員，原是安徽舒城著名的中共女縣委，當時剛從蘇州監獄出來，常對父親談起獄中鬥爭，父親對她十分欽佩，所以從一開始就尊稱她為傅大姐。

傅大姐請父親幫助地下黨辦刊物，父親爽快地答應了。父親辦的刊物質量很高，在黨內很受好評。傅大姐很喜歡父親，經常介紹各種進步書籍給他看，還不斷向他宣傳共產黨的宗旨，使父親產生了共產主義信仰，開始崇拜共產黨。不過，每當傅大姐對他談起入黨之事時，他都婉拒了。他說他最喜歡的是自由，他願為黨工作，但只做黨的同路人而不願受到黨紀的約束。對此，傅大姐既不著急也不逼他，只是更耐心地啟發他幫助他，像對小弟弟一樣愛護他關心他。父親視她為知己，無話不談。他們在一起辦了幾年刊物，友誼日益深厚。

一九三七年夏，盧溝橋事變後，抗日戰爭全面爆發，父親的抗日熱情陡然高漲，一心想當抗日英雄。傅大姐不失時機地介紹他去陝北公學學習，並且為父親寫了親筆介紹信，引導父親走上了革命的道路。父親經過幾個月的艱難跋涉，於一九三七年十二月抵達延安。在那裡，他親耳聆聽了毛澤東等中共領導人的講課，終於認識到，只有像傅大姐那樣參加共產黨，才是正確的出路，於是他打報告要求入黨。經組織審查，由汪騰文同志作介紹人，父親於一九三八年九月參加了共產黨，候補期三個月，同年十二月轉正。從此以後，父親將自己的一生獻給了中國人民的解放事業。

一九三九年底，父親受黨組織派遣，來到大別山革命根據地。在新四軍七師所屬的一個縱隊擔任縱隊長，並負責主編戰地教育月刊。陶行知先生得知後，立即寄給父親許多教育上的材料，供他辦刊物使用。

令父親意想不到的是，那個多年前在流浪的路上結拜的把兄弟，小羊倌孫中德也在抗戰爆發後投身革命，現在就在新四軍七師的另一個縱隊擔任縱隊長，與父親同等職位。這意外的重逢使他倆驚喜萬分。十多年前，少年高藝林沿路乞討，饑寒交迫，是中德用新鮮的羊奶溫暖了他的心，使他們結成生死之交。如今，他們又成為革命隊伍中並肩作戰的親密戰友，這真是老天爺安排的緣分啊。太寶貴了！在以後漫長的歲月裡，無論形勢如何變化，他倆的友誼都堅如磐石，牢不可破。

父親的家鄉舒城縣，離新四軍七師駐地並不太遠，但是卻在國民黨統治區內。由於蔣介石一貫的剿共政策，那兒的共產黨全部轉入地下。一九四〇年一月，父親根據上級指示，換上得體的便衣，回家「探親」，他這一趟回家負有使命，他要將自己的三位堂表弟帶出來參加新四軍，可又不能暴露自己的身份和回家的真實目的。

父親的堂弟高道林，又名高鵬，是我爺爺的弟弟所生，按年齡排在父親之後，是高家家族的三少爺，當年十六歲，正在讀中學。父親的表弟馮文，時年二十歲，家境比較貧寒，但因從小進過私塾，識得字又打得一手好算盤，爺爺便讓他在高家米店裡當帳房先生，算雇員。父親的另一個表弟王峰，時年十四歲，很窮，他在高家當長工，為高家放豬，算貧農。

父親到家後，將三位堂表弟叫來，對他們說，哥哥我這些年在外面讀了大學見了世面，過上了好日子，這次回來就是要帶你們出去念書，學本領，將來能有出息。人們見父親穿戴得整潔富態，對他的話深信不疑。三位堂表弟的雙親特別高興，他們對父親說，孩子們交給你，我們很放心，你就帶他們去見世面吧。

就這樣，父親將他的三位堂表弟帶進了新四軍。到達駐地後，才對他們說明了真相。三位年輕人呢，也都是熱血男兒，一心一意打日本，擁護共產黨的抗日主張。他們說跟著大哥走沒錯兒，很高興地穿上了新四軍軍裝。小王峰個子矮，還沒有槍桿子高，軍裝穿在身上拖在膝蓋下，像個大袍子。他又不識字，父親便把他留在身邊當通訊員，每天教他讀書寫字。高鵬被編進「小鬼班」，還當上了文化教員。新四軍的戰士們很多人出身貧苦，有文化的人很少。一旦有讀過書的人參軍，馬上就當成了寶，高小畢業的就算大知識份子了。由於馮文會打算盤，立即被送到新四軍軍部，不僅發給他盒子槍，而且在以後的行軍中有馬騎。他們三人，雖然同一天參加革命，可後來定幹部級別時卻大不相同。馮文最高，高鵬次之，王峰最低。若論行軍打仗，王峰卻吃苦最多，他是從戰士，班長，排長，連長一個臺階一個臺階上的，打過好多仗，還負過傷。而高鵬和馮文呢，壓根兒就沒上過前線！

父親的三位堂表弟參加新四軍不久，就都加入了中國共產黨。

一九四〇年二月，受合肥市共產黨地下組織的派遣，二十多名女中學生來到大別山革命根據地，加入了新四軍。她們當中有一位就是我的母親周洪冰，是年十七歲。這二十多名女兵的到來，為新四軍的生活大大增添了樂趣。那年頭，部隊中的女同志極少，女與男的比例大約是一比五十，可謂稀貴。

父親因是大家公認的知識份子，又在陝北公學學習過，有一定的理論水平，便被上級指定為女兵隊的政治教員，專門為這群女兵上政治課。他第一天給女兵隊講課時，先按名單點名。念到母親名字時，隨著母親清脆的一聲「到！」，他掃視過去，一下子就被母親的端莊秀麗震撼了。

在愛妻英子逝世後的十年中，因思念亡妻，父親從不對其他女人多看一眼，加之他忙於抗日救亡，也無暇顧及個人私事。而母親的出現，卻使他即刻就被丘比特的神箭射中了。但他是理智的，絕不草率從事。作為女兵隊的教員，他把對母親的一見鍾情埋在了心裡，沒有輕易表露。

還是少女的母親，參軍前已是中共正式黨員。雖然她已相當成熟穩重，但仍不乏少女的特性。在軍營裡，她很快便和年齡相仿的高鵬與王峰成為好友。當她見到王峰穿的軍裝那麼肥大，顯得很滑稽，竟笑得彎下了腰。有天晚上，她抽空在油燈下飛針走線，把王峰的軍裝改做得十分合身。王峰很感激，與她常來常往，自然她就比別的女兵有更多的機會接觸父親。在軍事訓練和文化學習的閒暇，高鵬和王峰常帶她去父親那兒小聚。每當他們到來，父親總是慷慨解囊，為他們加菜解饞。父親望著母親時，那專注而深情的目光，很快就使母親也墜入愛河，她和父親相愛了。

在他們參軍半年後，父親把三位堂表弟叫到跟前，給他們每人一根棒棒糖，讓他們圍了個圈兒面對他坐下，然後鎮重地對他們說：「你們在這兒的學習和訓練已經結束。從明天起，除了馮文仍然留在軍部外，你倆都將分配到新的戰鬥崗位，獨立工作，我也調到區裡當區長，這是組織的決定。以後我不能再照顧你們了，希望你們今後都能自覺努力工作，好學上進，成為國家的棟樑。」說完眼圈兒紅了。三個堂表弟聽後，全都哭了，他們捨不得離開父親。然而軍人的天職是服從命令聽指揮，共產黨員的天職是黨指向哪裡就奔向哪裡，於是兄弟四人揮淚而別。這一分別就是整十年，直至共產黨奪取全國政權後，他們才又相見。

我的母親周洪冰，原名周純英，一九二二年九月二十九日出生於安徽省廬江縣一個大戶人家。她的父親，我的外公周宸飛，是周家七兄弟中最小的一個。母親出生的時候，外公的六位哥哥都已結婚生子，而且生的是清一色男丁。所以母親的到來令整個周家家族喜出望外，周家終於有了個女孩兒了。母親是周家三代人中唯一的女孩，被視為掌上明珠，倍受寵愛。

不幸的是，母親三歲時，外婆因患肺結核病故。母親的弟弟剛一歲，因母死缺奶水又無人照看，不久也病死了。母親當時是母歿弟殤，小小年紀，失去母愛，每當晨夕，苦靠門牆。由於外公忙於家業，便將母親交給他的父親——母親的祖父照看。母親的祖父早早地就教母親識字，背誦唐詩宋詞，所以她後來的學業是同輩中成績最好的。母親的祖母閒時教母親做些家政，使她學得一手絕好的針線活兒。外婆病故三年後，外公續弦。他新娶的妻子又為周家生育了四個男孩，母親始終是獨養女兒。然而封建傳統在外公頭腦中根深蒂固，他雖愛母親卻不讓她上學，只讓她在家幫著照顧她那幾個同父異母的年幼的弟弟，也就是我的舅舅們。母親為他們洗尿布，做鞋織毛衣，簡直就是他們的第二母親。我的舅舅們從小就愛他們的姐姐，直到他們長大成人，對母親都一直極為尊重。我的母親看著家族中的男孩子們都能上學讀書，非常羡慕，經常因不能上學而暗自落淚。

母親的大伯，外公的大哥周振飛，在周家威信極高。第一次世界大戰爆發時，他是北京大學的學生，改名為周新民。一九一八年大戰結束時，中國是戰勝國。可是一九一九年初在法國的凡爾塞召開的巴黎和會，卻制定了不平等條約，不僅承認了日本人佔領的中國領土（以前被德國人侵佔，一九一七年被日本奪得）的所謂「領土權利」，而且要求中國政府賠款。消息傳來，全中國人民群情激憤。一九一九年五月四日，以北京大學為首的大學生們走上街頭抗議示威，聲討賣國賊，爆發了轟轟烈烈的「五四運動」。

周新民積極參加了「五四運動」，從此投身革命，並結識了共產黨元老董必武，與董必武結成長達半個多世紀的戰鬥友誼。一九二六年，由朱蘊山作介紹人，周新民加入了中國共產黨。在以後的歲月裡，作為中共最高代表團成員，周新民多次與周恩來和董必武一起，參加了國共兩黨的最高級會談。在他的影響下，他的幾個弟弟都先後參加了革命。兄弟中唯一沒有參加革命的是他們的小弟，我的外公。

周家的產業和店鋪需要外公在家照看。他雖然沒有參加革命，但傾向革命。他盡自己的能力幫助共產黨，支持哥哥們。他的家被作為共產黨的一個接頭地點，保護了很多革命同志。所以土改時他被定為開明地主，不受管制。到我母親參加新四軍時，周新民在大別山區已是非常著名的愛國人士和共產黨人，在周圍幾省的老百姓中享有很高的威望。母親因為是他的侄女，所以在新四軍中頗受領導關照，在各種政治運動中偶受小批評，沒有挨過整。

母親十一歲那年，外公為她定下一門親。親家名叫邢伯駿，夫婦倆都在桐城縣的一所改良小學教書，膝下僅一子名邢魯生，由其父母作主成為母親的未婚夫。因受五四運動的影響，邢氏夫婦思想相當開通，贊成男女平，所以提出的訂婚條件是讓我母親上學讀書。外公同意了，就讓母親到邢氏夫婦教書的學校去讀書。母親上學的願望才得以實現。

由於母親在家時已跟著自己的爺爺學了很多字和古詩詞，所以一到學校就上二年級。母親求學期間，就住在邢家。邢氏夫婦很喜歡母親，教她的書也特別用心，母親又十分用功，因而進步很快。第一學期她就讀完了初小三年的課本，下半年她就開始習寫作文。寒假時，邢伯駿夫婦在她的成績優勝紀念冊上題詞：「讀書八月，下筆能文，再接再厲，可成冠軍。」第二年上半年，母親就念完了全部高小課本。她僅用了兩年時間，就從小學畢業。

這個時期的母親，與邢家人相處感情甚於自家父母。她覺得邢家是自己的終身棲身之地，產生了濃厚的做一個賢妻良母的思想。這種思想主宰了母親一生的性格，使她的行為舉止溫良恭儉讓，具備了幾乎所有中華女性的傳統美德，獲得人們交口一致地稱讚。

母親小學畢業後，一直跟著邢伯駿夫婦補習更深一些的功課，同時也幫著替學生改改算術本。一九三七年暑期，她考入安徽省立第一中學，卻發生「七七事變」，安徽各中學一律停辦，母親因而失學。直到一九三九年二月，她才得以進入中學學習。

當時在校的中學生們抗日救國熱情高漲，民族仇恨日益增強，反帝反封建思想日益濃厚，很容易接受共產黨的抗日宣傳。母親所在的中學裡也有共產黨地下組織。有一位高中女生，名叫葉曼琳，年長母親兩歲，是共產黨員。她見母親單純可愛，又好學上進，很喜歡母親，很快就和母親成為好朋友。

葉曼琳常找母親談心，還借給母親看毛澤東寫的《論持久戰》和《論新民主主義新階段》兩本書。母親雖然看不懂，興趣卻很高，擁護共產黨的抗日主張。母親還想有機會去延安抗大念書，所以願意參加共產黨。一九三九年五月，由葉曼琳作介紹人，母親加入了共產黨，候補期三個月，同年八月轉正。入黨後的母親，積極參加了罷課風潮，使學校當局非常惱火。

一九三九年底，以葉曼琳為首的一批進步學生被學校以「思想怪謬」為由開除學籍，母親也在其中之列。考慮到這批學生的共產黨員身份已經暴露，為安全起見，合肥市的地下黨領導決定，被開除的男生都去延安，女生全部參加新四軍。由於母親的家鄉在敵佔區，家中出了個共產黨是很危險的，為了不使外公受牽連，母親改名為洪冰，停止使用父姓。葉曼琳亦改名為葉萍。

母親離開學校參加革命後，便與邢家失去了聯繫，以後竟再也未能相見。

在新四軍裡，女同志一律剪成齊耳短髮，俗稱「耳朵毛」。此外，凡是能展現女性的美麗和溫柔的地方都得盡量掩蓋起來，否則就會被認為是不革命化甚至是資產階級思想。就連說話也不能輕聲細語，那會被說成是資產階級嬌小姐。粗喉嚨大嗓門才叫有勞動人民的階級感情。我母親在穿著打扮方面是很符合革命要求的，頭髮也剪得短短的。可就是怎麼也做不到說話粗魯，更不會大喊大叫。她是個性格文靜的姑娘，與人相處總是保持一團和氣，特別怕傷感情。結果，她的這種性格被說成是她的剝削階級家庭出身造成的，必須加強思想改造。在母親所有的政治鑒定中，除了很多優點外，缺點總是一條：資產階級溫情主義和好人主義。母親一直到逝世，這一「缺點」也未能改正過來。她的心地太善良了，無論如何也無法粗魯地去對待自己的同志，更不可能去鬥爭他們。所以她只能一次次地被扣上「好人主義」的帽子。

長期以來，共產黨領導下的革命隊伍形成了一種看法，就是越窮越革命。貧雇農出身的人常以自己的出身為榮，傲視地主出身的知識份子。加上毛澤東說了，知識份子最髒，工人農民最乾淨，即使他們的手是黑的，腳上沾著牛屎，他們的靈魂也比知識份子乾淨。所以知識份子老是成為批判對象。父母親都算知識份子，因此在各種政治學習中沒完沒了地作自我批評。毛澤東對知識份子的莫名其妙的怨恨，造成革命隊伍內部工農幹部與知識份子幹部的長期不和，互相看不起，互相不買帳。另外還有地區的幫派體系，致使共產黨內部有不少的山頭，不斷窩裡鬥。

父親比母親大十六歲。他不僅是他的領導，同時也是她的兄長和知音，有時甚至像她的慈父。每當母親受了委屈，總能在他那兒得到安慰。父親盡力保護著她，使她盡量少受傷害。然而在政治風浪中，由於也是「剝削階級家庭出身」，父親卻時常難以保護自己。所幸的是，他有一幫像孫中德那樣貧農出身的老戰友鐵哥兒們幫襯著，總能化險為夷，度過難關。

一九四一年底，父親向上級打報告要求與母親結婚。那時革命隊伍裡的人並不是想結婚就能結婚的。由於女同志太少，所以男同志想結婚得論資排輩，必須符合「二八，七，團」的條件才行。何謂「二八，七，團」？就是：二十八歲以上，參加革命七年以上，團級以上幹部。父親當時雖然黨齡不足七年，但他在上海為共產黨辦了那麼多年的地下刊物，應該視為參加革命七年以上，何況他已三十五歲，又是團級幹部，所以完全符合結婚條件。誰知，他的頂頭上司卻把他的報告退了回來，不但不批准，還批評父親是使用了不正當手段將母親連哄帶騙弄到手的，理由是：母親太年輕單純，兩人年齡相差太大，不會是真心戀愛。

原來，這個頂頭上司也看上了母親，他本人又比父親小幾歲，自己覺得比父親條件更好，便絞盡腦汁編出理由來駁回父親的結婚申請，想利用職權把母親搞到手。那時候，革命隊伍中的好多女孩子，都是由黨組織決定分配給首長為妻的。就好像封建家庭的家長一樣，在共產黨的隊伍裡，一切由黨說了算。不少女孩崇尚自由戀愛，已在基層找到了中意的男友，但黨組織卻要將她們分配給高層的首長們。如果有女孩不同意，就以黨紀壓制，一次次談話批評，同時將其男友調離。黨組織說，這是革命的需要，個人必須服從組織。如果不服從，後果自負。實質上，這完全是在革命的幌子下的強制性包辦婚姻。多數女孩因不願脫離革命隊伍，被迫含淚與相愛的男友分手，嫁給一個自己不愛的人，痛苦一輩子，成為這種無理要求的犧牲品。

當父親聽到自己的結婚報告沒有批准，既憤怒又擔心。憤怒的是，這個上司利用職權妄圖奪人所愛；擔心的是，母親有可能被黨組織分配給別人為妻。他跑到上司的辦公室，未經許可便破門而入。屋內正開著會，與會者們大多是父親的熟人。中德也在場。他們看到父親瞪著憤怒的雙眼，面孔煞白，都很吃驚，不知發生了什麼事情，紛紛站起來，給父親讓座。

父親走到上司桌前，雙手撐著桌子，俯過身兩眼逼視著上司，大聲地說：「你給我好好聽著！我和洪冰同志的愛情完全是真實的，沒有任何虛假！」說著，他環視了一下四周，猛地掏出一把水果刀，對著放在桌上張開的左手，奮力一刀，剁掉了小拇指，頓時血流如注。

「看見了嗎？真實的就和這小拇指一樣！」父親喊著。所有在場的人都被這意想不到的一幕驚呆了，一時鴉雀無聲。他們都瞭解父親的人品，知道父親平時最講義氣，對同志和藹可親，還真沒見過他發這麼大的火。直到聽了父親的話，他們才明白了父親發怒的原因，均對父親十分理解和同情。

中德首先跨步上前，用自己的手帕包裹住父親血淋淋的手，扶著父親坐下。然後他回頭大聲對著上司說：「我證明，藝林同志與洪冰同志是真心相愛，人人皆知，千真萬確！」另外幾人也都為我父親作證明，他們都曉得這個上司喜歡濫用職權，因此都向著父親。

在舊中國，結拜義兄弟或男女之間的海誓山盟，往往以割破手腕或手指，將血滴入酒內飲下為憑，以示忠誠。父親切斷的手指毫無疑問地表達了他對母親絕對的愛情和忠心。他的上司在眾目睽睽之下再也沒有理由不批准父母親結婚了。眾怒難犯，他只有批准。但他說父親打擾會場是違反紀律，是不尊重上級的表現，必須受到黨紀處分，並責令父親在全體黨員大會上作檢討。父親作了公開檢討並受了黨內警告處分，才得以於一九四二年春節與我母親結為連理。母親的好友葉萍也與中德結為終身伴侶。他們兩對新人結婚時，只是把雙方的鋪蓋搬到一起，就算舉行了婚禮。中德夫婦和我父母保持了整整一生的友誼，始終不渝。

第二章　為了新中國而戰

一九四四年春，母親生下了她的第一個孩子，我的大姐，父親為她取名培根。那一年，世界反法西斯戰爭進入大規模反攻階段，我國的抗日戰爭也已見到勝利的曙光。又經過一年多的戰爭，一九四五年八月六日和九日，美國向日本的廣島和長崎先後投擲了兩枚原子彈，迫使日本於八月十五日宣佈無條件投降。

抗日戰爭雖然結束了，但中國仍不太平。國共兩黨為爭奪國家政權，又打起了全面內戰。此時，毛澤東領導的共產黨軍隊雖然已在八年抗戰期間，在敵後得到空前壯大和鞏固，但在人數及武器裝備上，還是遠不及受美國支持的蔣介石領導的國民黨軍隊。蔣介石號稱有八百萬軍隊，備有飛機，坦克和大炮。而共產黨只有軍隊一百多萬，且很多都不是正規部隊而屬於游擊兵團，裝備僅僅是「小米加步槍」，敵我力量對比懸殊。所以，對共產黨來說，這是一場艱苦卓絕的硬仗。內戰開始時，蔣介石占上風。

一九四六年三月，父母所在的部隊奉命撤出大別山根據地，北上到山東解放區。那時南方的新四軍已和北方的八路軍統一改編為中國人民解放軍，父母所在部隊被編入第三野戰軍。毛澤東稱此次北撤為「戰略轉移」，旨在保存實力，以便時機成熟時再與蔣介石決一死戰。

為了保證北撤的順利進行，大部分行軍安排在夜晚。為了行軍時不引起敵人的注意和炮火襲擊，上級決定，所有在這一時期出生在大別山根據地的嬰幼兒一律不許帶走，以免他們的哭聲引來敵人的追剿。大部隊出發前，我的大姐和其他一百多嬰幼兒，都交給了當地的黨組織，由他們選擇可靠的老鄉代為撫養。

就這樣，我的大姐高培根才一歲多便離開了母親，被安排在貧農劉寡婦家，由劉寡婦和十四歲的兒子劉清銀照看。劉寡婦的丈夫慘遭日本鬼子殺害，新四軍來後，給了她很多關懷和照顧，她很感激，真心實意地向著共產黨，因而對我大姐特別疼愛，視同己出。清銀呢，當然也把培根當作親妹妹來愛護。

共產黨走了，等待著老百姓的卻是深重的災難。解放軍撤離大別山不久，那些被共產黨趕走的土豪劣紳和地主老財們，便組成了還鄉團反撲回來。他們不僅要從老百姓手中奪回被共產黨分配了的土地，而且要把共產黨留下的孩子們斬盡殺絕。按蔣介石的話來說，就是「斬草除根」。

在蔣介石看來，八年抗戰，在前線作戰的主力是國民黨軍隊。現在日本鬼子被打跑了，毛澤東卻要來與他爭天下，怎能不恨得咬牙切齒呢？事實上，國共兩黨從一九二七年起就已分道揚鑣，成為不共戴天的仇敵，勢不兩立。國共兩黨的這場內戰，遭殃的是廣大的老百姓。由於當時執政的國民黨政府相當腐敗，百姓怨聲載道，而在野的共產黨提出的口號卻是「為天下的勞苦大眾翻身求解放」，深得人心。特別是革命根據地的百姓們，心是向著共產黨的。

這天晌午，當地主還鄉團離劉寡婦居住的村子大約還有十幾里地時，被一個放豬娃遠遠地瞅見了。放豬娃飛也似地跑回村子，把消息報告給村民。劉寡婦當即叫清銀背上兩歲的培根趕快跑上山，躲藏在一個他們事先找好的隱蔽的小山洞裡。等到還鄉團進了村，鄉親們都已作好了準備。

由於有奸細告密，還鄉團大體上掌握了情況，基本知道哪幾戶收留了共產黨的孩子。他們徑直來到劉寡婦的茅草屋，用腳踹開門，闖進屋內。劉寡婦正若無其地做著米糊糊，裝著燒晚飯的樣子，沉著應戰。還鄉團一夥人把劉寡婦的小茅屋裡裡外外仔仔細細搜了個遍，連床鋪和桌子都掀翻了也沒發現小孩的影子。一名隨同而來的國民黨士兵一把揪住劉寡婦的衣領，將她拽到還鄉團頭頭面前。還鄉團頭頭怒目圓睜大聲喝問：「說！你把共產黨的小崽子藏哪兒去了?!」

劉寡婦平靜地理了理頭髮，用仇恨而又鄙視的目光回敬她的敵人，一言不發。她無聲的反抗令匪徒們大為光火，暴跳如雷。他們用麻繩反綁起她的雙手，將她吊在房樑上，然後用皮帶狠命地抽打她，妄圖逼她說出孩子的藏匿地點。堅貞不屈的劉寡婦始終不開口，不論敵人如何咆哮，如何毒打，任憑全身被打得皮開肉綻，任憑殷紅的鮮血滴落在地，她咬緊牙關，哼都不哼一聲。

劉寡婦的沉默使這夥暴徒惱羞成怒，竟喪心病狂地用刺刀割去了她的雙乳，繼而又割下她的雙耳，頓時血流成河。劉寡婦痛得昏死過去幾次都被匪徒們用涼水澆醒，待她醒來後匪徒們再接著打，直打得她遍體鱗傷，體無完膚。可她就是死死頂住不求饒，直到被活活打死也未吐露半個字。

女英雄劉寡婦用自己寶貴的生命保護了我的大姐，使我姐逃脫了國民黨還鄉團的毒手。她悲壯而動人的故事感人淚下，在大別山區的老百姓中廣為傳揚。人們以劉寡婦為榜樣，堅決地抵抗還鄉團的一次次清剿，可歌可泣的故事層出不窮。就這樣，老鄉們用他們的鮮血和生命，保護了共產黨留下的孩子們，使這些孩子們中的絕大多數人都活下來了，在共產黨打下江山後，他們都得以與他們的父母團聚。

劉寡婦的兒子清銀帶著培根在山洞裡躲了幾天後，村裡一位鄉親偷偷跑來告訴他，他的母親已被殺害，叫他趕快帶著培根逃往他鄉，越遠越好，以免被抓。入夜後，當月亮爬上了樹梢頭，人們都已入睡，少年劉清銀含著眼淚，對著他家的方向跪下，對著母親犧牲的地方拜了又拜，然後背著培根離開了家鄉。他順著北斗星的指引，一路向北，一心要找到父母所在的部隊。

他們身無分文，只能沿途乞討。清銀背著個不滿兩歲的孩子，流浪了二十個月，行程一千多公里，受盡了常人難以想像的苦難。非人的流浪生活，使兩個孩子身上長滿了蝨子，衣衫襤褸，骨瘦如柴。由於過分骯髒，培根感染上了一種可怕的皮膚病：黃癬，俗稱疥瘡或者癩痢頭。這種病不僅奇癢，流血流膿，破壞毛髮生長，而且極難根治，一旦患上，必定留下終生疤痕。流浪中的孩子，經常連飯都要不到，哪兒談得上找醫生治療呢。培根頭上的黃癬迅速漫延開來，長滿了整個腦殼。由於騷癢無比，她狠命地抓撓，頭髮完全脫光，一頭潰爛的疥瘡血淋淋地慘不忍睹。人們像躲避瘟疫一樣躲開她，生怕傳染。清銀耐心地哄著因頭癢而不停哭鬧的培根，艱難跋涉，緩慢北行。待他們走到蘇北高郵縣境內時，已是貧病交加，奄奄一息了。

就在他們頻臨死亡的邊緣時，高郵縣的共產黨組織發現了他們。原來，當地的黨組織接到上級指示，注意尋找因躲避還鄉團而走失的原新四軍幹部們的孩子。這兩個蓬頭垢面的流浪兒的出現，說的又是一口安徽話，立即引起蘇北黨組織的密切注意。可是當他們派人上前盤問時，清銀卻警惕得什麼也不說，他怕萬一碰上壞人，說出了真相，培根就沒命了。於是黨組織將兩個精疲力盡的病孩子抱上一輛手推車，送到一戶黨員老鄉家裡，給他們洗了澡，換了衣服，把培根流血流膿的頭擦淨包紮好，又做了飯讓他們吃得飽飽的，這才又向清銀問話，打聽他們的身世和來路。他們誠懇而和藹可親的態度終於贏得清銀的信任，他哽咽著說出了一切。

高郵縣黨組織立即將這一情況向上級彙報，幾經查找，與父母所在的山東解放區中共華東軍區取得了聯繫。一九四八年初，受盡苦難和折磨的倆孩子清銀和培根被安全送到了父母的身邊，父母悲喜交集。兩年多來，兩個孩子下落不明，都以為他們已不在人世了。現在得以團聚，怎能不激動呢。多虧了劉家母子，是他們用生命和赤誠保護了我的大姐，才有了她的今天。清銀成了我們家的英雄，父母視他為親生兒子，我們姐妹幾個都叫他劉哥。

劉哥到山東解放區後便參加了中國人民解放軍，在父親身邊待了整整十個月。父親像當年在新四軍中照顧小王峰一樣，照顧著劉哥並教他讀書學文化。淮海戰役前夕劉哥被分配到前線部隊，他將親身參加埋葬蔣家王朝的戰鬥，為死去的母親報仇雪恨。臨走時，他特地拍了張戎裝照。他在照片的反面鄭重地寫下：「送給高首長留念，清銀，一九四八年十月。」他將照片交給父親後，便投身到激烈的槍林彈雨中去了。他後來也像王峰一樣，從戰士，班長，排長，連長，一個臺階一個臺階上。中華人民共和國成立後，劉哥繼續在解放軍中一直往南打，追剿未來得及逃到臺灣的國民黨殘部，一直打到一九五五年解放了一江山島，才又來見父母。

在山東解放區，母親在部隊醫院任護士長，父親則被任命為中國人民解放軍解放官兵教導總團第四團政委。何謂「解放官兵教導總團」？就是把從戰場上俘虜來的國民黨軍官和士兵們按原來職位等級編成團隊，由解放軍派幹部去給他們上政治課，教育他們，感化他們。很多被俘的國民黨士兵們出身貧苦，大部分是被抓壯丁抓來的，本身就對國民黨不滿，所以經過一段時間學習後，他們中的多數人，都轉而參加了解放軍。少數想回家的，解放軍發給路費，讓他們回家。

被俘的國民黨師級以上高級軍官們全部集中編團，叫做「軍官團」。你可不能小看這些「軍官團」的成員們，他們多數出身於有社會地位的有錢人家，從小受過良好的教育。雖然成了俘虜，但卻是一肚子墨水，文化程度很高，而且都身經百戰，不乏卓越的軍事指揮才能。他們受到蔣介石的栽培和重用，效忠蔣介石，又與共產黨打了多年的仗，可謂與中共不共戴天，勢不兩立，相當頑固。要給這些人「洗腦」，非得有很高的理論水平和流利的口才才行。父親所在的解教總團第四團就是「軍官團」。他被指定為「軍官團」的政治教員，可見上級對他很器重。聽過父親講課的國民黨軍官們，都對父親的口才印象深刻，對他的能力和水平極為敬佩和尊重。儘管他們信仰不同，但相同的家庭背景及良好的教養，使他們能夠彼此溝通，互相理解，進而成為朋友。「軍官團」中的大多數人後來都成為共產黨的統戰對像，不少人還當了全國政協委員。

有一次，父親給「軍官團」上課時講到毛澤東思想，他說：「毛主席是我們偉大的領袖，同時也是一位天才的軍事家。但是，他與我們一樣，是普通人而不是神，所以也有缺點，也會犯錯誤的。」誰知，他的這番講話卻受到上級嚴厲的批評，說他對毛主席不尊重。他們說，毛主席怎麼可能犯錯誤呢？你高藝林這樣說，豈不是在國民黨戰俘面前貶低毛主席，破壞毛主席的形象嗎？真是口出狂言！父親被停職反省，寫檢查，並且一次又一次地在各種大小會議上作檢討，卻總是難以過關。眼看著就要被扣上「反黨反毛主席」的大帽子了，母親心急如焚。她當時正懷著孕，加上這沉重的思想負擔，吃不好睡不香，導致了早產。

一九四七年二月十七日，一個極其嚴寒的冬日，母親在土炕上生下了我的小姐姐，取名安東。由於缺少柴火，土炕燒不暖，母親為了保護弱小的嬰兒，將自己的被子幾乎全部用來包裹安東，僅留下個被角搭在自己的肚子上，兩條腿卻沒有足夠的禦寒物，患了嚴重的風濕症。不久，腿上的風濕又轉入了她的心臟。母親為了孩子犧牲了自己的健康，而父親仍然在作政治反省，無法在她身邊照顧她，真是「屋漏偏遭連夜雨」，使她的精神和身體都倍受摧殘和損害。她在那一次坐月子時落下的風濕性心臟病，最終導致了她的英年早逝。

所幸的是，父親的摯友孫中德又一次挺身而出，解救了父親。那時中德在組織部門擔任領導，專管黨員幹部的懲處。由於他的努力，父親未被定為敵我矛盾，而是算犯了嚴重的言論錯誤，受到黨內記大過處分了結。父親一生中共受過兩次處分，上一次是為了和母親結婚，與上司發生衝突而切斷了自己的小指，受到黨內警告處分。但這兩次處分在父親生前都未太大地影響他的政治生涯，他的晉升基本上是順利的。可是假如他能活到「文革」得話，不僅會被打成「走資派」，而且這些陳年舊帳會被翻出來，加之他出身地主，早年又參加過李宗仁的國民黨軍隊，他是無論如何也過不了關的，非被打成反革命份子被整死不可。多年來，我一直暗自為父母的早逝而慶幸，慶幸他們逃脫了「文革」的迫害。而他們所有的老戰友，包括他們最要好的朋友孫中德夫婦，凡是活到「文革」的，無一倖免，均受到無數次的批鬥，毒打和抄家，很多人都未能挺過來，在「文革」中含冤去世。

內戰時期的山東解放區，糧食奇缺。但共產黨選擇了山東省最富饒的盛產蘋果的膠東半島作為部隊駐地，因此基本解決了食品問題。蘋果成為部隊的重要給養。此外，戰士們還開荒種地，生產大豆等耐寒作物。三年內戰期間，整個華東軍區的主要食品，就是黃豆和蘋果，小米則是珍貴的營養食品，只有幹部才可少量配給。

母親在懷孕期間，妊娠反應很厲害。蘋果作為主食使她反胃，不停地咯酸水，嘔吐。她把蘋果的食用量減少到最大限度，身體日漸衰弱，父親看在眼裡，急在心裡。他把自己的小米全部給了母親，可也只能起到稍微補充一點營養的作用，遠遠吃不飽肚子。幸虧軍營中的幾位安徽老鄉將他們的小米也省下來送給母親，才幫助母親度過了妊娠關。

共產黨隊伍中的人來自五湖四海，方言口語及文化程度差別極大，不是一個地方來的人經常聽不懂互相說的話。很自然的，同省份或同縣區來的人容易結交成為朋友。他們聚在一起時，便成為同鄉會。在安徽老鄉中，有一對夫婦與我父母特別要好。男的名叫江靖宇，來自安徽省桐城縣，與我母親的出生地廬江縣是緊鄰；女的名叫朱莉，和我父親來自同一個地方——安徽省舒城縣。他們這兩對朋友處處情趣相投，心心相印。在以後的歲月裡，他們有福同享，有難同當。在山東解放區時，江靖宇夫婦見懷孕的母親對著一堆蘋果發愁，難以下嚥，便把他們的小米全部拿來，每天熬點小米粥給母親喝。那時革命隊伍中的戰友們真正做到了同舟共濟，他們互相愛護，互相幫助，革命的情誼深似海。

安徽自古出文人，文化底蘊極為深厚。安徽的筆墨紙硯文房四寶聞名中外，其中又以宣紙和狼毫毛筆最為有名。歷史上，蜚聲神州的老子和莊子，宋朝大名鼎鼎的清官包拯（包公），明朝威震四海的開國皇帝朱元璋，都是安徽人。在近代，安徽更是出了幾個聲名顯赫的人。例如，清朝末期的重臣李鴻章，中國共產主義運動的創始人陳獨秀，大學者大教育家胡適，中共的契卡（諜報專家）李克農，諾貝爾獎獲得者楊振寧。這些安徽人在中國歷史上都具有舉足輕重的地位，或流芳百世，或遺臭萬年。

我的父母和江靖宇他們屬於優秀的安徽人，是中華民族優秀的子孫。他們不僅愛國愛人民，有著拯救中國的政治抱負，而且在中國的傳統文化方面也有很深的造詣。安徽同鄉會人才濟濟，不少人都是資歷很深的老革命，同時又喜歡舞文弄墨。例如黃鎮，參加過長征。他不僅寫得一手好字，還畫得一手好漫畫。他思維敏捷，頗具外交才能，後來當了多年的中國駐法國大使。江靖宇也是老資格，他一九二七年就參加了共產黨。和父親一樣，他也是地主家庭出身，參加革命前讀過多年私塾，酷愛書法，但父親的書法更勝一籌。早在大別山新四軍根據地時，父親已是黨內著名的書法家了。到山東後，華東軍區召開的很多會議都叫父親書寫會議橫幅。

朱莉與江靖宇結婚多年，卻一直未能生育，她非常想有個孩子。不幸的是，她在一次流產後發現患了子宮癌，作了手術切除了子宮。這就意味著她永遠不可能有自己的親生孩子了。於是，她把對孩子的愛都用在我們家的幾個孩子身上。母親生安東時，她守在母親身邊照顧母親。安東出世後，她像照顧親生孩子一樣餵養著安東。在劉哥帶著培根到達山東解放區與我父母團聚後，她又無微不至地照顧培根，想方設法弄來中草藥醫治培根的禿頭。

培根在抵達山東前，已受到蘇北高郵縣黨組織的良好照顧和治療，頭上的疥瘡結了痂，不再流膿流血了，可就是一根頭髮都不長。一個女孩子如果全禿得話，長大了可怎麼做人哪！朱莉下決心要讓培根長頭髮。她以前在家學過一點中醫，知道哪些草藥可以促進頭髮的生長。她買來新鮮生薑，切成片，與何首烏等草藥一起熬成濃湯，每日三次，用濃湯給培根洗頭，一邊洗一邊按摩。生薑有很強的殺菌作用，和首烏能促進血液循環。可是培根頭上全是結痂後長出的粉紅色嫩皮，哪受得了又熱又辣的薑水的刺激呢。每次給她洗頭，她都痛得又哭又鬧，又踢又咬，非得有另一個人幫忙將她死死按住，朱莉才能洗得成。可以說，每次給培根洗頭，都像是一場生死搏鬥。朱莉的兩隻膀子滿是被培根咬破的傷痕，但是她毫不動搖，堅持不懈。

幾個月過去了，漸漸地，奇跡出現了。培根的頭，除了頂門心外，四周都長出了頭髮，而且洗頭時的疼痛也大大減輕，培根也不再哭鬧。朱莉的薑水洗頭法把培根從全禿的災難中解救了出來。雖然她的頭頂仍不長頭髮，但是可以給頭髮分邊槓，將旁邊的頭髮梳過頭頂從而遮住禿的部分。一般情況下，若不仔細看，是不易覺察的。

能有這樣的結果已是很大的成功，按理培根應該永遠感謝朱阿姨。誰知她長大後卻完全走向了反面。由於她的頭髮不能像其他女孩那樣任意從中間分槓，她竟怨恨起朱阿姨來，怪朱阿姨沒好好給她治。同時，她對所有長滿頭烏髮的女孩都產生了強烈的嫉妒，進而仇視。她的這種狹隘心理，隨著年齡的增長而日益嚴重，嫉妒心也日益強烈。但是誰也不會想到，她最恨的是她的弟妹們。弟弟妹妹們的相繼出世，使她認為自己有了天敵。尤其與妹妹們在一起時，她總覺得自己像是一種襯托，自己醜陋而妹妹們美麗，因此，她從來不願意與弟弟妹妹們在一起玩耍。她很孤僻，誰也不理，家人跟她講話時，她常常頭都不抬，包括對待歷盡千辛萬苦救了她性命的劉哥，也極無禮貌。她的這種仇視心理很長時間並未被家人認識，我們都認為她從小吃過不少苦，受過傷害，一個女孩兒，頭上有塊禿，當然會自卑，所以很同情她，體諒她，從不與她計較。直到有一天，她故意加害於我，欲置我於死地，我才明白，她從小就已人性扭曲，長大後成了一個心腸歹毒而邪惡的女人。

一九四七年夏，解放軍在山東孟良崮地區打垮了蔣介石的王牌軍隊——國軍第七十四師。該師師長張靈甫，是著名的抗日英雄，也是老蔣的心腹，不幸成為毛蔣爭鬥之犧牲品，在此次戰役中被共軍擊斃，國軍損失慘重。從此，國民黨軍隊節節敗退，一蹶不振，共產黨開始了全面地戰略反攻。一九四八年深秋季節，共產黨發起了對國民黨的大決戰，連續舉行了遼瀋、淮海和平津三大戰役。

一九四八年十一月上旬，三大戰役中唯一的一場共產黨以少勝多的戰爭——淮海戰役，在黃淮平原打響。父母所在的第三野戰軍全面投入戰鬥，歷經兩個多月，於一九四九年一月十日，以全殲國民黨精銳主力杜聿明部並生擒其司令官杜聿明而宣告結束，共產黨完全控制了長江中下游以北的廣大地區。這時，史達林卻出於不可告人的動機，建議毛澤東停止戰爭，以長江為界，與南方的國民黨劃江而治，就像南北朝鮮那樣。毛澤東卻自有主張，對史達林的建議不予理睬，向中國人民解放軍全體指戰員下達了「打過長江去，解放全中國」的命令。

這一聲命令如春雷一樣，在已取得節節勝利，士氣十分高漲的解放軍中迅速炸響，鼓舞著他們去奪取新的勝利。一九四九年初春，渡江戰役的準備工作，在長江以北沿江幾百公里的堤岸上全面鋪開。這次戰役的最大目標，就是奪取國民黨的首府和心臟——南京，那座二十三年前曾使父親受盡恥辱的城市。報仇雪恨的日子終於來到了，父親十分激動和興奮。

中國人民解放軍的兩大主力，由劉伯承和鄧小平領導的第二野戰軍，會同由陳毅和粟裕領導的第三野戰軍的全體指戰員們，承擔了渡江戰役的光榮任務。為了打破長江天險，推翻蔣家王朝，建立一個新中國，官兵們個個摩拳擦掌，鬥志昂揚。當時，由於國民黨政府的腐敗問題較多，老百姓有不少怨氣，轉而對共產黨抱有希望。可以說，蔣介石之所以敗在共產黨手下，是因為他失去了民心。

在解放軍「消滅國民黨反動派，解放全國人民」的口號鼓舞下，老百姓們以空前的熱情支援解放大軍。短短幾個星期裡，他們就向解放軍提供了上萬條木船。很多民眾卸下自家的床板和門板，為解放軍造船。人們有錢出錢，有力出力，萬眾一心，團結一致地為確保渡江戰役的勝利做著無私的奉獻。一九四九年四月中旬，大約一百萬人民解放軍在長江以北一字兒排開，面對隔岸蔣介石那號稱「固若金湯」的國民黨長江防線，毫無畏懼，整裝待發，一切準備就緒，只等一聲令下，他們就將強渡長江天塹，直搗蔣介石的老巢南京。這時的人民解放軍佔據了「天時，地利，人和」。

在渡江戰役的準備工作基本完成之時，我在母親的腹中也已孕育成熟。我於一九四九年三月十一日出生於山東省華東軍區，父母為我取名安華，乳名小華。

一九四九年四月二十日晚八點整，永垂史冊的渡江戰役開始了。人民解放軍以排山倒海之勢，萬船齊發，向對岸衝去。蔣介石軍隊仗著精良的美式裝備，負隅頑抗，雙方的槍炮聲震得地動山搖。解放軍無數的戰船中彈起火，映紅了整個天空，照得江面如同白晝。千萬名解放軍戰士還未等到達彼岸，就英勇獻身，更多的人身負重傷。他們的鮮血染紅了幾百公里的水面，但是他們的心中裝著全國人民，唯獨沒有他們自己。渡江進行了三天三夜，解放軍冒著敵人密集的炮火，前赴後繼。前面的人倒下了，後面的人立即踏著他們的血跡緊緊跟上。他們用視死如歸的大無畏精神，譜寫了一曲中華民族悲壯而不朽的史詩。蔣軍的長江防線終於被一舉攻破。一九四九年四月二十三日，解放軍攻佔了國民黨中央政府所在地南京，蔣軍丟盔棄甲，倉惶而逃。

當一名解放軍戰士登上了蔣介石的總統府大門的門樓，拔下國民黨的青天白日旗，插上一面嶄新鮮豔的紅旗時，便宣告了南京的解放。全城百姓一起湧上街頭，載歌載舞，鑼鼓喧天，鞭炮齊鳴，慶祝解放。

一九四九年五月底，父母親帶著我們幾個孩子，隨同解放大軍的後續部隊渡過長江，抵達南京。我剛兩個月大，安東兩歲，由父親的警衛員老鍾叔用一根扁擔兩個籮筐挑過了江。五歲的培根則跟著江靖宇朱莉夫婦，乘坐另一艘木船渡過了江。父親的船靠岸時，正值清晨，一輪紅日正從東方冉冉升起，照得大地一片光明。父親的心裡也是亮堂堂的，格外地高興與舒暢。父親的雙腳一踏上南京的土地，便情不自禁地對著天空張開了雙手：「南京！我終於回來了！」當年他是尋求出路的流浪者，被背信棄義的國民黨把兄弟趕出了南京城；如今他成為國家的主人，是回來接管南京的。而欺負過他的人呢，已成了流寇，被趕到遠遠的臺灣島去了，怎能不讓人揚眉吐氣呢？

國民黨政府垮臺了，但新政府尚未成立。為了維持秩序，解放軍在各地解放了的市和縣成立了臨時性的「軍事管制委員會」。父母都是南京市軍管會成員，辦公地點設在前美軍顧問團所在地——北京西路上的AB大樓內，我們全家人都住在裡面。這座大樓後來被改建成一個由南京軍區經管的四星級賓館，叫華東飯店。

一九四九年十月一日下午三點整，毛澤東以勝利者的姿態，登上北京天安門城樓，向全世界宣告：「中華人民共和國成立了！中國人民從此站起來了！」

這一天，我的父母特別高興。母親親手為我縫製了一頂小軍帽，還釘上一枚鮮紅的五角星。她給我戴上小軍帽，抱著我，和父親一起走到長江邊。在當年父親幾欲自殺的地方，父親為我和母親拍下了一張極其珍貴的紀念照。照片上的母親一身戎裝，美麗的笑臉洋溢著勝利後的喜悅。七個月大的我被母親抱著，也是神采奕奕，目光炯炯。我作為「祖國同齡人」，在家中有特殊的地位，倍受父母寵愛。

在南京安定下來以後，父母很快與昔日的老戰友們取得了聯繫。

母親的伯父周新民，擔任了新中國中央人民政府辦公廳副主任的職務，並兼任中科院法學研究所所長。一九四九年八月，由周新民負責，冒著酷暑，帶領著林伯渠，史良和李德全等人，為新政協的成立，起草了《政協組織法》。父親的鐵哥兒們孫中德在安徽省軍區任副司令員，他的妻子，母親的入黨介紹人葉萍，在合肥任安徽省衛生廳副廳長。江靖宇被任命為安徽省蕪湖市市長，朱莉也隨同前往。三年後江靖宇又奉命調來南京任副市長，和我家是隔壁鄰居。父親的革命引路人傅承銘大姐，在瀋陽任遼寧省總工會主席。

父親的堂弟高鵬，在南京軍區政治部任軍事法庭庭長。父親的兩位表弟馮文和王峰都在上海任職。所有的親友都倖存下來了，而且都當了共產黨的大官。除了王峰在淮海戰役中攻打漣水時負了傷，並被炸彈震聾了一隻耳朵，落下個三等甲級殘廢外，其他人均毫髮未傷。唯一令父親傷心的是，他親愛的母親，我的奶奶，在解放軍攻佔舒城的前夕，不幸病逝，未能與父親團聚。

中國，在經歷了一百多年連續不斷的烽煙戰火後，頭一回迎來了和平。

第三章　我的幼年

然而，和平是短暫的。一九五〇年六月二十五日，朝鮮戰爭爆發。同年十月，周恩來總理代表毛澤東主席對全世界宣佈，中國政府決定派兵入朝參戰。毛澤東告訴全國人民，美帝不甘心看到他們支援的蔣介石政權在中國的失敗，妄圖以朝鮮作跳板，對中國大陸進行侵略。他的話激起了中國人民對美帝國主義的極大義憤。剛剛打敗了蔣介石的中國人民解放軍，此時依然鬥志旺盛，由他們組成了中國人民志願軍的主力。許多青年出於愛國激情，也都紛紛報名參加志願軍。很快，一百多萬志願軍戰士就跨過鴨綠江，進入北朝鮮。

我們後來從當時所攝的紀錄片中看到，志願軍戰士們邁著整齊而雄壯的步伐，高唱著「志願軍戰歌」，昂首闊步地走過鴨綠江大橋，向朝鮮挺進。他們豪邁的氣概，令人肅然起敬。他們被稱為「最可愛的人」，我們由衷地為他們感到驕傲。畫面裡，只見他們全副武裝，有力地揮動著手臂，在行進中有節奏地引吭高歌：

雄赳赳，氣昂昂，跨過鴨綠江，
保和平，為祖國，就是保家鄉。
中國好兒女，齊心團結緊，
抗美援朝，打敗美帝野心狼！

這首歌在很多年裡，被新中國的廣大少年兒童一代一代傳唱，鼓舞激勵著他們，向志願軍學習，愛祖國愛人民。在紅旗下長大的我們這一代人，從上幼稚園起就沐浴在「毛澤東思想的陽光下」，接受革命英雄主義的教育，對外部的世界一無所知。從五十年代到七十年代，在長達三十多年的時間裡，共產主義的政治灌輸使我們變得非常單純，對西方世界的一切都加以排斥。就像一群井底之蛙，只看得見巴掌大的一塊天空，而我們自己卻全無知曉。我們很天真無邪，也很盲目無知，為生活在新中國而感到幸福和自豪。

王峰，那個當年十四歲的小放豬娃，從他跟隨父親參加新四軍起，就決心獻身共產主義。如今他已長大成人，是久經沙場的解放軍指揮官了。他參加組建了新中國的第一支人民空軍，一九五六年，他被調任空四軍作戰處處長，幾年後，又被提拔為空四軍後勤部副部長。朝鮮戰爭爆發時，他隨同聶鳳智司令員一起，率領年輕的中國空軍赴朝參戰。他領導的中國空軍出了個英雄飛行員名叫張積慧，他駕駛的戰機凌空翱翔，面對強大的美軍機群，毫無畏懼，沈著應戰，一舉擊落了美國號稱「永遠不敗」的王牌飛行員大衛斯駕駛的飛機，成為轟動一時的特大新聞，被媒體連續報導數日，經久不衰。王峰在朝鮮戰場上表現英勇，除了受到上級嘉獎外，還榮獲三級紅旗勳章。

那個時期的中國人，革命熱情都很高漲，就連生了孩子也要跟上革命形勢，取個革命化的名字。比如，一九四九年出生的男孩，很多叫「建國」，女孩很多叫「解放」。一九五〇年至一九五一年出生的呢，男孩很多叫「援朝」或「衛國」，女孩很多叫「抗美」。我唯一的弟弟，於一九五一年三月八日國際勞動婦女節那天，在南京出生。爸爸媽媽也趕了個潮流，給他取名「衛國」。我們小時候住的那條蘭園街上，就有好幾個叫「衛國」的男孩。所幸沒有同姓的，因而沒有造成混亂。

一九五〇年初，中央人民政府主席毛澤東決定在全國成立地方人民政府，取消軍管。原軍管會成員有一半以上轉業到地方上工作，在各級人民政府中擔任領導職務。一九五〇年四月，爸爸媽媽也接到上級指示，轉業到南京市人民政府工作。他們依然穿著洗得發白的軍裝，只不過摘下了軍人的標誌——帽徽和胸章。在老百姓眼裡，不管有無帽徽，胸章，只要是穿解放軍軍裝的都一樣，都是共產黨的大幹部。父母親轉業後走在大街上，人們仍像從前對軍管會成員一樣，對他們畢恭畢敬。

轉業後的父親，在一九五〇年下半年生了一場大病，臥床幾個月不起。這期間，父親的許多老戰友都被任命為省市委的領導幹部，而父親卻因病而暫時沒有分配工作。一九五一年初，父親大病初愈，他的任命書才下達。

南京，是中國著名的六大古都之一，有很多名勝古跡屬於國家重點保護的歷史文化遺產。經過多年戰亂，這些珍貴的古文物和古建築滿目瘡痍，極待修繕，以便重新對遊人開放。由於父親有豐富的古漢語和文物知識，他被任命為南京市人民政府第一任園林處處長，負責全市的園林管理，規劃和古跡修復。雖然沒有在省市委擔任重要領導職務，父親卻沒有半句怨言，非常高興地去上任。

東郊風景區是父親工作的重點。為方便起見，我們全家搬進中山門外梅花山下果園中一所有遊廊的漂亮的平房居住。這所平房有三間臥室，外加客廳和廚房，窗明几淨，十分舒適。平房的四周用竹籬笆圍成了一個院子，院內有一長排葡萄架。院外是一大片蘋果園和幾十畝西瓜地，著名的陵園西瓜就產在這裡。陵園西瓜呈圓形，碧綠的瓜皮上有黑色的間隔條紋，以其皮薄，瓤紅，味甜，汁多和子兒小而聞名於世。我小時候每年夏天都要吃好多陵園西瓜，我覺得它比其他任何品種的西瓜都要甜。可惜的是，在後來的「文革」動亂中，陵園西瓜被當成「封資修」產品而停止生產，連種子都沒有留下，從此斷子絕孫。好端端的一個優良品種，就這麼輕易地被荒謬的革命口號斷送了。

果園旁邊，就是通往明孝陵的石像路。從一九五〇年五月至一九五三年三月，我家在果園住了近三年。隔著梅花山，我們與那位五百年前就已作古的明朝開國皇帝，安徽老鄉朱元璋為鄰。每到初春，漫山遍野的幾千株梅花樹便迎著料峭的春寒，綻開了粉紅色的花朵。這一幅美麗的梅花圖，就是我最早的幼年的記憶。記憶中的梅花山，是一片花的海洋，好大好大喲。兩三歲的我，跟著四五歲的姐姐安東，走好半天也走不到頭。

全國解放初期，中國已無太平。那時，中國人民不僅要全力以赴地支援在朝鮮作戰的志願軍，為他們捐款捐物，而且還要積極投身於接踵而來的一場場政治運動中去。在抗美援朝的同時，中國大地上還進行著土地改革，鎮壓反革命和三反五反等一系列大規模的群眾運動。好多人被錯殺，更多的人被錯判入獄，直至三十年後才得以平反。而這個時期的父母親，卻像生活在世外桃園一樣，領著我們住在果園，沒有受到運動的什麼影響。他們的工作性質，決定了我們能幸運地在一個良好的環境中生活，過著和平而安寧的日子。

父親所在的陵園管理處，就設在梅花山腳下，離家很近。母親在附近一所風光秀麗，環境幽雅的幹部療養院任政治指導員，也只需走十幾分鐘就到了。那時大姐培根已經被送進華東幹部子弟學校讀書，平時住校，星期六才回家住一晚，星期天下午返校。所以平時家中只有我們三個小點的孩子，由一名褓母照看。由於我家坐落在果園中央，因而一年四季鳥語花香。果園的夏天，是最美的季節。記得每當天好時，爸爸媽媽都在清晨帶我們去散步。爸爸將我扛在他的肩頭，媽媽抱著衛國，安東歡快地跑在前面，迎著初升的太陽，漫步在石像路上。路旁的青草總是披著滿身的露水，在金色的陽光下閃閃發光，像一顆顆耀眼的鑽石，晶瑩剔透，純淨明亮。不遠處的紫金山籠罩在一片薄霧之中，煙雲繚繞，好似人間仙境。

我們喜歡散步，總是興高采烈。散步時，伴著枝頭小鳥動聽的歌唱，呼吸著清新芬芳的空氣，真是令人陶醉，心曠神怡。倘若是春天，我們會登上梅花山，在花山樹海中徜徉，盡情享受大自然賦予我們的良辰美景。只見那無數的梅花昂首怒放，爭奇鬥豔，令人目不暇接，流連忘返。

早晨散步後就吃早飯，早飯後爸爸媽媽去上班，衛國由褓母帶著，安東和我則手牽著手，在果園裡四處玩耍。我們自由自在地在蘋果樹下穿來穿去，或在園中小道上奔跑。園林工人們常從樹上摘下兩個大蘋果，一人一個遞到我們手上。有時侯，他們還摘個大西瓜，切成小片兒給我們吃。我們會躺在樹蔭下的草地上，一躺就是一兩個小時。吃著蘋果，吐著果皮兒核兒，望著蝴蝶在花叢中飛舞，看園林工人修剪樹枝，給一隻隻未成熟的青蘋果套上紙口袋兒。微風送來一陣陣撲鼻的花香，沁人心肺，真是好舒服，好愜意。然後我們伸個懶腰，爬起來回家去吃午飯。午飯後，我們爬上竹涼床午睡。窗外一聲聲蟬鳴像催眠曲，我們很快就睡著了。

夏日的午後常有雷陣雨，我們會被雷聲驚醒。只聽屋外狂風大作，窗前電光閃閃，就像是天兵天將下凡來捉拿七仙女似的，一片昏暗。但不一會兒便雨過天晴，天邊會出現一道美麗的彩虹，像一座巨大的彩橋，懸掛在湛藍的天空中。我們跑到院子裡，盯著彩虹出神地看，任憑小小的腦袋瓜在想像的王國裡遨遊。赤橙黃綠青藍紫，這美麗奇異的七色橋是誰造的呢？又是為誰造的呢？將來有一天，我能走上這七色橋，到橋對岸的另一個國度裡去玩耍嗎？媽媽說，只要是好人，都能走上這七色橋，順著橋走進天堂。

有時連續多日晴天，看不到彩虹，媽媽就教我們背對著陽光吹肥皂泡。我們用一根小竹管，蘸一蘸小茶缸裡的肥皂水，然後仰起頭，對著天空吹出大大小小的許多泡泡。這些泡泡在陽光的照射下，果然顯現出絢麗繽紛的七種色彩來。我們便興奮地大喊大叫，手舞足蹈。

當我回憶往事時，真覺得果園是一處人間樂園。我那早年的果園生活，真是太美太美的圖畫，真是我在中國的四十五年中最最美好的時光啊，我深深地懷念它。只可惜那段時日太短太短，宛如太空中的流星，稍縱即逝。我只有在回憶裡才能一遍又一遍地重溫這段金色的童年，享受著父母的愛撫和溫馨。多麼希望時光能倒流啊，讓我能重回父母的身邊，再過一過那永遠一去不復返的幸福生活。

我們在果園的家離中山陵不遠，大約步行十五分鐘就到了。中山陵及其周圍的一些景點如明孝陵、靈谷寺、無樑殿、音樂台等都是國家的重點文物保護單位。剛解放時，這些景點都是由父親負責修繕的。父親非常熱愛中國文化，他對南京的名勝古跡，傾注了全部心血。特別是中山陵，他倍加愛護。中國政府，無論是國民黨還是共產黨，都對中山陵最為重視，因為那裡埋葬著偉大的革命先行者孫中山先生。孫中山先生早年投身反清鬥爭，並在一九一一年十月十日，領導了辛亥革命，推翻了中國的末代皇帝，結束了中國兩千多年的封建帝制，建立了共和制的中華民國。他對於中國人民來說，就像華盛頓對於美國人民一樣，被視為國父。一九二五年三月十二日，孫中山先生因患肝癌在北京逝世。四年後，孫先生的遺體移葬南京。

南京，這座在解放初期有著兩百五十萬人口的城市，具有兩千五百多年的悠久歷史，先後共有十個朝代在此定都。辛亥革命勝利後，孫中山先生也將南京定為中華民國的首都，並在南京就任臨時大總統。他在遊覽紫金山時，非常喜歡這裡的山水風光，就留下遺囑，希望死後安葬於此。所以國父移葬南京，實屬必然。南京在歷史上曾被稱為金陵，所以目前聳立在市中心新街口廣場的南京市第一座高層建築，三十七層的五星級賓館，被稱為金陵飯店。

南京位於長江下游，紫金山麓。亞洲建立最早最大的天文臺就建在紫金山頂上，那兒巨大的天文望遠鏡可以觀察日月星辰的運動和變化。自三十年代建立以來，這個天文臺已發現了宇宙中若干顆過去不為人知的小行星，並給這些小行星定名為「紫金山一號」，「紫金山二號」，「紫金山三號」……到目前為止，已經定到「紫金山十二號」了。所有這些新發現，都已永載世界天文史冊，被全世界所公認。紫金山天文臺，南京人的驕傲，中國人的自豪！

五百多年前，明太祖朱元璋奪得天下後定都南京。他為南京修築了一條世界上最長最寬最高的環市城牆，共有十三個城門從四面八方通向城外。城外湖光山色與松柏樓榭相映成輝，風光旖麗，引人入勝。不幸的是，經多年戰亂，城牆多處遭到破壞。所幸的是，倖存下來的牆體，仍然是世界上最長的環城圍牆，因而被載入吉尼斯大全。

南京的周圍是起伏的丘陵，盛產茶葉，最為著名的是雨花茶。茶葉碧綠清香，夏季飲用特別消暑解渴。除了天文臺，大城牆和雨花茶外，南京人引以驕傲的地方還有很多，如秦淮河畔夫子廟，解放門外玄武湖等等，不勝枚舉。從市區出太平門向北行大約十里地，有座聞名遐邇的棲霞山。山下有座棲霞寺，面積相當大，相傳也是建於明代。寺院中有小橋流水，亭臺樓閣，古色古香。寺廟後面山上的著名千佛洞，已有上千年的歷史。大大小小上千座石雕佛像，安坐在各自的洞穴中，千姿百態，令人歎為觀止，中外遊人，絡繹不絕。中國最早的一所受戒佛教學校，就設在這棲霞寺裡。每到秋季，寺後山上漫山遍野的楓葉紅彤彤的一大片，遠遠望去，就像天邊美麗的霞光，該山因此而得名棲霞。棲霞山因這秋天的紅楓招來無數遊客，棲霞寺也因此顧客盈門，生意興隆。前來賞葉的遊人，大多都要進廟求籤。人們為求得好簽，往往慷慨解囊，使寺中的和尚富得流油。寺廟的鐘聲整日不斷，人氣極旺。

由於紫金山位於南京城東面，擋住了夏季從海上吹來的東南風，所以南京的夏季特別炎熱。南京與武漢和重慶一起，被稱作長江中下游的「三大火爐」。為減低夏季熱度，遮陽避日，也為了改善生存環境，國民黨政府從二十年代起，就十分重視南京的綠化工作，引進了大批法國闊葉梧桐樹，栽種在南京各主要街道兩旁，使南京的夏季綠樹成蔭，從而成為全國最著名的綠化城市。

一九四九年剛解放那會兒，南京的大馬路也是全國最有名的。南京的街道筆直寬敞，分東西走向和南北走向，而且分快車道和慢車道，整整齊齊，井然有序。共產黨接管政權四十年後，南京市區的主要幹道中山路和珠江路，依然是國民黨時期的舊模樣。八十年代中期，許多國民黨老兵從臺灣返回大陸探親，走在南京的馬路上時，高興地說，南京除了多了幾幢大樓外，馬路基本上毫無變化，哪兒都是往昔的風度。在南京他們不會迷路，不管想到哪兒去，都能找得到。

孫中山先生去世後，蔣介石決定根據他的遺願，在南京東郊的紫金山麓為其建造陵墓。他親攜愛妻宋美齡前去查看風水，選定了這處坐北朝南的好地方作為墓地。中山陵由年輕的中國工程師呂彥直設計，於一九二六年春破土動工，從紫金山南麓沿山坡往上修築，歷時三載，於一九二九年四月完工。一九二九年六月一日，明媚的陽光普照大地。這一天，國民黨政府舉行了規模盛大而隆重的謁墓儀式——奉安大典，孫中山先生的遺骨正式遷入他的永久陵墓。

中山陵氣勢磅礴，雄偉壯觀，集中國傳統建築之大成，有稜有角，所有建築物的屋頂都是象徵廉潔的青藍色。入口處是個高大的牌坊，橫匾上刻著孫先生所倡導的至理名言：「自由」、「平等」、「博愛」。走進牌坊便是一條上行的緩坡大道，一排排蒼松翠柏挺立在大道兩旁，就像是守陵的衛士。順著大道往上走，便可走到通往陵墓的臺階處了。從起點算起，共計要爬三九二級臺階，方能到達安葬著孫先生銅棺材的陵墓正廳。

半途中，有一個城門樓式的帶有拱門的建築，上刻孫先生手書的「天下為公」四個蒼勁有力的大字。穿過拱門便來到一座亭台，亭中豎立著三米高的石碑，碑的正面，是前國民政府主席譚延闓手書的漂亮的仿宋體：「中國國民黨葬總理孫先生於此」，左下方是小一些的仿宋體：「民國十八年六月一日」。碑的反面空白無字，因為孫先生的豐功偉績無法用文字表達，只有天地日月可鑒，所以蔣介石決定讓它成為一塊無字碑，從而更能顯出孫先生的偉大。

後半部的臺階相對前半部，較陡峭些也更寬闊些。爬完這些臺階，便到了陵墓主體建築。這時候，你若回頭望去，看到的竟是一條平坦的康莊大道，見不到任何一級臺階。原來，所有的臺階均按一定的角度設計，每上一層，下面的那一層就從視野中隱去了。這獨具匠心的設計令人驚歎不已。再看陵墓，三個拱門上方分別刻著孫中山的三民主義——「民主」、「民生」、「民權」。前往拜謁的人們，懷著虔誠和崇敬的心情，靜靜地排著隊，從右門進入正廳。廳的中央是孫先生坐在椅子上的全身漢白玉塑像，廳四周的牆上，刻著孫先生為他的臨時政府親自制定的中國第一部憲法的主要內容。孫先生傾其畢生的精力，致力於在中國建立一個民主共和國。為了實現這個理想，他輾轉世界，歷盡風險。可惜的是，在他逝世八十多年後的今天，中國離開他的理想依然遙遠。

正廳後面有個小門，通向安葬著孫先生遺骸的內室。內室裡，一圈欄杆圍成圓形，使內室周邊形成兩層。

人們手扶欄杆，俯視下層的漢白玉孫中山臥像，就像從家中的陽臺上往樓下觀望一樣。拱圓形的內室天花板上，畫著一顆巨大的國民黨黨徽，正對著安放在下面的漢白玉孫中山臥像，臥像下面的墓穴內，就是放有孫先生遺骨的銅棺材了。

孫中山是國民黨的創始人。儘管後來國共兩黨分道揚鑣，互為不共戴天之死敵，孫先生的英靈始終震懾著兩黨的首腦蔣介石和毛澤東，誰也不敢對孫先生不敬。即使在瘋狂的「文革」中，全中國大陸上的國民黨黨徽都被砸毀，可是對中山陵裡的國民黨黨徽卻加以保護。在毛澤東發動的歷次殘酷的政治運動中，中山陵始終未傷皮毛，安然無恙。

當人們繞陵一周後，走出陵墓正廳，立即豁然開朗。展現在眼前的是一幅開闊美麗的鳥瞰圖，南京東郊的大自然風光盡收眼底，天地間浩瀚的蒼穹令人盪氣迴腸。人們站在這天地間，會覺得自己非常之渺小。此時此刻，頭腦中一切私心雜念會頓時化為烏有，靈魂便得到淨化。中山陵的魅力就是這樣，無與倫比。中山陵從落成的那天起，就成為中國大陸的著名景點，南京也因為有了中山陵而馳名世界。

一九五二年，南京東郊風景區基本修復完畢，面貌煥然一新。當時的中央人民政府政務院懇請父親為修復後的金陵四十八景題字，父親欣然應允。父親的題字有十多處，但是經過「文革」動亂，他的大部分題字被毀壞殆盡。不幸中之萬幸的是，周恩來總理在「文革」開始時就下令保護南京東郊的名勝古跡，才使父親的三處題字逃脫了那場浩劫。它們是：靈谷塔，松風閣和靈谷深松。父親所書的「靈谷塔」三字用石頭刻成並被包金，立於靈谷塔的塔門之上。他書寫的「松風閣」三字用黃楊木分別雕刻，漆成深棗紅色，鑲嵌在靈谷塔前方那具有六百多年歷史的古建築的房檐下。

這裡特別值得一提的是「靈谷深松」。靈谷深松（又名五里松），地處著名的靈谷寺東南方二十米開外。這裡長松覆路，不下數萬株。以石墁為道，明初為御路，百姓不許擅行。此處為金陵四十八景之重要景點。靈谷深松碑立於一個大石龜背上，是譚延闓墓的起點，碑上原有蔣介石親筆題書的「中國國民黨中央執行委員會前國民政府主席行政院長譚延闓之墓」等字。共產黨掌權後，認為不應再保留蔣介石的字，遂令我父親改寫為「靈谷深松」。這四個大字每字約有一米見方，是按父親手書的實際大小刻在碑上的，書法家高藝林的名字也被篆寫在碑旁的說明牌上。許多後來的書法新秀每每來到「靈谷深松」碑前觀摩，都被父親書法那力透紙背的宏偉氣魄深深震撼，讚歎不已。父親的書法被億萬遊人所瞻仰，父親的英名也將與南京市歷史一起永垂史冊。

一九五三年春，江蘇省人民政府主席譚震林（他後來在「文革」中被打成「二月逆流」黑幹將）下達任命書，任命父親為南京市建設委員會副主任，負責全南京市的市政規劃和建設，母親也同時奉調至南京市地方工業部，任監察室副主任。由於父母新的工作地點在市政府大院內，所以我們全家搬進市區蘭園二十四號一所有著五間臥室的前國民黨高級官員居住的住宅裡，這兒離市府只須步行十分鐘就到了。

在我們離開仙境般美麗的果園時，是那樣地依依不捨，安東和我放聲大哭。後來，在就讀和平路小學（現北京東路小學）的六年期間，每逢星期天，只要不下雨，我都和安東都會結伴去玩一趟中山陵和果園。來回路程二十多里，我們每次都是步行去。從市中心步行去中山陵，對於成年人都是很辛苦的事，不要說我們兩個剛上小學的小女孩兒了。可是中山陵和果園對我們具有那樣強烈的召喚力和吸引力，使我們樂此不疲。記得初夏時分，我們常在路上用媽媽給的零花錢買牙棗，兩分錢可以買上一大捧，我們用手帕包著一路走一路吃，又脆又香又甜，不知不覺就走到了中山陵。那會兒中山陵的遊客可不像現在這樣人滿為患，那時遊人很少，要是陰天的話，偌大個中山陵，往往只有我和安東兩個小不點兒，在極其空曠的大自然懷抱裡盡情玩耍，享受著天地的愛撫。等我們玩得餓了，就去中山陵園茶社，找那個曾將我和安東挑過了長江，又在我家當了幾年廚師的老鍾叔。他在茶社裡當主廚，每次看到我們，都熱情地招待我們一頓可口的免費午餐。

我們的新家蘭園二十四號是兩層的青磚樓房，房前有一個很大的院子，約有大半畝地大小，院中長滿樹木花草，還有一個小車庫。院子四周有磚牆圍著，與馬路隔開。這院子雖然不能和果園相比，但居住在大城市裡，能有這麼大個院子也確實是福氣了，不失為孩子們戲耍的好天地。樓房旁邊有間平房，是我家的大廚房，裡面除了生有煤球爐外，還有燒柴火的大灶。我家的女傭人楊媽是燒大灶的能手，她用大灶煮的飯特別好吃，烘的鍋巴特別香。那時實行供給制，什麼都由公家發放，就連我們小孩子穿的衣服也從公家領。一九五四年以前，老鍾叔在我家專管在灶上炒菜，楊媽則分管帶孩子，洗衣和在灶下燒火。老鍾叔和楊媽都是公家派給父母的，我家的柴火一年四季都由市園林處供應。每年冬春，園林工人們修剪的樹枝都成捆地往我家裡送，小部分堆放在廚房大灶後的牆跟處，大部分碼放在小車庫裡。廚房柴火快用完時，楊媽便去車庫抱一捆過來，總燒總有，像是取之不盡，用之不竭。

從果園搬進城後，給我第一件印象極為深刻的事情，就是附近居民每天早上刷馬桶。我家住房既寬敞又舒適，飯廳對面隔著走廊，便是鋪著瓷磚的廁所，用的是抽水馬桶。可是離我家僅五十米開外，在蘭園的柏油馬路的盡頭，卻是貧民窟。那兒有一大片低矮的草房擠在一起，房與房之間都是泥巴地，每當下雨便泥濘不堪，就像是「都市裡的村莊」，與近旁的蘭園有天壤之別，形成強烈對比。那片居民區原本沒有名字，解放後政府給取了個漂亮的名字，叫做「演武新村」，然而這「新村」中的居民生活卻名不符實，沒有一點新意，依然貧窮落後。他們與我們近在咫尺，卻沒有電燈而使用「洋油燈」。

住進蘭園二十四號的第二天清晨，我便被馬路上傳來的一陣吆喝聲吵醒，還聞到從開著的窗戶處飄進臥室來的絲絲臭味，我忙用被頭捂住嘴鼻。

「發生什麼事了，這麼吵？你聞到臭味沒有？」安東一邊問我，一邊爬下她的小床，跑到我的床前，我倆一起豎起耳朵仔細聽，清楚地聽見了外面有人高喊：「倒馬子囉！倒馬子囉！」剛剛四歲的我，耐不住好奇心，一骨碌爬起來，和安東一起跑到大門外的馬路上。只見一輛由毛驢拉著的木頭糞車停在「演武新村」村口，好多人拎著馬桶排著隊往車裡倒糞水，一位農民模樣的人還在一旁不停地吆喝。

原來，當時的南京，多數居民還沒有用上抽水馬桶，而是使用木製的馬桶。每天早晨，每片地段都有郊區的菜農趕著糞車來收糞水，風雨無阻。農民們用收來的糞水作種菜的肥料，他們種的蔬菜也主要是供應南京市居民的，如此循環，一舉兩得。當年南京的老百姓們，恐怕祖祖輩輩都是這樣天天倒馬桶的，而小小年紀的我和安東，卻瞪大了眼睛看稀奇。

出來倒馬桶的多為婦女，她們倒完馬桶後，就到「演武新村」旁邊的一口井邊刷馬桶。安東執意要去看個究竟，我便緊跟在她後頭，忍著臭味兒，用手捂著嘴鼻，邊走邊說：「好臭！好臭！」來到井邊，只見婦女們圍著水井，輪流用鉛桶從井中打水上來，再將水倒入空馬桶，接著用長長的竹刷子劃劃地使勁刷起馬桶來。一邊刷一邊大聲說笑，張家長李家短地互相逗趣，一片喧嘩，好不熱鬧。她們雖然很窮，穿著補丁摞補丁的破舊衣服，卻會窮開心，在她們的臉上，竟看不見一絲愁苦的痕跡。我長大後才明白，中國人普遍很認命，要求很少，只要還有一口飯吃，再窮也能安心過日子。

初次的好奇心新鮮過後，我們便不再去看刷馬桶了，我們臨街的那扇窗戶從此也不再打開了。聽不見吆喝也聞不到臭，我們不再受「倒馬子」的干擾，每天都睡得很香很沉，一覺睡到大天亮。等我睜開眼醒來，往往早過了「倒馬子」的時間了。那時我無論如何也不會想到，過不了多少年，我會下農村參加秋收勞動，「上廁所」時使用的是比馬桶髒得多的糞桶。

大城市的生活與果園的生活是完全不同了。這兒沒有了果園的恬靜與安寧，取而代之的是嘈雜和繁忙。門前的街上不僅從早到晚有汽車駛過，還有好多自行車，三輪車，時不時還有黃包車和農民的馬車走過，車夫們裸露的小腿肚上青筋暴突，怪嚇人的。挑著貨擔子的小販子更是隨處可見，補鍋的，修鞋的，理髮的，賣餛飩的，賣冰糖葫蘆的，炸炒米的，賣小百貨的，賣糖稀飯的，磨剪子戧菜刀的，賣馬頭牌冰棒的……等等，人們或肩挑，或手提，或推小車子搖小鼓，一路走一路吆喝。他們穿大街走小巷，流動售貨。這些小販們給我們的生活帶來了很多方便，許多日常生活中的細碎鎖事，譬如要買個針頭線腦或修個鞋什麼的，不用上街，在家門口就能辦好。我們甚至看過挑擔子的木偶戲。一個人挑來了小舞臺小佈景，躲在小舞臺的後面，高高伸出兩隻手，套著不同的小木偶人，邊演邊唱。我記得最清楚的是他演的「豬八戒背媳婦」。他左手套個豬八戒，右手套個小媳婦，演得活靈活現，依依呀呀的唱腔笑得我肚子疼。

那時候，什麼都便宜。記得安東和我常在下午向楊媽要二分錢，一聽到賣糖稀飯的來了就跑出去，叫貨郎擔子停下，買一大碗糖稀飯兩個人分著喝，好甜好甜喲。用二分錢還可以買到一個大大的烤山芋，或者一串四個的冰糖葫蘆。反正家中餐桌上沒有的小吃，都從這些小販們手上買。有次媽媽帶我們看電影，回到家已是晚上十點多了，街上沒有一個人影，萬籟俱寂。那時人們都早睡，我們肚子很餓而家裡爐子又已被楊媽封火。幸虧有個挑擔子賣餛飩的敲著竹板，「篤篤篤」地走來，媽媽立即花了兩毛錢買了兩大碗。我們是看著那個賣餛飩的現包現煮的。他的擔子一頭是個爐子，始終保持不滅火，上面架著口鍋，爐旁的口袋中裝有碎柴和小煤塊；擔子的另一頭是三層的木架子，下層放個大水桶，中層放肉餡，香蔥，佐料瓶，碗筷和餛飩皮，上層放著案板。他先給爐子加柴火，再用一個小瓢從桶中舀水倒入鍋中，蓋好鍋蓋，然後不慌不忙地在案板上包餛飩。餛飩包好了，另一頭鍋裡的水也開了，馬上將餛飩下鍋，一會兒就全好了。餛飩湯鮮美無比，我們吃得香極了。我對賣餛飩的真是佩服極了，他簡直就是挑著整個廚房上街叫賣啊。

五十年代的這些小販都很老實本分，熱情友好，不會坑人。好多小販都成了蘭園街上的老熟人，可以放心大膽地將錢交給他們，托他們代購商品，第二天送來。有個小皮匠為人極厚道，信譽極好，整個蘭園的居民都請他上鞋或打掌子。新做的鞋交給他帶回家完全放心，絕不擔心丟失。他過兩天一準兒將楦好的鞋送回，而且質量好價錢公道，我們姐弟幾人穿的布鞋棉鞋都包給他上楦。可惜到了大躍進的一九五八年，街上的小販一下子減少了好多。到了三年大饑荒的一九六〇年，街上的小販更是寥寥無幾了，連深受大家喜歡的小皮匠也從此失蹤了，聽說下放農村了。

如今的南京，已經起了翻天覆地的變化。我家住過的兩層小樓也早已拆除，原來的院子裡蓋起了多層住宅樓。現代的鄰居們互相都極為陌生，再也不串門了，住樓上樓下都互相不認識。不像我們小時候，整個蘭園，從東到西一條街上，誰個誰個都知道，哪兒哪兒都清楚。現在，人們再也看不到當年貨郎擔走街串巷的身影了。可我就是懷念那時的生活情景，舊日的時光像電影一樣深深地印在我腦海中，每當想起兒時的蘭園，往事便一幕幕活生生地浮現在眼前，就像發生在昨天一樣清晰。

記得我們搬進蘭園二十四號那天，大人們剛開始從車上往屋裡運行李，我便跟在安東後面各個房間到處串，樓上樓下到處跑。看到壁櫥就打開，躲貓貓捉迷藏，不一會兒所有的房間都玩過一遍，最後跑進了洗手間。洗手間裡除了有抽水馬桶和洗浴池外，還有一個巨大的墨綠色鐵櫃子，足有一個成年人那樣高。而我當時只有櫃子的把手高，安東和我兩個人一起，用盡了吃奶的力氣，才拉開了那櫃子厚重的門。那櫃門足有半尺厚，裡面漆成天蘭色。櫃子有好幾層，像個書櫥，中層有兩個大抽屜，下層還有幾個小抽屜，也都漆著天蘭色。每個抽屜上都有銅拉手，我們拽著銅拉手，將所有的抽屜都打開了，想看看裡面的東西，結果全都空空如也。

媽媽說，這叫保險櫃，是國民黨撤走時嫌它太重而棄下的。還說，這櫃子可以給我們放東西。於是安東和我每人分占一半抽屜，放入各自的寶貝，各色蝴蝶結，髮夾和玻璃珠項鏈，都珍藏進去，認定放進去的東西必定萬無一失，然後與安東一起，使勁推上了保險櫃的門。以後每想開那櫃門，必與安東通力合作，方能拉開。安東不在時，就喊楊媽幫我開。楊媽只需一隻手，就能拉開櫃門，是我眼裡的大力士。

一九五三年夏季的一天，與我家一牆之隔的蘭園二十六號搬來一戶人家，爸爸媽媽異常興奮，大聲說笑。原來，搬來的不是別人，正是他們的老朋友江靖宇和朱莉夫婦。江靖宇在當了三年的蕪湖市長後，被調來南京任副市長。我們兩家相隔的院牆上開有一扇小門，使兩院相通，因此兩家人串門不必繞道走大門。由於江靖宇比父親年長幾歲，我們姐弟幾人都叫他江伯伯。

江伯伯和朱阿姨沒有孩子，常感寂寞。他們搬來蘭園不久，江伯伯就從老家接來了他剛滿七歲的小姪女江厚蘭，並辦理了過繼手續。從此以後，江厚蘭就成了江伯伯和朱阿姨的女兒了。

厚蘭剛從鄉下來南京時，皮膚曬得漆黑，渾身長著水痘，上嘴唇還因摔了一跤跌破了縫了針而向上翹起，樣子很可怕，加上她又說的是一口我們聽不懂的鄉下土話，所以我們都不敢和她玩。但她在江伯伯家過了一段養尊處優的好日子後，不僅水痘治好了，皮膚也漸漸白晰起來，臉蛋兒跟著就漂亮起來。她很羨慕我有姐弟一起玩，便天天從小門進入我家院子看我們玩「過家家」。一回生二回熟，我們也不再嫌她躲她，而是帶她一塊兒玩了。誰知沒有幾天，她就趁我午睡時，偷走了我放在自認為是「萬無一失」的保險櫃中的全部「財產」，令我痛哭不已。雖然後來真相大白，全部贓物追回，厚蘭也挨了江伯伯一頓打，但我們之間的裂痕卻未能完全消除。

當時我和衛國尚小，一向跟在安東後面，聽她指揮。厚蘭加入後，安東仍是我們的頭兒。安東比我們年長一些，知道的事比我們多一點，力氣也比我們大一點，不論玩什麼，都要我們服從她，毫不讓人還常訓人，相當霸氣。不過，只要她肯帶我們玩，我們便興高采烈。

我在五歲之前一直待在家裡，和姐姐安東，弟弟衛國一起由女傭楊媽照看。楊媽是個寡婦，丈夫早死了，無所依靠，便把唯一的女兒楊金枝寄養在安徽老家的親戚家裡，隻身出來當褓母。她常對母親說她不會再改嫁了，掙點錢把女兒金枝培養成人就滿足了。那個年頭，寡婦不改嫁是極受社會輿論贊許的。楊媽和女兒因生活所迫而分居兩地，使我母親對她深表同情。母親就對父親說，楊媽孤兒寡母很可憐，還是把她女兒接來一塊兒過吧，父親爽快地答應了。那年秋天，金枝就從鄉下來到我家。她與我的大姐同庚，所以她一來，父母就為她報名上了小學，並替她交了學費。

供給制取消後，爸爸媽媽領取高幹工資了，公家不再支付褓母和廚師的工資而改為由父母支付。由於楊媽母女都在我家生活，媽媽還要負擔安徽老家小舅的生活費和學費，為了節省些開支，爸爸就請組織上將老鍾叔調去中山陵園茶社工作。好在楊媽也燒得一手很好的安徽菜，很合爸爸媽媽的口味，所以老鍾叔走後，家中伙食不受影響，只是楊媽抱怨說她的家務負擔過重。所以，一九五四年秋，當我五歲時，媽媽便送我進了上海路托兒所。安東那年剛好進小學，家中只有衛國一個孩子由楊媽照看，她便不再叫累了。

上海路托兒所是江蘇省委辦的全托，我被送去後平時回不了家，只有星期六爸爸媽媽才來接我。我只能在家過個星期天，星期一就又被送進托兒所。我好恨，好委屈！我不喜歡托兒所。在托兒所裡，我的一切行動都要受阿姨的管束，我覺得自己像一隻小鳥被關進了鳥籠，沒有了自由。第一天入託，我便開始反抗。上圖畫課，我就沒有按阿姨的話去做，不在紙上畫，而是在剛粉刷過的雪白的牆上畫。結果，阿姨惱怒地懲罰我，讓我站在牆跟面壁反省好半天。我在罰站的時候，百無聊賴，就用小指頭在牆上摳了一個小洞，自然又受到阿姨的一頓訓斥。

我讓托兒所阿姨最頭疼的，是我的挑食。我不肯喝牛奶，也不吃葷腥。如果阿姨強行喂我吃，我就極力反抗，將飯菜潑的一身一地。我在托兒所裡只待了短短的幾星期，就明顯地消瘦了。最後，托兒所阿姨只好將我送回家。她們建議媽媽送我進南京市委幼稚園，那是日托，早送晚接，只搭一頓中飯。媽媽採納了這個建議，將我送進了市委幼稚園。我立即適應了幼稚園的生活，因為我可以天天回家。所以，白天我安安心心去上幼稚園，在幼稚園裡與小朋友們玩得也很開心。有幾位小朋友與我保持了五十多年的友誼，直至今天。

爸爸媽媽平時上班很忙，無暇顧及我們孩子。但一到星期天，只要不下雨，他們總會盡量帶我們出去玩。我們常去的一個地方是玄武湖公園，一大家子人一起步行去。連楊媽和金枝在內，八個人一路浩浩蕩蕩，從雞鳴寺旁的解放門進園，一進園就算到了城外了。公園位於南京城北，緊挨著高大的城牆，與紫金山毗鄰相望，湖光山色美不勝收。玄武湖歷史悠久，湖面相當大，傳說隋煬帝曾在此檢閱過中國的第一支水軍。湖中有五個小島，稱為五個州，自古以來就是人們休憩遊樂的好場所。

一九四九年國民黨撤走時，公園一片狼籍，連接各州的木橋全部毀壞斷裂。解放初，父親接管園林處工作後，立即對整個公園進行了修繕。他親自部署，在州與州之間修建了不同造型風格高雅的拱形石橋，使五個州連成一體，方便遊人玩賞。他指揮工匠們在州上建造起漂亮的長廊，既可在白天供遊人小坐歇息，又是人們夏日晚飯後避暑納涼的絕好去處。

一九五四年，父親作為南京市建委副主任，在玄武湖動物園內建了一座水族館，館內沿牆一圈的大玻璃櫥窗裡注入了水，放置了水草，點著螢光燈。許多熱帶和亞熱帶的珍稀魚類在水裡悠閒自得地游來游去，大大小小顏色各異的漂亮的金魚，搖擺著它們那美麗繽紛的大尾巴，讓南京人大開眼界。父親為水族館題寫了館名，他寫的「水族館」三個大字，用套紅木刻按實際書寫大小刻好，懸掛在館外房簷下。我清楚地記得他題字時的情景，那時我們已從果園搬進了蘭園二十四號。一天晚上，有位叔叔帶著一捆一米見方的白紙來到我家，請父親為即將落成的水族館題寫館名。父親在飯廳的大飯桌上鋪開了紙，用一支碩大的毛筆蘸飽了墨汁書寫起來，我們全都圍在一旁觀看。每張白紙上，父親只滿當當地寫一個大字，每個字都寫上十幾張，供刻字工人們挑選三個他們認為寫得最好的字，然後按照實際大小用桃木刻出來，再漆成棗紅色，掛在水族館大門上端的房檐下。可惜父親手書的「水族館」三個字在「文革」後期與整個場館一起被毀，遊人再也看不見了。但萬幸的是，他那俊美工整的書法，被永遠留在了家人的黑白照片上，保存了下來。

我小時候最愛爸爸媽媽帶我們逛公園了。我們不僅可以划船，還可以到動物園看猴子，到兒童樂園玩翹翹板，又能有許多零食吃。我們往往在回家的路上，爬上北極閣山，玩一玩雞鳴寺。爸爸媽媽都是共產黨員，是無神論者，所以我們也不相信宗教。但我們喜歡看人們跪在釋迦牟尼（我們叫他如來佛）像前燒香磕頭，看寺中尼姑敲木魚，搖簽桶，覺得很好玩。那時雞鳴寺裡的各種菩薩雕像，包括張牙舞爪的八大金剛，巨大氣派的八仙過海，還有那坐在蓮花上，面容慈祥的觀世音，都有幾百年的歷史了。三米多高的如來佛祖雕像上塗的金粉，在燭光照射下閃閃發光，真像是有神力似的。如今這些雕像早已蕩然無存，「文革」中的一場「破四舊」運動，將寺中所有雕像統統砸毀，名曰「掃進了歷史的垃圾堆」，連寺中尼姑也都被關押審查或遣送下鄉勞動改造。中國無數極其寶貴的文化遺產，就這樣，在瘋狂的政治災難中，瞬間被毀於一旦，輕易地付諸東流了，令今天的中國人扼腕歎息，痛心疾首。

南京市委幼稚園和其他中小學一樣，每年冬夏都放寒暑假。放假的時候，我們姐弟四人全都回到家裡。大姐培根總是一個人待在她的房間裡，安東，我和衛國三人總是一起在家中另一處玩耍，輕易不進培根的房。也許是因為我們三個小的從生下來就沒有離開過父母的緣故吧，在戰爭年代曾經被寄養在老鄉家裡後「失蹤」又「失而復得」的大姐總與我們幾個弟妹格格不入。

那時根本就沒聽說過電視，假期中最高興的事，就是每天下午三點鐘，圍著收音機，聽侯寶林的相聲或聽孫敬修講故事。我上小學之前，媽媽不讓我單獨外出。寒假裡，媽媽買來許多小橘子，讓我們在客廳裡的炭盆上烤熱了吃，她還給我們買回很多童話小人書看。暑假裡，我們就到院子裡，在樹蔭下「跳房子」或踢毽子、跳繩、跳牛皮筋。跳累了便坐下來甩老K、下跳棋。若有其他院子的孩子們跑來加入我們，我們就玩「官兵捉強盜」、「躲貓貓」或「丟手帕」，唱歌跳舞，豐富多彩。我們是那樣地開心，那樣地無憂無慮，常常玩得滿頭大汗，直到各家的大人來喊吃飯，我們仍然興猶未盡。

夏季的晚上，吃完飯洗完澡，楊媽便將兩張竹床搬到院子裡，讓我們躺在上面乘風涼。兒時無數個星星閃爍的夜晚，我躺在竹床上遙望夜空，舒舒服服地享受著微風的輕撫，辨認著天上的銀河和北斗，在一陣陣蟋蟀的歌唱聲中，聽媽媽講述牛郎織女的故事，想像著傳說中的美麗畫面，然後安然入睡。哦，幸福的金色童年！

媽媽是打毛線的能手，她把這手藝也傳授給了我。我才四歲多尚未被送進托兒所時，媽媽就給我兩根竹針和一些零星散毛線，教我打上下針了。她當時這麼做，是為了在她去上班時，讓我能安安靜靜地坐著有事兒幹，少給楊媽添麻煩。有了竹針和毛線，我真的能不聲不響地坐在沙發上，很有興趣地織上幾個小時，一下午可以織成幾寸長的一條帶子來，確實很有成就呢。在媽媽的指導下，我學會了打毛衣毛褲，襪子手套，圍巾帽子。媽媽教給我的這一手毛線活兒，在我今後的生活中，起到了意想不到的巨大作用。它不僅使我結婚後在經濟拮据時能年年將舊毛衣拆洗了重新織，保證了我一家三口的冬季禦寒穿戴，而且在我後來蒙冤坐牢時，使我成為獄中編織能手，受到了女看守們的好評。

我小時候由於挑食而缺鈣，長得比一般的孩子都瘦弱。媽媽便買回來魚肝油，每天早晨起床後叫我張開小嘴巴，往我嘴裡滴上兩三滴。她還為我們三個小的孩子訂了牛奶。可是我不愛喝牛奶，楊媽每天都要哄上半天，我才能勉強喝下。

有件喝牛奶風波，我至今記憶猶新。一天下午，我午睡醒來，楊媽按照媽媽的交代，端來一碗牛奶叫我喝，還給了我幾塊我平時最愛吃的花生糖。可那天我就是不願喝，聞著牛奶的腥味兒，我皺起眉頭對楊媽說我不喝。任她左哄右哄就是沒有用，說什麼我也不喝，她逼得急了我就放聲大哭。楊媽頓時失去了耐心，一把將我拎起，登登登幾步衝進廁所，將我往地上一摜，說：「我今天讓你在這兒哭個夠！」說完，她就將廁所門從外面鎖上了。

這下子可不得了了。我長這麼大一直得到爸爸媽媽的寵愛，還從未受過這麼嚴厲的懲罰呢。我發瘋似地敲打廁所的門，兩條小腿拼命地跺著地，聲嘶力竭地哭叫著開門，哭得昏天黑地，可就是沒人理睬我。我哭喊了多久不清楚，我想至少也有兩個小時吧，一直哭到喉嚨痛極，啞得出不了聲，鼻涕口水吐了一地，鞋子也蹬掉了，最後累得躺倒在冰冷的水門汀地上昏昏睡去。睡了多久我不曉得，大概是整整一下午吧。廁所的開門聲把我驚醒，睜眼一看是媽媽下了班回來解手。此時我心中的委屈和對楊媽的怨恨一下子噴湧而上，淚水像斷了線的珠子一樣奪眶而出。我啞啞地喊了一聲：「媽媽……」，便哭得再也說不出話來了，只向媽媽伸出了一雙求助的小手。我可憐巴巴的慘樣將媽媽驚呆了，她一把將我抱進懷裡，喃喃地說：「怎麼弄成這個樣子啊？」媽媽當即嚴肅地對楊媽說，以後無論小孩子犯了什麼錯，都絕不允許再進行這樣的懲罰了。

打這以後，大人們不再強迫我喝牛奶了。小小年紀的我，卻從這件事上強烈地感到楊媽是個冷酷無情心狠手辣的人。牛奶風波的當晚，我就因睡在水泥地上受涼而發起了高燒，患了肺炎，打針吃藥折騰多日才漸好。可我的體質卻變得更虛弱，後來動不動就患肺炎，讓媽媽操了好多心，我和楊媽的關係從此疏遠。

在我回憶往事時，心中總是充滿了對爸爸媽媽無限的愛。雖然在我上小學之前，爸爸就與世長辭了，可是由於我記事早，對爸爸的印象還是相當深刻的。爸爸業餘有這幾樣愛好：書法、開車、吹簫、打撲克。爸爸每年春節期間都為省市委領導書寫條幅和中堂，南京的離休老幹部中，至今有不少人家裡仍收藏著爸爸寫的字，城建局老局長唐健行就是其中的一個。爸爸生前為人光明磊落，看到不公平的事都要仗義直言，對某些領導時有得罪，因而也時受壓制。他在一九五五年為自己寫的條幅是：「知足常樂，能忍自安。」也許他那時對一些時弊有看法，所以寫了這樣的話來自勉。

爸爸喜歡開汽車。他上下班時常與司機老袁調換座位，他開車，讓老袁閒坐著。有一陣子，他還從公家領了一輛德國產的摩托車騎著玩，這在當時可真是個時髦。那輛摩托引擎很響，而且每當「嘟嘟嘟」地發動起來後，屁股後面就冒出一股黑煙，所以我們稱它「放屁桶」。爸爸經常在下班回家後，騎上「放屁桶」繞著我家院子轉上幾圈。他有時將安東放在後座上，帶她兜風。安東每次都興奮地大叫，十分快樂。可是我怎麼都不敢坐那個「放屁桶」。好幾次爸爸將我抱上後座，只要他一踩油門，車身便顫動得厲害，我立即嚇得哇哇大叫，媽媽就把我抱下來。結果連弟弟衛國都跟爸爸乘過「放屁桶」，只有我這個膽小鬼一次也沒有乘坐它兜過風。

爸爸晚飯後喜歡吹簫，他常吹的一支曲子是《黃水謠》。他吹簫的時候，我總是出神地看著他的手指在簫上移動，目不轉睛地盯著他那短了一截的小拇指。每當他吹完一曲我都要問：「爸爸，你的小拇指怎麼這麼短啊？」爸爸總是笑著說：「被砍斷了啊。」我摸摸那個小手指再問：「還疼嗎？」爸爸說：「不疼了。」他次次吹簫，我次次問，爸爸次次答，不厭其煩。多年後我讀了爸爸的自傳，才知他的手指是為媽媽砍斷的。

爸爸吹簫吹得悲涼，我們合著悲涼的簫聲，唱得也悲涼：

「黃河奔流向東方，河流萬里長。水又急，浪又高，奔騰咆哮如虎狼。開河渠，築堤壩，千里荒原成平壤。麥苗兒肥喲豆花兒香，男女老少喜洋洋。自從鬼子來，百姓遭了殃。姦淫燒殺，一片淒涼。扶老攜幼，四處逃亡。丟掉了爹娘，回不了家鄉。黃水奔流日夜忙，妻離子散，天各一方。妻離子散，天各一方！」

我學唱「黃水謠」時只有四歲。上小學一年級時，我曾為全班唱過這首歌，老師十分驚歎，說想不到我小小年紀竟能記住全部歌詞，唱完全曲。如今幾十年過去了，我仍然會唱，一字不忘，可見印象之深，刻骨銘心。這是爸爸留給我的永遠的紀念。

那時，十三級以上高幹都發有自衛手槍，爸爸也有一支，用紅綢子包好了放進棕色的牛皮槍套裡，擱在我們夠不著的書櫥上層。每逢星期天，爸爸都要拿出手槍來，用紅綢子細心地擦拭。那時的中國比較太平，所以這把手槍從未派上過用場。

有一天，爸爸回來比往常早些，滿臉怒氣，上牙緊咬下唇。他進門後徑直走向書櫥，取下手槍，猛地從槍套中拔了出來，恨恨地說：「日本鬼子狗雜種！」他的雙眼露著凶光，把我和衛國嚇得不敢吱聲。我們躡手躡腳地走到爸爸的房門口，偷偷往裡窺視，只見爸爸手握著槍坐在沙發上沉思。我們悄悄蹭到他的腿跟前，他抬頭看見了我們，一下子把我們姐弟倆摟在懷裡，摟得那樣緊，我們幾乎透不過氣來。過了會兒，爸爸鬆開手輕聲而堅決地說：「決不能允許這樣的事再次發生！」

等媽媽回來後，爸爸對她談起當天發生的事情，我們才知爸爸發怒的原因。原來爸爸那天去視察江東門的一個建築工地，市政建設規劃中打算在那兒建一座工廠。工人們在挖地基時挖出了大量白骨，從骨骼來看，死者男女老少都有。作為市政建設的負責人，爸爸稍作調查便弄清楚了。被選作新廠址的這片土地，正是日本鬼子在南京進行了慘絕人寰的大屠殺後，國民黨政府埋葬死難民眾屍體的「萬人坑」。

日本人在盧溝橋事變後全面侵略中國，佔領我國大片領土。南京於一九三七年十二月十三日淪陷，淪陷的當日，即是令人髮指的血腥大屠殺的開始。兩名喪心病狂的日本兵打了個賭，比比誰在一天之中用大刀砍下的人頭多，進行了一場瘋狂的殺人比賽。南京街上的行人，無論男女老少，都是他們屠殺的目標。一天下來，鮮血染紅了南京的大街小巷。兩名賭徒中的勝者殺了一百零一人，負者殺了九十九人。他們的暴行不僅不受日本官方的譴責和制裁，反而被日本媒介當成英雄故事傳揚。於是進駐南京的日本鬼子紛紛效仿，掀起了一場古今中外歷史上空前絕後慘不忍睹的全面殺人比賽。兇殘的日本人以殺中國人取樂，逮誰殺誰，南京城頓時血流成河。來不及逃走的中國人，都成了刀下冤魂。日本人的殘暴，連殺人不眨眼的希特勒也只能甘拜下風。

日本人的殘忍程度，實在無法用文字形容。俄國人曾在與拿破崙的戰爭中首創了「焦土政策」，這個政策在第二次世界大戰中被多次使用，破壞性極大，但還是遠不及日本人在中國實行的「燒光、殺光、搶光」的三光政策駭人聽聞。中國人民在日本軍國主義的鐵蹄下遭受的非人蹂躪，比歐洲人在二戰時遭受的苦難更為深重。日本人不僅僅是燒殺搶掠，還大肆強姦中國婦女。若遇反抗，他們就先殺了她，然後姦屍，連臨產的孕婦都不放過。這場震撼世界的血腥大屠殺，在南京整整持續了兩個星期。南京的每一條馬路，都堆滿了無辜的中國百姓的屍體，整個南京城籠罩在極其恐怖的人體腐敗的臭氣之中。據初步統計，日本人在兩周內共殺死三十萬南京人和幾萬中國國民黨軍戰俘，殺傷六十餘萬，一個百萬人口的城市幾乎無人倖免。這樣的千古奇冤叫人如何不義憤填膺？這樣的深仇大恨叫人如何能淡忘？日本鬼子的暴行，激起了全中國人民對他們的強烈仇恨而奮起反抗，到處是「還我河山」的憤怒呼聲，同仇敵愾，下定決心，誓將日本鬼子趕出中國去。南京大屠殺，註定了要以日本帝國主義在中國的徹底失敗而告終。

美國人在日本的廣島和長崎投下的兩顆原子彈，總共炸死了十二萬日本人，死亡人數遠遠不到南京大屠殺的一半，而且真正的事實是日本人首先侵犯了美國，偷襲了珍珠港。他們挨炸，可以說是罪有應得。可我們中國人從未冒犯過日本，卻平白無辜地被大量殺戮，公理何在?!當爸爸看到那一大片中國同胞的皚皚白骨，悲憤的心情久久不能平定。他當晚就對媽媽說出了他的初步考慮，要在南京的江東門修建一座「大屠殺紀念館」，讓中國人民世世代代記住這奇恥大辱。

爸爸為建館計畫寫了報告，很快得到上級批准。可是由於建國初期經費短缺，還要抽出有限的資金支援抗美援朝，他的計畫被束之高閣。在爸爸逝世二十四年後，他的計畫被重新拿出來討論並付諸實施。一九八〇年八月十五日，抗日戰爭勝利三十五周年之際，南京大屠殺紀念館正式對外開放。成千上萬的人參觀了紀念館，其中也包括許多日本人。他們之中，有前來懺悔的日本老兵，也有日本的年輕一代。他們為日本曾在中國犯下的滔天罪行感到羞愧和痛心，許多人離開時流著眼淚為紀念館捐款，以聊補良心的譴責於萬一。戰爭罪犯東條英機、崗村寧次、松井石根和谷壽夫，在二戰結束後都被國際法庭處以極刑。他們受審的照片就懸掛在紀念館的牆上，受盡千夫指萬人唾。爸爸倘若在天有靈，也可得到慰藉了。

第四章　父親之死

一九五四年四月的一天下午，大約四點鐘光景，楊媽一時疏忽，沒有關好大門，偏巧就有人造訪。我正在客廳裡獨自玩耍，突然走進來一個可怕的老頭兒。他穿著髒得油光發亮的黑布長衫，幽黑的臉上佈滿皺紋，像是千年的老樹皮，亂蓬蓬的頭髮橫七豎八，像是秋天原野上枯黃的茅草。我被這個醜陋而骯髒的老頭子嚇呆了，心想這就是媽媽常告誡我們的「人拐子」吧？正當我驚魂未定時，這個不速之客卻用黑戚戚的手，從口袋裡掏出幾塊餅乾遞給我並對我說：「別害怕，我是你爺爺啊，你爸爸是我兒子。」我當然完全不信，更不敢接他的餅乾。在他向我伸出手來時，我一邊連連後退，一邊放聲大哭。楊媽聞聲趕來，將那個老頭兒帶到她房間去了。我關上客廳的門，插上插銷，躲在裡面直到媽媽回來才開門。

媽媽立即與那個老頭兒談了話，證實了他確實是我爺爺。這是媽媽第一次也是最後一次會見自己的老公公。爸爸那天因公事繁忙，遲遲未歸。媽媽便叫楊媽做了好飯好菜招待了爺爺，並為爺爺鋪好了床，服侍他躺下休息，她自己則坐在床頭與爺爺說話。我好奇地看著這個我應該稱呼爺爺的陌生人，覺得他穿的黑袍子就像電影中的老地主穿的衣服，便當著爺爺的面問道：「媽媽，床上的這個爺爺是老地主嗎？」媽媽不答，只趕忙拉著我離開。

也不知是晚上幾點了，我被爸爸的大聲說話吵醒，便一骨碌爬起來跑過去看究竟。可是媽媽一見我，就趕緊把我抱上床，還把我的房門關好，囑我好好睡覺，還說大人的事小孩子不要問。第二天早上我起床後發現爺爺已經走了，大人們也從此不再提起這件事。好多年以後，我才聽高鵬叔叔說明了真相。

我爺爺在土改時被定為地主兼商，他所有的財產包括住房，店鋪和土地，都被人民政府沒收，只因他的一個兒子是共產黨的高級幹部，他未被當成惡霸地主槍斃。政府允許他在農村參加勞動，自食其力。可是爺爺是個四體不勤五穀不分的人，對下田幹農活不適應，所以就想投靠父親，到我家來度晚年。然而爸爸卻因黨的紀律不能收留爺爺這個地主份子，以免影響了我們這個革命家庭的聲譽。

爺爺的到來使爸爸很不安，雖然他與爺爺向來不睦，但他絕非鐵石心腸。他待人一貫有情有義，只是他的黨性很強，自覺遵守黨的紀律，不可能為私事而感情用事。於是他對爺爺說，黨組織是不會允許他收留一個地主份子的，只能叫爺爺離開。

爺爺聽了爸爸的話，一聲不響，只把頭埋進了被窩，當年的霸氣消失得無影無蹤，完完全全成了一個「天涯淪落人」，確實也挺可憐的。媽媽給了爺爺一些錢，並為他買了去武漢的船票，讓他去投奔我的伯父——爸爸的哥哥高天健。伯父土改時就離開了舒城老家，經父親介紹，在武漢的政府裡工作。由於他不是共產黨員，媽媽認為爺爺去那兒比較合適。

爺爺沒有去武漢。他離開我家後就像從人間蒸發了一樣，徹底從地球上消失了，再也沒有露面，誰也不知道他在哪兒。為此，孝順的伯父在報上刊登了一則「尋人啟示」，希望能找到爺爺，但是一切消息都如石沉大海，杳無音信。爺爺走後不久，長江流域普遍發大水，連南京城都被氾濫的江水灌淹了一大半，主要大馬路上都有小船行駛穿梭。後來我們聽到傳聞說，那年夏天在長江上游曾漂起一具屍體。從死者的年齡和穿著來看，很像失蹤的爺爺。屍體在當地無人認領，又高度腐爛，所以很快就被公安局處理了。等我伯父聽到傳聞，已經過了幾個月了，他覺得即使去發現屍體的地方跑一趟恐怕也白搭了，只好作罷。我們亦都認為爺爺是自己投江溺死了。

一九五五年夏，毛澤東「粉碎」了「胡風反黨反革命集團」，爸爸帶回家好多聲討胡風的宣傳漫畫給我們看。畫上的胡風長著絡腮鬍子，極其醜陋，被一個頂天立地的巨人共產黨用一隻碩大的拳頭壓得趴在地上，胡風的身後還畫著一串子奇醜無比的「反革命份子」。據說他們都寫文章「惡毒攻擊共產黨」，我當時覺得胡風好可怕啊。三十年後，胡風的冤案得到徹底平反，我從「文匯月報」上讀到他夫人梅志的回憶文章，又看到他年輕時的照片，才知他原來是個身材高大的英俊美男子，而且還是我後來就讀的南師附中老校友！

毛澤東在「粉碎胡風反革命集團」的同時，還在全國範圍內對工商業進行「社會主義改造」，全面實行公私合營，實際上是將所有的私人企業國有化。說白了，就是把那些民族資本家和小業主們的個人財產統統充公。在那一段日子裡，爸爸媽媽很忙。特別是爸爸，他是人民代表大會的代表，不僅常和機關裡的叔叔阿姨們一起上街遊行，支持公私合營，還要參加許多地方上和全國性會議。工會成為新企業中必不可少的重要組成部分，全國各地的工會組織紛紛互訪，交流工作經驗。

爸爸最敬重的革命引路人傅承銘老大姐，此時擔任著遼寧省總工會主席的重要職務，率團抵寧，對江蘇省進行考察訪問。三十年代初期，她和爸爸一起，在上海為共產黨辦地下刊物，結下了深厚的革命友誼。一九三七年底，爸爸經傅大姐介紹，奔赴延安。他們二人上海一別，整整十八年過去了，如今勝利重逢在南京，怎能不激動萬分呢？傅大姐抵達南京的當晚，就驅車直奔我家。兩位老戰友又見面了，兩雙手緊緊地握在一起。爸爸興奮得熱淚盈眶，他握住傅大姐的手使勁兒搖，邊搖邊說：「沒有你傅大姐，就沒有我高藝林的今天啊！」

第二天，爸爸媽媽陪同傅大姐遊覽中山陵並合影留念。拍照時，爸爸的手始終緊握傅大姐的手不放，千言萬語也難以表達他對傅大姐的深情厚意。照片上的張張笑臉都洋溢著重逢的喜悅，革命老一輩之間真誠樸實的戰友情，在那雙緊握的手上充分體現，於無聲處躍然畫面上。傅大姐萬萬也不會想到，這是她最後一次見到爸爸。她走後僅僅過了大半年，癌症這個惡毒的病魔就奪去了爸爸寶貴的生命。

一九五五年底，爸爸參加了中共江蘇省委第一期高幹學習班，學習班設在南京東郊國賓館。學習期間爸爸住在賓館裡，每星期六回家度週末。一次週末他在家洗澡時，發現右大腿皮膚一片紅，整條腿也隱隱作疼。媽媽以為他是因為在寒冬臘月裡受了風寒，老毛病關節炎發作，就為他趕做了一條厚厚的棉褲穿著保暖。一九五六年一月十六日，爸爸的學習班結束時，他的腿疼不僅沒因保暖有所好轉，反而明顯加劇。學習班全體成員合影時，爸爸坐在前排，他的右腿已難以彎曲，只好伸直了拍照。他回來後便去工人醫院作檢查，醫生也認為是關節炎發作，隨即採取熱療法，每天給他做電療。誰知越做越疼，到三月底，爸爸走路已很困難，必須使用拐棍才行。

爸爸依然遵照醫囑，每天前往醫院作電療。五月的一天，爸爸憂心忡忡地對醫生說：「為什麼別人的關節炎越療越好，我卻越療越壞呢？」當時醫院裡正好有位蘇聯骨科專家，便請他來給爸爸診斷一下。蘇聯專家看了後立即叫停止電療，他對中國醫生說，這個病人被誤診了，他患的是骨髓癌，最忌熱療，你們的電療加速了癌細胞的分裂和瘋長，越治越壞，現在癌細胞已經擴散到全身，他的存活期頂多只有兩個月了。工人醫院的領導聞之大驚失色，立即將爸爸的病情通知了中共南京市委第一書記許家屯和市長彭沖。事不宜遲，彭沖同志馬上召開了常委會，討論爸爸的治療方案和如何安排後事。會議決定送爸爸去上海華東醫院，那是當時全國醫療設備和技術力量最好的醫院，去進行最後的治療，不惜代價，盡量延長爸爸的壽命，由市委副書記高黎光和我媽媽一起陪同前往。會議還決定對爸爸嚴格保密，隱瞞真實的病情，讓他滿懷希望去治病，沒有思想負擔。與此同時，市委抽調人員成立了「高藝林同志治喪委員會」，對爸爸的後事進行周到的安排。

雖然一切都瞞著爸爸，但是並沒有瞞著媽媽。得知爸爸將不久於人世，媽媽如五雷轟頂，肝腸寸斷。她的心碎了，可是卻不能當著爸爸的面流淚，以免引起爸爸的疑心。在爸爸最後的日子裡，她強忍心中的悲痛，每天在爸爸的病榻前強顏歡笑，鼓勵爸爸與疾病作鬥爭。只有在醫生查房時，媽媽才會離開一下，躲在走廊的盡頭失聲痛哭，一任哀傷的淚水流淌。

媽媽陪同爸爸在上海住院治療期間，把整個家都託付給楊媽照看，爸爸媽媽的工資也由楊媽代領。這是我出生以來首次與父母長時間分離，每天都覺得很惆悵，在幼稚園與小朋友們玩耍時也常常提不起精神來，生活中總像是缺少了什麼東西，很不完美。我天天想念爸爸媽媽，盼他們早日回家。

七月初放暑假，我們幾個孩子無處可去，整日都待在家裡，楊媽從不帶我們出去玩。她顯得很忙，每天一大早，煮上一大鍋飯，炒上幾盤菜，讓我們在家吃一天，她自己則外出不知幹什麼去了，不到天黑不回家。她每天離家之前總要警告我們，蕃茄和黃瓜不能同時吃，吃了會中毒而死；冰棒一次最多吃兩根，吃多了會腹痛而死。她的話嚇得我總是不敢多吃東西，老覺得肚子餓，又聽不見爸爸媽媽的說笑聲，甚感無聊，終日悶悶不樂。

一天清晨，我正熟睡著，被人掰著肩膀猛烈搖醒。睡眼朦朧中聽見楊媽在喚我：「小華快起來，你爸爸要你們去拍照。」我一聽是爸爸，一下子就跳將起來。原來楊媽收到了媽媽從上海寄來的信，說爸爸想念我們，讓楊媽帶我們三個小的去照相館拍張照片寄去給他看。楊媽因為白天總是很忙，似乎總是沒有空，所以一大早把我們拖起來去拍照，拍好後就可丟下我們忙她的去了。我們到照相館時，時間太早，人家還沒有開門營業，我們在外面等了好一會兒才得以進去拍照。安東和我並排站著，衛國站在我們前面拍了張合影，還印了加快，第二天照片就取回來了。照片上的我們三人全是睡眼惺忪，一付困倦的模樣。

由於媽媽要得急，楊媽顧不得帶我們去重新拍張好的，就把這張照片寄至上海華東醫院。後來聽媽媽說，爸爸把這張照片端詳了好半天，然後貼在心口輕輕撫摸，過一會兒再拿起來看，最後才說：「小華和小衛的眼睛怎麼都是腫的呢？」他哪裡知道，我們是一大清早還未睡醒就被楊媽強行拽起來去拍照的呢。一九五六年七月二十七日，爸爸在收到這張照片的第三天便與世長辭，享年五十歲。

過了幾年，等我大點兒了，媽媽才含著淚水，對我們說起了爸爸最後的日子。爸爸是被極度的疼痛折磨死的。爸爸住進華東醫院不久就臥床不起了，每天靠打止痛針才可入睡。他常常痛得大汗淋漓，牙齒咬得格格作響，以至於媽媽不得不把爸爸的兩顆假牙從他嘴裡取出來，怕他不小心吞進肚裡引起危險。爸爸對媽媽說，他渾身就像有千萬把錐子來回錐，千萬把鋸子來回鋸，最後連止痛針也不起作用了，爸爸痛得撕碎了床單。媽媽親眼目睹了爸爸的生命被癌細胞一點點吞噬了。那種殘酷的折磨令媽媽膽戰心驚，痛苦萬分。可她還必須強迫自己鎮靜下來，將淚水咽下，以頑強的毅力日夜照顧著爸爸。她陪爸爸在上海住了兩個月，從未睡過一個好覺。夜晚只要爸爸稍有響動，她便起來查看，為爸爸擦澡，搧扇子。爸爸吃不下東西，媽媽便每天餵他一點西瓜水，以維持他的生命，直至爸爸吐出了最後一口氣。爸爸去世時，骨瘦如柴，體重不足七十斤，他最先病變的右腿比左腿整整短了兩寸！

爸爸生前曾對媽媽說過他極愛西裝，他年輕時就希望將來有一天，能穿著西裝自由自在地走在大街上。但是西服在毛澤東時代一直被視為資產階級的東西，人們不敢穿。那年頭，全國人民都穿著同一款式的毛式中山裝。爸爸作為黨的幹部，一向嚴於律己，所以沒有穿西服的機會。穿西服只能是他從少年時代起就嚮往的一個夢。媽媽出於對爸爸的愛，讓爸爸的願望在死後實現了。爸爸逝世時，媽媽請求組織上為他做了一套毛料西服穿上，還配上合適的襯衫和領帶。爸爸身穿西服躺在鮮花環繞的靈床上，安祥地長眠了。

噩耗傳來的那天，我正在院中老槐樹下玩耍。安東拿著根長竹竿仰著頭打槐花，我和衛國在樹下撿。槐花洗淨後可以和到麵粉裡烙餅吃，香甜可口。我們三個都全神貫注地忙活著，誰也沒有注意高鵬叔叔向我們走來。我猛抬頭冷不丁地瞥見了他時，他已站在我們跟前了。他以前每次來都帶糖果給我們，所以我們見他來了，立即歡呼雀躍，以為必有糖果吃。可是這回卻沒有糖果。他表情嚴肅地面對我們蹲下，摟住了我和衛國，哽咽著說：「你們都是懂事的好孩子，今天都不要再蹦跳了，因為你們再也見不到爸爸了。你爸爸他……他死了。」鵬叔說著落下了兩行清淚。

我們聽了都楞住了。雖然我們都很年幼，安東九歲，我七歲，衛國五歲，可是我們還是感到了事態的嚴重性。看著鵬叔那極為哀傷的表情，我們終於相信了他的話。想到再也見不到爸爸，再也不能騎在他的肩頭滿屋轉了，安東和我嚎啕大哭。衛國看見我們哭，先怔怔地瞧著，後來看我們哭聲不止，便也跟著一起哭了起來。

爸爸的遺體在上海就裝進了上等楠木棺材，時值盛夏，鐵路局規定不許用火車運活屍。可是爸爸的安徽同鄉老戰友林岩，時任上海鐵路分局黨委書記，毫不猶豫地利用職權違反規定，調用一節車皮，派人專門將爸爸的棺材用火車護送到南京。他對爸爸的這一仗義舉動，十年後在「文革」中被造反派翻出來狠狠批鬥。他是上海鐵路分局頭一個被打倒的「死不改悔的黨內走資本主義道路的當權派」。

爸爸去世一周後，他的追悼會在雨花臺革命烈士紀念館隆重舉行。由於爸爸是南京市解放後第一位去世的局長以上級幹部，江蘇省委和南京市委特別重視，追悼會的規模很大，凡在寧的黨政軍主要負責人都參加了。爸爸的許多在外地的老戰友也趕來了，人人左臂佩戴著黑紗。爸爸的巨幅畫像嵌在金色相框裡，圍上了黑色綢帶緞花，懸掛在大廳南牆的正中。他親切的面龐和藹而慈祥地望著我們，雙眼充滿了愛和情，令人無法相信他已永遠離我們而去了。會場上放滿了省市領導和各界群眾送的花圈和輓聯，莊嚴肅穆。所有花圈的緞帶上都寫著「藝林同志永垂不朽」。追悼會由市長彭沖主持並致悼詞，爸爸的一些生前好友講了話，鵬叔也代表家屬講了話。他們對爸爸的一生給予了高度評價，並對他的不幸逝世表示了沉痛的哀悼。

媽媽沒有講話，她太悲痛了。她的左手緊緊攙著我的右手，站立在爸爸的棺材旁，輕聲抽泣著。朱莉阿姨站在媽媽旁邊攙扶著她，不停地用手抹眼淚。我的姐姐們都站在我後面，楊媽抱著衛國跟在姐姐們後面，接受大家的慰問。爸爸的棺材在上海時就已經釘死，所以無法瞻仰遺容。許多叔叔阿姨在走過棺材與媽媽握手時都忍不住失聲痛哭，會場裡一片唏噓。爸爸生前受到人們的愛戴，死後亦受到人們的敬重和懷念。追悼會的感人情景使我永生難忘，我為自己有這麼好的爸爸而驕傲。

接下來便是參加追悼會的全體人員，護送棺材去墓地下葬。那個年月，中共中央還沒有像今天這樣提倡火化，所以爸爸是土葬的。爸爸的棺材被抬到一輛大卡車上，棺材四周堆滿了花圈。他的遺像掛在車頭的擋風玻璃前，卡車的兩隻前燈上各繫了一條十幾米長的白色緞帶。一條緞帶由市委領導人牽著，另一條緞帶由媽媽和鵬叔領著我們幾個孩子牽著，其餘的人都跟在卡車後面。死者家屬和市委領導就這麼分別握著兩條緞帶，引導著卡車向前走，司機以步行的速度開著車，跟著我們向墓地緩緩駛去。時已正午，又值酷暑盛夏，驕陽似火。我們在烈日下走了一個多小時，才抵達望江磯革命公墓，汗水濕透了大家的衣衫。人們默默地看著工人們將棺材安放在事先用水泥砌好的墓穴中，又用花圈蓋滿墓身，才與媽媽握手告別。

爸爸的墓碑用一大整塊花崗岩做成，高一米二，寬半米，厚二十釐米。碑的正面用大大的篆體刻著「高藝林同志之墓」，反面用較小的篆體刻著爸爸的生平簡歷。簡歷的左下方刻著：「南京市人民委員會立一九五六年七月」。由於爸爸是因長期的革命工作積勞成疾而去世的，中共江蘇省委根據爸爸一生的表現，決定授予他革命烈士的光榮稱號，並將此決定上報中共中央。中共中央很快批准了江蘇省委的決定。一九五六年八月，一紙革命烈士證書送到了媽媽的手中，上面蓋著「中華人民共和國中央人民政府」的鮮紅大印，並蓋有「主席毛澤東」的簽名印章，證書上寫著這樣的文字：「高藝林同志在崇高的革命鬥爭中光榮犧牲，豐功偉績永垂不朽。其家屬除享受政府發放之撫恤費以外，亦當受到社會之尊崇。」當時這是最高榮譽了。這個榮譽對媽媽和我們全家人，在精神上都是極大的安慰和鼓舞。

媽媽鄭重地將這張革命烈士證書放進玻璃相框中，與爸爸的遺像一起掛在正對著她床的那面牆上。她每天晚間上床後，都面對著爸爸的遺像和烈士證書久久凝望。她每天早上一睜開眼，看到的也是這兩樣東西。尤其是爸爸微笑著的遺像，好像總在對媽媽問好，這是她生命中最寶貴的財富啊。爸爸的遺像和烈士證書，默默地陪伴著媽媽度過了她短暫生命的最後幾年。

爸爸逝世時，媽媽年僅三十三周歲。從此以後，她一個人挑起了撫養我們幾個年幼子女的重任。為了減輕媽媽的負擔，組織上決定將爸爸工資的三分之一加給媽媽，作為我們幾個未成年子女每月的撫恤金。本來我家的生活應該逐步正常，可是不幸的媽媽在承受了失去爸爸的沉重打擊後，又一個意想不到的打擊接踵而至。在她最需要支援和幫助的時候，那個口口聲聲說自己「永不改嫁」的楊媽突然宣佈說，她已經在媽媽陪同爸爸去上海期間又結婚了，丈夫是個工人。現在爸爸的喪事已畢，她要走了，要去她的新家。更有甚者，她用光了由她代領的爸爸媽媽兩個月的全部工資置辦嫁妝，所以沒有一分錢交給媽媽。我們這才恍然大悟，為什麼她在我們放暑假後天天早出晚歸的原因了。原來她得知爸爸病危的消息後，認為我家以後缺少了主心骨，收入少了一大半，不會再富有，便託媒人作介紹，匆匆忙忙地找了個頗有錢的工人結了婚。再婚不能算錯誤，但是她欺騙和坑害媽媽，卻太惡劣了。

可憐的媽媽！爸爸的去世，已給我們這個原本溫暖的家帶來了嚴寒，現在楊媽又乘人之危，擅自挪用了媽媽的錢財之後便甩手走了，這對媽媽無疑是雪上加霜啊。我們萬萬沒有想到，楊媽竟然會是這樣一個忘恩負義的小人。媽媽那麼善良地對待她和她的女兒金枝，她卻忍心坑害媽媽，在媽媽最困難的時候，她帶著金枝，捲裹著我家很多細軟，揚長而去。

楊媽的背信棄義讓媽媽措手不及，等於在她滴血的心靈傷口上又撒上了一把鹽。也許是怕媽媽要她還錢吧，沒良心的楊媽連更換褓母的時間都不給媽媽，便迫不及待地離開了我家，而且沒有留下她的通訊地址。洗衣、做飯、搞衛生，帶孩子等一大攤子繁重的家務，猛地全部落在了媽媽的身上。媽媽此時身為南京市城建黨委組織部部長，工作十分繁忙。家裡家外的巨大壓力，幾乎把她壓垮了。我們姐弟幾個都太小，還不很懂事，根本無法分擔媽媽心中的哀傷和痛苦，她只有將一切的苦難一個人吞進肚裡，獨自挑起了生活的重擔。

江伯伯和朱阿姨在那段日子裡幾乎天天過來看望媽媽，朱阿姨常幫媽媽料理些家務。有時，江伯伯還叫他家的褓母燒些菜送過來。媽媽是個極要強的人，不願給人添麻煩。她覺得老是拖累江伯伯和朱阿姨不是長久之計，所以打算再找個褓母。朱阿姨猜著了媽媽的心思，便對媽媽說，不如將小華的外公外婆從安徽老家接來一起生活，他們可以照看這個家，既可免去月月給他們寄生活費的麻煩，又可省下雇用褓母的費用，豈不一舉兩得？

朱阿姨的一席話正對了媽媽的意思，但媽媽對外公的地主成分尚有顧慮。雖然我的外公因對新四軍作出過不少貢獻而被定為開明地主，不受管制，比其他類型的地主份子名聲上好聽些，可他畢竟還是地主啊。媽媽雖然在解放後恢復使用父姓，並且與外公一直保持著聯繫，但她一時一刻也沒有忘記自己的家庭出身是剝削階級，特別是她在組織部門工作，考慮問題更加小心謹慎，不敢輕易將外公外婆接來。市委領導瞭解到媽媽的苦衷後，立即作出了決定，批准將外公外婆的安徽鄉鎮戶口轉為南京市戶口，給予外公外婆普通公民的一切政治待遇，不作為地主份子處理，而是烈士家屬，每月每人可領取十元錢生活補助，並享有選舉權和被選舉權。這樣，一九五六年秋天，外公外婆來到我家，和我們一起生活。

外公外婆來了以後，媽媽便完全從繁重的家務勞動中解放出來，身心得到調理，健康狀況也逐步好轉。外公承擔了每天買菜摘菜洗菜的任務，外婆則負責洗衣做飯和收拾房間，一切家務安排得妥妥貼貼，有條有理，再不用媽媽操心了。我的外婆是媽媽的後娘，但卻不像好多故事裡描述的後娘那樣有一顆「蛇蠍般狠毒的心腸」，她和媽媽相處十分融洽，對媽媽極為尊重，人也極單純隨和，總是樂呵呵的，毫無心眼兒，操持家務也很盡心盡力，所以她能與我們和睦相處，從未與我們發生過任何矛盾，亦無任何口角。

外婆最引我感興趣的是她的一雙小腳，一對真正的三寸金蓮。在她只有四歲時，她的母親就為她纏足了，所以她的腳特別小，我們叫作「小腳粽子」。她到我家後，每天下午都要打開長長的裹腳布，用熱水泡腳並修剪腳底厚厚的老皮和腳指頭上的灰指甲。我因好奇，常常搬個小凳子坐在她對面看她洗腳。外婆包在裹腳布裡的小腳臭哄哄的，我每每掩鼻皺眉卻不走開，從頭看到尾。她的兩隻腳，只有大拇指是向前伸直的，其餘的指頭全部彎曲在腳底，小拇指正好彎在腳底心正中。她的腳背高高聳起，像個小山包，裡面的骨頭由於長期被外力強行抑制其生長，早就向上斷裂了。外婆每次洗腳都要使勁掰開緊緊黏合在一起的腳指頭，伸進手指搓洗。她天天洗也洗不盡其中的污垢，天天一盆清水變混水。她告訴我，裹腳的痛苦是無法形容的，斷骨的疼痛真正是撕心裂肺。她小時候日復一日年復一年地在纏足的鑽心疼痛中煎熬，受盡折磨，根本不可能像我們現在的女孩那樣，痛快地跑跳玩耍。她的小腿因纏足缺乏運動不能正常發育而變得非常細，勉強支撐著她的身體，所以她走起路來邁不開大步，而是像企鵝一樣邁著小小的碎步兩邊搖晃。她站起來時，就像魯迅先生筆下的「豆腐西施」，像一隻細腳零丁的圓規。外婆常歎息：「裹小腳真是作孽啊！」

纏足完全是封建社會對婦女的一種殘酷壓迫。中國婦女的纏足歷史究竟上溯到哪個朝代起，很難說得清。但有一點是肯定的，就是中國歷史上最強盛的唐朝，婦女是不纏足的。那時候的婦女，憑著一雙大腳，可以隨意翩翩起舞，她們能跳各種難度極大且極其優美的舞蹈。婦女纏足發明在唐朝之後，一般的看法是始於一千年前的宋朝。宋朝皇帝以腐敗著稱，妻妾成群，三宮六院七十二妃，大多是貪官污吏進貢來的民間美女，其中不乏反抗者。為了防止她們逃跑，有人便向皇上進讒言給她們裹小腳。在封建社會裡，「唯女子與小人難養」的怪論統治著人們的頭腦，男尊女卑，婦女沒有地位，只能是男人的玩物。她們被強制裹了小腳以後，不僅難以從夫家逃跑，而且走起路來平添了許多姿色。她們邁著碎步的雙腳被長長的衣裙遮住看不見了，行走起來整個人像是飄浮在水面上的蓮花，從人前飄過，引得無數男人盡折腰。她們搖晃著的孱弱的身軀，就像微風中婆娑多姿的垂柳，令男人們心中旌旗搖動，想入非非。於是男人們對女人纏足一致叫好，這種對女人的不平等待遇便沿襲下來，一沿襲便是近千年。經過多次改朝換代後，這種酷刑不僅沒有得到制止，反而得到了受害婦女們的認可。不論貧富貴賤，也不論長相多好，只要女人是一雙正常的大腳就嫁不出去。不管哪家娶媳婦，當婆婆的總要先撩起新娘的褲腳管，看看她是不是有一雙小巧玲瓏的腳。假如當婆婆的對新娘子的腳不滿意，認為不夠小，輕則惡言惡語，重則退婚，根本不讓新媳婦過門，結果女人對女人的壓迫更甚於男人。受盡了婆婆多年氣的媳婦一旦熬成了婆，也會像她的婆婆一樣去虐待她的媳婦。如此惡性循環，中國社會裡的婆媳關係始終很壞，像根繃緊了的弦，一觸即發，真是愚不可及，可悲可歎。

目睹了中國婦女所遭受的深重苦難後，倒是男人們最先為她們鳴不平。洪秀全首先提出了男女平等，可他敵不過強大的封建傳統勢力，徹底失敗了。孫中山先生接著舉起了反帝反封建的大旗，發出了徹底廢除婦女纏足的號召。大城市中的知識份子家庭率先回應，到「五四運動」時期，除了因循守舊極其頑固的邊遠農村仍堅持婦女纏足外，全國各地的大小城市和鄉鎮，基本上廢除了這一酷刑，我的母親就沒有受過纏足之苦。到共產黨打下江山後，纏足的陋習在中華大地上便完全徹底地絕跡了。

我們失去爸爸後，雖然家庭不再完整，減少了許多歡笑，但是外公外婆的到來，多少彌補了我們家庭生活的不足。在剛強慈愛的媽媽帶領下，我們全家又揚起了生活的風帆，乘風破浪地向前進了。

第五章　大躍進

爸爸葬禮結束後一個月，媽媽便帶我去南京市和平路小學（現在改名為南京市北京東路小學）報名上學。這所小學歷史悠久，一直是南京市的重點小學。校園占地面積很大，每個年級都有各自獨立的房舍作教室，亦有獨立的課間活動場所。六個年級六排平房，房屋周圍的水泥走道兩旁建有許多漂亮的花壇。一年四季各種鮮花輪番開放，錯落有致，與學校大門內側的兩個小池塘交映成輝，環境可謂優雅。加之學校地處市府大院公交一村內，受到政府的直接關懷，條件相當不錯。特別是學校後面有個大運動場，有當時南京市屈指可數的標準沙坑和跑道，可以用來召開省市級田徑運動會。運動場中的大草坪是一個標準足球場，我們稱之為大操場。只要不下雨，全校師生每天都集中在此做早操，平時各年級的體育課也都在這兒上。這樣的體育運動條件，可以說在南京市的小學中是得天獨厚絕無僅有的，就連絕大多數的中學也望塵莫及。

國民黨時期這所學校叫藍家莊小學，共產黨接管政權後，將學校改了名，主要接收共產黨南京市委和市政府機關的幹部子女入學。當時政府嚴格規定，兒童年滿七周歲才可進小學，有些孩子生日差幾天都不行，往往被耽誤一年。那時無論是校方還是家長，大家都高度自覺，嚴格按規定辦事，基本無人走後門，亦沒有聽說過請客送禮這一套。所以我們姐弟幾人都是七周歲半以後才開始讀書的，比西方的孩子們上學平均晚了兩年。

媽媽從小愛讀書，她說要不是為了抗日而獻身革命，她是一定會上大學的。現在她將希望寄託在我們幾個孩子身上，要我們努力學習，將來能考上名牌大學，讓她上大學的夢想在我們身上實現。她的這個願望從我上幼稚園起就灌輸給我，從而奠定了我日後用功讀書的思想基礎。

我和我的兩個姐姐在同一所小學就讀。我上一年級時，她們兩個，一個上三年級，一個上六年級，學習成績都不錯。尤其是安東，已經拿過幾個學期的「三好生」獎狀，很讓媽媽感到寬慰。這使從小個性要強的我暗下決心，一定要超過她們。我自幼比較聰明伶俐，又什麼都不甘落後，自覺性和刻苦性都較強，，所以一上學就在班上拔尖，每次考試都力爭滿分，博得了老師們的喜愛，指定我當了班長，繼而又當了級長，「三好生」獎狀自然不在話下。我在和平路小學讀書六年，十二個學期拿回了十二張「三好生」獎狀。讀書成績是姐妹中間最出類拔萃的，加之在女孩中又數我最小，因而得到媽媽的格外寵愛，在姐弟們發生口角時，她經常袒護我，我對她也特別親。這些卻遭到了姐姐們的嫉妒。一九五七年春大鳴大放期間，年僅十歲的安東，竟然寫了大字報貼在家中飯廳的牆上，批評媽媽偏心眼兒包庇我。這張大字報只貼了半天，當晚就被媽媽喝令撕下了。可是安東心裡並不服氣，撕下大字報時她氣得臉漲得通紅，過後還好多天不跟我說話。

一九五六年，毛澤東發表了「百花齊放，百家爭鳴」的講話，鼓勵全國人民大鳴大放，對共產黨提意見。好多人，特別是知識份子，非常高興，以為毛澤東講民主，給人民言論自由。誰也沒有想到他的「雙百方針」，目的是為了要「引蛇出洞」，誰提意見就整誰，上當受騙最多的是知識份子，其中有很多人是不足二十歲的尚在大專院校就讀的青年學生。一九五七年春夏之際，我上小學一年級下半學期時，反右派運動就在全國大張旗鼓轟轟烈烈地展開了，首當其衝被開涮的就是知識份子。凡是頭年響應毛澤東的號召大鳴大放的人都被打成了「反黨反社會主義」的右派份子，被開除公職，發配邊疆。

一天夜裡，我從睡夢中驚醒，身邊不見媽媽，卻聽見客廳裡有人說話，便一骨碌爬起來跑到客廳。只見一位面龐英俊身穿軍服的年輕人坐在大方桌旁，與外公外婆和媽媽說著話。這人的軍服上沒有領章和肩章，滿臉是淚，媽媽握著他的手不停地安慰。見我進來，媽媽說這是我三舅，明天一早要出遠門了，他們要說說話，叫我不要打攪。說著她就送我回房睡覺，第二天早晨我起床時，三舅已經走了。

這時候媽媽才告訴我，二十二歲的三舅周汝生是共產黨員，年輕有為的空軍少尉軍官。他畢業於軍事院校，一直表現優秀，原本前途無量。只因他在鳴放中提出中國軍隊不該一邊倒，什麼都學蘇聯，被打成了右派，而後被開除了黨籍軍籍，發配青海勞動改造，社會的棟樑轉瞬間成為階下囚。

五十年代的中國，一切學蘇聯。毛澤東稱蘇聯為「老大哥」，號召全國人民學俄語。共產黨高級幹部們最時髦的事情，就是送子女去蘇聯留學。中國人民解放軍採用的是蘇式軍銜制，共產黨在軍隊中提倡跳蘇聯舞，唱蘇聯歌。

我的三舅從學生時代起就是個很活躍的人，積極參加學校的各項活動，特別是他愛好文藝能歌善舞，經常參加各種演出，是個有天分的文藝活動積極份子。他參軍後也一直是軍隊演出隊的成員，對中國的傳統歌舞情有獨鍾。在鳴放運動中，生性爽直的他，對一切學蘇聯的現像提出了看法，認為不能光唱蘇聯歌跳蘇聯舞，也應該有一些我們自己的傳統歌舞。沒有想到，他的這點直率，使他在剛剛踏上人生旅途之時便遭了殃，被打成了「反黨反毛主席」的右派份子。一個革命的主力一下子就成了階級敵人，斷了前程，毀了青春。最糟的是，由於共產黨是「偉大，光榮，正確」的，所以受了那麼大冤屈人，不允許有任何申辯，有理無處講，只能陷入絕望境地。

那場聲勢浩大的政治運動，使得全國範圍內，受冤枉被打成右派份子的有五十五萬人之多，受牽連的親屬有幾百萬人。其中各大學十八、九歲的年輕學生受害人數最多，因為他們閱歷淺，天真幼稚又敢想敢說，所以成為名為「言者無罪」而實質「言而有罪」的受害者。這些年輕的學生被打成右派後，又被開除學籍，再被遣送到邊遠貧困地區勞動改造，一去就是二、三十年，好多人喪失性命。倖存者們也大多數是九死一生，受盡苦難。這一場反右運動使得多少人才被摧殘，多少家庭被毀滅！在毛澤東統治的中國大地上，連綿不斷地上演著一齣又一齣人間悲劇。

事實上，共產黨中央給各個單位都下達了打右派指標，每個單位都要抓出百分之五的右派份子來，否則單位的領導就要倒楣。當領導的若不想倒楣，就必須抓出替罪羊。為了完成這個混蛋的百分之五的指標，有些領導甚至於把一些在鳴放中沒有說過一句話的人也打成了右派。這種置人於死地的做法，純粹是他們為了向上級邀功請賞，抓出這些人來為那個百分之五充數。不幸的三舅周汝生只不過說了幾句大實話，就莫名其妙地被劃進了那個「百分之五」。

畢竟三舅在部隊一直表現良好，所以在他被發配青海之前，部隊領導動了側隱之心，給了他一天假，允許他回家與親人告別。那天晚上，他在我家對外公外婆和媽媽哭訴了一夜，第二天一早就踏上了流放之途。他這一走，竟成了與外公外婆和媽媽的永訣。在他走後的幾年中，媽媽和外公相繼病逝，他都未能獲准回家奔喪。二十八年後，他獲得平反，摘掉了右派帽子，恢復了黨籍，被分配到安徽省一個小縣城的集體工廠擔任廠長。平反後，他到南京來看我。這時我見到的三舅與當年那個瀟灑英俊的青年已完全判若兩人，我見到的是滿頭雪白銀絲的耄耋老者。漫長艱苦的歲月，無情地在他的臉上刻下了一道道深深的皺紋，五十歲的人看上去像七、八十歲。他沒有成家，孑然一身。當他用顫抖的雙手撫摸著媽媽的遺像時，不禁老淚縱橫。看著無聲的淚水像斷了線的珠子一樣從他的雙眼滴落在地，我砰然心動，突然明白了什麼是痛苦，什麼叫創傷。想到三舅的大好年華被無端葬送，同情的眼淚一下子從我眼中奪眶而出。

反右鬥爭後，全國人民沉默了。為了激起中國人民的愛國熱情，毛澤東在一九五八年發動了大躍進運動。他號召全國人民「跑步進入共產主義」，主觀臆斷地決定要用成倍的高速度發展國民經濟，在最短的時間內趕上或超過西方資本主義國家。為此，他對工農業產量盲目地制定了一系列不切實際的指標。

那年我剛九歲，卻已經被教育成狂熱的「共產主義接班人」，上進心非常強，政治熱情相當高。那種政治熱情說給今天的孩子們聽，他們根本就不可思議。在那一年的六月一日國際兒童節，我與其他六位同學一起，被批准加入少年先鋒隊，成為班上的第一批少先隊員。新隊員人數剛好可以成立一個小隊，我本來就是班長，所以一入隊就成了小隊長，左臂戴上了鮮紅的一道槓標誌。

當時我們所受的教育是，實現共產主義是我們最崇高的理想，為了這個理想我們必須跟黨走，老師們諄諄教導我們說，人生三件大事，入隊、入團和入黨。少先隊是共青團的後備軍，而共青團是共產黨的後備軍。所以入隊對於小小年紀的我來說，是很神聖很光榮的事。當紅領巾在我的胸前飄蕩時，當沒有入隊的同學對我投來羨慕的眼光時，我覺得非常自豪。入隊後，我更加積極地投入到學校的各項活動中去，我要用我的實際行動支持大躍進運動，做媽媽的好孩子，老師的好學生。

我們小學生的主要任務是除四害，消滅蒼蠅、蚊子、老鼠和麻雀。四害中的前三害我們就在家裡對付，我家裡基本上沒有蚊子和老鼠，但是一入夏就有成群的蒼蠅在屋內外到處飛舞，很是討厭，所以我們對除四害運動非常歡迎。我們姐妹人手一隻蒼蠅拍，見到蒼蠅就打，打死的蒼蠅都撿起來放在紙盒裡計算成績。每天傍晚，我都將裝有死蒼蠅的紙盒送到蘭園居民委員會去。居委會主任認真清點盒中的死蠅，然後寫個收條曰：「茲收到高安華同學交來蒼蠅屍體XX隻，特此證明。」然後鄭重其事地蓋上居委會的大紅印章。第二天我就將這個收條交給老師，報告除四害的成績。我才上小學二年級，就已經懂得當好班幹部必須以身作則。每天放學後我都不去玩耍，做完了作業就除四害，在我的帶動下，其他同學也都照我這樣做。我們還在老師的帶領下，遍查市內公共廁所，一旦發現有蒼蠅的蛆，就用小鑵子搜羅起來，再挖個小坑埋掉。我們不怕髒不怕臭，積極性很高。我們的努力確實卓有成效，到第二年夏天，南京市內的蒼蠅明顯地減少了。

除四害運動中聲勢最為浩大的是：全民動員，消滅麻雀。毛澤東說麻雀會糟蹋糧食，必須徹底消滅，於是麻雀成為人民公敵。一九五八年整個春夏，一到星期天，安東，衛國和我都要跟媽媽一起去公教一村，參加市委大院裡的集體滅雀大戰。我們用的是人海戰術。市級機關的幹部們，幾乎家家都是男女老幼全體出動，分散站在市委大院的各個角落。每個人手裡都拿著鍋碗瓢盆或者搪瓷茶缸和臉盆，一看到天空中有鳥飛過，就全體齊聲大喊，同時用棍子或小勺敲擊手中的盆盆罐罐。成千上萬的人製造出震耳欲聾的響聲，猶如千軍萬馬馳騁疆場，驚恐的鳥兒們在天上不停地亂飛，根本不敢停下歇息。幾個小時下來，鳥兒們極度疲勞，飛不動了就從天上掉下來。這時候人們就一哄而上，爭先恐後地捉拿落地的麻雀「戰俘」以計算成績。如果落地的鳥兒一息尚存，人們會毫不猶豫地將其勒死，絕不留情。不論打死的是何種鳥雀，一律當作麻雀計數。死掉的鳥兒越多，人們越高興，無絲毫憐憫。

我和媽媽每次參加滅雀大戰，都站在大操場，那兒人最多，而且有鑼鼓家什助威。我左手拿個鋁製飯盒，右手拿個小羹匙，不停地敲打，同時跟著大人們拼命地扯足嗓門對天喊叫。我的手敲酸了，喉嚨喊痛了，都毫不介意，因為這是響應偉大領袖毛主席的號召啊，怎麼能落後呢？每當我見到有鳥兒從天而降，就像消滅了一個敵人一樣，感到無比興奮，覺得自己也為建設社會主義祖國出了一分力量。

如今，我已到了花甲之年，毛澤東時代在我頭腦中建立起來的抽象的共產主義大廈，早已在中國殘酷的現實生活中土崩瓦解了。但是回想起五十餘年前的我，一個九歲的兒童，一個二年級的小學生，共產主義的教育竟能如此牢牢地印在腦子裡，深深地紮在心窩裡，溶化在血液中，落實在行動上，真是頗多感慨，不得不承認共產黨的宣傳鼓動是相當成功的。

其實，我們當年的滅雀大戰消滅的麻雀，是吃害蟲的益鳥。其他被滅鳥類，亦多為益鳥。第二年全國很多地方發生蟲災，沒有了益鳥，又無足夠的滅蟲農藥，加上其他天災人禍，致使整個神州大地糧食產量普遍大幅度下降，有些地區甚至顆粒無收，從而爆發了連續三年的全國大饑荒。儘管如此，卻沒有人敢懷疑毛澤東的政策是荒唐可笑的，我們仍然堅定地相信，毛主席和共產黨的領導是英明正確的，成績是主要的，缺點是次要的，對毛盲目崇拜，盲目緊跟，沒有人意識到個人迷信的危害性。抽象的共產主義信仰，像一種宗教，牽著人們的鼻子走。這種宗教在潛移默化地毒害和腐蝕著我們的靈魂，使我們頭腦僵化不去獨立思考，唯命是從。這樣，就為數年後毛澤東發動的那一場史無前例的「文革」浩劫，打下了可悲的群眾基礎，使得自稱是「和尚打傘」無法無天的毛澤東能夠為所欲為，玩弄權術，翻手為雲，覆手為雨，終於在六十年代中期，將中國人民拖進長達十年之久的政治動亂，陷入自相殘殺的苦難深淵，從而寫下了中國歷史上乃至世界歷史上最為慘痛的一頁。

大躍進運動的另一項主要內容是全黨全民大煉鋼鐵。對經濟建設完全無知的毛提出了一個極左的口號：大幹快上，一天等於二十年。他認為一個國家的鋼鐵產量是衡量這個國家工業發展的標誌，他要求全國人民一起動手，共同努力，在一九五八年完成和超過一千七百萬噸鋼的生產指標；他提出，中國的工業要在短短的十五年內趕上英國，並將他的這個異想天開的設想印刷成標語口號，製成宣傳畫，張貼在全國城鄉的大街小巷，做到家喻戶曉，深入人心。

大煉鋼鐵的運動打響了又一場人民戰爭。全國各地到處出現了粗製濫造的土高爐，成年人幾乎人人參與，不分晝夜，輪番上陣，停人不停爐。為了餵飽這些土高爐，所有的機關、學校、工廠、街道、企事業單位都發動群眾，大獻廢銅爛鐵，農村則大砍森林樹木。連續幾個月日夜不熄火的成千上萬的土高爐，燒掉了成千上萬噸的木材，使許多郁郁蔥蔥的美麗山樑變成了荒山禿嶺。農民因參加大煉鋼鐵無人下地耕作，致使田園荒蕪。而土高爐煉出的，則全是毫無用處的鐵疙瘩，人稱「牛屎巴巴」。

與毛澤東的願望完全相反，「多快好省」變成了「少慢差費」，勞民傷財，積重難返。更糟的是，基層幹部們接受了反右的教訓，學會了奉迎拍馬，報喜不報憂，甚至弄虛作假，沽名釣譽，浮誇成風。明明是莊稼減產欠收，卻報告說是大豐收，虛報產量以取悅上司。各地的人民公社都擺起了擂臺，生產隊長們紛紛爭著上臺「大比武」。你說畝產一千斤，我就說畝產二千斤。你說三千，我就說五千。輪流幾番下來，就成了畝產一萬甚至二萬斤，反正吹牛不犯法，儘管睜著眼睛說瞎話。這些信口開河荒謬絕倫的胡言亂語，卻被共產黨的報紙和電臺大肆宣傳表揚，自欺欺人。誰的假話說得越多，牛皮吹得越大，就越能當先進當勞模。更有甚者，有的幹部竟能胡說八道到這樣的地步：公然宣稱他們地區「提前進入了共產主義」，打開國家糧庫，宣佈吃飯不要錢，讓農民們「敞開肚皮吃飽飯，鼓足幹勁爭上游」。對這樣的咄咄怪事，毛澤東卻視而不見，聽之任之。結果是國庫被吃空了，農民們又沒有收成，交不了公糧，第二年全國鬧饑荒，令黨中央一下子束手無策。而忠厚老實的中國農民，即使沒有飯吃也不抱怨共產黨，只怨天災，不怨人禍。他們啃光了所有的草根樹皮，勒緊了褲腰帶還繼續跟黨幹革命。然而他們對黨的忠誠並沒有使他們得救，全國還是有幾千萬人厄運難逃，活活餓死，浮屍遍野。

大躍進使中國的經濟遭受空前的破壞，民不聊生。目睹廣大農村的饑荒災難，一些正直的共產黨人拍案而起，挺身而出，為民請命。最典型的例子就是國防部長彭德懷的悲慘遭遇。這位為了中國人民的解放事業戎馬一生，出生入死，德高望重的彭大元帥，做了大量的調查研究，用鐵一般的事實寫下了萬言書，直接上書毛澤東，要求他停止這樣的大躍進。毛澤東惱羞成怒，在一九五九年的廬山會議上，他將持不同意見但對黨忠心耿耿的彭德懷打成反黨集團頭子，撤銷了其國防部長的職務，任命林彪取而代之。在共產黨的宣傳下，毛澤東唯我獨尊，被公認為黨的化身，中共的締造者，絕不允許任何人打破他「永遠正確」的神話。在大批的中國人因為大躍進的惡果而餓死後，他仍然說，黨的總路線，大躍進和人民公社是三面紅旗，要永遠高舉。

為了支持大煉鋼鐵的運動，我們小學生們每天下午放學後都組織起來，去撿廢銅爛鐵。我們不僅在自己家裡和院裡搜索著每一寸土地，還走進別人的院子搜索。我們恨不得有孫悟空的火眼金睛，能看穿地下三尺。我們專心致志地找，把所有能夠找到的鐵釘，插銷什麼的都上交了，然而數量實在可憐，無法填滿土高爐那貪變的胃口。正在這時，政府號召人民吃大食堂，過集體主義生活，許多人家都不做飯了。於是在家長們的支持下，我和同學們都將家裡做飯的鐵鍋當成「廢銅爛鐵」上交了，以此精忠報國。

由於媽媽是黨的幹部，我們家自然一切響應黨的號召。外婆不做飯了，每天一日三餐都由外公領著我們前往設在蘭園九號的街道大食堂打飯回家吃。大食堂的飯菜味道比起外婆的小炒來真是差遠了，那兒每天供應最多的就是炒「飛機包菜」。所謂「飛機包菜」指的是捲不起來的包心菜，連著外層墨綠色的老葉，就像飛機張開的翅膀。那一年，老天爺就像有意和大躍進作對似的，讓老百姓種什麼不長什麼。種蘿蔔就光長葉子不長根，種蕃茄就不結果，種包心菜就不捲心。人們就稱這種菜叫「飛機包菜」。說是「炒」菜，其實跟鹽水煮的一樣，根本沒有油花。大食堂供應的飯菜，吃在嘴裡又苦又澀，難以下嚥。儘管我們堅定不移始終不渝地高舉著三面紅旗，我們的生活水平卻從一九五九年起急劇下降，許多人因營養不良而得浮腫病。

當我走在大街上，看到那麼多「工業十五年趕上英國」的標語和漫畫，對英國產生了極大的好奇。從我記事時起，凡是與英國沾邊的事，聽到的都是壞的。我從小就知道英國是世界上最老牌的帝國主義，對我們中國曾犯下難以饒恕的累累罪行。什麼鴉片戰爭啦，八國聯軍啦等等。外公來到我家後，更給我灌輸了很多反英排外思想。他經常到和平路小學斜對門的一個小書攤上去租小人書回來看，其中就有好多是講咱中國義和團的弟兄們，用大刀長矛與英國鬼子的洋槍隊浴血奮戰的故事。可是現在，毛澤東卻要我們向英國看齊。看來，英國也有長處。至少，他們的工業比我們強大。為了趕上那個英國，我們大煉鋼鐵，校園裡建起了土高爐，整日煙火彌漫。為了趕上那個英國，外婆不做飯了，我們才會去吃大食堂。英國為什麼會比我們強大？英國在哪裡？

我耐不住好奇心，一定要弄個明白。我搬了張椅子，放在家中客廳掛有世界大地圖的那面牆前，爬了上去，在地圖上搜尋那個叫做英國的地方。九歲的我，沒有任何地理知識，無的放矢地尋找著。我在地圖上看到了中國，蘇聯和美國，卻怎麼也找不到那個大名鼎鼎的英國。我大聲地叫喚：「媽媽，請您告訴我，英國究竟在哪裡？」媽媽笑著走過來，伸出一個手指，指向地圖左上方邊緣說：「瞧，就在那兒，遠在天邊。」這下我看見了，「英國」二字寫在地圖上一個小小的島嶼一樣的地方。這麼小的一個國家竟然會比我們強大？還要我們這樣的泱泱大國興師動眾花上十五年才能趕上嗎？真是太神奇了。我不禁暗自思忖，將來有一天，我一定要訪問那個工業強大遠在天邊的國土。

大躍進運動後，中國進入三年困難時期，全國人民都吃不飽肚子。糧食布匹以及日常用品極為短缺，所有的物資供應都空前緊張，輕重工業的產量和質量嚴重下降。國家不得不實行計畫配給制，一切都憑票定量供應。政府發放給我們的各種票證，少說也有二十多種。糧票、油票、肉票、糖票、雞蛋票、布票、線票、煤票、肥皂票、香煙票、草紙票、豆腐票……加上工業券和購物本，五花八門，樣數繁多。可是每張券可購數量卻極少。例如，每人每月限購三兩菜油，每人每年限購一尺六寸布等等，所以我們只能小心翼翼勤儉持家，精打細算，艱難度日。由於糧食供應緊張，街道的大食堂被取締關門，我們又買了新鍋，恢復在家開伙。外婆每天都用小碗量米下鍋，炒菜也只放很少的油，每人每頓只能吃一小碗，不許添飯。

大躍進至少使中國的經濟倒退二十年。大躍進之前，媽媽每年都為我們做幾件新衣服，可是現在，全家人全年的布票放在一起，才夠做一套衣服，我們又都在長個子，怎麼辦呢？那時根本就沒聽說過，有什麼的確涼之類的化纖織物可代替棉布，除了像媽媽那樣的幹部們，經濟條件比較好，穿得起毛料服裝和皮鞋外，人們穿的都是布衣、布褲和布鞋。因此，布票是僅次於糧票的最珍貴的票證。我們的布票不夠用，媽媽只好採取以舊改新，以小接大等措施。正如當時的童謠所唱：「新三年，舊三年，縫縫補補又三年。」一件衣服往往要穿好多年，破了補，補了穿，補了又補，還捨不得扔掉。實在不能穿了，外婆就用來納鞋底，自己做鞋，絲毫也不浪費。幸虧我家以前有些底子，父母的舊衣服很多，可以改給我們幾個孩子穿。媽媽因是黨的幹部，政府有時還發放一些額外的食品和布匹。食品都添進了我們的小肚子裡，布匹也都穿在我們身上。媽媽自己節衣縮食，盡可能地讓我們吃飽穿暖。

在黨的教育下，我們那時的孩子，沒有人會為穿打補丁的衣服而感到不好意思。相反，補丁越多越光榮。所以，當媽媽在我穿舊了又嫌短的褲腳上接上一塊新布，讓我繼續穿時，我竟歡天喜地，比穿新衣還要快樂，不僅不覺得難看，反而覺得這是繼承了革命前輩艱苦樸素的優良傳統，並且發揚光大，是值得提倡的。

由於市場供應蕭條，物資短缺，一些有生意頭腦的人瞅準了時機，做起了買賣，黑市應運而生。在黑市上，雞蛋的價格比憑票供應的要貴上二十至五十倍。一些有錢的人，主要是高薪階層，像教授啦、民主人士啦、子女少的高幹啦等等，都可以從黑市上買回高價食品以補充營養。國營商店裡也公開出售價格昂貴但不要票證的「高級點心」和「高級糖果」。可是不久，黑市上做生意的小販們都被打成了「投機倒把犯」，他們被指控為「破壞社會主義經濟秩序，非法謀取暴利」而投入監獄，判刑十年至二十年甚至槍斃。二十年後，這幫在鐵窗中度過青春的當年的「投機倒把犯」們，趁著「改革開放」的強勁東風，東山再起，又做起了與當年一樣的私營買賣，而且規模更大。這一回，他們不再是「投機倒把犯」了，他們是「搞活經濟，活躍市場，促進城鄉交流」的個體戶。他們的攤點小店遍佈全國城鎮的大街小巷，他們對國家納的稅，佔據著整個國民經濟收入的百分之二十。

與城市不同，農村沒有每月的定量供應，農民們只有每年秋收後的年底分紅。由於分到的糧食太少，遠遠不夠吃，大批農民關門閉戶，扶老攜幼，離鄉背井，進城乞討。多數農民很老實，他們冬天在外乞討，春天返回家園下地耕作。可是還有些人，要飯要出了甜頭，不肯回去，一年四季在外行乞。從此，中國出現了丐幫組織和職業乞丐。他們不再種田，專門乞討。有的一家祖孫三代都是「叫花子」，成為「要飯專業戶」。他們的行為甚至受到當地官員的支持，很多乞丐手中都持有當地人民公社開具的，蓋有紅色大印的允許乞討證明。各地的火車站，長途汽車站，都是他們集中活動的據點。很多乞丐因為要飯而成為有錢人，丐幫的首領更是極其富有。他們白天裝成窮要飯的，混跡於車站、碼頭、廣場等人群最多的場所，夜晚便花天酒地，紙醉金迷，賭博吃喝，大肆揮霍。他們變成一批不知廉恥，好吃懶做的地痞無賴，是中國社會的蛀蟲。

三年困難時期，安徽省遭受的災害最為嚴重。安徽的廣大農村糧食奇缺，餓死的人數為全國之冠。餓極了的人們為了活命失去了理智，很多地方都發生了駭人聽聞的人吃人的恐怖事件。鄉下人一遭難，總是想方設法跑到城裡投親靠友。我家裡也突然來了許多從未聽說過的「遠房親戚」，要求媽媽給予資助。一下子冒出這麼多人來向我們討飯吃，而且是一批又一批絡繹不絕，媽媽哪能招架得了啊。一開始，媽媽總是招待他們吃頓飽飯，然後給點錢，再送幾件我們穿小了的衣服，就勸他們返回家鄉，生產自救。可是一批走了，另一批又來了，簡直像個無底洞，給媽媽施加了前所未有的巨大壓力。我們全家的定量都拿出來，也不夠他們吃啊，外婆經常對著空了的米缸唉聲歎氣。

一批批難民的到來，大大超出了我們的承受能力。可是媽媽最見不得人家受苦，看著這些人可憐，她不忍心叫他們馬上走，便在家裡搭地鋪，先將他們安頓下來，然後向上級彙報家鄉受災情況，說鄉親們都揭不開鍋，攜家帶口逃荒來了。市政府領導體諒媽媽的苦衷，送了些糧食蔬菜到我家，同時派了幹部來勸說鄉親們回去。外公也給家鄉的幹部和親友寫了信，說明我們的困難，這樣才制止了家鄉群眾來我家裡「吃大戶」。

這一場全國大饑荒，不僅使老百姓怨聲載道，而且共產黨的各級領導幹部也很有意見。在中央召開的全國地市級以上幹部們參加的七千人大會上，紛紛對毛澤東發動的大躍進和極左冒進的經濟政策提出質疑。毛澤東迫於壓力，決定退居二線。他推薦曾經在蘇聯留過學的劉少奇擔任國家主席，主持日常政府工作，恢復國民經濟。劉少奇推行了一系列穩定民心的經濟政策。在城市，他放手使用民族資本家，大力扶持和發展民族工業，並對確有貢獻者冠以「紅色資本家」頭銜。在農村，允許部分地區的農民瓜分土地，包產到戶。這等同於和毛澤東提倡的「合作化」唱對臺戲，但是卻能讓農民們在上交額定的公糧以後，可以多勞多得，有口飯吃。劉少奇還允許每戶農民分得一小塊自留地，種些蔬菜瓜果自給自足。這些政策都是旨在解決農民最基本的吃飯問題，行之有效，受到農民的普遍歡迎。中國農民的要求實在很少，這麼一點物質刺激就提高了他們很大的生產積極性。在外乞討的農民紛紛返回家鄉，恢復農業生產。他們珍惜分到的土地，早出晚歸，勤耕細作，努力增產增收，年景很快好轉起來。到一九六五年，全國經濟形勢一片大好，農民供應城市的蔬菜又多又好，而且價格極其便宜。我記得，一分錢一斤的青菜和兩分錢一斤的蕃茄高高地堆滿了市區的各個菜場，吃都吃不完。食品供應方面，我們遠遠超過了蘇聯老大哥。當時，許多蘇聯外交官回國述職前，他們的太太們都要到中國的小菜場購買成筐的蕃茄空運莫斯科，中國上海生產的鐵殼熱水瓶和其他輕工產品，是蘇聯百貨公司裡最搶手的熱門貨。

隨著國家經濟的復甦，劉少奇的威望在老百姓心中也一下子提高了，有人喊出了「劉主席萬歲」的口號。可是，善良的人們萬萬沒有想到，這樣的口號會大大地刺痛毛澤東，更不會料到，他會為了個人至高無上的權力，發動一場「橫掃千軍如捲席」，使國家及人民陷於深重災難的「文化大革命」，而且運動的首要目標，就是清除改善了人民生活的國家主席劉少奇。可悲的是，正是劉少奇，最早在中國創建了對毛澤東的個人迷信，他是毛澤東神話的奠基人。一九四五年，在延安的中共第七次代表大會上，劉少奇在發言後慷慨激昂地振臂高呼「毛主席萬歲」，首開中國個人崇拜的先河。從此以後，毛澤東成為中國的現代皇帝。劉少奇，這個呼喊「毛主席萬歲」的中國第一人，二十年後成為現代萬歲爺的第一政敵。他被扣上莫須有的罪名，被打成全國頭號走資本主義道路的當權派。他的卓有成效的「紅色資本家」理論和「包產到戶」政策，成了他「復辟資本主義」的最大罪狀。

然而一九五九年的我，一個三年級的小學生，是那樣的天真純潔，對政治全然無知。和全國人民一樣，我虔誠地相信和擁護毛主席和共產黨，對他們制定的方針政策沒有一絲一毫的懷疑，誰要說他們一個不字，都會被我視為不共戴天的死敵。

一天下午放學時，突然下起了雨。我三步並作兩步地剛剛來得及從教室跑到校門口傳達室，雨點就變成了傾盆大雨嘩嘩嘩地從天上傾瀉下來，我只好和同學們擠在傳達室小屋裡躲雨。突然，我聽到外面有人高聲喊著我的乳名：「小華！小華！」我聞聲從門口探出頭去向外張望，不覺吃了一驚，因為我看到了那個背信棄義出走三年的楊媽，打著傘，笑容可掬地向我走來。

「小華，我見天氣突變，特地給你送傘來了。」楊媽邊說邊遞過來一把輕巧的女用桐油紙傘。我怔怔地接過傘，一言不發，心裡卻琢磨著：「她怎麼來了？」楊媽見我楞著，忽然伸出一隻手來，熱情地一把將我攬在懷裡，親暱地說：「這幾年我好想你啊，你們姐妹幾個我最喜歡你了。走，我送你回家。」我厭惡地掙脫了她，默默地撐開紙傘，與她一同回家。一路上，楊媽喋喋不休地說這說那，我都沒有搭理。我斷定她此番前來根本不是為了看我，而是另有所圖。我沒有忘記她對媽媽的忘恩負義，完全信不過她。

果然不出所料，媽媽下班後，楊媽便對媽媽一把眼淚一把鼻涕地哭訴開了。她掏出手絹揉紅了雙眼，顛三倒四地傾訴她的苦難。聽了好一會兒，我們終於弄明白了她的意思。原來她丈夫在大饑荒中辭世，她女兒金枝已停學，進了一家街道小廠工作，但工資低得可憐，自己都在艱難掙扎，哪兒還顧得上她。她說失去了生活依靠，變賣了家當都難以維持。這時她想起了心地善良的媽媽，十分後悔離開我家，云云。她真正的目的是還想再回我家當褓母，與我們一起生活。

我覺得楊媽是個見利忘義的小人，希望媽媽立即將她打發走。可是好心腸的媽媽在聽到楊媽的丈夫餓死的消息後，流下了同情的眼淚。媽媽不計前嫌，寬宏大量，不僅對楊媽盜用主人兩個月工資一事隻字不提，還留下楊媽在家吃晚飯。吃完晚飯，楊媽積極地收拾碗筷，抹桌掃地，洗盆刷鍋，根本不讓外婆動手。可是，在困難時期，誰家願意多一張嘴呢？所以，她的去留關係著我家的生活安定。我緊張地靜候媽媽的決定。終於，媽媽說話了。她委婉地告訴楊媽，爸爸去世後，我家經濟狀況已大不如前，何況外公外婆也已接來，所以我家確實無力再雇用褓母了。但考慮到楊媽的實際困難，她不能袖手旁觀，願意幫楊媽再找一份褓母工作。說罷，媽媽提筆給政府勞動部門寫了一封信，請他們為楊媽作出安排。接著，她又打開錢包，拿出十元錢，與信一併交給楊媽。楊媽接過信和錢，千恩萬謝地走了。我也舒了一口氣。

人說一滴水可以反射出太陽的光輝，一件小事可以反應出一個人的優秀品質。媽媽的一生，並無轟轟烈烈的壯舉，然而她做人卻做到了極致。無論在多麼艱難困苦的情況下，她都盡最大的努力幫助別人。對於有求於她的人，哪怕這個人曾經有負於她，她也從不以個人恩怨加以推脫。她的善良，在市委大院有口皆碑。

媽媽非常重視我們的學習和教育，鼓勵我們多讀書。她自己省吃儉用，卻捨得花錢為我們買各種課外讀物。即使在三年困難時期，她也為我們買了大量世界著名童話故事書，還訂閱多種兒童書報雜誌，內容豐富多彩，古今中外都有。從小學二年級起，我就開始閱讀長達幾百頁的中國民間故事和西方童話故事集。我後來喜愛西方文學，就是源於兒時媽媽對我的啟蒙。那些美麗動人的童話故事，使我獲益匪淺。尤其是安徒生寫的「海的女兒」，深深地打動了我的心。幾乎所有的故事都宣揚真善美，抨擊假醜惡，富於生活哲理，我從中懂得了不少做人的道理。

到小學四年級時，我已經開始閱讀長篇小說「林海雪原」和「青春之歌」了。曲波所著的「林海雪原」，是我閱讀的第一部中國小說，故事情節生動有趣，使我非常著迷，愛不釋手，以至於反覆讀了好多遍，很多段落都記在腦子裡，能夠整段地給同學們講述。由於我口齒清楚，把故事講得繪聲繪色，大家也都聽得津津有味。我對英雄楊子榮和少劍波以及小分隊成員非常敬佩，一直想和曲波交朋友，但是一直沒有機會。多年後，我在英國認識了曲波的兒子——畫家曲磊磊，成為很好的朋友，可惜曲波已病逝，無緣與他見面，讓我抱憾終生。

在少先隊的工作中，我表現出良好的組織能力，能把每週的中隊活動，安排的井井有條妙趣橫生，在同學們中間享有相當高的威信。所以繼二年級的「一道槓」後，三年級時，我晉升為少先隊中隊長，戴上了「二道槓」，又於四年級晉升為少先隊大隊長，戴上了「三道槓」。從那次當選以後直至小學畢業，我都是和平路小學少先隊組織的最高領導，被鍾愛我的老師戲稱為「兒童高幹」。

我在「知天命」之年，前去看望我小學的班主任秦玉蘭老師，她高興得緊緊拉住我的手不放，她對我小時候的事情記憶猶新，一件一件如數家珍。當年梳著兩條烏黑大辮的年輕漂亮的秦老師，現已年逾古稀，兩鬢蒼蒼，可是她對我這個學生卻記得特別清楚。她無限慈愛地對我感歎道：「自從你畢業走了以後，幾十年來，一批又一批學生從我手上畢業，有成百上千人，但我再也沒有碰到過比你更好的學生了。」她的話如一股暖流流遍我全身，使我感動得熱淚盈眶。世上還有什麼樣的褒獎能比老師的厚愛更高更珍貴呢？

我的媽媽是個老共產黨員，她反帝反封建卻並不排外。她不僅閱讀著名的中國古典文學書籍，而且喜歡西方文學。她的床頭經常放著「紅樓夢」、「儒林外史」、「莎士比亞全集」等中外名著，每晚上床後她都讀書至深夜。可以說，媽媽是對我一生影響最大的人。媽媽在世時，週末經常帶我們去電影院看電影，而且每年寒暑假放假之前，她都要為我們幾個孩子預購整個假期的學生場電影票。假期電影，數安東和我看得最多，幾乎每天看一場。我倆每每省下媽媽給的車錢，步行去新街口勝利電影院，然後用省下的錢每人買兩根冰棒，邊吃邊看電影。

我在十歲之前，看過的電影至少也有二、三百部之多。那時每到夏秋，市府大操場或玄武湖公園差不多每個星期六晚上都要放映免費的露天電影，我也是一場落。五十年代末至六十年代初，我看了大量蘇聯和西方國家的翻譯影片，大大豐富了我的知識，開闊了我的視野。有不少影片因為覺得太好了，反覆看過好多遍，其中就有英國拍攝的榮獲奧斯卡金像獎的《王子復仇記》（即莎翁的《哈姆雷特》），給王子配音的演員孫道臨，嗓音極富魅力，令我著迷。而對於水平差的電影，我看過一遍就不再問津。

說到看電影，不能不提一下的是，中國的中小學校，普遍把組織學生看革命電影，當作政治教育的一個重要手段。而當時的電影中，蘇聯片佔據很大比重。有關列寧和十月革命的都在必看之列，其中的人物對白，很多成為我們少年時代乃至今日喜歡模仿的經典。那時，只要有同學喊肚子餓，我們其他人便異口同聲地說：「會有的，一切都會有的。麵包會有的，牛奶也會有的……」，然後哈哈大笑，肚子似乎也就不餓了。

我對一部名叫《丹娘》的影片印象很深，影片講述的是蘇聯衛國戰爭中發生的一個真實的故事。年僅十八歲的女英雄卓婭，為抗擊德國法西斯的侵略，女扮男裝走上前線，不幸在執行任務時被德軍俘獲。面對敵人的嚴刑拷打，她堅貞不屈，大義凜然，視死如歸，最後被敵人送上絞刑架，英勇就義。這部影片感人肺腑，催人淚下。當自稱「丹娘」的卓婭昂首挺胸地走上絞刑架時，電影院裡哭聲一片，我也哭得泣不成聲。我被卓婭的壯烈犧牲深深地感動了，看過電影後，心情久久難以平靜，思緒仍然沉浸在電影鏡頭裡。毫無疑問，這樣的電影教育效果是非常好的，極大地激勵起我們的愛國心。即便在幾十年後的今天，我還是要說，那是一部極為優秀的影片。以英雄人物為榜樣，是共產黨對我們進行精神教育的一大絕招，相當成功。我們頭腦中好與壞的概念，在看電影時便完全具體化形象化了。

我小時候的道德觀，就是從看電影中樹立起來的。簡單說來，就是崇拜捨己為人不怕犧牲的英雄人物，仇恨惡霸地主，叛徒和國民黨。小學三年級時，學校組織我們觀看電影《白毛女》，接受階級教育。貧農女兒喜兒的一頭黑髮變白髮，引起我們對惡霸地主黃世仁的強烈仇恨。殊不知，當時的中國電影十分臉譜化，好人壞人一目了然，是非極其分明，連三歲的孩子都能分辨。好人雖然衣衫襤褸，但一定英俊漂亮。而壞人呢，身穿綾羅綢緞，但相貌必定醜陋，不是尖嘴猴腮骨瘦如柴，就是肥頭大耳大腹便便。當然，必定以好人（共產黨）戰勝壞人（國民黨）而勝利告終。據王峰表叔說，解放戰爭時期，《白毛女》舞臺劇在中共統轄的解放區巡迴演出，反響極大。有位苦大仇深的解放軍戰士看戲時竟憤怒到忍無可忍，舉槍打死了臺上飾演黃世仁的演員。由於該戰士是「出於深厚的無產階級感情」，所以免於刑事責任。可見，什麼東西扯上「無產階級」四字，罪與非罪就難辨了。可憐那位槍下冤魂，死不瞑目啊。

老師們說，是共產黨毛主席和無數革命先烈打倒了黃世仁們，才使我們過上今天的幸福生活。而資本主義國家的人民，依然生活在水深火熱之中，受著奴役和壓榨，我們要以天下為己任，繼承革命先烈未竟的事業，為解放全人類而奮鬥。學校領導還經常邀請參加過二萬五千里長征的老紅軍來作報告，告誡我們，今天的幸福生活來之不易，是革命前輩拋頭顱灑熱血換來的。我們胸前飄蕩的紅領巾，是紅旗的一角，而紅旗是用革命先烈的鮮血染紅的。每當聽到這些教導，我的胸中總是湧動著無比神聖的感情，因為我的爸爸是革命烈士，所以共和國的旗幟上也有他的一滴血。我也要像他那樣獻身革命，踏著先烈們留下的腳印，接過他們手中的紅旗，將革命進行到底。當少先隊輔導員在每次的隊日活動上領著我們呼喊「為了共產主義，時刻準備著」的口號時，我都會發自內心虔誠地振臂高呼，大有「壯士一去兮不復還」的豪情壯志。我為自己是一名新中國兒童而自豪。

然而，儘管我從幼稚園起就不斷地接受共產主義的革命理想教育，可是一輩子也沒有弄懂「共產主義」到底是什麼東西。「共產主義」和「資本主義」只能是我頭腦中的兩個抽象的名詞。即使到了花甲之年，我還是弄不清其真實含義。如果說，我對「資本主義」一詞尚能說出一二，那麼我對「共產主義」一詞就只能是困惑。就連我的許多共產黨員的朋友們，也解釋不清什麼是「共產主義」的正確定義。

一九五九年的中國，是全國大饑荒的頭一年。雖然命運多舛，卻因為慶祝建國十周年，而成為我國社會主義建設的一個光輝的里程碑。為迎接共和國的第一個十周年，黨中央決定要在這年十月一日以前，在首都北京完成十大建築的建設，包括人民大會堂、民族文化宮、歷史博物館、北京火車站、北京天文館和軍事博物館等。全國人民都翹首以待，關注著十大建築的建設進展。在學校，老師們每天都向我們報告從北京傳來的振奮人心的消息。老師們說，北京的工人叔叔們發揮了沖天的革命幹勁，夜以繼日地奮戰在建築工地上，十大建築的建設突飛猛進日新月異。為了鼓舞鬥志，工人們滿懷豪情地寫出了一首首革命詩歌，膾炙人口。我最記得的有這麼幾句：「工人階級一聲吼，地球也要抖三抖！」「叫高山低頭，叫河水讓路，喝令三山五嶽開道，我來了！」這些句子在今天看來，與其說是詩歌，不如說是革命的豪言壯語。可在當時，這樣的語句卻在我幼小的心靈中打上了深深的烙印。在我看來，它們是何等氣吞山河的英雄氣概啊。我真誠地為偉大祖國取得的每一項成就而感到歡欣鼓舞，我決心向工人叔叔學習，以實際行動，拿出優異的學習成績，向國慶十周年獻禮。在期末考試中，我獲得四門功課一百分，榮登學校榜首。

一九五九年九月，我升入小學四年級。一開學，我們就投入到國慶遊行的準備和排練中去了。一千名十周歲的孩子們，從南京市各個小學中被挑選出來，每百名為一組，組成了十個的方隊，我被安排在第一個方隊中的第一排。每天下午，我們都集中在大操場進行步伐訓練。每個被挑選出來的孩子，都感到非常光榮，操練起來極其認真，就像一支真正的軍隊。

激動人心的一天終於來到了。十月一日清晨五點，天才麻麻亮，外婆就喊我起床了。我穿上少先隊隊服，繫好紅領巾，檢查了左臂上的三道槓標誌是否平整，梳好小辮，紮上紅色蝴蝶結，匆匆扒了幾口早飯，便趕到市政府大門口集中，與其他遊行隊伍匯合。我到達的時候，東方剛剛出現了魚肚白。同學們個個提前趕到，人人激動興奮。老師們為所有女同學的臉上打上了胭脂，使我們這些祖國的花朵們顯得格外漂亮。我們第一排方陣的兒童，共同抬起了一塊彩色的木板圖畫，上面用孩子氣十足的紅色字體寫著：「我們也十歲了！」

天大亮以後，我們緊隨著解放軍三軍儀仗隊，列隊走過鼓樓廣場，在中山北路珠江路口停下，等待著最後的號令。等待的時候，老師發給我們每人兩隻紅色的汽球。上午十點整，早晨的薄霧散盡，金色的陽光普照大地。北京，南京，全國各大城市的國慶遊行，在莊嚴的國歌聲中開始了。

那一年，南京有三十萬人參加了盛大的國慶遊行，而由我們十周歲兒童組成的方隊是最受歡迎的一支。

我們所到之處，路旁觀看的群眾都是一片歡騰，不斷對我們爆發出一陣陣熱烈的掌聲，歡呼聲一浪高過一浪。在這樣的掌聲鼓舞下，我們更加精神抖擻，昂著頭，挺著胸，邁著堅定整齊的步伐，走向新街口廣場檢閱台。在接受省市領導檢閱的時刻，隨著帶隊老師的一聲令下，我們放開了手中的紅汽球。只見幾千隻紅彤彤的汽球，迅速飛向高空，盛況空前。四周頓時掌聲雷動，喝彩聲此起彼伏。而我們後面的工人隊伍放飛的幾千隻和平鴿，更使節日的氣氛高潮迭起。我抬頭望去，見到無數懸掛在高大建築物上的毛主席像，從四面八方向我微笑。當我隨著遊行的人群，振臂高呼「毛主席萬歲」時，是那樣的激動，那樣的興奮，那樣的幸福，那樣的真心實意。此時此刻，和其他孩子們一樣，我的最大心願，就是有朝一日，能夠親眼見到全國各族人民偉大的領袖毛主席。毛澤東，在我這個天真爛漫的十歲的孩子的心中，已經成了神。

我們的遊行隊伍走過檢閱台後，折向中山東路，走過大行宮，轉向太平北路。中午，我們回到市政府大門口。解散後回到家，已是下午一點了。遊行結束了，但慶祝活動並沒有結束，精彩的焰火將在當晚八點整開始燃放，時間長達一小時。放焰火的大炮就設在離我家不遠的北極閣山上，我家的院子成了近水樓臺，是觀看焰火的絕佳位置。吃過晚飯，我早早地搬了個小凳，坐在院子裡等候。焰火開始之前，我和鄰居的孩子們一起，放開歌喉，無憂無慮地縱情高唱「社會主義好」。我們純潔得像清澈的流水，像剔透的冰晶，沒有絲毫雜質。

晚上八點整，第一朵禮花在天空中準時開放，我們高興得拍手歡呼。隨著一聲聲禮花炮響，夜幕變成了一個瞬息萬變的萬花筒，在高高的天際，為我們展示出一幅幅五顏六色的美麗圖案。看那白色的水仙、紅色的玫瑰、黃色的雛菊、紫色的牽牛，相映成輝交織在一起，五彩繽紛，絢麗多彩，奇妙無比，令我目不暇接。我這一生中看過許多次焰火，毫無疑問，有的比這一次更持久更壯觀。但在我心裡，哪次都比不上國慶十周年這一晚看到的動人美麗，使人終生難忘。

那晚焰火結束後很久，我仍然興猶未盡，不肯進屋。我翹首遙望，戀戀不捨。焰火散盡的夜空顯得格外晴朗，格外寧靜。一輪明月懸掛在天上，皎潔的月光直泄下來，把大地照得一片銀白。漆黑而柔和的夜幕上，寬闊而綿長的銀河清晰可見，就像是浩蕩的揚子江反射在天幕上似的。銀河中那閃閃爍爍的群星，就像那太陽照射下的滾滾長江泛起的點點漣漪。哦，多麼美麗的夜晚啊。

第六章　失去母親

歲月匆匆，時光飛逝。歡慶建國十周年的餘音依然迴旋在耳畔，轉瞬間，歷史已跨入了二十世紀六十年代。一九六〇年，是本世紀中國最困難的一年。這一年，開頭就極其寒冷。這一年的新年，我們是在西伯利亞的寒流襲擊中度過的。那種寒冷，一直冷到人的心裡。這一年，饑餓嚴重威脅著全國人民。而雪上加霜的是，我們的蘇聯老大哥突然與我們鬧翻了，竟背信棄義，撤走了所有的援華專家，並且要求中國償還在抗美援朝中欠下的所謂債務。在那場戰爭中，蘇聯提供給中國人民志願軍部分武器彈藥，本來說是履行國際主義義務，現在卻說是賣給中國的。更糟的是，他們要求食品極為短缺的中國，以最上等質量的食品抵債。在每天都有人餓死的中國，卻每天都有滿載著新鮮穀物肉蛋和水果蔬菜的列車駛往蘇聯還債。這些食品，都是從中國人民的牙縫裡擠出來的，是從全國各地所能收穫的有限農牧產品中精心挑選出來的。當我聽到這樣的消息時，吃驚得簡直不敢相信自己的耳朵。因為剛剛不久前，在慶祝國慶的活動後，我們緊接著又慶祝了蘇聯的十月革命節。我們剛剛高呼過「中蘇兩國牢不可破的戰鬥友誼萬古長青」，中蘇關係就破裂到你死我活的地步了！當時誰也不懂得什麼是意識形態的鬥爭，更不可能懷疑自己的領袖，只能相信他老人家說的：以赫魯雪夫為首的蘇聯共產黨已經脫化變質，成了國際共產主義的可恥叛徒。昔日最可信賴最要好的朋友，轉瞬間成為我們最大的敵人。

這一切對我來說是那樣突然，那樣不可理解，一下子難以接受。因為從我懂事時起，所接受的政治教育就是，世界分為兩大對壘的陣營：以美帝國主義為首的西方資本主義陣營和以蘇聯為首的東方社會主義陣營。而社會主義陣營代表的是正義和人民，雖然我們只占世界人口的三分之一，但是最終必定戰勝資本主義，從而解放世界上三分之二受苦受難的人民。即使在全國發生大饑荒時，毛澤東仍然說，「目前形勢一片大好」，是「東風壓倒西風」，是「我們一天天好起來，敵人一天天爛下去」。然而，現在風雲突變，社會主義陣營不戰自亂，不攻自破。而且，這個陣營中的絕大多數國家都歸順在叛徒蘇聯的指揮棒下，掀起了一場「國際反華大合唱」。這些東西，在我那從來都是陽光明媚的幼小心靈上，初次蒙上了一層陰影。我感到壓抑，很不開心，感到中國在國際上的處境很兇險很孤立，我心中隱約地覺得，政治很可怕，但同時又在黨的宣傳教育下敬佩毛澤東。因為黨對我們說，只有毛澤東領導的中國共產黨是「唯一真正」的馬列主義政黨。「唯一」和「真正」這兩個詞使我相信，只有我們中國最正確，只有我們中國最有骨氣，最不畏強暴。儘管蘇聯逼債，我黨依然堅持真理，堅持世界革命。我深信不疑，世界革命的中心，已從莫斯科轉移到了北京，毛澤東已成為世界革命的領袖。我堅定地相信黨的教導：「真理有時是掌握在少數人手裡的。」雖然我們在世界上是少數派，但因為我們掌握真理，所以最終的勝利還會是我們的。這個信念支持著我們幼稚的阿Q式的精神世界，使我們即使吃糠嚥菜也毫無怨言，即使缺衣少食還念念不忘毛主席的恩情。那時我們從來也沒有想過，將來有一天，當這樣的精神世界一旦被徹底摧毀，我們面臨的會是何等巨大的精神痛苦！

今天，當我回過頭去看我們的孩童時代，真覺得我們當年實在是可愛得令人心疼。在每日三餐就著鹹菜，喝著稀飯，穿著補丁落補丁的粗布爛衫的艱苦日子裡，我們還時刻信誓旦旦地想著，長大後要去解放世界上三分之二的勞苦大眾。我們以為他們比我們更苦。我們完全不知道，也無法想像，就在我們饑腸轆轆地發誓要去解放全人類時，那些等待我們去解放的西方「勞苦大眾們」，早已普遍用上了我們聞所未聞的各種現代化家用電器。在我們眼裡最奢侈最豪華最昂貴的，只有政府高官才能乘坐的小汽車，早已走進西方普通「勞苦大眾」的私人家庭。據說，赫魯雪夫憧憬的共產主義，就是能吃上「土豆燒牛肉」和「黃油踏麵包」。殊不知，這兩樣東西，是西方的工人階級平時餐桌上的普通食品。也就是說，當「三分之二的勞苦大眾」已經過上了「共產主義天堂」般的幸福生活時，我們這些肩負著解放全人類重任的人們，卻還在漫漫的貧困和落後中苦苦掙扎。當我二十年後明白了真相時，被如此顛倒了的黑白深深震撼了！什麼是欺騙宣傳？我想，不過如此吧！

一九六〇年的陽春三月，天氣轉暖，大地回春。花草樹木從冬眠中蘇醒過來，抽出了新的枝條，長出嫩芽，南京披上了綠色的新裝，恢復了往日的美麗。那一年的春天，風和日麗，站在城牆上一眼望去，映入眼簾的皆為桃紅柳綠，一片風調雨順的美好景像。可是報紙廣播卻總在報導著全國嚴重受災，我們的副食供應比上一年更為緊張，孩子們普遍因為缺乏營養而發育不良。為了改善一點生活，外公決定在院子裡種些瓜果蔬菜。他在安徽老家時就是把種菜的好手，這下可派上用場了。說幹就幹，他買來鋤頭釘耙等農具，然後挽起袖管和褲腳管，十分麻利地拔去院中所有花卉，揮動鋤頭鋤掉了雜草。接著，他掄起釘耙，一下午工夫就開出幾畦整齊劃一的菜地來。隨後他便種上了青菜、黃瓜、蘿蔔、江豆、蕃茄、毛豆等各種蔬菜。雖然我們天天聽到的都是全國遭受嚴重的自然災害，似乎自然災害猖獗到無孔不入，可是我家的菜地卻絲毫不受影響。老天爺像是有意關照我們似的，外公種下的各種蔬菜，都在大自然的陽光雨露滋潤下茁壯成長，我們很快就吃上了自家產的新鮮蔬菜。外婆又養了幾隻雞，我們的生活便有了好轉。我一直奇怪和納悶，為什麼我家的菜地沒有遭受自然災害？三十年後，我在英國讀到西方學者的專著，說造成中國三年大饑荒的原因，是三分天災，七分人禍，我恍然大悟，心中那長期疑惑不解的迷一下子就解開了。原來，毛澤東為了推卸他所犯下的大躍進的嚴重錯誤的責任，把老天爺當成了替罪羊，編造出一個全國普遍發生「自然災害」的彌天大謊來遮人耳目。

那年五月，氣候特別宜人，處處陽光明媚。溫暖的陽光照得我心頭暖洋洋的，和煦的春風吹拂著原野，吹走了我心頭的那一點陰霾。我不再被蘇聯逼債的事情所困擾，因為老師說，蘇修和美帝一樣，都是紙老虎。他們外強中乾，不堪一擊，我們應該藐視他們。聽了這樣的教誨，我的心情變得像晴朗的天氣一樣，格外舒暢。

那年五月，一件激動人心的事情令我終生難忘。五月中旬的一個星期四，上午放學前，少先隊輔導員姚老師把我和另一位名叫楊聖蓮的女生叫到辦公室，對我們說，今天下午我們兩人不上課，和她一起去完成一個特別光榮的任務，叫我們趕快回家吃中飯，然後換上最漂亮的服裝，於下午一點鐘，到市政府大門口與她匯合。我問她是什麼光榮任務，她卻不講，只笑瞇瞇地眨了眨眼說，到時候你就知道了。

我不敢怠慢，趕緊回家吃了中飯，換上一件專為節假日準備的粉紅色卡其布夾克衫，又換上乾淨的長褲和鞋襪，然後一溜小跑，向市政府大門奔去。遠遠地我就看見那兒停著一輛草綠色中型吉普車，輔導員正站在車旁和一位解放軍軍官說著話。見我來了，他倆都笑著招呼我過去。不一會兒，身著淺綠色上衣的楊聖蓮也趕到了。楊聖蓮是中隊委員，與我同年，都是祖國同齡人。她的個頭與我差不多，長著很討喜的鵝蛋臉，有一雙水汪汪的大眼睛，加上她那一頭飄逸垂肩烏黑發亮的秀髮，很有一些早熟少女的風韻。她的綠色上衣，與我的粉紅色夾克，就像紅花配綠葉，襯著脖子上鮮豔的紅領巾，煞是好看。

這時候，輔導員開口了。她說：「越南民主主義共和國的偉大領袖胡志明爺爺到我們南京訪問來了，今天下午，他要去中山陵參觀，你們兩人被挑選出來去陪同胡爺爺，相信你們一定能夠完成這個光榮的任務，對不對？」

「對！」我和楊聖蓮異口同聲地大聲回答。當我聽說要去接待中國人民的偉大朋友胡志明爺爺時，激動得心都要跳出來了。我早就聽說，胡志明爺爺為了越南的解放事業，無私地奉獻了自己的一生。為了革命，他終生未婚，沒有自己的孩子。可是他特別喜歡孩子，所以他每次到中國來訪問，中國方面都會挑選一些孩子，陪同他觀光遊覽。這一次，我和楊聖蓮被幸運地選中，是多麼難得的機會啊。

我們跟著輔導員和那位軍官叔叔上了吉普車，向中山門駛去。一出中山門，便是直通中山陵的林蔭大道，眼前呈現的是一片碧綠，生機盎然，風景如畫。路旁一簇簇五顏六色的野花爭奇鬥豔開得正歡，陣陣清香從半開著的車窗飄進來，令人心醉。到了目的地，我們下了車，卻發現偌大的中山陵空無一人。原來四周早已戒嚴，不許遊人進入。輔導員從車上拿出一束鮮花和一付羽毛球拍，領著我們登上幾級臺階，在寫著「博愛」二字的高大牌坊前，我們打起了羽毛球。玩球時我卻心不在焉，老是想著胡爺爺來了該如何表現。

大約下午三點鐘，一輛黑色小轎車風馳電掣般地駛近，隨即放慢速度，輕盈地在臺階前停下了。一位解放軍軍官從轎車前門下來，走向後門拉開了門把手，然後攙扶著面容慈祥，矮小清瘦，但卻精神飽滿，蓄著花白山羊鬍子的胡志明爺爺走出車來。車的另一邊，走出來的是省長惠浴宇。這時，輔導員將她帶來的那束鮮花遞給我，大聲說道：「孩子們！你們看誰來了？」我和楊聖蓮立刻清脆地喊著：「胡爺爺！胡爺爺！」向著胡志明跑去。跑到他跟前後，我便向他獻上了鮮花，然後向他高高地舉起右手，行了少先隊隊禮，楊聖蓮則為他繫上了紅領巾。我倆隨即甜甜地說：「敬愛的胡爺爺，我們歡迎您！」沒想到，胡志明竟然熱情地伸出雙手，一把握住我倆各一隻小手，微笑著用一口標準的中國普通話回答說：「孩子們，你們好！」說著，他彎下腰，在我的臉蛋上親吻了一下。他的鬍子輕輕蹭著我的臉，癢癢的，一股暖流霎時傳遍我的全身。

我們兩個女孩，一邊一個走在偉大的胡志明身旁，陪他登上三九二級臺階，瞻仰孫中山的陵寢。年已七旬的胡志明，像年輕人一樣身手矯健，輕鬆地和我們一起登高。一路上，他和我們無拘無束地交談，問及我們的學習情況和興趣愛好，不時地對我們點頭贊許。說到開心之處，他還會調皮地對我眨眨眼，使人感到特別平易近人。那一雙瞳仁是炯炯有神的棕色，明亮的眸子像一泓深邃的湖水，深不見底。那是一雙我永遠也忘不掉的慈愛的眼睛。

下午四時左右，我們陪同胡爺爺離開中山陵，乘車前往雨花臺烈士陵園憑弔革命先烈。雨花臺坐落在城南中華門外，是一片風景秀麗的起伏的丘陵，有很多眼甘甜的泉水，滋潤著大片的茶園。相傳古時候這兒建有許多寺廟，六朝雲光法師在此講經時，悠遠的鐘聲傳出百里之遙，感動天神，落花如雨，故而得名。萬分可惜的是，這樣美麗的地方，卻在三、四十年代，被蔣介石當作屠殺共產黨人的刑場。約有三十萬革命志士在這裡慘遭殺害，其中包括著名的共產黨領導人惲代英，鄧中夏和劉少奇的第一任妻子何寶珍。據說，雨花臺的每一寸土地，都浸透了革命烈士的鮮血。一九四九年共產黨打下江山後，將雨花臺修建成革命烈士陵園。每逢清明，這兒就成為南京人民緬懷革命先烈的地方。中小學的學生們，常在刻有毛澤東手書的「死難烈士萬歲」的紀念碑前舉行入團和入隊的宣誓儀式。各屆人士也都紛紛來到雨花臺，排著長隊，向革命烈士紀念碑敬獻花圈。雨花臺成為鼓舞人們革命鬥志的精神聖地。

古稀之年的胡志明，不顧剛剛登過中山陵的疲勞，又和我們一起登上了雨花臺。他表情肅穆地向革命烈士獻上花圈，對著紀念碑深深三鞠躬，然後繞碑一周，才默默地走下山坡。在山下的革命烈士遺物陳列館裡，我們看到了許多烈士的血衣，還看見了許多烈士在就義之前，在敵人的牢房裡寫下的革命詩歌。每一件遺物都有一個可歌可泣的故事，它們顯示了革命前輩們面對敵人的嚴刑拷打，堅貞不屈，意志如鋼，視死如歸的大無畏革命精神，令人肅然起敬。胡志明細細端詳著懸掛在牆上的烈士們的遺像，靜靜地讀著他們的生平事蹟，眼中滾動著淚花。

參觀完陳列館後，我們跟著胡爺爺，走進外賓休息室。胡爺爺坐下後，打開了放在他面前茶几上的留言簿，向服務員要了毛筆和墨汁，鄭重地用大楷寫下了「碧血千秋」四個蒼勁有力的中國字，然後認真地用小楷簽上了「胡志明」。胡志明，越南人民的偉大兒子，把自己和中國人民的革命事業緊緊地聯繫在一起了。走出休息室，胡爺爺和我們握手告別，然後上了他的小轎車。車開的時候，他又向我們頻頻招手，我們也不停地向他揮手。我們目送他的小車開出很遠很遠，直到消失在視野中。

那天下午與胡志明在一起度過的美好時光，永遠刻在了我的記憶裡。每當我回憶起這件事，心中總是充滿對他深深的敬意。一九六九年九月初，我在浙江當兵時，一天早晨起床後，猛然從廣播裡聽到了七十九歲的胡志明不幸逝世的消息，淚水唰地湧上眼圈，難過地站在窗前發了好一會兒的呆。我上高中時就聽說，因為胡志明沒有支持毛澤東與赫魯雪夫的公開論戰，被中國說成是「與赫魯雪夫關係曖昧」。所以他逝世後，中共在發給越南勞動黨的簡短唁電中，竟然不提他是「共產主義戰士」和「國際主義者」，只說他是「一位愛國主義者」。我為胡志明深感不平。但在當時的政治高壓之下，我的想法不敢對任何人吐露。但是在我心裡，誰也無法抵消他偉大的國際主義戰士的光輝形象。

從一九五九年到一九六二年我小學畢業以前，我們國家都處在困難時期，可是少先隊的活動還是豐富多彩的。每星期六下午是少先隊的隊日，一般是各中隊自行組織活動、開隊會、表演節目或者看革命電影，有時也到工廠參觀。少先隊活動是我童年生活的重要組成部分。作為少先隊的大隊幹部，我當然在各項活動中都認真負責，積極帶頭，樣樣都力求做得好。無論是文娛表演詩歌朗誦，還是體育比賽跳高跳遠賽跑，甚至踢毽子跳繩，都不甘落後，為我們班爭得不少榮譽。四年級下半學期，我正式加入南京市業餘體校體操班，每週兩個下午去中山東路體育館進行訓練。我很喜歡墊上運動，特別是自由體操，喜歡練軟功，喜歡在墊子上翻跟頭。市場上買不到體操鞋，所以我每次訓練都只好脫了布鞋，穿著襪子在墊子上活動，一雙新襪子沒過兩天就穿通了，媽媽幾乎天天晚上都要在燈下為我補襪子。在布票和線票極其緊張的年頭，媽媽為了支持我訓練，自己捨不得穿新襪，而為我買襪子，一買就是半打。

由於農業連年欠收，造成輕工業原材料減少，因此多種日用品的生產和供應大幅度降低，遠遠滿足不了人們的生活需求。例如，肥皂就是極為緊缺的商品，我們每人每月限購半塊。一九六一年開春的時候，班主任秦老師發給我們每個學生六粒蓖麻籽。她對我們解釋說，蓖麻屬於油料作物，用蓖麻籽榨出的油，可以用來製造肥皂。作為我們班課外活動的一項內容，她要求每個同學將蓖麻籽帶回家種植，到秋天，將收穫的蓖麻籽交給學校，再由學校向工廠換回一些肥皂作為公用。可是很多同學家裡沒有院子，怎麼辦呢？老師說，不要緊，蓖麻成活率很高，可以利用一切有泥土的路邊牆角或者花盆來種植。我覺得自己很幸運，因為我家有個大院子，還有外公這個好顧問。所以對我來說，種蓖麻太不成問題了，我一開始就信心十足。

我把蓖麻籽帶回家，請外公在菜地旁幫我開出兩平方米見方的一小塊地，然後每間隔一尺，種下一顆蓖麻籽，再澆上水。為了讓我的蓖麻長得快長得壯，我每天都給蓖麻施肥，用夜裡在痰盂裡尿下的小便兌水後去澆灌蓖麻。我種下的蓖麻很快就破土出苗，個個成活，而且長得飛快。我精心護理著我的蓖麻，一看見雜草馬上就拔掉，無一天懈怠。到這年六月，六棵蓖麻已經長得像六棵小樹一樣，比外公還要高出半個頭。蓖麻樹上層層迭迭密集而寬大的綠葉，形成了綠蔭，引得鄰居的孩子們都跑來，在蓖麻樹下玩起了躲迷藏。不久，蓖麻樹便果實累累，像葡萄似地一串一串掛滿枝頭。只等果實的顏色由綠變黃，外殼開裂，就可以收穫了。蓖麻若種得好，產量是非常高的。每一大串成熟的果實上有二、三十個小果，每個小果裡有五至六粒蓖麻籽，而每棵蓖麻樹都能結十幾甚至二十幾大串果實，總共可結幾百個小果。也就是說，春天種下一粒蓖麻籽，秋天可以有千倍的收穫！

就在我以興奮的心情，等待著蓖麻的大豐收時，媽媽的健康狀況卻越來越壞了。因為心臟病的屢次發作，加上支氣管擴張而引起的吐血，她從一九五八年起，每年都要住幾次醫院。不過，每次住院的時間都不太長，頂多十天半個月的就能好轉回家上班。可是從一九六一年春天起，醫生卻要她長期住院治療，病情好轉後也不讓她出院，而是將她轉到新建成的鍾皐門醫院進行療養，只允許她每星期六回家與我們度週末，星期天下午就得再回醫院。平時我想媽媽時，經常在下午放學後一個人坐公共汽車去醫院看媽媽，有時也和安東和衛國結伴一塊兒去。

媽媽住醫院並不閒著，她不僅被選為病員黨支部的支部書記，組織病員們政治學習，還因她有一手絕好的毛線活兒，一些醫生護士就請媽媽為他們織毛衣。我每次去看她，她都在為別人忙活著。要麼為人織毛衣，要麼為我們姐弟改衣做鞋。媽媽最高興我們去看她了，每每總要拿出好吃的東西招待我們。她一個人住一個單間病房，房內有個小煤油爐。我們一到，她就用這個爐子給我們熱桂圓雞蛋湯或者紅棗湯。這些東西都是上好的補品，在困難時期是很難見到的。只有住院的重病人，才可以憑醫生開出的證明到商店裡買回來，而且數量很有限。

鍾阜門醫院主要收治市委幹部，所以供應比較好。醫院的廚房每天下午都給媽媽送來一大碗桂圓湯或紅棗湯，媽媽捨不得吃，都留下來給我們吃了。可是我開始對此並不清楚，以為是媽媽吃不了剩下來的。有一次，我坐在媽媽病床旁的沙發上，端著一碗熱騰騰甜蜜蜜的紅棗湯，津津有味地喝得正香，被進來為媽媽量體溫的護士看見了，她沉下臉對我說：「這湯是給你媽媽補身體的，每天只有一碗，你怎麼可以吃呢？」我聽了立即放下碗，慚愧地望著媽媽。媽媽卻對我說：「我不愛吃甜食，你在長身體需要營養，快吃吧。你如果不吃，我可要生氣的。」我不肯吃，媽媽臉上的笑容就沒有了。我沒辦法，只好又端起碗來吃，但是大顆大顆的淚珠卻滴落在湯裡。媽媽見我吃了，便又高興起來，微笑著伸出她那慈愛而柔軟的雙手，輕輕地為我抹去兩頰的淚水。那幾年裡，媽媽省下的營養品大部分都進了我的肚子。每當我想起這些往事，仍然能感覺到她那溫暖的雙手，在輕輕地撫摸我的臉蛋，淚水便噴湧而出打濕我的衣衫。

暑假到了，第一批蓖麻籽也成熟了。外公幫我把蓖麻樹上已乾裂的果實成串地摘下來，放在一個大竹匾裡，然後動員安東和衛國一起來幫我剝殼取籽。蓖麻的收穫期很長，成熟一茬收一茬。從七月到九月，持續兩三個月不斷。有一次我自己去採摘成熟的果實，卻不知被什麼蟲子狠狠螫了一下，鑽心的疼痛使我忍不住大叫「哎喲喲」。縮回手一看，手臂已紅腫一片。我立即回屋用碘酒塗上，好半天才止住痛，一個星期後才完全消腫。原來，蓖麻的闊葉下面不知什麼時候爬來好多花花綠綠的毛毛蟲，毛毛蟲的背上長著毒刺，一旦被它們刺著了，毒汁立即滲入皮膚疼痛難忍。我們叫這種蟲子「洋辣子」，它們是一種漂亮的大蝴蝶的幼蟲，喜歡躲在蓖麻葉的背面，靠吸食葉片而生。「洋辣子」個頭很大，有成熟的蠶寶寶的兩倍。因它們全身碧綠，又有綠色的闊葉掩護，我們從正面往往看不見，收穫蓖麻時，一不小心就會被它們狠狠螫上一下。為了報這一螫之仇，我找了根小棍蹲在蓖麻樹下，抬頭向上望，一發現「洋辣子」就用小棍挑到地上，然後用腳狠狠踩踏。「洋辣子」腹中流出的濃綠的液汁染綠了我的花布鞋，我在水裡用刷子狠狠地刷了好一會兒才洗掉。

盛夏的一個星期天，我午睡醒來看不見從醫院回家度週末的媽媽，便四下尋找。發現她不在屋裡，就高喊著「媽媽」向門外跑去，一眼見到媽媽正頂著烈日，在院子裡幫我採摘蓖麻籽。我趕忙把她拉進屋，只見她的兩隻手臂，已被可惡的「洋辣子」螫得紅腫了一大片。我為她塗上碘酒，心疼地摸著她的膀子問道：「媽媽，痛嗎？」她卻笑著搖搖頭，說沒事不用擔心。媽媽每星期只回家一天，每次都和我們待在屋裡一起聊天，一起打撲克，一起午睡。我沒想到她會去幫我收蓖麻，所以忘了提醒她小心「洋辣子」。我好悔恨啊，為什麼這麼疏忽呢？寫到這裡，我的淚水止不住地流淌下來。淚眼朦朧中，抬頭看見掛在牆上的爸爸媽媽的合影，在對我親切地微笑，我覺得他們並沒有死，一時一刻也沒有離開過我，仍然和我生活在一起，伴隨著我，關心著我，鼓勵著我，祝願著我寫完全書。

一九六一年八月，媽媽自覺精神大好，認為不必再住院了，想回家上班。可是她幾次要求出院，卻得不到醫生的批准，這使她產生了懷疑。她想，父親患癌症時，醫生自始至終都對他隱瞞了病情。現在，醫生會不會也對自己隱瞞了什麼呢？她一心要弄個明白，決定自己到上海的大醫院去做個全面檢查。八月下旬，她對醫院不告而辭，回家收拾行李。我相信，這是她一生中唯一的一次違反紀律，沒有向黨組織請示就擅自行動。萬萬沒有料到，這次的違反紀律竟然奪去了她寶貴的生命。

爸爸的表弟馮文，當時在上海擔任長江航運管理局上海分局局長，經常到長江沿途各個港口碼頭檢查工作。南京作為長江上的大碼頭，他經常來。工作之餘，他總要到醫院看媽媽，也到我家看我們。我三年級放暑假的時候，還和安東一起，乘他出差南京之際，跟著他坐上「江平號」（該輪因為毛主席曾乘坐過，「文革」

中改名為「東方紅號」）客輪的頭等艙，去上海他家玩了一趟。由於在上海有他這麼一個好親戚，所以，當媽媽萌發了去上海查病的念頭後，頭一個就是打電話和他商量。他不僅完全支持媽媽的想法，還熱情邀請媽媽到上海後住到他家裡去。於是媽媽不再猶豫，八月二十四日一大早，她帶著衛國作伴，乘火車去了上海。

媽媽和衛國在上海受到馮文表叔的友好接待。他家住在上海康平路的一棟紅磚小洋樓裡，還有漂亮的院子，這樣好的條件即便在曾經的「十里洋場」也不多見。但不巧的是，在媽媽到達上海的第二天，他就出差去重慶了，不能陪同媽媽，臨走前他交代他的老婆照顧媽媽和弟弟。沒想到，他的老婆是個對人冷漠的吝嗇鬼，連對媽媽這樣難得來一趟的客人也不例外。馮文表叔在家時，她表現尚可，可是等馮文表叔一離家，她就對媽媽說，上海的煤氣費很貴，七分錢一度，不要多燒熱水。自尊心極強的媽媽便不燒熱水洗澡，每天只用涼水擦擦身子。更氣人的是，晚上睡覺時，她只給媽媽和弟弟一條小小的毛巾毯。而夏季的上海受到海風影響，夜裡相當涼。健康的人都要蓋上個薄被以免受涼，何況媽媽這個體質虛弱的病人呢。她給媽媽的毛巾毯太小，蓋不住兩個人。媽媽就自己不蓋，全蓋在了衛國身上。媽媽曾想過去住旅館，可又怕因自己的離去引起馮文表叔回家後責罵老婆，造成他們夫妻不和，因而委曲求全，忍了下來。媽媽和衛國只在上海住了一個星期，一拿到醫院化驗報告就返回了南京。衛國說，媽媽在上海時，已經受涼，咳嗽得厲害，她是一路咳著回南京的。

我記得清清楚楚，他們是八月三十一號下午到家的。媽媽一進門，我就發現她臉色發青，呼吸困難，忙問她怎麼了。媽媽說胸口很痛，怕有病變，所以放下行李就匆匆趕回鍾阜門醫院。我們後來聽說，她剛到醫院就被接上了氧氣，送入危重病人病房日夜護理。醫生很快作出診斷，媽媽因受風寒而患上了致命的胸膜炎，並且已經耽誤了治療！直到今天我們全家人都認為，馮文的老婆是殘害媽媽的直接兇手！

九月三日，星期天，秋高氣爽，晴空萬里。下午兩點，我和衛國在山西路和平電影院看完了新出品的影片「柯山紅日」，便去鍾阜門醫院看媽媽。我們推開她的病房，她卻不在，但我們看到茶几上放著媽媽寫的字條。我拿起來念道：「小華小衛，請一定等我回來，有好東西給你們吃。媽媽。」啊，媽媽猜到了我們會來！可見她無時無刻不在想著我們。

我和衛國坐在沙發上等了一會兒，媽媽就由護士攙扶著進來了。看見我們，她高興得笑了。原來她這幾天都在發燒，剛才是去做理療。這時的媽媽因為發燒而兩頰通紅，我用手摸摸她的頭，燙得嚇人，忙叫她躺下休息，她卻不肯，堅持熱好了桂圓雞蛋湯，看著我和衛國端起碗開始吃了，才欣慰地躺下同我們說話。像是老天爺在冥冥中的安排，有種力量在潛意識裡指點著我們，讓我們那天多陪陪媽媽，媽媽也不像以前那樣催我們早些回家。我和衛國一頭一個地坐在媽媽床邊，天南海北地聊啊聊，媽媽靜靜地聽得很有興致，不知不覺就到了晚上。開晚飯時，我們又跟著她吃了一頓病號飯。吃過晚飯，媽媽又給我們一人吃了一個那時難得見到的甜橙。我們在那兒待到晚上八點多還捨不得走，想和媽媽再多待一會兒。還是媽媽提醒我們不要誤了回家的末班車，我們才戀戀不捨地離開。我們做夢也不會想到，這是我們最後一次見到媽媽。那天我們和媽媽之間的無限纏綿，竟是我們和媽媽的永訣！

第二天，是我升入六年級的第一天。一大早我就背上書包，帶著一大口袋收穫的蓖麻籽到學校去了。我徑直走進老師辦公室，將裝有蓖麻籽的口袋交給老師。老師驚奇地看著我，完全沒有想到我會上交這麼多蓖麻籽。畢竟我們都還是十一、二歲的孩子，所以她在上學期發給我們蓖麻籽時，並沒有真的指望我們會有所上交，只不過想讓我們在課外學些簡單的農活，鍛煉鍛煉而已。我的行動令她又驚又喜，連聲地誇獎著我。我卻不以為然，以為自己上交的未必最多，等著看其他同學交多少。令我大吃一驚的是，除我之外，竟然沒有第二個人有所上交，沒人把種蓖麻當回事。

那天早上，當全校同學集中在大操場做早操時，校長健步走上領操台，將我上交的那一口袋蓖麻籽高高舉起，對著全體師生說道：「同學們！請看，這是六甲班三好生高安華同學交來的蓖麻籽，這是她用自己辛勤的汗水換來的勞動成果，讓學校去工廠換回一些肥皀供大家使用。她是唯一的一名認認真真一絲不苟地完成老師佈置的課外活動的同學，學校決定給予高安華同學表揚，希望每一位同學都要好好向她學習。」說罷，全體師生為我鼓掌。可是老實說，我感到很意外，很納悶，不知為什麼其他同學都不按老師的要求去做，這個問題我到今天也沒有弄明白。

當天晚上，在南師附中讀初二的安東帶回來一個壞消息。那天下午放學後她去醫院看媽媽嗎，卻沒有看到。醫生告訴她，媽媽的病情今天突然惡化，胸膜炎引起了肺水腫，胸腔嚴重積水，壓迫著心臟，從而導致本已穩定的心臟病發作，現已轉送鼓樓醫院由全國著名的胸腔科專家，一位姓馬的主任醫生負責診治。安東隨即趕往鼓樓醫院，卻被攔在搶救病房門外不讓進。聽了這樣的消息，我們全家人的心頭都像壓上了一塊大石頭，我們把全部希望都寄託在那位馬醫生身上了，我們祈禱著他能妙手回春，讓媽媽早日康復。九月五日，醫院通知外公，禁止孩子們去醫院探視，只允許外公每天下午去醫院給媽媽送些雞湯或魚湯。外婆一聽此話，當即走到院子裡，一把逮住了那隻每天都在下蛋的蘆花雞，馬上宰殺脫毛洗淨，燉了一大鍋雞湯，讓外公送去醫院給媽媽喝。可是，外公每次送去的雞湯，又都原封不動地拎回了家，最後都填進了我們的肚子裡。

一九六一年九月九日，星期六，是我們學校少先隊的大隊日，也是一年一度的大隊幹部改選日。這天下午一點半，上課鈴響，我和同學們走進教室坐好，等著聆聽大隊輔導員對我們宣佈改選事項。忽然，原來陽光燦爛的天空一下子陰沉下來，烏雲滾滾，涼風颼颼。教室裡的光線變得很暗，老師扭亮了電燈。我聚精會神地盯著黑板上寫著的大隊幹部候選人名單，看著自己的名字，想著新一輪改選的結果，竟沒有聽見高鵬叔叔在教室門口叫我。我旁邊的同學捅了我一下，用手指著門口，我才看見了鵬叔，心中一陣詫異。他以前從未到學校找過我，他來一定有大事！我趕忙走到教室門口，只聽鵬叔急急地輕聲對我說道：「快去向老師請個假，跟我去鼓樓醫院。」一聽說是去看媽媽，我便什麼也不顧了，匆匆向老師請了假，緊跟著鵬叔出了校門，向鼓樓醫院走去。剛走過和平公園，天上就下起了淅淅瀝瀝的小雨，冰涼的雨水打在我的臉上，我不禁打了個寒顫，心頭一陣驚悸，忐忑不安，覺得老天爺好像在悲傷地哭泣。五年前，正是鵬叔，給我們帶來了爸爸去世的噩耗。這一次，他又突然來了，雖然一直沉默不語，可是表情嚴肅，莫非又是不幸的消息？不，不！絕不要啊！我的內心在激烈地翻騰著，抵抗著，不願去猜想那個令人心碎的可怕的消息。

當我們走到鼓樓醫院大門口時，一位媽媽辦公室的阿姨正揉著哭紅了的雙眼往外走。她一眼瞥見了我，禁不住一把將我抱住，泣不成聲地嗚咽著：「小華……你媽媽……她……她歿了啊！」我的腦袋「轟」地一聲炸了，猶如五雷轟頂，霎時間天暈地轉，眼前一黑，癱軟在阿姨身上。隨後，我任憑阿姨架著，昏昏沉沉地穿過幾道門，一股濃烈刺鼻的藥味撲面而來。等我睜開眼，已站在媽媽的病床前。我看見了媽媽，她靜靜地躺在雪白的病床上，蒼白的臉上毫無血色，她的眼角有眼淚流淌的痕跡，她的嘴巴微微張開，卻沒有了生命的氣息。我嚎啕大哭，撲到了媽媽那冰冷但仍然柔軟的身上，嘴裡喃喃地喊著：「媽媽……媽媽……」可是，她卻再也聽不見我的呼喚了！這天下午一點鐘，她走完了自己短暫的人生道路，與世長辭。

外公，安東和衛國，江伯伯和朱阿姨，以及好多媽媽的生前好友們，不知什麼時候也都站到了媽媽的床前，屋裡哭聲一片。然而，在這樣生離死別痛斷肝腸的傷心場合，竟沒有我的大姐培根的蹤影！

稍傾，我被兩名護士無情地強行拉起，她們給媽媽罩上了白床單，抬上了單架車，推著向門外走去。朱阿姨扶著我跟在擔架車後面，一行人穿過狹長陰暗的走廊，進了密不透風的太平間。太平間裡，天花板上吊著的燈光，昏暗得似一絲鬼火，將我們的身影投射在對面淡黃色的牆上，像一個個巨大的黑色幽靈在晃動。沿牆一排層層迭迭的墨綠色巨大的鐵抽屜旁，站著幾名身穿深藍色工作服，戴著白口罩的工人。等我們走近，一名工人拉開了一個鐵抽屜，就像魔鬼張開了血盆大口。接著，兩名工人毫無表情地將媽媽的遺體從擔架車上抬起來，「通」地一聲重重地將媽媽扔進了那張著的大口，隨即又「砰」地一聲將那厚重的鐵抽屜狠命地關上。那粗暴的聲響猶如萬把尖刀直刺我的心。我悲愴地哭喊了一聲：「你們輕一點啊！」便昏死過去，失去了知覺。

我甦醒過來時，已經躺在家裡的床上了。此時天色雖晚，家裡卻擠滿了來慰問的人群。媽媽的猝然去世，對所有的人都是措手不及，對我更是太大太沉重的打擊，令我脆弱的感情世界難以承受。媽媽走時，年僅不足三十九歲。她走得太早太匆匆，也太年輕了！她溫暖的雙手剛剛牽著我走過十二個春秋，還沒有來得及看到我長大成人就撒手人寰。從此，在漫漫的人生路上，我失去了最大的精神支柱，失去了最寶貴的母愛，我成了無依無靠的孤兒。

在大人們忙著辦喪事的時候，我是哭著睡去，又哭著醒來。睡夢裡，我能看見媽媽那慈祥的笑臉在對我微笑。可是，我哭醒後睜眼望去，四周卻是一片漆黑，什麼也看不見。夜已深了，慰問的人群也已散去。唯有媽媽在窗下種下的兩株梔子花，飄進淡淡的幽香，彷彿在告訴我，媽媽聖潔的靈魂，已隨著這幽香飄向了遙遠的天國。於是我哭著再閉上眼，便又看見了媽媽漂亮的臉龐。

記得以往在寒暑假裡，我常跟著媽媽去她的辦公室。辦公室裡有好多阿姨，我暗自將她們同媽媽作比較，認為媽媽最好看，為此我感到很驕傲。媽媽去上海之前，在醫院已療養得很好，臉色也已開始紅潤。不久前的一個星期天，她還帶我和衛國去莫愁湖遊玩。莫愁湖公園的主任，是媽媽的老部下，所以就陪同我們一起遊玩，兼作講解。媽媽和那位主任慢慢地走，我和衛國撒開腿在前面跑，跑了一會兒，我停下來，回過頭去看媽媽。就在那一回頭，我眼前一亮，發現媽媽竟是如此美麗動人。我立即跑回去，對著媽媽大聲說：「媽媽，你好漂亮啊。」那位主任聽了笑著連說對對對，弄得媽媽很不好意思，竟像少女一樣羞得兩頰緋紅。羞紅了臉的媽媽更加漂亮，尤其是那雙大而明亮的眼睛，嵌在長長的睫毛和深深的雙眼皮下，顯得特別嫵媚，楚楚動人。誰能想到，病情已大大好轉的媽媽，從上海回來後情況就急轉直下，僅僅過了短短的九天，就永遠閉上了她那美麗的雙眼，溘然長逝了！

媽媽逝世的噩耗震驚了整個市委大院，也震驚了全國各地收到唁電的父母的老戰友們。人們從天南地北日夜兼程地趕到南京來參加她的追悼大會，要最後再看一看她的遺容，再向她道一聲臨別珍重，然後送她好好上路。媽媽同父異母的弟弟，我的大舅周汝樾，沒有買到對號入座的火車票，就買了張站票，從北京一路站著哭到了南京。每個認識她的人，都發出同一聲哀歎：「萬萬沒有想到啊，太可惜了！」馮文表叔更是哭得死去活來，他哽咽著一連聲地說：「到上海去壞了，不該去，不該去！我有罪，我有罪啊！」媽媽的伯父周新民，因國家公務繁忙，不能親自前來弔唁，便分別寫信給江蘇省委第一書記江渭清，以及他的學生，南京市副市長，我們的老鄰居江靖宇，囑咐他們好好照顧我們幾個孩子。

一九六一年九月十六日下午兩點整，媽媽的追悼會在中山南路殯儀館隆重舉行。在她逝世後的一周裡，天天颳風下雨，上天與我們同悲。中午時分，追悼會大廳已被南京市各屆冒雨前來悼念的人群擠得水泄不通。媽媽的工作單位南京市城建局，是南京市級機關裡最大的一個局，下屬九個公司，管轄著幾百家工廠，全都派代表抬著花圈輓聯來了。媽媽的靈堂前，掛著一幅三米長的輓聯。上聯是：「你曾在暴風雨般的革命鬥爭中貢獻出最寶貴的青春從來滿懷都是赤誠」，下聯是：「黨正領導全國人民進行社會主義建設需要千錘百煉的幹部你卻溘然長逝」，巨大的橫幅上寫著：「洪冰同志永垂不朽」。

我走進追悼會會場，那醒目的橫幅赫然映入眼簾，我再也站立不住，哭倒在朱阿姨身上。媽媽的遺體安臥在靈床上，已換上新做的藏青色毛料制服。從她逝世到開追悼會，僅僅過了一周，她的臉龐就因體內積水太多而浮腫變形了。追悼會是如何進行的，人們是怎樣發言的，我都沒有聽進去。迷迷糊糊中，我看見媽媽被人抬進了棺材。人們排著長隊，緩慢地繞棺一周，向媽媽的遺體作最後的告別。等人們全部走過，工人們便蓋上了棺蓋。然後揮動大鐵錘，釘上許多半尺長的大鐵釘。那一錘又一錘的巨大聲響如雷貫耳，每一下都重重地打在我的心上。我發瘋似地向前撲去，企圖阻止工人的工作，卻被外公死死拉住。我用哭啞了的喉嚨拚出全部力氣，發出了最後的無望的哀號：「不要釘不要釘呀，釘死了我就再也看不到媽媽了！」

這時候的我，五內俱焚，萬箭穿心，肝腸寸斷，泣不成聲。在以後好多天，我茶飯不思，失魂落魄，兩眼發呆，恍恍忽忽。哭累了便昏昏睡去，迷糊中覺得忽而被拋上汪洋大海的滔滔浪尖，忽而又從高高的懸崖峭壁墜下萬丈深淵。夢中險像環生，令我膽戰心驚。驚醒過來以後我又哭，直哭得昏天黑地，忘記了白天黑夜。我生活在惡夢中，不肯相信媽媽已經永遠地離我而去，不肯相信她再也聽不見我的聲聲呼喚。縱然舀盡滔滔長江水做墨，也寫不盡我對媽媽的無限的愛；縱然用盡千言萬語寫下萬卷書，也訴不盡我失去媽媽的巨大悲痛；縱然淚水流成了河匯成了川，也表達不了我對媽媽的深切懷念。剪不斷，理還亂。才下眉梢，卻上心頭。蠟炬成灰淚始乾！

追悼會結束後，媽媽的靈柩被抬上一輛大卡車，上面堆滿花圈。卡車的前窗上懸掛著媽媽的巨幅遺像，鏡框上方裹著用黑綢布紮成的大花，就像五年前爸爸的靈車一樣。市委領導和家屬分乘兩輛轎車，在卡車前引路，送媽媽去雨花臺烈士公墓與爸爸團聚。跟在卡車後面送葬的車子有一百多輛，一眼望不到頭。整個中山南路交通中斷，讓我們龐大的車隊緩緩通過。馬路兩邊過往行人都停下來，觀望這罕見的送葬場面。媽媽的去世，市委領導是沒有思想準備的。可是在短短的一周內，在物資供應極其困難的情況下，他們責成城建局局長莊村，使出渾身解數，以最快的速度，上下縱橫五千里，從雲南調來了大塊花崗岩做墓碑，從黑龍江調來了紅松木做棺材。雖然黨中央從一九六〇年林伯渠逝世時起，就號召黨的幹部死後實行遺體火化，但南京市委卻決定給予媽媽和爸爸同等待遇，沒有火化她的遺體，而是讓她和爸爸並排長眠在同一座連體墓穴中，使他們這一對恩愛夫妻，能夠永永遠遠相伴廝守在一起。

媽媽的一生，並不轟轟烈烈輝煌壯麗，但是她卻在平凡的小事中體現著偉大的人格，所以受到人們深深的敬重和懷念。她在南京市委大院是個出了名的大好人，是個一提到她的名字，人們就豎大拇指的人。她心地善良又謙虛謹慎，助人為樂又平易近人。她的這些優秀品質，長期以來一直受到大家交口一致地稱讚。媽媽的一生，是純潔無私的一生，是充滿愛心的一生，是嚴於律己的一生，更是光明磊落的一生。幾十年以後，她的老戰友們都已白髮蒼蒼，看到我時仍然會為媽媽的英年早逝而痛惜落淚，仍然對媽媽善良的為人讚歎不已。我便從中悟出了什麼叫偉大。一個人，生前受到人們的普遍愛戴，死後很多年還受到活著的人們的深深懷念，這就叫偉大。

媽媽生前最後一個職務是南京市城建黨委組織部部長。和爸爸一樣，她不是犧牲在戰火紛飛的戰場，而是因病去世。但是根據她生前一貫的優秀表現，南京市委和江蘇省委決定授予她革命烈士的光榮稱號，並上報黨中央批准。媽媽的「革命烈士證明書」由鵬叔代表我們家屬從市政府領回，裝進了鏡框，與爸爸的那張並排掛在牆上。從此，爸爸和媽媽這對革命情侶和親密戰友，永不再分離，肩並肩手挽手地走向永恆。

媽媽下葬後的翌日，鵬叔到我家，將我們姐弟幾個召集在一起，向我們講述了媽媽在人世間最後的故事。鵬叔說，在媽媽病危搶救期間，她的頭腦始終清醒。她知道自己已病入膏肓，將不久於人世，她想到即將與深愛著的孩子們永別，心如刀絞，止不住的淚水一個勁兒往下淌，濕透了枕頭和床單。九月九日那天早上，鵬叔去看望她，她流著淚，默默地將我們幾個孩子的合影放在鵬叔手中，並握住了鵬叔的手。她臨終前沒有留下一句遺言，但是她的意思盡在不言中：「鵬弟，我的幾個孩子，就託付給你了！」鵬叔噙住淚水問她，要不要叫孩子們來見上一面。她一聽此話，淚如雨下，無言地搖了搖頭。鵬叔明白她的心，她想到我們即將成為孤兒，心裡難過，怕見到我們更加受不了。她不忍心撇下我們而去，可恨無情的病魔，卻硬是殘忍地讓我們骨肉分離，天上人間。

鵬叔在病房裡陪媽媽度過了她生命中的最後幾個小時。媽媽因肺部積水，呼吸十分困難，護士每隔一小時就要用巨大的針筒，從她的胸腔抽出大量暗紅色的血水，給她的胸腔減壓，以維持她的生命。媽媽以頑強的毅力忍受著巨大的痛苦，從來沒有哼過一聲，痛得厲害時就抽搐一下，護士看著都難過得掉淚。鵬叔坐在媽媽病床前，握著她的手，叔嫂二人就這麼默默地對望著，直到下午一點鐘，媽媽吐出了最後一口氣，永遠合上了她那美麗的雙眼。說到這裡，鵬叔忍不住失聲痛哭，我們姐弟更是「嗚嗚」地哭作一團。

過了一會兒，鵬叔又對我們說，胸腔科的馬主任為了搶救媽媽，幾天幾夜都沒有回家，吃住在醫院，最後的兩天兩夜根本沒合眼，守在媽媽旁邊寸步不離，非常辛苦也非常盡職，所以他打算帶我們去醫院看望馬主任並向他致謝。可是沉浸在悲傷中的我們，根本聽不進鵬叔的這個建議，斷然拒絕。在我這個十二歲的孩子看來，那個馬主任沒有治好媽媽的病，還算什麼名醫？媽媽是在他手上死去的，我們只有恨他之理，焉有感激之由？我們姐弟此時此刻都很感情用事，意見一致，態度堅決，鵬叔沒法說服我們，只好作罷。他後來隻身一人，去鼓樓醫院對馬主任表示了感謝。

緊接著葬禮的結束，市委主要領導人彭沖和許家屯，召集我的三位叔叔高鵬、馮文和王峰以及我的大舅周汝樾，在玄武湖公園外賓接待室開了三天會，專門討論如何撫養我們幾個未成年的孩子。首先肯定下來的是，政府每月發給我們每個孩子十八元生活費，由鵬叔代領，直至我們長大參加工作為止。十八元這個數字看起來不太大，可在當時，這是政府撫恤費的最高標準。然後他們討論如何安置安東，我和衛國三個小些的孩子。大姐已上高中，可以住校，生活自理，不用多討論。

有三種方案可選擇，是由外公外婆繼續帶我們過呢，還是由父母生前的老戰友領養，或是由我的三個叔叔一人領一個分別照管好呢？最終，他們認為，外公外婆也許在生活上照顧我們好些，但他們畢竟是地主成分，對我們會有不好的政治影響。如果將我們交給父母親的老戰友們，政治上固然好，但是這將置父親帶出來的三位表弟於何地呢？最後決定，只能採用第三種方案，由三位叔叔一人帶走一個。考慮到媽媽去世後的第一年，孩子們的生活環境不宜一下子變化太大，姐弟們也不宜馬上分離，所以我們三個小的暫時由鵬叔代管，等我們漸漸從悲哀中走出，再將我們分開。我將被送往上海，由王峰表叔照顧，衛國將被送去馮文表叔家，而安東則繼續跟著鵬叔在南京生活。參加會議的大舅周汝樾，雖然也是共產黨員，但是由於他資歷淺，三個叔叔根本就沒有把他當回事，他只有聽話的份兒而無說話的地方，共產黨的等級觀念無處不在，我大舅很無奈，他人又老實，只有不言語。叔叔們建議，目前的當務之急，是把我們幾個孩子儘快地從蘭園二十四號搬出來，脫離外公外婆的影響。這個建議立即得到市委領導的批准。這樣一來，我們的家庭就被拆散了。假如當時市委不讓我們搬出來，不把我家的住房分給別人，而是讓我們一直和外公外婆住在一起，我們就不會感到無家可歸，就不會受到寄人籬下的精神創傷，就不會姐弟分離，飽受孤獨的痛苦。我們失去了家才深深體會到，家對我們來說是多麼的珍貴！

母親的屍骨未寒，因採納了叔叔們的建議，市委很快就將我家的住房分配給另外兩位中層幹部居住，只留下了一間給外公外婆和小舅住，廚房和洗手間由三家共用。玄武湖會議後，鵬叔的愛人金阿姨就到我家來清點財產。她吃住在我家，將媽媽的衣物箱櫃銀行存款一一登記造冊，將爸爸媽媽的遺像和烈士證書從牆上取下裝箱。她除了給我們每個孩子分配了一些被褥外，其餘所有的東西都運往市政府倉庫保存，說等我們長大後再去取回。我們不願離開自己熟悉的家，可是我們完全沒有發言權，沒有選擇生活方式的自由，沒有人過問我們的要求，也沒有人在乎我們的想法。叔叔們說，我們的生命不是屬於自己的，而是屬於國家，屬於黨的，我們將由黨來撫養，所以何去何從一切都由黨來做決定做安排。

鵬叔讓安東到南師附中去住校，讓我和衛國搬到他家。他當時擁有兩所住房，一所在三牌樓軍區政治部大院，另一所是金阿姨工作的南京航空學院。兩處都離和平路小學很遠。他最後選擇了讓我們搬到南航金阿姨那裡去住。我和衛國離開蘭園時，新的住戶已經在迫不及待地往我家搬東西。我們姐弟倆一步三回頭，實在難以割捨那仍然保留著媽媽溫情的家。看著陌生人搬進了我們住了八年之久的家，巨大的悲哀再次襲上心頭。隨著媽媽的離去，我們這個溫暖的家庭便徹底解體了。庭院裡媽媽種下的梔子花依然在飄散著淡淡的幽香，可那香味已不再被我擁有，而成了別人的享受。我變得像林黛玉一樣多愁善感自憫自憐，一看到別人的孩子跟他們的父母在一起，我馬上淚如泉湧，傷心得不能自制。

金阿姨的家靠近城南的光華門。一到她家，我就看見不久前媽媽和我一起上街新買的綢緞被子放在她的床上，而我們只有舊的用。我們雖然什麼也沒有說，可是我們心裡像打翻了五味瓶，酸甜苦辣鹹，真不是滋味。從金阿姨家到學校，步行要近兩個小時。這對我和衛國兩個小學生來說，每天上學都變得很艱苦。我們不僅天天要早起，而且要穿過很多條馬路。一路上有許多汽車來往穿梭，時時充滿危險。今天的家長們，絕對不可能讓自己的孩子每天穿過整個南京城，從城南到城北去上學。可是，已成為孤兒的我和衛國卻別無選擇。

媽媽葬禮結束後的第二個禮拜，我和十歲的衛國，佩戴著黑紗重返校園。我倆每天一起早出晚歸，風裡來雨裡去，步行十多里，從城南走到城北去上學，中午就在市委第五食堂搭一頓夥。那個食堂專供高幹使用，伙食好，價格便宜。讓我們在那兒吃飯，算是對我們的照顧。媽媽去世後的一段時期，我和衛國在姊妹中關係最密切。在姐姐們都已和我們分開後，只有我倆還是風雨同舟，朝昔相伴。然而，我們僅剩的這一點寶貴的親情也在半年後被剝奪了。一九六二年二月，馮文表叔從上海調往武漢長航局總局工作，舉家搬遷武漢。他們搬家的輪船停靠南京港時，鵬叔把衛國送上了船，讓他跟著馮文一家去武漢生活。不久我也被送往上海，我們姊妹便被遠遠地分散在華夏大地的天南地北，天各一方了。

我和衛國搬到金阿姨家後，上學的第一天就發生了不吉。那天早晨，金阿姨給我十元錢和十五斤糧票，讓我買好一個月的飯菜票。上午放學後，我去食堂會計處，用九元錢買了飯菜票，留下一元做零用。還不到開飯時間，我便領著衛國走進學校對門的和平百貨商場，想為他買一塊「高級點心」。衛國雖然已經十歲了，可是他長得很瘦小，比我矮大半個頭。他走在我旁邊，真像一個小不點兒，人見人可憐，我非常心疼他。可是就在我站在糕點櫃檯前，從錢包裡拿出買飯票剩下的一元錢時，突然聽到一個孩子奶聲奶氣地在叫「媽媽」，我扭過頭去羨慕地看著那個和媽媽在一起的幸福的孩子，淚水頃刻間糊住了雙眼，楞住不動了，衛國也呆呆地望著他們。等我回過神來，放在櫃檯上的錢包已經不翼而飛。那裡面裝著我們姐弟倆一個月的午餐飯菜票，小偷得到它們根本沒有用，可是我們卻吃不成飯了。此事若讓小氣的金阿姨知道了，她非得狠狠責罵我不可。我曾親眼見到她狠命地毆打她才八歲的女兒，僅僅因為孩子弄丟了幾兩糧票！她女兒遭毒打時那淒慘的哭叫聲，至今讓我不寒而慄。

我現在只剩下手中的一元錢了，不敢亂花，只好不買點心。沮喪地帶著衛國走進市委第五食堂，怯怯地對打飯的阿姨說，我們的飯菜票丟了，今天不買飯了，就買三分錢青菜吧。說著，我遞上那一元錢。打飯的阿姨一聽，眼圈兒立即紅了，一把將我的那一元錢塞進我的上衣口袋，說道：「可憐的孩子，這一個月你們姐弟倆在這兒吃飯，我們不收你們的飯票！」邊說邊往兩個大碗裡裝飯裝菜，而且專挑好菜，然後遞到我們手上。許多來吃飯的叔叔阿姨聽說了這件事，也都紛紛把自己碗裡的菜往我倆碗裡撥。我和衛國望著碗裡堆得像小山一樣高的飯菜，含著感激的淚水，連聲說著：「謝謝叔叔，謝謝阿姨。」誰知屋裡吃飯的大人們聽了我倆細聲細氣的話語，卻都放下了飯碗唏噓起來，個個搖頭歎息，大家都為我們難過得吃不下飯了，我們深受感動。媽媽雖然去世了，可是我們卻受到了社會的關心和愛護。正因為有著這麼多善良的人們，給予我們同情和溫暖，才使我們逐漸走出失去媽媽的悲哀，正視現實，恢復了正常的生活。

回到學校後，我被告知，在我缺席期間，少先隊的幹部改選已經結束。我以壓倒的多數票，再次當選為少先隊大隊長。我感激同學們對我的信任，可是現在，當幹部拿名次，對我來說已不重要。我現在負有使命，就是要用功讀書，完成媽媽生前的心願，將來一定要考上大學，拿回大學本科畢業文憑。

從此，我一心一意埋頭讀書，變得沉默寡言，參加文體活動的熱情驟減，連最喜歡的業餘體校體操班的訓練都中止了。這種情緒一直影響到上中學以後，我參加文體活動的積極性都不高，與我五年級以前的那種一貫的活躍份子判若兩人。生活的不幸變故，改變了我活潑開朗的性格，唯有讀書孜孜不倦，腳踏實地，一步一個腳印。媽媽的身影和她的音容笑貌時刻伴隨著我，多少親暱，多少溫馨，多少疼愛，真是說不盡的懷念。她的優秀品質激勵著我，鞭策著我，給我前進的動力。為獲全優，我經常廢寢忘食。那時，我完全不會想到，幾年後，一場「文革」將打碎我上大學的夢想，讓我永遠愧對媽媽的在天之靈。

衛國走了，剩下我一個人孤苦伶仃。極度的哀傷和用功，加上每天走遠路上學的疲勞，極大地損害了我的健康。我體質很弱，十分消瘦和單薄，而且多病經常發燒。我經常做夢，夢見我們全家團聚。一次，我夢見大年三十，一個寒冷的冬日，下著鵝毛大雪，我站在蘭園二十四號門口，望著路口，想著衛國會回來過年的。我等啊等，從早盼到了晚，終於在夜色朦朧中，看見衛國冒著風雪向我走來。他沒有忘記回家的路，他回來了！我向他奔去，可總是拉不著他的手，總是抓空。夢至此處我哭醒了，便提筆給衛國寫了封信，告訴他我做的這個夢。很快我就收到了他的回信。他說，讀了我的信，他深受感動。我們都感到孤獨，我們互相思念，我們需要家庭溫暖，需要親情，但是我們難以見面。現在回想起來，真覺得命運對我們的童年太殘酷了。

一九六二年七月上旬，十三歲的我，以四門主課都獲滿分一百分的優異成績，從和平路小學畢業。畢業的第二天，高鵬叔叔就帶著我，背上媽媽給我留下的被褥細軟，登上開往上海的列車，去王峰表叔家開始新的生活。

我的童年，就這樣，在思念母親的淚水中結束了。

第七章　寄人籬下

王峰表叔一家，住在上海空四軍司令部大院裡。他當年三十六歲，是空四軍的作戰處處長，中校軍銜。他的愛人，我的嬸嬸，三十二歲，年輕漂亮，在海軍醫院工作，中尉軍銜。他們有三個孩子，一男二女，都很幼小，最大的小明八歲，最小的小勤剛出生，還在吃奶。所以我一去他們家，就成了表弟妹們的大姐姐。

在經濟困難時期，軍隊的物質供應比地方上好得多。當普通老百姓每月每人只有三兩菜油的定量時，表叔的定量是每月兩斤，嬸嬸的定量是每月一斤二兩。此外，每逢年底，空四軍會給每家發放二十斤大桶裝的豆油，全是軍隊自己生產的大豆榨出的純豆油，所以我在新家的生活是相當不錯的。我在表叔家總共生活了兩年半，他們在伙食上從未虧待過我。我的痛苦完全是精神上的無依無靠，是表叔對我經常無端的斥責，是得不到關心和溫暖的冷漠的人情，是寄人籬下沒有母愛的孤獨。

在表叔家裡，我和媬姆住一間屋。來的時候，高鵬叔叔特意讓我將自己在南京使用過的被子，與其他衣物一塊兒帶到上海，這樣可以使我更有家的感覺。這床用藍底白花布做被面的被子，是我和媽媽共同蓋過的，我無論如何也捨不得與它分離。蓋著它，我就覺得還和媽媽依偎在一起，便可以安然入睡了。

上海自二十世紀初起，就一直是中國最大，最現代化，最繁華的國際大都市，也是我抵達的當年除北京以外唯一的一個中央直轄市，人口已達一千萬。外地的平民百姓要想弄到上海戶口住在這裡，真是比登天還難。中國嚴格的戶籍管理制度，使中國人口不能自由流動，很多人通常一輩子只能在自己的出生地生活和工作。那個年代的中國，有許多人，尤其是農民，從生到死都沒有去過五里路以外的地方。

由於我是「雙烈」子女，所以得到了特殊照顧。離開南京之前，我的戶口已由南京市公安局轉到上海表叔家了。這種特殊照顧的重大意義在於，我可以領到上海市政府分配的各種票證了，尤其是糧票。

王峰表叔和當地最好的學校復興中學取得聯繫，安排我參加即將到來的初中入學考試。他告訴我，復興中學在上海口碑極好，其高考升學率差不多是百分之九十九。上海人常說：「只要一隻腳邁進了復興中學，另一隻腳就已經邁進了大學。」

我是一九六二年七月十二日到王峰表叔家的。五天後，由一位年輕的空軍軍官陪同，我來到復興中學指定的考試地點，虹口區第三中心小學，參加中考。我考試的時候，軍官叔叔就在外面等我。中考只考兩門，數學和語文。我記得先考數學，試題不太難，考下來感覺不錯。第二門考語文，要求考生寫一篇作文，題目是「考試前夕」。

我握著筆略作思考，便下筆如流水，盡情地表達我的真情實感。當我一口氣寫完交上考卷時，離考試結束還有半個小時。當所有的考生還都在埋頭苦思時，我第一個走出了考場。軍官叔叔很詫異，問我是不是考砸了而放棄了，要知道這所學校可難考啦，怎麼不充分利用考試時間，再好好檢查一下呢？他對我是否能考上，十分懷疑和擔心。後來，當我在復興中學上學時，他一看見我就咧嘴笑，說小看我了。

我的這篇作文獲得了當年中考的最高分，九十八分。去學校報到的那天，我一進校門，就看見自己的作文試卷被貼在學校大門內的黑板上，讓全校師生閱讀。閱卷的老師們不僅互相傳看，而且還在貼出的文章旁加了按語。按語說：這是我們在閱卷中發現的佳作，值得大家一讀。

我是這樣寫的：「嗚-嗚——，嗚-嗚——！隨著一聲聲汽笛的鳴叫，火車噴著粗氣，轟隆著緩緩地駛離了南京站。它將帶著我奔赴上海，去開始新的生活。我從車窗探頭向後望去，是那樣的戀戀不捨。南京，可愛的家鄉，我在您的懷抱裡長大，在您的臂彎裡度過了寶貴的童年，我怎麼捨得離開您呢？可是，我必須服從黨的安排，離您而去。隨著火車的加速，您漸行漸遠，越來越模糊，終於消逝在我的視野裡。

「我將踏上人生新的旅途，離開我所熟悉，所深愛的一切。南京，那裡長眠著我親愛的父母，那裡仍然生活著我的外公外婆，可是那裡再也不是我的家。坐在賓士的列車裡，我的眼裡滿含著淚花，思念著我的親人。我打開隨身攜帶的一個小盒子，看著裡面五彩繽紛的雨花石，略感安慰。這些雨花石，是我從父母的墓旁撿來的。有它們陪伴我，我會覺得仍然生活在父母的身邊。在今後的歲月裡，無論遇到什麼困難，只要看一看這些雨花石，就會有戰勝困難的勇氣和力量。」

接下來，我在作文裡描寫了在到達上海的新家後，在考試前夕的幾天裡，我是怎樣戰勝了高溫酷暑，努力地復習功課，迎接即將到來的中考。我的頭腦裡只有一個信念，一定要考好，用優異的成績告慰父母的在天之靈。我發誓，一定要在上海市最好的中學裡，好好學習，繼承父母的遺志，完成他們未竟的革命事業，做一名又紅又專的共產主義接班人。

現在我回過頭來看自己，感慨萬分。十三歲的我，懂事得有點可憐，令步入老年的我感到心酸不已。晚年的我，定居在英國一個風光秀麗的海邊小鎮上。我很喜歡在夏季的傍晚去海邊散步，觀賞桔黃色的落日餘暉照射著英吉利海峽，海岸邊的沙灘呈現一片耀眼的金黃，一切都帶上一絲懷舊的溫情。這時候，我的思緒便又回到那久遠的過去，回到在中國的那些日日月月和年年歲歲。縱然沉重，縱然迷茫，縱然心酸，縱然感慨，縱然不堪回首，可是，那些激情燃燒的歲月，仍有許多值得留戀的美好和親情，有著我兒時天真爛漫的歡笑，刻骨銘心，永世難忘。這一切鑄就了我的人生特有的情感和生命理念，使我能夠在當今物欲橫流的社會中，不受干擾地始終生活在自己的精神世界裡。

一九六二年八月中旬，我收到復興中學寄來的錄取通知書。當郵遞員將信交到我手中時，王峰表叔正好從他房中出來，他一把將信搶了過去，迫不及待地拆開，抽出信箋，眉頭突地上揚，眼睛也亮了，高興地對我大喊：「你考上了！你被復興中學錄取了！」表叔覺得我為他爭了面子，異常興奮地對我說：「要知道，復興中學只錄取上海市最拔尖兒的好學生哩，想不到你在南京也能打下這麼好的學習基礎。」

由於空四軍大院地處上海市北郊，靠近江灣五角場，離四川北路底的復興中學有相當遠的路程，表叔便為我買了張公交月票。

八月一日一大早，我穿戴整齊，繫上紅領巾，走出空四軍大院，登上了五十五路公共汽車，去復興中學報到。錄取通知書上寫明，我被分在中一（六）班。進校後，感到校園有股外國風情，校舍竟然是外國式洋樓。洋樓上的大窗戶，就像媽媽為我買的童話書裡的插畫一樣漂亮。我很快找到了中一（六）班的教室，走了進去。教室裡已經有不少新生了，大家按先來後到排著隊，等候交費註冊。一位年輕的女教師坐在黑板前的講臺旁，一邊填寫花名冊，一邊收取學費。

輪到我了，我走上前，向女教師遞上學費和一張背面寫著我名字的一寸黑白小照片。女教師將照片反過來，一看我的名字，立即抬起了頭，和藹地微笑著說：「呵，你就是高安華啊？我一直在等你。我叫趙佩秋，是中一（六）班的班主任。」我看著她的笑臉覺得十分親切，便也對她微笑了，說：「趙老師好！」

趙老師收完錢，站起來，拿著名單對全班點名，同學們就算認識了。趙老師點完了名便向我們簡要地介紹了復興中學的情況。她告訴我們，復興中學的前身是「麥瑟尼克」學校，始建於一八八六年，不久更名為「上海公學」。一九一三年，英國人漢壁禮爵士捐出一筆鉅款，由工部局在四川北路底興建了西童男校。一九四六年春，學校重建，定名為「上海市復興中學」。復興中學占地廣大，規模宏偉。最為壯觀的是一片英式樓房，建於十九世紀末。那時，八個帝國主義列強在上海劃定了各自的租借地，修建了學校，供他們的子女上學讀書。一九五四年起，學校被定為上海市重點中學。當下，我校是上海市教育改革的試點中學，學制要縮短，改六年制為五年制，教學質量卻要提高。所以同學們一定要刻苦學習，切不可有半點懈怠，否則，會跟不上進度而掉隊。

說完這些，她便給我們發教科書。我們從中一開始就要學十門以上的課程，除了語文和數學兩門主課外，還有英語，政治，歷史，地理，物理，化學，生物，音樂和體育。發完了書本，趙老師宣佈：「我們中一（六）班的班委主席由高安華同學擔任。」然後，她就叫我站起來，讓全班同學都認識我。就這樣，在復興中學就讀的兩年半期間，我當了五個學期的班長。

學校裡每個年級有八個班，四個班學俄語，四個班學英語。謝天謝地，我被分在英語班。那時，每週有兩節英語課，我們的英語老師是陳布雷先生的大女兒陳琇。陳布雷先生曾任前中華民國總統蔣介石先生的秘書。一九四八年十一月十三日，陳先生因對國民黨政府的統治失去了信心，又不願離開大陸去臺灣而悲憤自殺。他的正義品格，受到周恩來總理的高度評價。我在上海讀書期間，周總理到上海視察工作時，還專門召見了陳琇老師和她的妹妹陳璉，還請她倆吃了飯。

陳琇老師早年留學英國，說的是一口純正的英國英語。她的發音非常漂亮，聽起來十分享受。所以，從學字母ＡＢＣ開始，我就深深地愛上了英語。在陳琇老師孜孜不倦地教育和關心下，我在上海就讀期間打下了堅實的英語基礎，在後來所有的英語考試中，我基本上都獲得了滿分一百分的好成績。陳琇老師經常在我的英語作業本上寫上「EXCELLENT！」（意即：優秀）。可以說，如果沒有陳琇老師，就不可能有我後來在外貿的出色工作，也不會有我的英文版《天邊》一書的問世。我常想，一個人一生中能碰上這麼好的老師，真是太幸運了。

我入學不久就得知，復興中學實際上是復旦大學的附屬中學，復旦大學校長蘇步青教授親自過問我校的數學課教學進度。他不僅經常派復旦大學的數學講師來我校授課，還親自為我們學校編印數學教材。所以，我校數學的教學進度比普通中學快得多。我們不僅使用國家統一編印的數學課本，還經常使用蘇步青教授為我們編印的數學講義。當時，我就聽說，復旦大學數學系每年錄取的新生中，有百分之五十，甚至百分之七十都是來自我們復興中學。

上海雖然是亞洲最大的城市，是中國最重要的工業基地，但是，它成為一個大城市的時間卻很短暫，不能與其他有著一兩千年歷史的大城市相比，因為這座城市的形成只有區區一百多年。它坐落在長江口那片經過千百萬年泥沙沉積而成的衝擊平原——長江三角洲上，滾滾不盡，浩浩蕩蕩的長江之水由此流入蔚藍的大海——東海。幾個世紀以來，中國人一直喜歡叫它「上海灘」，而全世界的人，都叫它「上海」，意即：到大海上去。

清康熙二十三年（西元一六四八年），取消禁海，上海得到空前發展，開通了內河航運，長江航運，南北洋航運和國際航運等多條航線，經濟地位日益強勁。一八四〇年鴉片戰爭之後，英軍入侵上海，南京等地，上海作為對外開放的通商口岸，正式開埠，掀開了上海走向現代化進程的歷史。其後，各資本主義列強紛紛於上海傾銷商品，搜刮原料。

正式開埠前，上海最著名的建築是一座規模宏大的豪紳花園——豫園。豫園原來是明代四川布政使，上海人潘允端為了侍奉他的父親——明嘉靖年間的尚書潘恩而建造的，取「豫悅老親」之意，故名為「豫園」。豫園坐落於上海市市區南部舊城的東北角，是著名的江南古典園林，與年代更為久遠的城隍廟毗鄰，連帶附近星羅棋佈的飯館酒店，食肆排檔，這裡成了聞名中外的名勝古跡和遊覽勝地。

英國人當初認為上海灘將來會變成一個理想的海港，實為先見之明。這塊小如彈丸的租借地很快就繁榮興旺，高樓大廈如雨後春筍般密密麻麻破土而出，昔日的破舊漁村轉瞬間變成了亞洲第一大海港。上海以一日千里的速度向前發展，吸引了不計其數的外國資本家和中國的富商巨賈。他們在上海建造了大量的住宅、賓館、商店、工廠，辦公大樓，還有很多西式教堂。到一九三〇年時，上海已經發展成為一個西化了的現代化大都市。很多西方人躍躍欲試，雲集於此，各自拿出看家本領，憑藉著上海得天獨厚的人文地理環境，大搞進出口貿易；也有的靠殘酷壓榨剝削工廠女工和童工的廉價勞動力，大發橫財，最後都發家致富，成了腰纏萬貫的百萬富翁。沒過幾年，上海就被人稱作「冒險家的樂園」。

居住在上海的西方殖民主義者，把中國人當作「二等公民」，甚至是「三等公民」看待，他們在中國人面前表現得極其傲慢。據說，在外灘的黃浦公園門口，從一九二〇年起，就豎著一塊告示牌，上面用中英文寫著：「華人與狗不得入內」。

我是在復興中學的政治課上，第一次聽到這塊告示牌的故事的。趙老師還帶領全班同學參觀了上海歷史博物館，我們在博物館裡看到了這塊告示牌的老照片。因此，我對這個故事深信不疑，對西方帝國主義充滿了義憤。這塊告示牌上的文字，毫無疑問，是對中國人民的極大侮辱。每個中國人都對此耿耿於懷，沒齒難忘。在中國，「狗」字常被用來惡意咒罵和侮辱他人。如果用中國話說一個人是走狗，或狗屎、狗吠、狗腿子、狗崽子，那絕對是最大的侮辱。

復興中學對學生的政治思想教育抓得很緊，老師們經常以上海近代史啟發教育我們，要求我們自覺抵制資產階級的「糖衣炮彈」。因為這種「糖衣炮彈」是潛移默化的，是無孔不入的，是不知不覺的，是不以人們的意志為轉移的。「糖衣炮彈」這個詞，實際上是引自中華人民共和國首任主席毛澤東的一段話，他說：「……可能有這樣一些共產黨人，他們是不曾被拿槍的敵人征服過的，他們在這些敵人面前不愧英雄的稱號；但是他們經不起人們用糖衣裹著的炮彈的攻擊，他們在糖彈面前要打敗仗……」他這裡說的「糖衣炮彈」，指的是西方式舒適優越的生活方式，是中國的富人們，特別是資本家們，所過的那種奢侈富裕的生活方式。一個人若是倒在資產階級的「糖衣炮彈」之下，就會變得貪圖安逸享受，瓦解革命意志，從而成為資產階級的俘虜，所以我們要時刻警惕「糖衣炮彈」。

對於我們年輕人來說，上海是一個非常危險的地方，因為這座城市是一個充滿了資產階級香風臭氣的大染缸，而這個大染缸的中心，就是上海的南京路。從一九三〇年代起至今，南京路都是上海市最繁華的地段。這條大馬路長達十多華里，東起外灘，橫跨市中心，向西直到郊外。這裡有號稱中國最大的百貨公司，最密集的商店鋪面，最豪華最昂貴的宅邸賓館和聳入雲霄的高樓大廈。它們鱗次櫛比地分列在南京路兩側，透明閃亮的大玻璃櫥窗裡，琳琅滿目地擺滿了來自世界各地的奢華商品，充滿誘惑，令人目不暇接，頭暈目眩。特別值得一提的是，自一九三〇年代起，每當夜幕降臨，五光十色的霓虹燈便在南京路上大放光芒，把這條馬路裝點得更加絢麗多彩，更加嫵媚動人，享譽全球。人們稱那時的上海為「東方的巴黎」，而南京路則是中國的香榭裡榭大道。

在這場無產階級與資產階級爭奪下一代的激烈鬥爭中，黨為我們指明了方向，為我們樹立了「拒腐蝕，永不沾」的好榜樣，它就是「南京路上好八連」。

自從一九四九年五月解放上海後，中國人民解放軍某部八連指戰員，就接受了駐守上海南京路的任務。他們雖然身處資產階級腐朽生活方式的中心，卻時刻警惕著不受干擾和誘惑，自覺地進行一場思想戰線上「興無滅資」的無形戰鬥。面對南京路上的燈紅酒綠，他們意志如鋼，毫不動心，始終保持著勞動人民艱苦樸素的階級本色。他們的優秀事蹟被報刊雜誌廣為宣傳，毛主席授予他們「南京路上好八連」的光榮稱號，並號召全國人民向他們學習。他們的故事不但寫進了書，還編成了話劇「霓虹燈下的哨兵」，由南京軍區前線話劇團在全國各地巡迴演出。後來，這個故事又搬上了銀幕。由於上海處在反對資本主義的最前線，市委領導特別重視上海人民學習好八連的活動，不僅要求所有的學校都組織全體師生觀看這部電影和話劇的演出，而且，所有的工廠，商店，政府機關和企事業單位也都要組織觀看，無一例外。

「霓虹燈下的哨兵」這部戲的故事情節很簡單，它講述了中國人民解放軍解放上海不久，某部八連接受了任務，負責守衛南京路。很快，一名叫陳喜的排長迷上了南京路上繁多而漂亮的商店和夜晚絢麗的燈光。上海人時髦而華麗的著裝也使他覺得自己穿的土布軍裝顯得相形見拙，自慚形穢，羞於見人。他本來是貧苦農民家庭出身，可是在上海這個大染缸裡，他卻變得整天羨慕別人的榮華富貴，幻想著有朝一日自己也能像上海人一樣地穿戴打扮。於是，他用僅有的一點津貼買了一雙洋紗襪子，而把自己原有的那雙又舊又土的家織布襪扔進了紙簍。

陳喜的妻子春妮，是一名貧農出身的共產黨員。她來到八連探親，碰巧看到了她以前用心為丈夫手工製做的家織布襪被扔在紙簍裡，傷心地哭了。她發現丈夫已經忘本變質，十分痛心和不安。臨回家前，她給丈夫留下一封信。在信中，她回憶了舊社會的苦難，然後說：「扔掉舊襪子的行為是非常可恥的，這決不僅僅是簡單的一雙襪子的問題，而是你忘了本，丟掉了艱苦樸素的光榮革命傳統，正滑向危險的資產階級泥坑。」

陳喜受到了連長和戰友們的批評，大家通過憶苦思甜提高了他的覺悟。陳喜當著全連指戰員的面讀了妻子留下的信，翻然悔悟，羞愧難當，當眾跪下，痛哭流涕。他檢討了自己的錯誤，從紙簍裡撿回了舊布襪，而把剛剛買來的新襪子扔掉了，就等於扔掉了他的資產階級思想。

舞臺上，男演員的表演非常出色。當他演到扔掉新襪子的時候，凝眉怒目，滿臉的鄙夷不肖，就好像扔掉了一團臭狗屎似的，觀眾們都抱以熱烈的掌聲。可當我看到他把新襪子扔掉的時候，心中一陣酸楚，覺得真是太可惜了。我暗想：「這不是和毛主席勤儉節約的教導背道而馳嗎？多麼浪費啊！」

要知道，當時我是多麼想有一雙新襪子啊。在上海的兩年半中，我從來都只能穿補丁摞補丁的舊襪子，厚厚的補丁常使我的雙腳無法穿進自己的鞋，而只好穿嬸嬸的又大又舊的解放鞋，非常難看。我從小就愛美，不願別人認為我有一雙大腳，如果我能有一雙沒有補丁的新襪子，就可以穿我從南京帶來的小巧玲瓏的布鞋了。可是，我心中的渴望，怎麼敢說呢？我害怕被扣上資產階級思想的大帽子，只有將自己的想法吞進肚裡。那時中國的政治空氣，使我們小小年紀就已經生活在恐懼之中了。

其實，我在王峰表叔家並不是白吃白住的，南京市委組織部每月給我們姐弟發放十八元生活費，他們按時將我的生活費寄給王峰表叔。在普通工人只有三十幾元月工資還要養家活口的年代，十八元對一個孩子來說，已經超過了一般民眾的生活水準。那時，每人每月平均八元以下才算窮人。王峰表叔卻常說政府發給我的錢不夠用，還常用好八連的事蹟教育我，特別強調在生活上要向低標準看齊，所以雖然我在長身體，長個子，表叔和嬸嬸卻從來不給我做新衣服。我上學穿的服裝，基本上都是他們的舊軍裝，連內衣內褲都是他們的舊衣服改的。可是他們的三個孩子，年年都做新衣新鞋，尤其是過春節的時候，表弟妹們都能穿上暖和的新棉鞋，而我，天再冷，也只有穿嬸嬸那破舊單薄的解放鞋。冬天的上海，潮濕而寒冷，我坐在教室裡，雙腳都凍僵了。課間休息時，我的腳麻木得幾乎走不了路。在南京從不生凍瘡的我，在上海時手腳年年都生凍瘡，晚上睡在被窩裡，疼痛難忍。待到春暖花開時，凍瘡奇癢，我忍不住去撓抓，一不小心就抓破了，鮮血直流，使原本一雙白嫩的小手，結滿傷疤，像兩個爛土豆一樣難看。我雖心中悽楚，卻從不敢抱怨。

我剛到上海時，表叔對我態度不錯。可是才過幾個月，他就開始表示對我不滿。最初的不滿是說我不像個大姐姐，沒有帶他的孩子們玩，後來又說我只顧自己讀書，沒有輔導他的孩子取得好成績。他的大兒子小明當時已上小學二年級，成績不太好，而我卻成績優秀。每學期結束時，我都被評為三好生。他的孩子因從沒有得到過這種榮譽，他便對我不高興。他要求我教他的五歲的大女兒小梅認字，我教了，可她心不在焉，玩心重，不肯學，表叔就發怒，生我的氣。總之，他的孩子們如果表現不好，就全是我的錯。表叔對我和他的孩子們從來沒有一視同仁，他常當著他孩子的面說，要不是服從組織決定，他沒有義務照顧我，所以他的孩子們也從不把我看成家庭成員，都覺得我是一個多餘的人。我在表叔家裡只能忍氣吞聲，在這個家裡，我感到非常孤獨，得不到大人的疼愛，反倒像一個累贅。只有每晚睡在床上時，我才能思念媽媽，默默地一任傷心的淚水濕透我的枕巾。在表叔家裡，就連傷心哭泣，我都不敢出聲，以免挨罵。在我回憶這段往事時，依然傷心不已，真覺得在上海的兩年半中，我的眼淚至少流滿了兩大缸。後來我得知，小衛弟弟在馮文表叔家裡，受到的待遇比我更差更可憐。成為孤兒的我們，還未長大成人，心靈已飽受創傷。

一九六三年三月五日，毛主席號召全國人民「向雷鋒同志學習」。他的題詞刊登在全國各地的主要報刊上，掀起了一場曠日持久的「學雷鋒，做好事」運動。

雷鋒是中國人民解放軍瀋陽部隊某部的一名普通戰士，他和毛主席是湖南同鄉，出身於一個貧苦農民家庭。五歲時，他的父親病故；七歲時，他的母親因不堪地主凌辱而懸樑自盡，雷鋒從此成了孤兒。在黑暗的舊社會，孤兒活下來的希望很小，本家的六叔奶奶收養了他，窮人互相幫助，一起勉強度日。

一九四九年八月，雷鋒的家鄉解放了，雷鋒從此獲得新生。一九五〇年夏，鄉政府保送雷鋒免費讀書。在學校，雷鋒刻苦學習，成績優秀。一九五六年，他參加工作，任縣機關公務員。他時刻不忘共產黨的恩情，工作勤勤懇懇，任勞任怨，全心全意地做好每一項工作。一九五八年至一九五九年，雷鋒調去鞍山工作，曾三次被評為先進工作者，五次被評為標兵，十八次被評為紅旗手，並榮獲「青年社會主義積極份子」的光榮稱號。一九五九年十二月，雷鋒被部隊破例招收入伍。他雖然個子矮，身高不合標準，但在新兵訓練結束時，他在全排成績卻名列前茅。參軍不到一年，雷鋒就被批准加入了中國共產黨。雷鋒對黨和人民忠心耿，經常利用假日和出差的機會，為地方上的老百姓做好事，幫助群眾解決困難。他還兼任了附近一所小學的政治輔導員。一九六二年八月十五日，雷峰在執行公務時，不幸以身殉職，年僅二十二歲。

戰友們在清理他的遺物時，發現了他的日記，才知道他活著的時候每天都閱讀毛主席著作，並且把心得體會寫進日記裡。雷鋒日記和他的事蹟被瀋陽軍區上報中央軍委，受到毛主席的特別關注，毛主席稱讚雷鋒是個好戰士，在平凡的工作中做出了不平凡的業績。毛主席指示出版了《雷鋒日記》，在全國各地發行，並號召全國人民學習雷鋒毫不利己專門利人的共產主義精神，要求人民像雷鋒那樣，做一顆永不生銹的鑼絲釘，黨擰在哪裡，就在哪裡閃閃發光，為國家做無私奉獻。

我讀了《雷鋒日記》後，對雷鋒叔叔非常敬佩，決心以雷鋒叔叔為榜樣，做一個像他那樣高尚的人。我也開始寫日記，主要是把學習雷鋒的體會寫下來。到學期結束時，我的各科成績都取得了優秀，被學校評為學習標兵，並被評為虹口區和上海市的優秀少先隊員，是當時復興中學唯一的市級優秀學生。班主任趙老師想讀一讀我的日記，我就把日記交給了她，她又把它交給了共青團上海市委。很快，我就受到記者的採訪，我的日記和照片被上海市黨委機關報《解放日報》和共青團的《青年報》整版登出，上海市廣播電臺也進行了廣播。我，一名十四歲的少先隊員，和上海市的勞動模範叔叔阿姨們一起，受到上海市領導的接見，成了青少年學習的榜樣。在外國人幾乎絕跡的當年的中國，我還在暑假裡被選去陪同外賓，在錦江飯店參加市委領導招待外賓的盛大宴會。我和勞動模範們，經常被社會各界邀請去做學雷鋒的報告。由於我是報告團中唯一的未成年小孩，還戴著紅領巾，站在臺上，顯得又瘦又小，所以每次我作報告，聽眾們都對我報以長時間熱烈的掌聲。我想，聽眾們之所以偏愛我，多半是同情我這麼小就失去了爹娘，還能自覺努力學習的緣故吧。

不久，完全出乎我的意料之外，《解放日報》給我寄來五元錢，作為登載我的日記的稿費。我覺得自己對國家什麼貢獻也沒做啊，怎麼能拿這個錢呢？我就將錢交給了趙老師，請她決定如何處理。趙老師接過錢，想了想，說：「我看這樣吧，我們用這錢買一套理髮工具，像雷鋒給戰友們理髮一樣，讓班裡的男同學互相理髮，省下理髮費。」我聽了立即叫好。打這以後，班裡的男生就用我的稿費買來的理髮工具互相理髮了。我因此又獲得了學校的表揚，榮譽越來越多。

就在我收到生平第一次稿費後不久，我就收到了來自全國各地的信件，向我表達他們讀了我的日記後對我的欽佩。在相當長的一段時間裡，每天都有《解放日報》的讀者寄信到復興中學給我，有工人，學生，還有解放軍戰士。其中有兩封信來自越南民主主義人民共和國的河內和海防，是居住在那裡的華人寫來的。我這才知道，中國的黨報也發往社會主義國家。我不知道該如何處理這些信件，便都交給了趙老師。

榮譽和鮮花雖然好，卻同時給了我巨大的壓力。因為我知道，同學們都看著我呢。我不僅要更加嚴格要求自己，各方面要做得更好，還不能因為越來越多的社會活動影響了學習。白天活動多，我就在晚上開夜車，復習功課，毫不鬆懈。

空四軍大院實行嚴格的軍隊作息和燈火管制制度，每晚九點整吹熄燈號，除路燈外，所有的室內電燈必須關閉。在一片漆黑的營區內，誰家有燈亮，巡邏的哨兵都看得一清二楚，立即記錄並向上級彙報。這是鐵的紀律，誰也不能違反。可我開頭對這套制度並不清楚，所以晚上九點之後，在全家人都已上床睡覺了，我仍然繼續挑燈夜讀。結果被巡夜的哨兵發現，報告了上級，說作戰處王處長家違反了軍紀。第二天，空四軍司令部在大院禮堂召開全院官兵大會，王峰表叔在會上受到軍政委江騰蛟的點名批評，表叔因此對我十分生氣。

那天傍晚我放學回來，剛進門就聽見表叔在他臥室叫我。我連書包都未放下，就趕緊走進他的房間。只見他躺在床上，臉色鐵青。我忙問：「表叔，您生病了嗎？」冷不妨他對我大吼一聲：「被你氣病的！」我頓時嚇得手足無措，不敢吱聲。接著他便開始訓斥我，並要我向他作出檢討。我流著眼淚，站在他床前，給自己扣上了一頂又一頂大帽子：「我是小資產階級個人主義、無組織、無紀律、浪費電能、不懂節約……」等等。王峰表叔聽後，臉色稍有緩和，說：「你的檢討，按我的標準，是遠遠不夠深刻的。但是考慮到你還是個孩子，認識水平有限，今天算是馬馬虎虎過關了吧。我看你學雷鋒是說一套做一套，你說雷鋒會在熄燈號吹過以後還開燈嗎？」我抽泣著說：「表叔，我錯了，再也不敢犯了。」他這才放我回自己的房間做功課。

從那以後，每晚熄燈號吹過後，我就立即關燈，用一個小小的手電筒照著看書學習。手電筒微弱的光線，很快就損壞了我的眼睛。我的視力從入學時的一・五迅速變成了〇・三，成了名副其實的近視眼。趙老師知道後，將我的座位換到了第一排，以便我能看見黑板上的字。

後來我才得知，由於王峰表叔十四歲就參加了革命隊伍，在空四軍中是除了江騰蛟以外，參加革命時年齡最小的人，資格很老，平時比較傲氣，從不買別人的帳，對江騰蛟也從不溜鬚拍馬，江騰蛟覺得他不太聽話，因此不喜歡他。可正是江的個人喜惡，卻使得王峰表叔逃過了後來的「文革」劫難。一九六六年「文革」開始時，江騰蛟給了王峰表叔一個空四軍後勤部副部長的職務，名義上是提拔，實際上是給他一個虛職，調離作戰處。江騰蛟還為王峰表叔找了地處山陰路的一座收繳來的昔日資本家的紅磚洋房，讓他全家搬過去住，並讓他負責修建空四軍幹休所。這樣一來，王峰表叔便遠離了空四軍大院，遠離了一切軍事機密，也遠離了政治。幾年後，當江騰蛟被定為「林彪反革命集團成員」，空四軍作戰處也成為「重災區」時，王峰表叔安然無恙。

我在學校裡始終不渝地嚴格要求著自己，一刻也不曾忘記要為父母爭光，為我的革命家庭錦上添花。一九六四年三月十一日，在我十五周歲生日那一天，由班主任趙老師做介紹人，我加入了共青團。不久，我就擔任了我們中二年級的團支部書記。

由於我太過用功讀書，睡眠不足，我的身體健康明顯受到損害，扁桃腺經常發炎，一發炎就發燒。可我為了不缺課，從不肯休病假。即使發燒到三十九度，我仍然堅持去上學。從一九六三年至一九六四年，我大約有二百多天發燒在三十八度以上，經常頭暈，體質很弱。為此，表叔和嬸嬸也著了急。於是他們與空軍醫院取得了聯繫，安排我在不發燒的時候，去住院，做手術摘除扁桃體。我於一九六四年暑假，在空軍醫院住院一周，摘除了扁桃體。這個法子真的很靈，從此以後，我很少發燒，體力逐漸恢復。

那年秋天，我升入中三。開學後沒有多久，我就接到安東姐姐的來信。從她的信中，我驚訝地得知，小衛弟弟已經應安東姐姐的要求，離開武漢，轉學到南京了，現在他倆同在南師附中住校讀書。

事情的原委是這樣的：一九六四年五月，我們原來在蘭園的老鄰居，南京市委組織部部長李烈炎的愛人陳阿姨去武漢出差，順便去看看小衛。可是，她找到馮文表叔家後卻未見到小衛。她等到很晚，小衛都沒有回來，家裡人都說不知他到哪兒野去了。陳阿姨向鄰居們打聽，鄰居們說，小衛這孩子很可憐。馮文在家時，待小衛還不錯。可是他身為長航總局副局長，時常在外地視察工作，他的三個孩子就乘他不在家時欺負小衛，惡言惡語，甚至拳腳相加，嫌他多餘。

小衛沒有家庭溫暖，他的自尊心受到嚴重傷害，因此每天下午放學後，不願早回去，受人白眼，便去江邊遛躂，消磨時光。他常常一個人孤苦伶仃漫無目的地走著，直到夜深人靜，人們都已睡下，才走回馮文表叔家。然後戰戰兢兢小心翼翼地輕輕敲門。一開始馮文的老婆聽到他「篤篤篤」的敲門聲，還從床上爬起來給他開門，一邊開一邊罵罵咧咧。如是幾次以後，任小衛怎麼敲，他們都不再開門。就是這個狠心的女人，曾經在上海害死了親愛的媽媽，現在又虐待小衛弟弟。小衛於是不再敲門，蜷縮在樓梯肚裡那冰冷的水泥地上過夜。鄰居們早上起來外出買菜時，常看見小衛瘦小的身影在樓梯肚裡瑟瑟發抖，實在看不下去，便將小衛帶回家，給他用熱水洗臉，還給他吃早點。可是他們怯於局長太太的淫威，不敢告訴馮文。

當鄰居們將這些情況告訴陳阿姨後，陳阿姨驚呆了。她立即返回南京，向南京市領導作了彙報，小衛的遭遇在南京市委大院引起了公憤。爸爸媽媽的生前好友們紛紛要求將小衛接回南京，由他們來照顧。已經上高一的安東得知後，堅決要求承擔一個做姐姐的責任。她以嚴厲的措辭寫信給馮文的上級領導——長航總局局長和局黨委，要求馮文表叔立即將小衛送回南京。等到馮文表叔聽到此事時，矛盾已經嚴重到不可逆轉。雖然很丟面子，馮文表叔也只好頂著南京市委大院裡人們的唾罵，將小衛送回了南京，讓他和安東一起生活。

可是，小衛的轉學事宜並不是很順利。儘管他在武漢已經念完了初一，而且成績不錯，門門功課都在八十分以上，然而當安東與南師附中校方談及小衛的插班時，校領導卻認為武漢的教學質量不如南師附中，要想在附中讀書，只能重讀初一，否則就到別的學校去。安東不願與弟弟分開，被迫答應了校方的無理要求，讓小衛在附中重讀初一，以便就近照顧。小衛的自尊心再次受到嚴重傷害，因為「留級生」這個不光彩的頭銜，對任何一名學生來說都是一種莫大的恥辱。小衛因此責怪安東，在很長一段時間裡，他對安東產生了逆反心理，常為一點小事與安東發生口角，安東很傷心，很委屈，也很無奈，眼淚只好往肚裡嚥。

等我接到安東的來信，得知這一切時，已是一九六四年九月，剛剛開學。我當時壓根兒也沒有想到自己不久也將轉學到南京，因為我在王峰表叔家裡，沒有發生過像小衛在武漢那樣的問題，加之我愛復興中學，很想在復興中學完成中學的全部學業，然後考上一所第一流的大學，完成媽媽生前的心願。

沒有想到，王峰表叔卻在一天晚上，將我叫進他房間，對我說：「當初在南京，我和你高鵬叔叔和馮文表叔說好的，每人負責你們一個孩子的成長。現在他們都已撒手不管了，我再繼續管下去，他們的面子不好看。所以你高鵬叔叔來信建議，將你也送回南京，反正你也十五歲了，可以自己照顧自己了。想當年，我十四歲就參加革命，獨當一面，你也完全可以的。但考慮到現在已經開學，中途轉學對你學習不利。這樣吧，這學期一結束，你就回南京，跟安東和小衛在一起過吧。」

我聽後，眼淚刷地流淌下來。我不是不願與姐姐和弟弟在一起，而是捨不得復興中學。可我知道，我是無權掌握自己的命運的，只能聽從叔叔們的擺佈。所以我對王峰表叔什麼也沒說，只是無言地點了點頭。

第二天，當我將表叔的決定告訴趙老師後，她大為震驚，立即向校長姚晶作了彙報。姚校長和趙老師當晚就來到王峰表叔家，想勸說表叔將我留下，他們的理由是復興中學的教學進度與其他學校不一樣，轉學對我是不利的。可是王峰表叔對姚校長和趙老師的造訪與勸說，竟然惱羞成怒。他大聲說道：「我參加革命時，你們還不知在哪兒呢，有什麼資格來教訓我?!」說罷，還狠狠瞪了我一眼。那一眼，是無聲的喝斥，那一眼，凶光畢露，令我不寒而慄。

姚校長和趙老師終於未能留下我。全班同學都知道我學期一結束就要走了，都對我表示同情，惋惜和友好。我也十分珍惜這最後的一學期，與趙老師和同學們結下了終生的友誼。直至步入晚年，我們都一直保持友好往來。

那年金秋十月，復興中學組織中三年級以上的班級，到上海郊區的人民公社幫助秋收兩星期，這是我平生頭一次下鄉勞動。聽說，上海郊區的農村在全國農村中是最為富庶的，所以我事先沒有一點吃苦的思想準備。

出發的那天一大早，我們在復興中學按班級排好隊，背著背包，在老師們的帶領下，高唱著「我們走在大路上」，浩浩蕩蕩，精神抖擻地走出學校大門，向目的地進發。步行了約有三十多華里後，我們在一個鄉村小鎮歇腳，在小鎮的飯館吃午飯。我們每八個人一桌，只花兩角錢，就可以買一大盤韭菜炒雞蛋，八個人只需兩盤就足夠了。我們又累又餓，就著白米飯，吃著新鮮的韭菜炒雞蛋，狼吞虎嚥。那頓飯吃的可真香啊，我以後再也沒有吃過那麼可口的韭菜炒雞蛋了。

我們當晚到達了目的地。由於是有生以來頭一回走這麼多的路，大多數同學的腳上都打起了水泡甚至血泡，走路已經是一瘸一拐了。由於我一直穿軍隊的解放鞋，而這種鞋是膠底，很適用於行軍，所以我的雙腳沒有打泡，完好無損。

我和其他十二位女生被安排在一戶貧農社員家裡住宿，主人給我們的是堂屋旁的西屋。我們來之前，他們就騰空了這間屋，在地上鋪滿了稻草，讓我們打地鋪。同學們進屋後都將背包打開，將各自的被子挨個兒在稻草上鋪好，一張大通鋪就鋪好了。牆角邊放著一隻沒有蓋子的糞桶，供我們大小便之用。只要有人解手，屋裡就臭氣熏天，這種滋味，我們始料未及。社員們家裡，普遍沒有廁所。條件好的，有木製馬桶。多數社員在屋後用蘆蓆圍起，中間挖個坑，就是廁所了。糞便都用來肥田，絕不浪費。我們也沒有想到，全國最富庶的上海郊區農村，那時還沒有用上自來水。社員們用的是渾濁的塘水。但是，他們畢竟是上海郊區的農民，有些文化，也講衛生，他們將吃水塘和用水塘分開，我們也就比較放心地使用了。

我們住的這家社員，人很厚道。他怕我們用不慣塘水，便一擔擔地挑回塘水，倒進院裡的一口大缸，再撒進些明礬。缸裡的渾水經過明礬一夜的沉澱後，上半部的水竟變得和城裡的自來水一樣清澈透明。我們就用這清澈透明的水刷牙洗臉。

我們幹的第一件農活是割稻。地頭上，社員們發給我們每人一把磨得鋥亮的月牙形鐮刀，然後下地為我們做了割稻的示範，我們就下地開始割稻。我學著社員的樣子，用左手抓住一把稻，用右手將鐮刀抅住稻梗勁一拉，就割下了一把。我挺高興，繼續彎腰割稻。不料才割了幾把，旁邊一位同學大叫一聲「哎呦」。回頭一看，原來，他割破了手指，鮮血直流。我立即到地頭拿來備好的藥箱，幫他包紮好傷口，然後繼續割稻。誰知，一個不留神，我的左手食指也被鋒利的鐮刀深深地拉了一道大口子，不僅血流如注，而且鑽心地疼痛。我用右手捂住左手的傷口，只見殷紅的鮮血順著指縫滴落在地。我突然想到，這點小傷都這麼痛，那麼在戰場上負傷的解放軍戰士得忍受多大的痛苦啊！英雄可真不是好當的。我的手包紮好以後，繼續幹活，但是再也不圖快了，小心謹慎地慢慢割。中午收工時，我們班就有將近一半人成了傷號，左手都裹上了白紗布。

下午，所有的傷號不再分配割稻任務，改為在割過稻的地裡撿稻穗。金秋十月的太陽依然火辣，依然曬得我們汗流浹背，燥熱難耐。我左手臂挎著個小竹籃子，彎著腰，一壟一壟往前走，看見散落的稻穗，就拾起來，放進竹籃。不大一會兒，就累得腰酸背痛了。我直起身子，稍稍休息一下，發現火紅的太陽依然高高地掛在天上。我奇怪，為什麼我們幹了半天活了，這日頭怎麼像是紋絲不動呢？時間怎麼過得這麼慢啊，什麼時候太陽才會落山，我們才可休息？

我知道自己幹的其實是農村最輕的活了，通常是給小孩子們幹的。可就這最輕的農活，我都覺得又苦又累。我跟資產階級嬌小姐有什麼兩樣呢？我在內心打了個寒顫，覺得自己從前發過多次的誓言動搖了。我以前說過，長大後服從黨的分配，到祖國最需要的地方去。可是，我才下鄉短短兩天，就再也不願意當農民了。如果黨叫我下鄉當農民可怎麼辦啊？王峰表叔說我學雷鋒是說一套做一套，我原來還覺得委屈，現在我覺得他說的很對，我這麼怕艱苦，根本做不了雷鋒那樣高尚的人。因為理想和現實的距離實在太遙遠了。好在離高中畢業還有幾年，到時候再做打算吧，反正我絕不下農村。我們現在幹活的地方是上海近郊，城鄉差別已這麼大，讓人受不了。那麼，邊遠的貧困山區，不是更窮苦，更讓人受不了了嗎？我第一次下鄉，最大的收穫，就是見證了中國農村的貧窮和落後，就是下定決心，永遠不做農村人。而我的這些活思想是決不能在人前暴露的，否則一定會遭受批判。

終於熬到傍晚收工了，我以為吃完晚飯就可以休息了。可是吃完晚飯後，校領導安排我們跟著公社幹部去訪貧問苦，鬥地主，接受農村階級鬥爭教育。當我看到地主的後代們穿著破舊的衣服，住在破舊的茅草屋裡，家徒四壁，還在接受公社幹部的批判和訓斥，我的心像被狠狠地錐了一下，被深深地震撼了！難道這就是階級敵人？連五保戶們也過得比他們好啊。我又一回感到了我們所受到的政治教育中，有著某種不實之詞。這個念頭，再次使我感到驚恐和顫慄。當然，這些想法是完全埋在心底裡。我相信，其他同學也會有類似的想法，但誰也不會說，誰也不敢說。我們只會跟著老師和報紙說話，我們已經被培養成了兩面派。

兩個星期的農村勞動結束後，我們又回到學校，投入到緊張的學習中去。

一九六五年一月二十日，中三年級上半學期結束了，我再次獲得了三好生稱號。王峰表叔對我的學習成績表示了滿意，並且告訴我，我的戶口，他已幫我轉好了，去南京的火車票也已買好。我將乘坐第二天，也就是寒假第一天早上六點鐘的最早班車回南京。當晚，我去了趙老師家，向她道別。她拉著我的手，好半天都不放，只說了一句：「常給我寫信啊，別忘了。」

一月二十一日凌晨四點，鬧鐘響了，離開上海的時間到了。我迅速起床，捆好我心愛的藍底白花棉被，與昨晚理好的其他行李衣物放在一起。然後走進廚房，打開煤氣，點上火，用剩飯為自己煮一點簡單的稀飯。對於即將離開的王峰表叔的家，我顯得出奇的平靜，竟然沒有絲毫的留戀。

凌晨五點，我剛喝完稀飯，便響起了敲門聲。我開門一看，原來是和我同住空四軍大院的同班同學王大章。他是空四軍政治部主任王維國的大兒子，為人特別樸實，特別厚道，是我永遠的好朋友。他進門後，二話未說，一把拎起了我的行李，抗上了肩頭，說了聲：「我們走吧。」這時，王峰表叔和嬸嬸也已起身，我們一行四人一起走出了空四軍的大門。冬日的早晨五點，仍然是黑沉沉的夜色，冷風颼颼，令人感到淒涼。借著昏暗的路燈，我們默默地走到汽車站，默默地等車。少傾，頭班五十五路公共汽車就到了，我們登上去，前往上海北站。

我們剛走進火車站，便看見趙老師領著我們班大約三十來位同學已在等候我。原來，昨晚我離開趙老師家以後，她通知了所有能夠通知到的同學，起大早到北站為我送行。我深受感動，淚水在眼眶裡直打轉。真誠的趙老師和同學們全都買了站臺票，跟我一起剪票進站，一直把我送上火車，然後站在站臺上，等待列車開動。

我上車後，放好行李，便從車窗探出頭去，向趙老師和同學們揮手。誰也沒有注意王峰表叔和嬸嬸是何時離開的，我只注視著老師和同學們，老師和同學們也只注視著我。我們不停地揮著手，直到火車駛離上海站，再也看不見彼此的身影。

再見了，上海！我覺得自己踏上的是返回故鄉之路，是重回父母身邊之路。我將回到我時刻魂牽夢縈的可愛的南京，開始一個全新的完全獨立自主的生活。

第八章　南師附中

中午時分，列車駛進南京站。我吃力地拿著行李下了車，走上月臺。由於走得匆忙，我根本沒有時間通知安東來接我。正發愁這麼多的行李怎麼辦呢，突然聽到安東和小衛在叫喊我的名字。我順著喊聲轉向他們，只見他倆從月臺的另一端，開心地笑著，朝我奔跑而來。原來，王峰表叔早已提前通知了他們我乘坐的車次。

我們姐弟三人興奮地抱在一起，轉了好幾圈。兩年半沒見面，好像隔了幾世紀那麼長久。現在久別重逢，我們內心的喜悅難以言表。我們互相端詳，安東沒有怎麼改變，小衛變化可大了，他已經長得比我高了，是個半大小夥子了，而瘦小的我反倒看上去像他的妹妹似的。

小衛拎起我的行李，往肩上一扛，說：「我們回家吧！」

「回家？」突然，我的喉頭像被一團棉花堵上了。「哪兒是我們的家？」我自言自語地問道，臉上的笑容消失了。

「別難過，」安東拉著我的手說，「我們從此以後在一起生活，沒有人能再分開我們了。走吧，跟我們回南師附中，學校就是我們的家。」

我們乘坐公共汽車，在三牌樓車站下了車，拐進察哈爾路，很快就看見了學校大門上郭沫若先生的親筆題書：「南京師範學院附屬中學」。

因為已放寒假，老師和同學們全回家了，偌大的校園空空蕩蕩，只有我們三個人的身影。安東告訴我，平時小衛住在初中男生宿舍，放假後就搬到她宿舍一塊兒住。我走進安東的寢室，只見靠牆並排放著六張上下鋪的雙層鐵架子床，顯得相當擁擠，平時安東她們十二名女生住在這間屋裡。現在，這兒成了我們姐弟三人假期裡臨時的家。屋角有一隻小煤球爐，爐子上有一個小鐵壺，正燒著開水，突突地冒著熱氣，給冰冷的寢室增添了不少暖意。由於學校的食堂假期關了門，安東學會了自己生火做飯。為了省下錢多買些課外讀物，安東從不做菜，只做白米飯，再買些便宜的辣蘿蔔條來，我們每天就吃白飯加辣條。安東說，鄉下的農民有時還吃不上白米飯呢，我們能吃這樣的飯菜已經很不錯了。我和小衛一致贊成，覺得熱騰騰的白飯就辣條，特別可口，相當滿足。而且開學後我們就可在學校包伙了，每月每人只需交九元錢，午飯就有三菜一湯。所以假期裡吃差些，沒啥。在我們姐弟三人一起生活的日子裡，安東從不讓我和小衛做飯，所以我一輩子也沒有學會生爐子。

過春節時，一位原來媽媽辦公室的阿姨來學校看望我們，見我們只吃白飯加辣條，難過得流下了眼淚。她不斷地對我們說：「你們正在長身體，要注意營養啊。」我們三姐弟卻異口同聲地說：「這飯很好吃啊，辣條很香，不信，你嚐嚐。」那位阿姨搖著頭，給我們留下一包餅乾點心，歎著氣走了。後來，她去市委作了反映，市委領導指示市政管理局，在市府大院裡給我們分了兩間住房，免交房租，還可在機關幹部食堂搭夥。此是後話。

到達附中的當天，吃過午飯，喝了一大杯開水，安東便帶著我去逛校園。南師附中可真大啊，有點像公園，比起寸土寸金的上海復興中學，像是大了好幾倍。校園裡有一條小河，叫金川河，從南向北穿過整個校園。說是河，其實叫小溪更合適。涓涓的溪水日夜不息地流淌，它的一頭與城南的護城河十里秦淮相連，另一頭連接著浩蕩的揚子江。安東說，別看金川河這麼細小，它可是南京城不可缺少的一條小動脈，倘若填了它，秦淮河就不通了，幾天內南京便會臭氣熏天。

金川河上有座小橋，叫「五一橋」。過了五一橋，就到「五四草坪」了。五四草坪的北面，有座三層的青磚教學樓，那是高中部，初中部則在校園北部的建國院。高中部後面，是一片標本林。林中有千年的銀杏，還有些樹木在中國境內已頻臨滅絕，卻在附中得以保護並生存下來，讓人深深嘆服附中先人的遠見卓識。

從標本林往西漫步，便看見一個池塘，繞過池塘再往西，便是後山了。說是山，其實是個坡。上了坡，便是男生宿舍和教職員工的居住區。從後山下來再往東返回頭來走，便看見實驗室大樓，立在校內大馬路以東。我之所以叫這條路為校內大馬路，是因為它不僅寬闊，而且路兩邊挺立著高大的法國梧桐，就像校外的大馬路一樣。這條校內馬路的東邊靠校門的地方，就是我們女生宿舍。馬路直通學校大門，出了大門過馬路，又是一個院子，那裡就是北操場，是個相當大的運動場，沙坑跑道一應俱全，還有一個室內體操房，所有年級的體育課就在這兒上。

看了這一切，我的情緒高漲起來，覺得南師附中條件真是太好了，這樣的條件，在全國也是屈指可數的。能在這樣的學校讀書，真是太幸福了。頃刻間，我覺得復興中學已成為遙遠的過去，定格在一個美好的記憶中了。

為了讓我順利轉入高中一插班，安東為我制定了復習功課的計畫。她把自己學過的高一課本都找了出來，著重幫我補習物理和英語。因為復興中學這兩門的進度與其他中學一樣，所以這兩門我只有初三水平。數學和化學我已達高中水平，不用補習。我從小就知道，南師附中是江蘇省第一重點中學，也是全國十大著名中學之一，所以要想跳入高一，非得下一番功夫不可。

南京的冬天，陰冷陰冷。由於我體質太弱，雖然穿上剛買的新棉鞋，雙腳還是冰冷的，渾身沒有熱氣。於是安東叫我脫下棉鞋，將我的雙腳放進她的棉襖裡，用她懷裡的體溫，在我復習功課的時候，為我暖腳。就這樣，整個寒假，安東每天都捧著我的雙腳，放在她的懷中，用做姐姐的一顆愛心，溫暖著我的腳，也溫暖著我的心。萬分可惜的是，她後來因患憂鬱症英年早逝，是姐弟中第一個到了另一個世界，去與父母團聚的人。寫到此處，我早已是淚流滿面，傷心得不能自已了。安東要是能活到今天，看到我和小衛在西方的幸福生活，該有多好啊。

安東有一本從學校圖書館裡借來的校史，我在溫課之餘，順便也讀了一下校史，這才曉得為何南師附中這麼有名。

南師附中最早的前身，是清末三江師範附中，是由當時的兩江總督張之洞於清光緒二十九年（一九〇二年）二月倡導興辦的。張之洞為了實現「中學為體，西學中用」的辦學理念，向光緒皇帝上了一道題為「在江南省創建三江師範學堂」的奏摺，寫道：「查各國中小學教員皆取材於師範學堂，視師範學堂為教育造端之地，關係尤為重要。兩江總督兼轄江蘇、安徽、江西三省，此三省各府州縣應設中小學堂，需用教員何可勝計……惟有專力大舉，先辦一大師範學堂，以為學務全局之綱領。茲於江寧省城北極閣前（即今南師附小所在地）勘定地址，創建三江師範一所，凡江蘇，安徽，江西三省士人，皆得入堂受學……以副聖朝興教勸學造就人才之志意。」

張之洞的奏摺很快就得到慈禧老佛爺和光緒皇帝的准奏，一代名校南師附中從此誕生。一九〇二年十月一日，三江師範及其附中正式開課。以後每年的十月一日，就是南師附中的校慶日。

南師附中建校歷史雖然比上海復興中學短，但是名氣卻遠遠大於復興中學。在該校任過教的國寶級人物可謂多矣，他們大名鼎鼎，如雷灌耳。例如：魯迅、惲代英、蕭楚女、張子高、嚴濟慈、唐圭璋、沙孟海等。（其中，魯迅在附中工作過四年，這就是為什麼南師附中在「文革」時期，曾一度更名為「魯迅中學」的原因。）教育家郭秉文，吳有訓親自過問附中的教師配置並在附中兼教。南師附中在一九五五年以前的三十任校長都是大學教授兼任，在此之後才由共產黨派革命幹部擔任校長。附中的教師隊伍一向以高水準著稱，他們編寫的課程大綱和教材，有很多都發行全國。

南師附中培養出的國寶級人物，在全國中學中堪稱首屈一指。他們是：文學巨匠巴金，作家胡風，國務委員彭佩雲，化學家侯德榜，建築學家楊庭寶，水稻專家袁隆平。南師附中在解放後共培養出中科院院士三十六位，目前尚健在的還有三十四位。在國際中學生奧林匹克物理和化學競賽中，南師附中學子們為國捧回了幾十個金銀獎獎盃，在全國參賽學校中名列前茅。南師附中的校友中，有曾國藩，李鴻章和袁世凱的後代，有張學良和于鳳至的義子蕭朝智（我校一九四五屆校友，現任美國華人團體聯合會主席）。還有諸多國際友人，例如前韓國國防部長金訓，是我校一九三六屆校友。從南師附中走出的教授，大使級外交官和將軍們，更是不勝枚舉。

南師附中從建校開始，基本上就是一所貴族學校。在蔣介石統治的中華民國時期，這裡就雲集了達官顯貴們和各國外交官們的子女。一九四九年以後，在共產黨的領導下，這裡仍然是高幹子女和高級知識份子子女雲集的學校。工農子弟，除個別成績極優異者外，能進附中的極其罕見。我能進附中讀書，很是榮幸。

回到南京的第三天，我們姐弟三人一起去看外公外婆。我們乘坐三十一路無軌電車在雞鳴寺站下了車，沒多遠就走進了蘭園。當我們看到那熟悉的街道和房屋時，心中充滿了傷感。走進蘭園二十四號，雖然往事仍歷歷在目，但是事過境遷，一切都已今非昔比。我家原來的格局已不復存在，原來的一戶已分割成為三戶，戶與戶之間的門都被釘死了，各走各的門，互不相通了，但各戶都有門通向走廊的共用廁所和廚房。新鄰居們都不理睬外公外婆，視他們為地主和地主婆，生怕受牽連。

我們的來訪，對外公外婆是一個意外的驚喜。我敲門時，應聲來開門的是外婆。她看到我們時驚得「啊喲」了一聲，完全沒有想到我們會來。等我們進了屋，外婆已撩起衣襟在抹眼淚了。外公躺在床上，已經病重，看到我們時，他也止不住地一個勁兒淌眼淚。我走上前去，將我們買好的兩塊蛋糕遞到外公顫抖著的手上，他望著我，笑了。我卻一陣心酸，一句話也說不出來，只把快要流出的淚水強咽了回去。

外公外婆和小舅三個人，住在我家原先的大客廳裡，顯得有些擁擠。屋內一張大床和一張小床，分別靠著兩邊牆，中間隔著張寫字臺。我家以前的傢俱，大部分是公家發的。四年前我們搬走的時候，公家收走了沙發等傢俱，但他們出於同情，還是給外公外婆留下了吃飯的大方桌和一個大櫥。

外婆忙著招待我們，做了一大鍋白米飯，炒了一大盤青蒜胡蘿蔔，還燒了一大缽白菜粉絲蛋花湯，全是我們愛吃的。開飯的時候，外公在外婆吃力的攙扶下，顫顫巍巍，一步一打晃地走到飯桌旁，我趕忙去扶，他終於坐好，與我們一起吃飯。外婆說，平時吃飯，外公就坐在床上吃，我們來了，才撐著下地，坐到桌邊來的。他已有半年沒有出過這間屋了，大小便都在屋裡。我們這才注意到，床和大櫥之間放著一隻木製馬桶。外婆說，外公撐不了多久了，今天能見到我們，死也瞑目了。說著，又掉淚。

外公說：「別說了，快趁熱吃吧。」我們便端起了飯碗。外婆做的飯菜鮮美極了，是白飯就辣條無法比的，也是我回南京後吃的最可口的一頓飯。我吃完一碗飯，外婆馬上又要給我添飯。我說：「不能再吃了，再吃下去，你們的糧票要不夠了。」外婆卻連說：「夠，夠！我們夠！你們好不容易來一趟，我這兒管你們飽！」於是我們姐弟三人都添了飯。飯桌還是從前我家的飯桌，一切都透著從前我家的溫馨，可我們卻已成為這兒的客人了。我們默默地吃飯，誰也不敢提起媽媽，可我們的思緒，全都回到了從前和媽媽一起生活的日子。

「今年春節，你們都來我們這兒過，好嗎？」外婆打破了沉寂。

「好啊！」我和衛國不假思索，異口同聲，脫口而出。安東卻憂鬱地說：「好是好，可是你們每人每月只有二十五斤糧這麼點定量，憑購物本也只能買有限的一點年貨，而我們的副食品票都由學校代管，不能彌補你們。放假時學校只退了點糧票給我，這如何是好？」

「別擔心，我們夠。只要你們能來，比什麼都強。」外婆馬上介面說。

安東點點頭說：「其實，我們也想來。這樣吧，我帶了些糧票來，你若收下，我們就來過春節。」說著，她掏出二十斤糧票交給外婆，又補充說：「我們學生每月有三十二斤糧的定量，假期裡學校全退給我們了，我們吃不了。現在都交給你收著，這樣，我們以後來吃飯，還可安心些。」外婆無法推萎，只好笑著收下了。

那天我們沒有見到小舅，他上班去了。媽媽去世後，南京市委幫助他將戶口轉來南京，又安排他進了城建局下屬的一個建築公司開推土機，這樣他和外公外婆就可以生活在一起互相照顧了。對這一點，我們非常感激彭沖和許家屯。如果換了其他極左的領導，恐怕不會有這麼好的結果。

小舅性格極其內向，少言寡語，加上背著個「地主出身」的不良名聲，所以三十多歲了，還沒結婚。外婆歎口氣說，小舅的同事曾幫他介紹了幾個女朋友，有掃馬路的清潔工，也有建築公司的泥瓦工，電焊工，都是在當今中國地位最低下的，小舅的要求很低。可是，就連她們，一聽說小舅出身地主，也沒有一個願意嫁給他。政治出身的影響實在太厲害了，小舅的幾次「談朋友」，還未正式談就吹了。因此，外公外婆和小舅本人，全都洩氣了，不再指望娶媳婦。我們除了同情小舅，也別無他法。

外公的床頭掛著一張媽媽的大照片，就是媽媽追悼會上掛的那張。我站在媽媽的遺像前，看著媽媽美麗的笑臉，半天沒有動。外公說：「你媽媽的照片，就只有這一張放大了。你想要的話，就拿去吧。」我回過頭去對外公說：「真的嗎？你捨得給我？」外公點點頭：「你收著，比放在我這兒更好。」於是，我從牆上取下了媽媽的照片，包好帶走了。從此以後，媽媽的這張照片就再也沒有離開過我，我走到哪裡帶到哪裡，直到現在，還掛在英國我家走廊的牆上。媽媽從來沒有老過，她去世時還不足三十九歲，所以，我有一個永遠年輕美麗的媽媽。

告別了外公外婆，我們姐弟三人在回學校的路上，情緒很好。因為，過不了多少天就是春節了，我們可以到外公外婆家去過一個開心的團圓年了。媽媽去世四年了，這還是頭一次過團圓年呢。衛國高興地唱起了軍歌：「向前，向前，向前！我們的隊伍向太陽……」誰能想到，我們沒有過上團圓年。這次的短暫見面，竟是我們與外公外婆一起吃的最後一頓飯！

就在春節的前兩天，江靖宇伯伯和朱莉阿姨，冒著凜冽的寒風，拎著一個三層的菜屜，來學校看我們，菜屜裡放著幾樣他們家女傭杜媽炒的幾樣小菜。江伯伯和朱阿姨坐下後，問了些我們生活和學習的事，然後表情嚴肅地說：「你們今後別再去外公外婆家了，他們可都是地主份子啊，若讓學校知道了你們有來往，會對你們造成不好的影響的，會影響你們的政治進步的。」

我們一聽都怔住了。我怯怯地問道：「可他們是開明地主啊，他們不是也幫助過革命嗎？」江伯伯說：「話雖是這麼說，可是外人是不會像你們這樣看問題的，人言可畏啊。上次你們去蘭園二十四號，馬上就有鄰居向我們反映了，說你們立場不穩，要我們教育你們。你看我，出身地主，參加革命後，三十多年都未再與父母聯繫過，還不是照常挨批嗎？一有什麼運動，我就得反省，挖地主階級烙印。我可不願讓人家對你們幾個說三道四啊。」

「那麼，媽媽在的時候，為什麼沒問題呢？」我又問。

「你媽媽不同，」江伯伯說，「她是黨的幹部，政治上有抵抗力，黨組織信任她。而你們，政治上不成熟，黨不放心啊。」

我們三姐弟聽了，都不吱聲了。我們雖然年紀小，可都很聽黨的話。在我們看來，江伯伯和朱阿姨就是代表了黨。我們答應了江伯伯，不去外公外婆家過年了，他們這才放心地走了。而我們的心情卻變得格外沉重，很不開心。我問安東：「看望一下外公外婆，真有這麼嚴重嗎？」安東憤懣地說：「不管怎樣，我們以後都得記住，這就是黨的階級路線。按我的理解，黨對親情的教育，就是任何時候，都要以革命的名義對待一切，必要時，可以六親不認，甚至大義滅親！」我和衛國聽了，都呆了。安東比我們年長，自然比我們成熟。所以，我和衛國都聽她的。很久以後我才瞭解，安東貌似溫和，實際上骨子裡卻桀驁不馴，她對中國的政治早有逆反心理了，只是平時不說罷了。對中國政治的反感，是她後來患憂鬱症的一個重要原因。

那年春節，我們沒有去外公外婆家。姐弟三人圍著小煤球爐，吃著白飯就辣條，過了一個悽楚的年。想到外公外婆是何等地失望與傷心，我們鬱鬱寡歡。那時，我們從未聽說過「人權」二字，也根本不懂，已是青少年的我們，完全應該有自己的權利和自己的思想。我們以為，一切聽黨的，服從黨的安排，才是我們應該走的正道。

我記得，一九六五年二月十二日，南師附中新學期開學了。安東和衛國直接到他們各自的班上去了，我則去了教導處。接待我的是教導主任余仁老師，我向他遞上了我在上海復興中學的成績單和老師評語，他看後微笑著抬起頭來對我說：「你姐姐高安東昨天已經向我介紹了你的情況，我感覺你是個不錯的學生。不過我還是得考考你的，畢竟我校是江蘇省的重點學校嘛。」說著，他拿出高一的英語教科書，翻至最後一課遞給我說：「請你朗讀一下這一篇課文，再說出課文大意。」

我在寒假裡已經通讀過這本教材，並且背誦了近兩千個新單詞，所以很流利地讀了一遍，並口譯了課文大意，余老師很滿意。接著，他又問了幾個化學和物理方面的問題，我都作了比較好的回答。余老師說：「可以了，我初步決定將你轉入高一乙班，但是，如果一個月以後發現你跟不上進度得話，你就得重上初三，懂嗎？」我點點頭。余老師站起來說：「跟我走吧，我領你去高一乙班。」

路上，余老師告訴我，目前學校搞教改，高一年級四個班，兩個班學物理，兩個班學化學，高一乙班是化學班。這下我可太高興了，因為上海的化學課教學進度快，我已學完了原子結構，門捷列夫元素週期表也已背得爛熟了。而南京要到高一下才開始學這些內容。我暗想：「我肯定跟得上，絕不會回到初三去。」就這樣，我跳了半級，成為南師附中高一乙班年齡最小的學生。

我的班主任名叫姚振松，貧農出身，根正苗紅，南師大畢業，剛好也是我班的化學老師。他發現我的化學知識挺好，十分高興，很喜歡我，馬上決定讓我這個新生，擔任高一乙班共青團支部的宣傳委員。在全班沒有一個人認識我，又未經過選舉的情況下，就被老師指定為團幹部，我真怕班上有同學對此有意見，就去找團委書記孫盛元老師，希望辭去團支委的職務，但是孫老師不批准，我也只好擔當了。

那次與我同時轉入高一乙班的，還有一位男生，名叫田智敏，是個高幹子弟，因其父工作調動，他從北京轉學來南京。南師附中校長沙堯，是革命幹部，特講階級路線，對幹部子弟很好。所以，只要是老幹部的孩子轉學來此，他基本上都接納。那學期，隨父母工作調動而轉入附中的高幹子弟，還有從南通轉來的高一丙班的遲進軍和從無錫轉來的高一丁班的王燕虹，他們後來全都成為我的好朋友。

當住校的同學們陸續返校後，我和衛國搬出了安東的寢室，搬進按班級分配的寢室。安東和我分工，她負責衛國的學習，我負責衛國的生活。雖然不住一屋了，但是我們姐弟每天見面是不成問題的。一開學，我們就在學校食堂包伙了。吃飯時，每八個人一桌，按班級搭配。早飯是稀飯饅頭和醬菜，稀飯喝完一碗可以再添，而饅頭每人每天只有一個。我怕衛國吃不飽，所以每天早飯時，我都拿著我的那個饅頭跑到他那兒給他吃，我只喝稀飯。我除了關心衛國是否能吃飽外，每週末還督促他洗澡換衣。安東則每天檢查他的功課，我們就這樣盡著做姐姐的責任。

學校供應的中飯和晚飯都是三菜一湯，裝在大臉盆裡，大家圍著桌子吃，我對學校的伙食很滿意。我每月的十八元生活費，只需交給食堂九元，剩下的九元是我自己的零花錢，我感覺自己比在上海時富有了許多，心情大好。

在我轉入南師附中時，我國的國民經濟正從三年大饑荒中逐漸復甦，生活有所好轉，但是生活必需品仍然匱乏，國家依然實行配給制，買東西依然需要各種票證。那時自行車就算是奢侈品了，買一輛永久牌或者鳳凰牌自行車，需要十張工業券，而每人每年只發四張工業券。需要工業券的商品很多，例如毛線，煤油，縫紉機，照相機等等，所以，即使有家人或朋友贊助工業券，買一輛自行車也不是很容易的。但是只要有足夠的錢，還是可以辦到。人們在黑市上花上十元錢就可以買到一張工業券，湊齊工業券後就可以買自行車了。那時，不少窮人將自家的工業券低價賣給二道販子，二道販子再到黑市上，將低價買來的工業券加價幾倍賣給有錢人。

那時候在南師附中讀書的高幹子女們，基本上是人人都騎自行車上學的。有的人家兄弟姐妹好幾個都在附中上學，皆是人手一輛自行車。每天下午放學時，幾百輛自行車浩浩蕩蕩駛出附中大門，幾百個車鈴鐺齊聲按響，震耳欲聾般地從街上的行人旁呼嘯而過，好不威風，好不神氣，好不壯觀。附近的老百姓編了個順口溜：「窮二中，壞八中，公子哥兒南師附中。」我校學生的殷實家境，由此可見一斑。

南師附中的教改，並不像上海復興中學那樣強調進度，而是反對滿堂灌，提倡啟發式，鼓勵學生自學，自己開動腦筋，自學時遇到問題時再問老師。這種靈活的教育方式給了同學們更多的自由，如果老師佈置的學習內容你已經會了，那麼這堂課你可以不上，可以去學校圖書館看你自己愛看的書。所以，我有很多堂化學課沒有上，待在圖書館裡，讀了好多英語簡易小說和世界名著。比如狄更斯著的《遠大前程》、《雙城記》、《大衛·科波菲爾》等等，英語水平得到極大提高。我很適應這樣的學校生活，同時也變成了狄更斯迷。按今天的話來說，就是狄更斯的鐵桿粉絲。

由於校領導強調走階級路線，同學們在無形之中分成了兩大類：高幹子女和高級知識份子子女。這裡，高級知識份子指的是：大學教授和統戰對象。成分好的高幹子女優越感很強，而成分不好的高知子女卻很壓抑。課外活動時，基本上也是「人以群分」，成分相同者聚在一起的居多。不過，無論出身好壞，在學雷鋒和王傑等英雄人物的活動中，大家的積極態度是一致的，誰都不甘落後。

開學後大約兩個月，校園裡已是春意盎然，一派朝氣蓬勃欣欣向榮的景像，披上綠色春裝的校園更加美麗。像這濃濃的春意一樣，學校的政治氣氛也是濃濃的。大約在四月底吧，學校組織我們去看了一場新出的影片，就是根據巴金所著的小說《團圓》改編的電影「英雄兒女」。這部片子深深地打動了所有同學的心。捨生忘死的英雄王成，在戰友們全部犧牲，子彈全部打光的情況下，手執爆破筒跳入敵群，與敵人同歸於盡的鏡頭，在很長時間裡震撼著我們的心靈，激勵著我們的愛國心。影片的插曲「英雄讚歌」被同學們爭相傳唱，校園裡每天都飄蕩著這首歌曲的旋律。直到今天，這首動人心弦的歌曲，仍然是很多步入老年的校友們的最愛。

附中每天下午的課外活動，基本上是在北操場。在毛澤東號召全國人民學習解放軍的形勢下，在王成等英雄人物鼓舞下，在「時刻準備打仗」和「全民皆兵」的宣傳指導下，同學們的課間體育鍛煉，變成苦練起了軍事技術。老師引用當時的國防部長林彪的話，說戰爭的最後勝負取決於二百米內硬功夫。所以，同學們進行鍛煉的主要項目，就是投擲手榴彈，練刺殺和翻牆頭爬障礙物。沒有真的手榴彈，就用碎磚頭代替。沒有真槍真刺刀，就用扁擔或鐵鍬把子代替。

在練習投擲磚塊時，因為我力氣小，又不得要領，我總是投不遠，多次被一些同學嘲笑過。他們對我說：「像你這樣還能上戰場嗎？你扔出的手榴彈，只會首先炸死你自己！」我很慚愧，但是還堅持著練習，說我的人也就少了。在練習室外攀登時，我表現還行。也許是因為我很瘦弱，體重很輕的緣故吧，我能拽著麻繩，從地面的牆根向上，沿著教學樓外的水管子，攀上三樓的窗戶。雖然我爬得不算快，但有的女生根本就爬不上去，所以我不是最差的。

最糟的是練刺殺，可真難為我了。帶領我們練刺殺的高一丁班朱同學，要求我們「帶著敵情觀念」去練，要敢於「刺刀見紅」。他發給我的鐵鍬把子很重，我根本就舉不穩，伸出手時搖搖晃晃，而且我根本不能像男生一樣，在伸出手中的鐵鍬把時大聲喊出「殺！殺！殺！」即使我喊破了喉嚨，我的聲音在偌大的校園裡，也像是細小的蚊子叫。朱同學對我的刺殺動作很不滿意，總是對我投來鄙視的眼光，我很害怕他。這樣充滿火藥味的課外活動，在上海復興中學是完全沒有的。上海的課外活動很文雅，經常在週六的晚上，在學校的操場上舉辦篝火晚會，跳集體舞，我很喜歡。而附中的課外活動令我恐懼，進而厭惡，但是我不敢說。

只有坐在教室裡上課，我才會開心。坐在我後面的男生名叫陳光華，是烈士子弟。他的父親是參加過長征的老紅軍，不幸於一九五六年病逝。所幸的是，他和年幼的弟妹們，還有一個老革命的母親健在。他在學校的各項活動中表現積極，尤其在軍事訓練中，表現出色，不怕吃苦。可是，他和新轉來的田智敏一樣，雖然好學上進，當時卻都不是共青團員。不能入團的原因，是有團幹部說他們只跟幹部子弟抱成團，不能團結大多數。為此他倆很難過，還流過淚，我很同情他倆。我與本班的團委委員陳晞光多次討論過，如何幫助他倆入團。在沙校長的支持下，我們先幫田智敏入了團。後來我又與田智敏一起努力，介紹陳光華入了團。至今我都認為，我出力拉他倆入團，做得很對。我們的父輩都是老革命，我們也應成為戰友，才合情理。

一九六五年的六月，毛澤東號召年輕的一代「在大江大海中學游泳」，他本人暢遊長江的消息和照片，都登載在全國主要報紙上。全校師生看了都很振奮，許多人都躍躍欲試。正在這時，南京市組織了萬名民兵橫渡長江。這樣一來，同學們紛紛仿效。每天下午第二節課後，好多同學不再去北操場，而是跑到長江邊去游泳了，安東和衛國也去了。而我，只願意在游泳池裡游，所以一次也沒有去過江邊。

一天下午課外活動時間，班上的同學全部走光了，只剩下我一個人，坐在教室裡看書，非常安靜，正合我意。正看得入迷，忽然覺得膀子被人拉了一下。抬頭一看，是我班同學喬毅。他對我說：「別看書了，跟我一起去江邊學游泳吧。你看，大家都出去鍛煉了，就你一個人不鍛煉可不好啊。作為一個革命接班人，我們不能做溫室裡的花朵，不能沒有健康的身體，一起去吧。」透過他的深度近視眼鏡，我看到了他的滿腔真誠和友好，心中感動。可是，我實在不願意去，任他怎麼勸，都說不動我。我對他說我身體不舒服，下次再跟你去吧。他很不開心地獨自走了。

萬萬沒有想到，當天晚上，我在教室裡自習時，聽到了喬毅淹死的不幸消息。他原本是個文弱書生，根本不會游泳。但他是一個學習好，要求上進的學生，正努力爭取入團，不願意落後，決心聽毛主席的話，在大江大海裡學游泳，便跟著幾個會游泳的同學去了江邊。同學們向他做了一下示範，叫他就在岸邊淺水裡練習，別游遠了，然後就各自游開了。十六歲的喬毅，風華正茂，單純正派，在無人監督的情況下，懷著要做一個合格的革命接班人的真誠願望，獨自一人在長江裡學起了游泳。等到其他同學游回岸邊，發現喬毅不在，還以為他回校了。他們回到學校後，聽說喬毅還沒回來，這才著急了，立即回頭去找。最後，在一名水性很好的工人的幫助下，在岸邊水下僅一米的泥沙裡，找到了喬毅的屍體。找到他時，他的雙臂深深地插在泥沙中，所以，儘管他喝了很多水，屍體也沒有漂浮出水面。水深僅一米的淺水，若是在游泳池，絕對死不了人。可是在長江裡，情況就不同了。那兒不僅會有水草纏身，還時不時地有漩渦。對不會水的人來說，去長江邊學游泳是很危險的。

晚上九點，晚自習結束的時間到了，但是誰也沒有離開教室。我們懷著希望，都在等著喬毅的確切消息。九點半，王咸同學回到教室，表情嚴峻。他低聲告訴我們，是他和那位工人將打撈起來的喬毅背到最近的鍾阜門醫院的。經醫生檢查，他已死亡好幾個小時了。大家聽了，都很難過。教室裡鴉雀無聲，為喬毅默哀。這個不幸的消息使我震驚！如果那天我經不起他的勸，跟他一起去了，結果會怎樣？我當時也不會游泳啊。我的心緊抽了一下，不敢再想。

那年夏天，因為學游泳而淹死在長江和玄武湖裡的青少年，僅南京一地就有幾十人之多。喬毅的死，極大地震動了校領導。沙校長第二天就在學校發表了拉線廣播講話，我們都坐在教室裡靜靜地聽。沙校長說，從今往後，嚴禁任何學生在沒有老師帶領，沒有勘察好江邊水情的情況下，擅自去長江游泳。學校還決定，在校園裡挖一個游泳池，供同學們學游泳。這個決定立即付諸實施，全校師生都自發地參加了修建游泳池的勞動。不到一個月，游泳池就修好了，全部水泥砌成，還有男女更衣室和冷水淋浴。我和同學們經常在晚飯後去游上一陣，我因此而學會了游泳。

一九六五年七月，我回南京後的第一個暑假來到了。學期結束前，我們拿到了成績報告單。安東和我都獲得老師給予的「品學兼優」的評語，衛國也不錯，他的成績在班上屬於中上等。這年暑假，我們三人不用住在空蕩蕩的校園裡了，因為我們有了自己的家。前不久，市政府根據那位看望過我們的阿姨的反映，在公教一村分了兩間住房給我們，行政管理處還發給我們三張單人床和一個寫字臺。我和安東住裡屋，衛國住外屋。樓下不遠就是市委第一幹部食堂和開水房，市委澡堂也近，生活很方便。

我們安頓好以後，就一起去江伯伯家，向他彙報這學期的成績。江伯伯和朱阿姨熱情地接待了我們，叫褓母杜媽切了一大盤陵園西瓜，送進客廳，我們邊吃邊聊。談話間，朱阿姨不斷地端詳我，然後說：「小華，我看你的臉色蒼白得很，是不是貧血啊？」我搖搖頭說不知道。她說：「這樣吧，這個暑假你就住我家，跟厚蘭睡一屋，我給你增加些營養，幫你調養調養。安東和小衛身體不錯，可回家住。」江伯伯聽了笑瞇瞇地連聲說好。吃過中飯，安東和衛國就回去了，我則留下來，在江伯伯家裡過了一個愉快的暑假。每天早餐，我都有一個油煎荷包蛋和一盤油炸花生米吃。朱阿姨特別叮囑我，花生米要連皮吃，能補血。中晚餐也是各種葷素搭配。一個暑假下來，我在江伯伯家裡養得臉色大好，白裡透紅，很有青春氣息了。白天，厚蘭和我一起，跟著朱阿姨學踩縫紉機，或陪江伯伯打撲克，或在江伯伯指導下，練習寫毛筆字，晚上我就睡在厚蘭屋裡。衛國和安東也常來聊天，大家都很高興。只是心中一直有揮之不去的隱痛：外公外婆與江伯伯住得僅一牆之隔，我們卻一次也沒有去看望他們。雖說我們是聽了江伯伯的話，不敢去，但是留在心裡的，是永遠深深的內疚。

江伯伯的家獨門獨戶，有個很大的院子，院子裡種著牡丹、月季、美人蕉、雛菊等各種漂亮的花卉。江伯伯愛花愛得癡迷，經常請市政府的園林工人來修整花園，給花草樹木剪枝、施肥、除蟲，精心照料。所以，他家院子裡的花卉永遠昂首挺立，豔麗芬芳。杜媽還在院牆的邊上，開出了一小塊菜地，種著青菜、蕃茄、韭菜和黃瓜，後面小院裡還養著一群雞，每天下蛋。江伯伯和朱阿姨都是掛職不上班的，長期病假，市政府時有額外的副食送來，生活自然是養尊處優。江伯伯當時是南京市副市長，行政九級，是幾個副市長中級別最高的。可是，自從他卸任蕪湖市長調來南京後，就一直以「患有高血壓」為藉口，長期稱病不上班。他有一句口頭禪：「多做多錯，少做少錯，不做不錯。」我後來得知，他在蕪湖的三反五反運動中，由於太心慈手軟，不願整人，差點兒倒大楣，因此就厭倦了政治，從此以後就只拿工資不工作。

七月底的一天上午，安東跑來告訴我，在武漢水利學院上大學的大姐培根回來了，一來是過暑假，二來是想去市政府拿回我家原來的東西，叫我回家一趟。我跟江伯伯打了聲招呼，就隨安東回家。路上，安東對我說：「你得小心些，培根對你住在江伯伯家十分反感，說你貪圖安逸享受，你對她得順著點兒。」我說：「可並不是我自己要住的呀，是他們留我的。」安東說：「那也不行，培根橫豎就是不高興。」我不再言語，心想，只要我對她友好，應該沒有問題的。

但是我錯了，我對培根再好，她都鄙視我。我回家見到她時，她正低頭縫製一條新短褲，我跟她打招呼，她頭都不抬，根本不理。我又熱情地說：「別用手縫了，交給我吧，我拿到朱阿姨家用縫紉機做，又快又平整。」她仍然不理，還多了一分怒氣。屋裡的氣氛變得好像凝固了一樣，好半天都沒人開腔。最後，還是安東打破了僵局。她說：「我們還是早點去食堂吃午飯吧，下午還要去城建局拿東西呢。」培根這才放下手中的針線，抬起頭說：「好吧。」實際上，自從媽媽去世後，這是她頭一次回南京，回來的主要目的，就是將媽媽留下的一點遺產分掉。

吃完午飯，我們在家休息了一下，姐弟四人便一起去了城建局。城建局局長莊村，是媽媽的好朋友，對我們很好。他聽培根說明了來意，點點頭說：「你們都長大了，現在又分到了住房，是應該把你們家的東西拿回去了。」他隨即叫了一名管理員來，請他帶我們去倉庫。管理員領著我們在市府大院內往北走，一直走到底，就到了明朝建築的高大城牆邊，城牆外就是玄武湖。城牆根下，有幾幢辦公樓，其中一個辦公樓下面的地下室，就是存放我家物品的倉庫。七月的盛夏，赤日炎炎似火燒。我們只在太陽下走了幾百米，已是滿頭大汗。

我們跟在管理員後面，進了辦公樓，順著一樓的走廊走到盡頭，打開邊門，只見一個黑森森的門洞，出現在我們面前，隱約看到裡面有下降的臺階。管理員扭亮了電燈，我們便順臺階往下走。走完一段臺階，拐個彎又往下走一段臺階，借著昏黃的燈光，我們看到一個陳舊的大門，門上墨綠色的油漆已脫落得斑斑駁駁，門環上掛著把深褐色的大鐵鎖，也已生滿了鏽，灰濛濛的，好像已有百年的滄桑。管理員用一把大鑰匙，十分吃力地插進鎖孔，使勁地向右轉動，卻轉不動。他抱歉地對我們說：「自你們的媽媽去世後，我們一次都沒有開過這個門呢。別著急，請你們在這兒等一下，我去拿點兒煤油，就回來。」

管理員很快就拿來一個帶細長尖嘴的小油壺，他往大鐵鎖的鎖孔裡滴了幾滴煤油，再將鑰匙插進去轉一轉，仍然打不開。於是，他又在鎖頭上滴了幾滴煤油，擰了擰鎖鼻子，再轉鎖孔裡的鑰匙，只聽「啪」地一聲，大鐵鎖開了。管理員抽掉了鎖，將門推開，一股濃烈而潮濕的黴味兒撲面而來。好在電線還沒有爛掉，管理員一拉開關，地下室的電燈亮了，我們跟著他往裡走。剛進門，就感到地下室裡強烈的涼氣，起碼比地面溫度低了五六度，頭上的汗水立馬停止流淌。放眼望去，像小禮堂那麼大的地下室中間，豎著六根水泥柱子，撐著天花板，空空蕩蕩地只有屋角零零星星地放著幾件東西，用布蓋著，上面落滿了厚厚的灰塵。四周圍的牆與牆之間，柱子與柱子之間，佈滿了巨大的灰白色蜘蛛網，我們一走過，蜘蛛網就跟著飄動一大片。地面濕漉漉的，到處長滿青苔，一走一打滑，加上刺鼻的黴味兒，真像走進了「西遊記」裡蜘蛛精居住的盤絲洞一樣，我渾身起了一層雞皮疙瘩。

放在屋角用布蓋著的東西，正是媽媽留給我們的遺產。我們輕手輕腳地掀開滿是灰塵的蓋布，儘管小心翼翼，還是吃了一鼻子灰。飛起的灰塵，紛紛揚揚地直鑽人的鼻孔，使我們一連打了幾個響亮的噴涕，震得周圍的蜘蛛網混雜著白花花的粉塵，又是一陣飛舞。以前家裡的東西，凡是公家發的，都早已收走。此處存放的，全是爸爸媽媽自己買的私人物品，我們可以繼承。這些物品是：爸爸的書櫥和藤條箱，媽媽的大樟木箱和竹涼床，一張小圓桌，兩把小椅子和一台熊貓牌收音機。此外，還有兩個一米的大鏡框，裡面放著爸爸的大照片。就是媽媽活著時，掛在她床前的那兩張。這些，就是我的兩位老革命的父母，傾其一生，給我們留下的全部財產。萬分可惜的是，鏡框裡的照片都已嚴重黴變，損壞了爸爸的臉面，再也不能掛在牆上了。

我看著滿是黑色黴點的爸爸的遺像，哭了起來。培根瞪了我一眼，厲聲喝道：「哭什麼哭！別光站在一邊不動手，快搬東西呀！」於是我壓制住內心的哀傷，和大家一起動手，將東西一件一件地抬出地下室，放在辦公樓門口。然後管理員在辦公樓裡打電話到管理處，叫人送來兩輛小板車，幫我們將東西運回了家。

回家後，我們趕緊打開水龍頭，用臉盆接水，再用浸了水的抹布擦拭領回的物品。三伏天的下午，沒有一絲風，格外炎熱。我們一聲不響地幹活，看著爸媽的遺物，心中不免難過。汗水和著滿頭滿臉的灰塵流淌下來，在我們的臉上畫出了一道道細長的小溪，然後滴落在地，就像心頭的淚水，滴落在胸。我們換了好幾盆清水，才把所有的物品擦洗乾淨。

我們洗換後，便開始分「家產」。首先打開的是大樟木箱，裡面裝滿了媽媽的衣物，有幾件呢大衣，幾件春秋衫和幾雙皮鞋，兩大本家庭影集和一床鴨絨被。媽媽的衣服和皮鞋，我穿都嫌太大，所以全部由姐姐們平分。我身體最差，冬天怕冷，便分得了那床鴨絨被。另外，我還要了那兩本家庭影集，我特別珍惜裡面的老照片，姐姐們都沒意見，衛國沒發話，它們便歸我所有了，十分滿足。爸爸的藤條箱裡，裝著爸爸的呢子大衣和剃鬚用品，理所當然地分給了衛國。這個藤條箱，直到今天，還珍藏在衛國的家中。爸爸的書櫥靠牆放著，使我們的小家增添了許多光彩。培根帶不走大樟木箱，所以放在南京的家裡，由我們三個小的共用。竹涼床放在衛國屋裡，他當晚就睡在上面了。小圓桌和小椅子也放在衛國屋裡，我們可以從食堂打飯菜回家，圍著桌子吃飯了。爸爸媽媽的遺物，使我們又有了一個像樣的家。只是，爸爸媽媽留下的許多書，都已很舊，有些還是解放前組織上發的油印版的毛澤東著作，上面有很多發了霉的斑斑黑點，既難看又難聞，我們都不喜歡。所以，由兩位姐姐作主，挑了少量文學作品和比較新的政治書籍保留，其餘的，全部當作廢紙，賣給了廢品收購站。賣得的錢，我們買了好多水果，享受了一番。

令人驚喜的是，那台熊貓牌收音機竟然完好無損。那是媽媽逝世前不久，從南京無線電廠（即軍工七一四廠）李元如廠長那兒買回的新產品，我們還沒怎麼用，就送到市府地下室存放了。由於這台收音機是放在大樟木箱上存放的，又包著布，所以竟管過去了近四年了，也沒怎麼受潮。插上電源後，很快就從機上的一個小視窗射出兩道綠色的貓眼，跟著就聽到了茲茲的響聲。安東迅速將頻率調到江蘇台，我們便聽到了清晰優美的歌聲：「汾河流水花啦啦，陽春三月開杏花……」，「風煙滾滾唱英雄，四面青山側耳聽……」聽眾點歌，一首接一首，我們興奮地大笑，開心極了。

我聽著收音機播放的歌，一邊跟著哼唱，一邊打開大影集，細細翻看父母年輕時的俊俏模樣。翻過一頁又一頁，忽地，我摒住了呼吸，又一件令人意想不到的驚喜呈現在眼前！父母的革命烈士證書，折疊著夾在其中。這麼重要的東西，我們先前竟忘了問！我打開證書，裡面竟然還有一個銀行存摺！這回，與其說是驚喜，不如說是驚訝。存摺上有一千零幾十元人民幣的存款，最後一筆存款的日期是一九六一年八月二十日，那是媽媽帶衛國去上海的前四天。真沒想到，我們那麼一大家子人，開銷那麼大，媽媽還能精打細算地存下這些錢。我的好媽媽啊！您對我們的恩情，我們永遠難以報答，惟願您的在天之靈，能夠安息。

我把存摺交給安東，想到媽媽，心中難過，哽咽著要求由我保存兩份烈士證書，他們都沒有意見。所以，直至今日，爸爸媽媽的烈士證書還由我珍藏著。

看到存摺，培根說，她早就知道媽媽會有錢留下的。她的意見是馬上去銀行取出來，分掉。看看時間，才過下午四點，銀行還未關門，還來得及。由於我們的戶口都在學校，什麼證明也沒有，銀行怎會相信我們呢？

一千多元，在當時可不是個小數字。於是，我們帶上烈士證書，一起去了銀行。銀行工作人員看了烈士證書上的名字，與存摺相吻合，什麼也沒有說，就劈裡叭啦地打起了算盤，算算這些年能有多少利息。結果又讓我們驚喜，利息竟有將近二百元之多，我們總共拿到了差不多一千三百元現金。平生頭一回見到這麼多錢，真覺得我們太富有了！回家後，姐姐們的意見，每人分兩百元，剩下的錢去買幾輛自行車。當年我們幾人領到的工業券加在一起，共有十二張，安東還存著前幾年發的沒有使用，全都拿出來了，但也只夠買兩輛。最後大家討論決定，安東和我買自行車，培根和衛國再分掉剩下的錢。爸爸媽媽的遺產，就這樣，被我們平等地瓜分完畢。

分完遺產的當晚，我又回到江伯伯家。一走進客廳，就看見一名年輕英俊的解放軍戰士，在和江伯伯說話。見我進來，江伯伯為我倆作了介紹。那位年輕的軍人，名叫余本惠，二十二歲，在山東某部當兵四年，表現很好，已經入黨。這次趁回家探親，順便來看望他父親的老戰友江伯伯。其父余一成，時任安徽省立巢湖醫院副院長，是江伯伯和我父親在新四軍時的老相識。余一成的父親，本惠的爺爺，是解放前安徽巢縣首富大地主。但他和我外公一樣，同情共產黨，對新四軍有很大幫助。抗日戰爭初期，新四軍高級將領羅炳輝，就是那個著名的「從奴隸到將軍」的羅炳輝，曾在他家養傷半年多。羅炳輝與余家老爺子每天推心置腹地交談，非常投機，結成生死之交。當時余一成在北京大學讀書，還未畢業，老爺子就叫他回家，將他交給了羅炳輝。余一成因此走上革命道路，並由羅炳輝介紹，於一九三九年加入了共產黨。江伯伯說，可惜羅將軍於一九四六年就病逝了，否則得話，一九五五年實行軍銜制時，他至少會被評為大將。

江伯伯說話的時候，余本惠目不轉睛地盯著我看，弄得我很不自在。不過，在我偶爾瞟他一眼時，發現他很帥，心中頓生好感。本惠在江伯伯家住了一晚，第二天就返回部隊，我也很快就把他忘掉了。一個月後，我升入高二。九月的一天，我在學校意外地收到本惠寄來的第一封信，信中熱情友好的話語，令我感到溫暖，情竇初開。我馬上回了信，自然寫得冠冕堂皇，都是爭取政治進步之類的話。而他很快又來信，我禁不起誘惑，就又回信。我們就這樣秘密地交往起來。一九六六年初，本惠為了我，堅決要求復員，還請江伯伯幫助，沒有回安徽，而是將戶口落在南京，並被分配在團市委工作。這樣一來，他與我的交往就更多了。不久，「文革」開始，學校停課，給我倆開了方便之門。我只在「文革」開始時，在學校轉轉，看看大字報。大串聯後，便離開學校，整日逍遙在外，跟著本惠活動，參加他們團市委的政治學習，跟他去團市委食堂吃飯。而南師附中的運動，我基本上拋之腦後，每星期一去學校轉一圈就走，學校裡沒人知道我在哪裡，本惠成了我的初戀情人。當同學們都在積極熱情地幹革命時，我卻在談情說愛，對革命毫不關心。我渴望得到愛，而本惠對我的關愛，真的大大減輕了我失去母親的哀痛。

上高二時，我不再住校，而是騎自行車上學了。衛國沒有自行車，仍然住校，但因能和同學在一起玩，他並不介意。安東在學校宿舍還留了個鋪，有時住校，有時回家。我不願住校，主要是為了逃避每天早晨起床後的長跑。我剛轉學來時，對於住校生每天清晨的繞校長跑，非常不適應。我在南師附中的讀書生涯，就是開始於長跑。我班全體住校生每天早起第一件事，就是集合起來，跑出校門，沿察哈爾路和鎮江路跑上一大圈，足有幾里路，邊跑邊學著解放軍戰士喊著：「一！二！三！四！」二月的南京，極其寒冷，到處上凍。冰冷的空氣鑽入鼻孔耳孔，不僅讓我胸痛，而且頭痛欲裂，不堪忍受。若遇刺骨的寒風，則面如刀割，頭痛加劇。好多同學的臉部，耳朵和雙手，都生了嚴重的凍瘡，我的耳朵也生了凍瘡。每次我掙扎著跑完後，頭痛都要持續一兩個小時。每天上午的第一節課，我頭腦昏沉，什麼也學不進。可是我不敢說，因為我班部分同學相當左，最看不起怕艱苦的人，所以往往不管別人的身體狀況，全得參加。我害怕被扣上「資產階級嬌小姐」這頂大帽子，只有咬牙堅持。當年學校的長跑，不僅沒有增強我的體質，反而讓我落下了頭痛病，稍一受風，就頭痛得要炸。非住校生是不用一大早到校長跑的，所以我一旦有了自己的住處，就不願住校了。

開學後不久，高鵬叔叔突然來了。那時中蘇關係已經惡化，中國取消了蘇式軍銜制。鵬叔頭上漂亮的大蓋帽不見了，肩章也沒有了，取而代之的是軟邊軍帽和中山裝式的草綠色軍裝。他帽上有顆紅五星，兩邊領子上分別貼著塊紅絨布，叫做「一顆紅星頂上戴，革命紅旗掛兩邊」，還說取消軍銜制是為了體現「官兵一致」。我覺得鵬叔的新軍裝肥衣大褲的很難看，但我什麼也沒有說。鵬叔是來向我們告別的，他奉命調往安徽，任淮南軍分區政委，全家人都跟著去。過了幾年，他又調往合肥，任安徽省軍區政委直至離休。他調去合肥時，中國又恢復了軍銜制，他又戴上了漂亮的大蓋帽，掛上了漂亮的肩章，還從原先的二槓三星變成了二槓四星，突顯了官兵不一致，等級分明，還是前蘇聯的那一套。中國的事，總是朝令夕改，變來變去，讓人搞不懂。如今，八十六歲高齡的鵬叔，住在安徽省軍區第一幹休所，安享晚年。他是目前唯一健在的叔叔，馮文和王峰都於二十世紀末，在上海相繼病逝，未能見到新世紀的曙光。

在我轉學到南師附中之前，團中央就在全國樹立了幾名知識青年標兵，有河北的邢燕子，侯雋和江蘇的董加耕。他們都是高中畢業後，紮根農村，致力於建設一個社會主義新農村。我轉學到南師附中後，江蘇省委加強了對董加耕的宣傳。鵬叔調走的那年，我校學習董加耕的活動如火如荼，並且揉進了當時的教改。

董加耕，江蘇鹽城人，貧農出身，在校時是成績優秀的好學生，完全有能力考上大學。可是，為了改變家鄉的窮困面貌，他高中畢業後，放棄了高考，走上務農的道路。那時上大學不僅要成績好，還要通過政治審查，家庭出身好壞，極大地影響著人們的前途命運。董加耕通過政審完全沒有問題，而侯雋就不同了。侯雋是大學教授的女兒，她在高中時成績拔尖，但未必能通過政審。所以，她學了董加耕，棄考務農。她不僅放棄了上大學，而且放棄了教授家庭優越的生活條件。

南師附中的黃桂玉同學，與侯雋的情況完全相同，她也是教授的女兒，學習成績同樣優異，家庭條件同樣優越。由於學校的政治教育強調：「家庭出身無法選擇，但走什麼道路是可以選擇的，重在政治表現。」黃桂玉權衡再三，步了侯雋的後塵。高中畢業後，她不顧家長的反對，選擇了棄考務農，去了蘇北最窮的盱眙縣插隊落戶。她被江蘇省委樹為先進典型，成為我們在校生的學習榜樣。那時的宣傳，就是下農村是光榮的。這種宣傳，讓特別害怕下農村的我，生活在恐懼中。好在我還有考大學的機會，我鐵了心要考上大學，絕不棄考務農，所以花更多的時間去啃書本，而對政治運動越來越不感興趣。

由於附中的學生們家庭條件都相當好，沒有人吃過苦。為了進一步學習黃桂玉，培養學生的貧下中農感情，體驗一下農村的窮苦生活，沙校長決定，對高中部實行開門辦學。就是走出校門，把學校辦到農村去。一九六五年金秋十月，南師附中高中部全體師生，打起背包，整裝出發，浩浩蕩蕩地步行去江寧縣六郎人民公社。九十里的路程，一天就走完了，自然很多人的雙腳都打了泡。這次我也不例外，腳上也打了兩個泡，走路十分疼痛。

這是我第二次下鄉，這次的經歷，使我對農村的生活更加充滿恐懼。江寧縣屬於南京郊區，在全國農村中，遠不算貧窮落後，可是比起上海郊縣的農村來，卻差了一大截，最差的是衛生條件。其實，吃得差點，住得差點，我都不怕，最怕的是骯髒。到達六郎公社的當晚，我們又累又乏，只想早些睡覺。我與其他幾名女生被分到一戶社員家住宿，沒有電燈，就點上蠟燭。吃完晚飯，我已經困得睜不開眼睛了，打開鋪蓋，倒頭就睡。可是，沒睡多久就被身上的一陣奇癢攪醒了。屋裡漆黑一團，同學們也都睡下了，但並不安靜。屋裡一片「悉悉索索」的撓癢聲，我也加入其中，渾身上下狠命地抓撓。躺著抓不得勁，大家乾脆都坐起來抓，還是止不了癢，那晚我們根本沒有睡成覺。第二天一早，發現所有的人都是一身大大小小的紅疙瘩，慘不忍睹。有同學大叫：「有跳蚤！你們瞧！」我看見了棕褐色的小小的跳蚤，比蝨子大些。就是這些討厭的跳蚤，把我們折磨得死去活來，下鄉期間沒有睡過一個好覺。跳蚤來自社員家裡的雞鴨豬狗，這些動物奇髒無比，在社員家裡自由自在地進進出出，自然將跳蚤帶得無處不在。奇怪的是，跳蚤不咬社員，專咬我們城裡來的學生。我問房東大媽為什麼，她笑著說：「城裡人細皮嫩肉，肉香唄。」我現在已經想不起來，我是如何熬過那可怕的一個月的。如今，一提起跳蚤，我仍然頭皮發麻渾身難受。

在農村的開門辦學，其實對學習書本知識沒有任何好處，只能培養吃苦耐勞，增進我們對艱苦環境的忍耐力和內心對下農村的抵抗力，是培養不出科學家的。可是誰敢說呢？根據沙校長指示，我們在六郎公社實行半天讀書，半天勞動。上午，同學們或蹲在房檐下，或漫步在田埂上，手捧英語課本，大聲朗讀；或者坐在屋裡做數學題。下午，我們參加修水庫，挖泥挑泥。我體質弱，挖泥的譚鋼屏同學很照顧我，只往我的籮筐裡鏟進少量的泥土，可是扁擔還是壓得我肩膀紅腫疼痛。有不少同學表現積極，拼命多挑，到了晚上，脫下襯衣一看，紅腫的肩膀，皮都破了，血跡斑斑。我們只有十來歲，身體尚未發育成熟，就這樣幹著超負荷的繁重的體力勞動，形同勞動改造。我對這樣的開門辦學，覺得難以承受，內心害怕極了。

下雨天不用勞動，所以壞天氣是我們逃避勞動的救星。但同時也有其他的煩惱，就是特別髒。雨天裡，牲畜也都不外出，而是擠在社員家的堂屋裡。堂屋的門通常都敞開著，是社員家裡最亮的地方。我們就在堂屋裡看書學習，忍受著牲畜散發出的臭味，由於人畜大小便全在屋內，農民家裡有著永遠也散不盡的臭氣，使我們怎麼也無法集中精力來讀書。這還不算，屋外那泥濘不堪的道路，也讓我們吃盡苦頭。下雨天雖然不用勞動了，可是必須到屋外的水塘挑水回來吃用。誰能想到，地處南京近郊，村裡竟沒有一條像樣的石子路，而全是土路，一下雨，雨水和著爛泥巴，一走一陷，我們帶去的矮筒膠鞋，根本擋不住稀爛的泥水往鞋裡灌。只要冒雨挑一擔水回來，鞋襪全成了泥漿，衣服上也沾滿泥漿，弄得凳子上，鋪上，到處是爛泥，髒得不成樣子，又沒有水洗，晚上還得在上面睡覺，太讓人受不了了。然而農民們卻悠然自得，他們已經習慣了，即便睡在泥巴地上亦無妨。我覺得，中國的農民，真是太可憐了。

我們在六郎公社，還做了些什麼，我已記不太清了。那時我的全部精力，都用來對付可怕的跳蚤了。對於學校組織的訪貧問苦吃憶苦飯等活動，我心不在焉，記不起細節了，只記得我們天天都在唱：「天上佈滿星，月牙亮晶晶……不忘階級苦，牢記血淚仇。」那時，我們成天掛在嘴邊的，就是要保住革命的江山千秋萬代永不變色，絕不再回到舊社會，吃二遍苦，受二茬罪。雖然我嘴上也與大家說著同樣的話，內心卻實在覺得，我已經在農村不知吃了多少遍苦，受了多少茬罪了。

回到南京的第一件事，就是到鼓樓澡堂痛痛快快泡個熱水澡。要在平時，我只花五分錢，就近在市府澡堂洗個熱水淋浴就行了。可是，從農村回來，我卻捨得花三毛錢，跑到鼓樓澡堂洗盆堂。我躺在熱水裡，渾身舒坦，可是卻洗不盡從農村帶回的污垢。我全身被跳蚤咬得體無完膚，抓破的地方結了痂，被熱水一泡，又開始癢，忍不住一抓，抓破了經熱水一泡，鑽心地疼痛。看到我那一身雪白的肌膚被糟蹋得不成樣子，我哭了。跳蚤們在我全身製造的棕色斑點，整整過了半年才褪盡。以後，只要一提下農村，我就害怕得渾身發抖。

我身上的皮膚剛剛好轉，學校卻又組織我們下鄉鍛煉了。一九六六年四月中旬，學校組織高中部同學，去了黃桂玉插隊的蘇北盱眙縣馬垻人民公社。這一回，我們步行了兩百多里路，中途在安徽省天長縣的一所中學裡過夜。我們把課桌拼起來當床，倒也舒服。出發的時候，南京郊區春光明媚，風景如畫。可是，從六合縣往北走，樹木逐漸稀少，越走越荒涼，眼中看到的一切，都由綠變黃了。等我們到了目的地，滿天的風沙飛舞在空曠無邊的黃土地上，肅殺而淒涼。我三次下鄉，一次比一次條件差。我看到的農村，一次比一次貧窮落後。上海郊區農村，沒有自來水，但住瓦房有電燈，鄉間有石子路，吃米飯。南京郊區農村，沒有自來水，沒有電燈和石子路，有跳蚤，但住瓦房吃米飯。而盱眙縣的農民，除了有跳蚤外，幾乎一無所有。他們住的是茅草房，吃的是瓜菜代，全家人蓋一床破被睡在破草席上，沒有褥子，一年四季一人只有一套衣服，冬天只穿空心棉襖，天氣轉暖時，抽出棉襖裡的棉花，就是夏裝。至於自來水電燈，連想都沒有想過，百分之八十的人是文盲。黃桂玉選擇到這麼貧困的地方插隊，與她在城裡的生活有天壤之別。她是如何忍受下來的，我無從知曉。我只知，我自己在這樣的地方，很快就會命喪黃泉，是無法生存的，所以我對黃桂玉佩服之極。

這一次下鄉，依然是開門辦學，半天學習，半天勞動。勞動照例是修水庫，天敵依然是可惡的跳蚤。這時，正是農村青黃不接之際，頭一天的親眼所見，就讓我震驚了。房東吃的晚餐，竟是山芋做成粉絲後剩下的涼粉漿。我見他們大口大口喝得挺香的，就從他們鍋裡舀了一小勺，嚐了一口，卻酸臭難當，令我的胃部如翻江倒海，我立即跑到屋外吐掉了。心想，這哪是人吃的東西啊，城裡的豬食也比這強啊。

房東的女兒小鴿子，九歲了，身高還不如城裡七歲的孩子，可她卻有一雙美麗明亮的大眼睛和漂亮的臉蛋。她若生在城裡，定會出落得如花似玉。而在這兒，真是可惜了。小鴿子還有一付天生的好歌喉。當天晚上，淳樸的房東讓她為我們唱了一首自編的山歌。她落落大方地唱道：「亮月一出照五洲，過去窮人是馬牛。共產黨來了把身翻，有吃有穿心不愁！」望著缺衣少食的這一貧苦人家，飯都吃不上了，還在真誠地歌頌共產黨，我被深深地感動了，淚水糊住了我的雙眼。我一把摟住了小鴿子，對她說：「小鴿子，做我的妹妹吧。將來等我工作了，有了錢，一定要把你帶到南京去，讓你上學讀書！」她笑了，說：「你說話可算數？」我說：「我是真心的，只要我有能力，一定回來接你！」如今，四十多年過去了，我再也沒有回過馬垻。想到小鴿子會有多麼失望，我很抱歉。我並非想欺騙她，實在是我沒有能力啊。今生今世，我也許永遠無緣再見到小鴿子了，但她教給我的山歌，我至今會唱，永生不忘。

在抵達馬垻的第二個星期，我和幾名女生結伴，去了黃桂玉落戶的生產隊，拜訪我們心中的偶像。黃桂玉與南京來的其他三名女知青同住一屋，據說，全是成分不好的。我們的來訪，黃桂玉很高興。畢竟是校友，她很熱情地接待了我們。我們隨即問她生活怎樣，她說：「自己養不活自己，全靠父母接濟。」我們楞住了。過了一會兒，再向她請教革命的理想，她卻沉默無語。我們請她談談下鄉的體會，她卻說：「沒有什麼可說的。」然後大家就這麼默默地坐著，氣氛有些尷尬。我感到有些沒趣，伸了個懶腰，身子往床上的被子上一靠，右手無意中觸摸到床角的一個筆記本，我便打開看了起來。原來是一名女知青的日記，映入眼簾的竟是這樣一句話：「我恨，恨這裡的一切！」我一驚，趕緊合上筆記本，心想，要是讓上級知道了她的活思想，她恐怕要倒楣的。這時候，我已完全清楚，黃桂玉和她的室友們選擇下鄉落戶，實屬無奈，並非自覺自願。

從黃桂玉那兒回到住處，刮起了大風。蘇北大平原上的風，不像城裡颳風時有許多高大建築物阻擋。這兒的大風，無遮無擋，一刮起來就飛沙走石，天地一片昏暗，而且呼呼作響，如虎狼咆哮。我的心情也像這惡劣的天氣一樣昏暗，一天也不想再待在馬垻了。這時，消息傳來，我班同學張豫蘇的父親病重，所以姚老師馬上就讓他回家了。我也想回家，怎麼辦呢？

我們這次下鄉，計畫兩個月，現在才過去一小半。還有漫長的一個多月，我能以什麼樣的藉口，使姚老師也讓我提前回南京呢？左思右想，只有裝病。我本來就瘦弱，臉色蒼白。我說病了，誰都相信。那晚我沒有吃飯，說頭暈噁心不想吃。第二天早飯我仍然不吃。餓了兩頓後，起來解手時竟真的兩眼冒金星，走路搖搖晃晃了。與我同住一屋的同學，立即跑去報告了姚老師。姚老師來看我時說：「你必須去醫院就診，要吃藥才行。」他當即決定送我回南京看病，我的目的，就這樣達到了。

姚老師親自送我到盱眙縣城的長途汽車站，看著我坐上開往南京浦口的長途汽車，才向我揮手告別。看著車窗外的風景，隨著離南京越來越近，而越來越美麗，我的心情大好。我在浦口下車後，上了輪渡，過江回家。在輪渡上，我看見了正在建築中的長江大橋，九個巨大的橋墩已高高地豎立在江面上了。

到家後，我照例先去鼓樓澡堂泡了澡，換上乾淨的衣服，然後去看江伯伯。江伯伯正在客廳裡和一位相貌堂堂的老幹部模樣的人說話，只見那人眉宇間透著身經百戰的老軍人的威嚴。見我來了，江伯伯立即告訴那位叔叔說：「她是烈士的女兒，父母都去世了，很可憐的。」然後轉向我說：「這位是王彬叔叔，剛從北京調來南京任副市長。」我馬上說：「王叔叔好！」王彬叔叔和藹地對我說：「姑娘，我就住在對門的蘭園十號，今後你有什麼困難需要幫助的，請一定來告訴我啊。」說完就向江伯伯告辭：「你們談吧，我明天再來。」

王叔叔走後，江伯伯說：「王彬叔叔可是個大好人吶。他是彭德懷的老部下，得力助手。一九五〇年，他隨彭總赴朝參戰，任中國人民志願軍總兵團副參謀長。一九五九年，彭德懷被打成反黨集團頭目後，他拍著桌子說：『什麼？彭德懷反黨？打死我也不相信！』就因為這句話，他被停職審查，審查了好幾年，也沒查出任何歷史問題。但他還是受到行政降兩級處分，變成八級幹部，貶職到南京，但還保留黨籍。現在他算是南京市八個副市長中，級別最高的了。」

江伯伯問起我們的學習生活，我對他撩起褲腳管，讓他看我腿上被蘇北農村的跳蚤咬的滿腿的斑斑點點，他才知道我們去開門辦學的事。他憤慨地說：「學生應該以學為主嘛，成天下鄉幹什麼嘛，真是不務正業！現在的教改，都變成勞改了，你們這些小孩子，骨頭都還沒長好，哪能挑泥修水庫？簡直是亂彈琴！」江伯伯的話句句說到了我的心坎兒裡，如和煦的春風，溫暖了我的心。

我告訴江伯伯，安東他們還在盱眙馬壩，要一個月後才能回來，學校裡沒有人。江伯伯說：「那好，這個月你就住我這兒吧，好好調養調養。」我很開心地在江伯伯家住下了。那時厚蘭已被江伯伯開了後門，送進剛剛建立的南京外國語學校住校讀書，家中就我一個小孩，所以很受優待。王彬叔叔每天下午都來和我們打撲克。和江伯伯一樣，他也掛職而不上班，整個兒一個消極怠工。他們雖然不上班，但仍有權。他倆都是老資格，若在市委說句話，人家會聽，很管用。

一天下午，江伯伯和王彬叔叔很神秘地嘀咕了一陣後，調皮地對我眨眨眼，笑著問我：「如果你能上北京外國語學院，你去不去？」我不加思索地說：「當然去！我去！」江伯伯說：「那好，今年就保送你去，不用讀高三了。外交部極需培養一批英文翻譯，我們南京市也分有兩個保送名額，限定在幹部子女中挑選。你王彬叔叔正好分管文教，他認為你符合條件，就內定了一個名額給你，而且已通知南師附中了。」我高興得跳了起來：「哇！我可以上大學了！媽媽的願望可以實現了！」

我對王彬叔叔表示感謝，他卻說：「別謝我，謝你的爸爸媽媽吧。因為他們是革命烈士，而烈士子女可以優先照顧上大學。你好好學吧，我們國家，我們黨，需要培養自己的革命後代作翻譯。而目前的外交部，成分太雜，留用人員太多。不過，在你走之前要保密，不要對人說，以免節外生枝，懂嗎？」我說：「我懂。」

我那幾天，完全沉浸在上大學的喜悅中，真覺得我的前途光明燦爛。誰知，隨即而來的一場前無古人後無來者的文化大革命，使我的黃粱美夢，像肥皂泡一樣破滅了。半個月後的五月三十一號，安東與全體赴盱眙開門辦學的南師附中師生們，就提前返校了。因為學校已接到文化大革命的通知，必須回來參加運動。

第九章　文化大革命

安東隨同學校的大隊人馬，是背著背包，步行兩天後，回到南京的。她回家休息了一下，便跑到江伯伯家，叫上我，一起去學校。一九六六年六月一日一清早，剛進校，我們就聽見學校的大喇叭裡正在廣播人民日報社論「橫掃一切牛鬼蛇神」。好多同學都站在校園裡聽，我倆也未進教室，站下來聽。這篇極具煽動性，火藥味極濃的文章，使全校師生熱血沸騰，革命熱情陡然高漲，學校全面停課鬧革命。實際上，從那年四月中旬開門辦學開始，我們就再也沒有上過一天課。

其實，毛澤東早已頻頻發出了文革的信號。一九六五年十一月十日，上海「文匯報」刊出由江青，張春橋共同策劃，姚文元執筆的批判文章〈評新編歷史劇《海瑞罷官》〉，捕風捉影地把劇中所寫的「退田」和「平冤獄」，同劉少奇的「單幹風」生硬地聯繫在一起，進而把皇帝罷了海瑞的官，同廬山會議上毛澤東撤銷了彭德懷的一切職務聯繫在一起。這樣一來，就把由明史專家，時任北京市副市長的吳晗，根據毛澤東的指示而主編的《海瑞罷官》，打成了反黨反社會主義的大毒草。

也許是不清楚這篇批判文章實際上是毛的旨意，北京市市長彭真，抵制了對《海瑞罷官》的批判，一開始沒有在「北京日報」上轉載姚文元的文章，後來又由他主持，在一九六六年三月經中央政治局討論通過了一個〈二月提綱〉，反對批判吳晗及《海瑞罷官》，這使得毛澤東惱羞成怒，他罵北京市是「針插不進水潑不進的獨立王國」，罵中宣部是「閻王殿」，他要「打倒閻王，解放小鬼」。隨後，毛澤東召開了中央政治局擴大會議，指定陳伯達、康生、江青等人組成文化革命的文件起草小組，急急忙忙地起草了批判〈二月提綱〉的

〈五・一六通知〉。

〈五・一六通知〉從形式上看，矛頭是針對彭真主持起草的「二月提綱」，而實際上是系統地表達了毛澤東自一九五七年以來逐步形成的關於社會主義的階級和階級鬥爭的錯誤理論，確定了極左的方針政策。它的通過和貫徹執行，標誌著「文化大革命」的全面發動。

這是一場在中國長達十年的空前大劫難、大動亂。在這場動亂中，毛利用國人對他狂熱的個人崇拜，鼓動人們大造「黨內走資本主義道路當權派」的反，致使各級政府陷入癱瘓，大批革命幹部遭受冤屈，全社會陷入極度的混亂狀態，各地的造反派山頭林立，瘋狂武鬥，自相殘殺。全國被毀壞的建築、道路乃至文物古跡不計其數，經濟嚴重倒退。十年浩劫，使剛剛起步的中國社會主義現代化建設遭受了慘重的挫折，使中華民族在世界上痛失了一段寶貴的崛起機會，極大地拉大了我國與發達國家的差距。但是在文革初期，沒有人能看清這一點，誰也沒有想到，這場運動這麼快就在全國鬧到了一發不可收拾的地步。那時的中國人，過了今日，就不知明日將刮什麼風，連劉少奇都說是「老革命遇到了新問題」，很多人對這場運動都很不理解，沒有人知道，運動的首要矛頭是對準劉少奇，要把他拉下馬。

全國第一張大字報，是一九六六年五月二十五日在北大出現的。大字報作者是聶元梓，時任北大哲學系黨總支書記。前兩年，她在四清運動中的極左做法，曾受到過北大校長陸平的批評，因而懷恨在心。在「惟恐天下不亂」的中央文革小組顧問康生的支持下，聶元梓拋出這張大字報，矛頭直指北大黨委的陸平和彭佩雲。周恩來總理和北京市委書記李雪峰當即批評了聶元梓的做法，使聶元梓不知所措，惶惶不可終日。而老奸巨滑的康生，卻將此事悄悄密報了正在杭州的毛澤東。

一九六六年六月一日，在杭州的毛澤東看了大字報底稿後批示：「此文可由新華社全文廣播，在全國報刊發表。」六月二日，《人民日報》全文刊登了這張〈馬列主義大字報〉，並配發了由王力和關峰炮製的評論員文章「歡呼北大的一張大字報」。聶元梓成了毛欣賞的左派，在全國嶄露頭角。在《人民日報》的煽動下，全國的大批判運動轟然而起。全國各大學和中學的校園裡，一夜之間，大字報便鋪天蓋地，全國學校一片混亂。

出於控制好混亂局面的良好動機，劉少奇和鄧小平，在請示了毛澤東並得到毛的同意之後，決定派工作組進駐學校，以加強黨的領導。然而，他倆做夢也不會想到，居心叵測的毛，很快就給他倆扣上了「鎮壓群眾運動的劊子手」的大帽子。一九六六年八月五日，毛澤東的秘書踏著晨霧，在中南海大院內貼出了一張毛的大字報，題為「炮打司令部——我的一張大字報」。雖然毛在這張大字報裡，對他想打倒的「資產階級司令部」，沒有指名道姓，但鋒芒所向，不言而喻。毛與劉鄧在社會主義建設問題上的分歧和衝突，徹底地尖銳化和公開化了。

事態在邪惡的導演下惡性膨脹。一九六七年一月，「打倒劉鄧」的口號響徹全國，劉少奇一再向毛提出辭去國家主席職務，攜全家回湖南老家種田，可毛卻不允，非要置劉於死地而後快。一九六八年九月，毛澤東根據江青和康生提供的偽證，給劉少奇扣上了「叛徒、內奸、工賊」的大帽子，將劉「永遠開除出黨」。毛強迫不願整劉的周恩來宣讀這個決定，還惡狠狠地對周說：「你想潔身自好嗎？辦不到，這件事，人人都有份！」這時的劉已是重病纏身，毛不顧醫護人員的意見，令人硬將不能動彈的劉用擔架抬上飛機，強行送往河南開封，秘密監禁在「同和裕銀號」舊址的小屋內。一九六九年十一月十二日清晨六時四十分，中華人民共和國主席劉少奇，這個在中共七大上第一個提出「毛澤東思想」並呼喊「毛主席萬歲」的人，在毛澤東的殘酷迫害之下，含冤去世，成為共和國的第一大冤案。毛在他發動的那場空前絕後臭名昭著的文革運動中，在中國製造的無數冤案，令人髮指。非正常死亡人數之多，成為古往今來世界歷史上驚人的一頁！

一九六六年六月初，南師附中的校園裡已滿是大字報。校長沙堯為支持學生鬧革命，特命人在樹與樹之間拉起一道道鉛絲，供學生們掛大字報用。在校園裡滿滿當當的大字報中，有安東寫的一張，題為「學校的大門究竟為誰開？」她用這張大字報，表達了對校方強迫弟弟留級一事的不滿，我和衛國也在她的大字報上簽了名。我們三姊妹的大字報獲得了很多同學的同情，不少人寫了大字報聲援我們。這是我在文革中，唯一簽過字的一張大字報。除此而外，我沒有寫過任何大字報。

黨的喉舌——報紙和廣播，那幾日反覆告誡我們，建國十七年來，是由一條修正主義的教育路線統治著我們的學校，毒害著廣大青少年，必須徹底砸爛。這樣的話語，一下子就讓不暗世事的十幾歲的中學生群情激憤，學校的老師們，自然就成為學生批鬥的對像。出身不好的老師，更是首當其衝地受到攻擊。他們被當作牛鬼蛇神，從精神到肉體，慘遭迫害。

我班數學老師陶強，與幾名出身不好的女教師，最先被初中小同學剃了陰陽頭，頭髮剃一半留一半，在校園裡示眾。做這件事的學生，都是十三、四歲的小孩，不以為這是在侮辱老師，而認為是「觸及人們靈魂」的革命行動。陶強是我校級別最高的特級教師，與數學家華羅庚交情很深，曾邀請華先生來我校開過講座。那個年代，特級教師在全國寥寥無幾，在江蘇省更是稀貴，卻在文革中被當成垃圾一樣糟蹋。陶老師的丈夫張鈺哲，是著名的天文學家，紫金山天文臺台長。他曾在一九三〇年代留學英國劍橋，在天文學方面頗有建樹，被授予英國皇家科學院名譽院士的榮譽。他和導彈科學家錢學森一樣，是當時被國際認可和尊的極少數中國科學家之一，實屬鳳毛麟角，國之瑰寶，也在文革初期遭到圍攻。後經周恩來總理下令保護，逃過劫難。

當時，同學中間盛傳，陶強老師解放前是國立金陵大學（今南京大學）的校花，受到很多名流及達官顯貴家庭的公子哥兒的追捧。這一傳聞，使陶老師在文革中受盡磨難。她被南師附中的娃娃們辱罵為「破鞋」，打進附中勞改隊。那個年頭，人們對「愛情」二字禁若寒蟬，對「男女關係」忌諱莫深。要想把一個人搞臭，最快最有效的辦法就是挖掘人家的「生活作風問題」，沒有事實不要緊，只要捕風捉影就成。我聽說，陶老師被附中學生揪出去遊街，不僅在她的脖子上掛了打倒她的牌子，還強迫她嘴裡銜著自己的鞋子，赤著腳被學生們押著，以「破鞋」身份，從學校至山西路遊了個來回，引來許多路人的觀望和唾罵。陶老師受到的傷害之大，可想而知。我因整日與本惠在校外玩耍，遊山玩水不幹革命，所以沒有看到陶老師遊街的慘景，但聽到的消息，使我心驚肉跳，覺得這樣的革命太可怕了。

一九六六年的夏季，發生了太多太多的「新生事物」，一切都在顛覆著我們頭腦中原有的傳統觀念。過去的勞動模範，先進工作者，被罵成「保皇黨」受到批判，連我們學習的榜樣董加耕也受到了批判。我們每天都能聽到意想不到的消息，我的頭腦一片混亂，只記住了一條：一切以毛主席指示為準，毛主席怎麼說，我們就怎麼做。實際上，毛澤東早已在用封建皇權統治中國，誰違抗他的旨意，誰就遭殃。

校園裡的革命氣氛熱烈而高漲，各類小道消息多如牛毛。特別是從北京傳來的，都如獲至寶。運動初期對我們影響最大的，要算北京的高幹子弟譚力夫關於血統論的講話了。根據他的講話而編成的歌，在幹部子女中大行其道：「老子英雄兒好漢，老子反動兒混蛋，要是革命你就站過來，要是不革命就滾他媽的蛋！」很快，根據出身成分，在同學們中間分成了紅五類和黑五類。紅五類是：工人、貧下中農、解放軍、革命幹部和革命烈士。黑五類是：地主、富農、反革命、壞份子和右派份子。然而，儘管毛澤東一直說壞人只有百分之三，壞人的數量卻在文革中成幾何數字翻著倍地增加著。因為許多原先的紅五類，隨著他們的父母被打倒，一夜之間就變成了黑五類，壞人的範疇以極快的速度變成了黑九類。除了開始劃定的地富反壞右，又加上了叛徒、特務、走資派和臭知識份子。由於知識份子被排在壞人行列中的第九位，被人們稱作「臭老九」，叫了十多年之久，直到毛澤東駕崩後兩年，才徹底獲得解放。

那年夏天，在南京還發生了許多抄家和毀壞文物古跡的惡性事件。學生仔在革命的名義下，在「横掃一切牛鬼蛇神」的號召鼓舞下，瘋狂地大打出手。誰是牛鬼蛇神，不用公安局定性，學生們憑聽來的情況便可自行決定。許多民主黨派人士都被劃進去了，參加過國民黨的統戰物件亦無一倖免，其他黑九類就更不在話下了。

大批私人收藏的價值連城的古董被毀或被搶，大批寶貴的藏書被付之一炬。地處新街口市中心的新華日報大樓上，還一度出現了「紅色恐怖萬歲」的大標語，弄得許多市民人心惶惶。

不知從哪天開始，新華日報每天都在頭版頭條，在「最高指示」的標題下，登上一段毛主席語錄。紅色塑膠封皮的《毛主席語錄》小冊子，是國防部長林彪在一九六五年的一大創舉，深得毛的歡心。林彪因此受到毛的重用，成為毛的「親密戰友」。他在文革開始後，又再版了《毛主席語錄》，並且寫了「再版前言」，把毛澤東吹捧成「當代馬列主義的頂峰」，從而把國人對毛的個人崇拜，發展到了登峰造極的地步，林彪本人的威望也空前提高。文革初期，全中國的印刷廠連續多日三班倒，以最快的速度，使八億人民，做到人手一冊紅寶書《毛主席語錄》。那時每天早晚兩次的新聞廣播，都必定在「東方紅」樂曲聲中開始。不管開什麼會，人人必揮動紅寶書，振臂高呼「毛主席萬歲，萬歲，萬萬歲！」不久，又加上「敬祝毛主席萬壽無疆！」的口號，亦必連喊三次。在國人對毛的崇拜已達瘋狂之際，林彪又不失時機地提出了四個偉大。他稱毛為「偉大的領袖，偉大的導師，偉大的統帥，偉大的舵手。」於是「大海航行靠舵手」的歌聲響徹神州大地。

一九六六年八月初，北京清華附中的高幹子弟們，首創了紅衛兵組織，他們稱自己是「毛主席的紅衛兵」。八月十八日，毛澤東身穿新軍裝，與林彪一起登上天安門城樓，接見了首都紅衛兵代表和各地學生代表。為了支持紅衛兵運動，七十三歲的毛，紅光滿面地戴上了紅衛兵代表獻給他的紅衛兵袖章並鼓勵紅衛兵「要武」。我校高三甲班學生，軍隊幹部子弟李天燕，那天有幸登上了天安門城樓，受到毛澤東的接見。他還站在毛澤東的身旁，發表了簡短的講話。消息傳來，整個南師附中沸騰了。

那時，毛澤東「炮打司令部」的大字報已發表了近兩星期，各校學生按照毛的大字報精神，不斷衝擊黨的各級領導，去造「走資派」的反，有些領導幹部已被停職檢查，省市委頻臨癱瘓。毛澤東接見紅衛兵的行動，更是推波助瀾，使全國的紅衛兵運動風起雲湧，形成燎原之勢。南師附中高三甲班的紅五類學生，聯合其他班級的紅五類，率先成立了自己的紅衛兵組織，取名叫「紅色造反軍」，李天燕被選為造反軍軍長。其他班級的紅五類也紛紛成立了各自的紅衛兵組織，有叫「八一戰鬥隊」的，也有叫「毛澤東思想兵」的。他們與李天燕的造反軍是友軍，關係相處都不錯。在全國人民學習解放軍的形勢下，在毛澤東身穿綠軍裝的帶動下，軍裝成了最時髦的服裝。軍隊幹部子女可以穿父母的舊軍裝，其他紅五類學生，想方設法找軍隊的親戚朋友弄軍裝，或者將白布染成草綠色，再去裁縫店做成仿軍裝穿上，腰間紮上棕色牛皮帶，左臂戴上印有毛澤東手書的「紅衛兵」三字的紅袖章，個個威風凜凜。

附中紅衛兵成立後的第三天，我在校園裡碰到陳晞光同學，見她已經戴上了紅衛兵袖章，顯得特別精神。她興奮地對我說：「你昨天跑到哪裡去了呀？找了你半天都沒有找到。我們昨天去錦旗店，趕製了這些袖章，你快戴上吧。」說著就給我戴上了一個袖章，我就這樣成了紅衛兵。但是，我到底是屬於造反軍，還是屬於八一隊，至今也沒弄清楚。這是因為，我不參加紅衛兵的會議和活動，大部分時間都和本惠泡在一起的緣故。當時只有紅五類同學能當紅衛兵，而黑五類同學是沒有資格當的。不過，如果紅衛兵頭頭認為黑五類裡哪幾個表現不錯，就讓他們當「紅週邊」，以此體現「團結一切可以團結的力量」。

我當上紅衛兵還是很高興的，因為紅衛兵袖章像個護身符，戴著它，走到哪裡都有安全感。當時全社會都緊跟毛主席，支持紅衛兵運動，沒有人敢欺負紅衛兵。美中不足的是，我沒有綠軍裝。本惠說，這好辦，他幫我搞定。本惠的三哥三嫂都是解放軍，三哥是軍醫，三嫂是軍護。他很快就向三嫂要了一套三號女軍裝給我，接著又向他部隊的戰友要了舊軍裝，由我轉給了衛國和安東。這樣，我們姊妹三人就都有了標準的紅衛兵裝束，非常開心和滿足。

有了毛澤東這個最強大的支持者做後盾，加上江青頻頻接見紅衛兵，鼓動紅衛兵造反，稱他們為「革命小將」，紅衛兵運動便以迅雷不及掩耳之勢，如熊熊野火，在全國燃燒起來。《人民日報》幾乎每天一篇社論，代表黨中央向全國人民發號施令，特別鼓吹暴力革命。毛澤東的一段話：「革命不是請客吃飯……是一個階級推翻另一個階級的暴力行動。」不僅經常出現在報紙廣播，而且被譜寫成「語錄歌」，在遍佈全國各地的高音喇叭中，從早到晚反覆播放。好多學校都出現了紅衛兵毆打老師，甚至打人致死的惡性事件。《人民日報》社論中對社會日常生活影響最大的，要算號召人民破四舊了。最容易受到鼓動的，當然還是十幾歲的紅衛兵們。他們不僅革命熱情高漲，而且年輕幼稚，頭腦中缺乏文明道德的束縛，只圖一時痛快。他們最先響應毛「破舊立新」的號召，向一切他們認為的舊思想、舊觀念、舊傳統、舊習慣全面宣戰，全面開火。

社會的混亂，給了我前所未有的自由。學校的運動矛頭都對準了出身不好的老師和同學，誰也不會注意到我是否在幹革命，還是在幹什麼私事。我原本每天先去學校轉一圈，然後去中山東路的團市委，與本惠約會，後來乾脆每週只去學校一次。本惠參加他們機關的學習時，我就待在他的單人宿舍裡看他搜羅來的書，他的書我都很喜歡。許多蘇聯衛國戰爭時期的反間諜小說，就是那個時期讀到的。

我每天從公教一村騎自行車出去，行程都足有十多里。一路上，滿眼看到的是不斷被破壞的建築物，被打碎的玻璃窗，還有押著戴了紙糊的高帽子的人遊街的不知哪路人馬。滿耳聽到的是人們震天響的口號聲，不是「砸爛狗頭」、「血戰到底」就是「誓死捍衛」、「無限忠於」。滿大街的高音大喇叭裡，一遍又一遍地播放「毛主席語錄歌」。人們都習慣了巨大的城市噪音，若偶爾有一天吵鬧聲小了點，都會感到奇怪。

大街上，碎玻璃渣子到處都是，我的自行車車胎，一不小心就被扎個小洞而漏氣，害得我老要去自行車行補車胎。南京市為數不多的商店門上的霓虹燈，此時已被全部砸毀殆盡，好端端的美麗的南京古城，除了國民黨時期栽種的那一排排漂亮的闊葉梧桐樹，還在用碧綠的樹蔭裝點著它，散發著誘人的美色，其餘已是滿目瘡痍。站立在新街口廣場中心的孫中山銅像，也差點毀於大破四舊的紅衛兵之手。因為毛說孫中山領導的辛亥革命是「資產階級革命」，而「資產階級」四個字，在當時如同洪水猛獸般可怕，人人談之色變，當屬打倒之列。幸虧周恩來總理及時下令保護，將銅像移至中山陵，才得以僥倖逃過一劫。

有天傍晚，我告別了本惠，回公教一村的家。走進市府大院不遠，就見到一個衣衫破舊不堪的白頭髮老人，用一把大大的竹掃帚在掃地。我沒有在意，徑直從他旁邊走了過去。沒走多遠，突然聽到後面傳來那老人的聲音：「你是小……小華吧？」我驚回首，認出了他是市委組織部長，我家原來在蘭園的老鄰居李烈炎叔叔。那時我才得知，他已被當作「混進黨內的階級異己份子」被打倒多日了。他的實際罪行是，一九五三年鎮壓反革命運動期間，收養了他的地主哥哥的兩個孩子。李烈炎出身於山東魯南大地主家庭，家中有良田上千畝之多。他在抗戰時，以大學生身份投身革命，加入了共產黨。而他的親哥哥，卻在鎮反時，作為「惡霸地主」，被人民政府槍斃了，留下一雙學齡前小兒女李健和李鳳。李烈炎看孩子可憐，便謊稱這倆孩子是自己的親骨肉，把他們帶到南京撫養。我清楚地記得，李健和李鳳和我在同一個小學上學，和我的大姐同班。我們都以為，他倆是李烈炎從前在家鄉包辦婚姻所生的孩子。不料，文革一開始，事實真相就被人揭發出來了，不僅李烈炎被打倒，李健和李鳳也都被遣送回鄉監督勞動。李烈炎很小心地看了看四周，見沒有人，便用顫抖著的小聲告訴我，媽媽的好友，城建局局長莊村，被當作「資產階級的孝子賢孫」，經過多次批鬥後，已經去世了。我聽後倒吸了一口冷氣，渾身冰涼。第一個反映就是，如果爸爸媽媽活著，會是怎樣的結果？恐怕我也早已變成「走資派的狗崽子」——黑五類了。李叔叔見我發楞，就說：「快走吧，別讓人看見你和我在一起。」我告別了李叔叔，沒精打采地回到了家，心情壓抑。從此，我對文革運動除了困惑，就是恐懼，再也沒有興趣參加了。我後來聽說，我校很多師生被鬥、被毆打、被抄家。那些場景，我都沒看到，因為我根本就不參加運動了，沒有參與整過任何老師和同學，當了一個地地道道的逍遙派。

八月下旬的一天，我在本惠的宿舍裡，捧著狄更斯的《霧都孤兒》，津津有味地讀著，本惠跑進來說：「不好了，南京好多工廠的工人都聯合起來，上大街遊行，高呼血債要用血來還！」原來，南京外國語學校印刷廠的工人王金，被他們學校的紅衛兵輪番用皮帶抽打致死，引起了廣大在寧工人們的義憤。據說，王金是個非常老實忠厚的人，和誰都沒有過節。不知怎地，他被紅衛兵查出有個遠房親戚在臺灣，於是被當成「臺灣特務」遭批鬥。王金不承認是特務，便連續幾小時遭受毒打而死。本惠說，外國語學校紅衛兵的頭頭名叫官滬寧，父親是解放軍高幹。官滬寧在事發後，很快就被其父送進部隊保護起來了。本惠說，官滬寧本人好像並沒有動手打，可是他聽憑手下人胡鬧，也有很大責任。然而他還不足十七歲，很難說如何追究責任。本惠又說，有人告訴他，厚蘭是打手之一，不知江伯伯如何處理她呢。

南京的工人們，為了給王金討回公道，上大街遊行持續了足有一個星期，最後在某大人物的勸說和妥善安排王金後事的保證下，工人們停止了遊行。但是他們對官滬寧不依不饒，要求將其繩之以法，嚴懲兇手的大標語刷滿大街小巷。可是，那時公檢法已基本上被砸爛了，所有的政府機關都已亂了套，不能正常工作，紅衛兵又是受保護對像，無人過問這起打人致死案件的審理，最後不了了之。參與毆打王金的厚蘭，也和官滬寧一樣，沒有受到懲罰。江伯伯給她改了名字，送進部隊當兵去了。

王金事件後，我對文革運動更加反感，心中鬱悶。此時正值全國大串聯興起，南京來了許多北京紅衛兵，名曰：「煽革命之風，點革命之火。」本惠便勸我也出去串聯，散散心。當時，公交和鐵路系統為了表示對紅衛兵運動的支援，宣佈紅衛兵憑袖章可免費乘車，這對於我外出串聯太有利了。一九六六年九月三日，我和陳晞光、汪鐵羽和段昌奉三人結伴，不用買票，就乘坐火車到了上海。上海的「紅衛兵接待站」安排我們免費住進了上海教育學院招待所，我們在招待所食堂吃飯也不要錢。聽說，周恩來總理指示各地的接待站，免費招待大串聯的紅衛兵，我們就趁機免費旅遊起來。

九月四日，我們分頭活動，陳晞光他們去復旦大學看大字報，我則去了復興中學。沒想到，我剛進校門，就遭到校友圍攻。由於我以前在復興中學名氣很大，誰都認識我。我被罵成是校長姚晶樹立的白專道路壞典型，封資修教育路線的吹鼓手。幸虧我班同學及時趕來，將我救出，一群人護著我進了教室，並關上了教室門。見到從前的同班同學，我們都很高興。

與全國一樣，復興中學也分成了紅五類和黑五類。使我吃驚的是，許多黑五類參加文革的積極性之高，絕不亞於紅五類。復興中學的校友中，出身於資本家家庭的，人數相當多，除了留在大陸的民族資本家外，父母在香港開公司的也不乏其人。不少同學跟著爺爺奶奶居住在上海，靠著在香港的雙親每月的匯款，過著富裕的生活。文革開始後，他們中有很多人都當眾宣佈與剝削階級家庭斷絕關係，當眾高唱：「天大地大不如黨的恩情大，爹親娘親不如毛主席親。」態度極其真誠。為了表現自己也是革命的，他們批鬥和侮辱起老師來，絕不落在紅五類之後。父母的養育之恩，兄弟姐妹的手足之情，人的尊嚴，人的良知，都統統拋之腦後。取而代之的是，精神的粗鄙化和語言的暴力化。文革使全社會的人性都扭曲了。那時，夫妻互相反目，親友互相揭發，同事互相背叛，群眾互相批鬥，是平常事。全中國人民只能有一個思想：毛澤東思想；只能有一種言論：黨報言論；只需記住四句話：念念不忘階級鬥爭，念念不忘無產階級專政，念念不忘突出政治，念念不忘高舉毛澤東思想偉大紅旗。人們的生活態度，生活觀念，生活質量，生活品位，生活權利，統統被禁錮在毛的極權統治和政治高壓之下。中國五千年的燦爛文明，被毛澤東踐踏得支離破碎。如今，經歷過文革的人中，還有不少人昧著良心歌頌毛澤東，這是中國不能走向民主的真正悲劇所在。中國若不能徹底拋棄毛澤東的錯誤思想和荒謬理論，清算他所犯的罪惡，與之徹底劃清界限，就不可能有真正的民主。

離開復興中學時，我是在同學們的保護之下走出校門的。出來後，我就去了王峰表叔家。那時王峰表叔一家已經搬出空四軍大院了，住在附近的山陰路，離復興中學只有幾步之遙。那是一棟昔日資本家的漂亮樓房，比原來在空四軍大院住的房子舒服很多。王峰表叔見到我很高興，也很客氣。他送給我一本嶄新版《毛主席語錄》和空軍製作的一套六枚毛主席像章。這套像章，在當時可是稀罕物品，人人都想要，我非常喜歡地收下了。

王峰表叔告訴我，馮文表叔處境很糟，上海長航分局已經把他當作走資派揪出來批鬥了。他最器重和栽培的一個部下，為了表現自己，竟然跳上臺，打了他幾記響亮的耳光。馮文表叔很受刺激，當眾落淚了。可他的眼淚非但沒人敢表示同情，反而使他遭到更大的批判。不過，因他平日裡是個老好人，沒有結怨，所以還未像其他走資派那樣被關進「牛棚」，每天晚上可以回家。他的許多親戚朋友都躲著他，不敢與他來往，生怕受牽連，而王峰表叔不怕。他經常在晚上，穿著軍裝，佩戴好領章帽徽，去馮文表叔家看望他。那時，全國學解放軍，解放軍學空軍。所以他穿空軍軍裝去，是為了給馮文表叔壯威，同時也是為了讓他周圍的人看到，解放軍幹部仍然信任他，說明他是好人。在王峰表叔的關心下，馮文表叔增強了生活的信心，度過了最困難的一段時日。我的三位叔叔，政治上都很正派，和我去世的父母一樣光明磊落，從來不會整人，也從來不會為了向上爬而趨炎附勢。尤其是王峰，生性耿直。由於他的耿直而得罪了江騰蛟，不受重用，卻因禍得福，沒有捲入政治鬥爭漩渦。

我在王峰表叔家吃了晚飯後，回到教育學院招待所。陳晞光亦已吃過晚飯，我們便交流起白天的見聞來。談興正濃，忽聽外面走廊上一陣喧嘩，我們就跑出去看。原來是一夥北京的紅衛兵，剛從上海市委「煽風點火」回來，你一言我一語地發著牢騷說，他們在市委待了一天，只有幾個工作人員出來應付，與他們泡蘑菇，陳丕顯和曹狄秋居然不出來接見他們。要是在北京的話，周總理早就出來接見了。我覺得他們說得有趣，便與他們攀談起來。原來，他們都是北京新建的工商管理專科學院的大學生，全是高幹子女。我們互相作了自我介紹，因都是紅五類，立即成了好朋友，並從此保持交往四十多年直至今天。他們是：裴進軍、程延文、王亞東、秦昭。

九月五日，我們哪兒也沒去，就在教育學院和北京的紅衛兵們侃大山，聊得非常開心。北京的這幫紅衛兵，全是八•一八上了天安門城樓，受到毛主席接見的第一批老紅衛兵。看到他們在天安門城樓上與毛的合影，我們南京來的四人，都很羨慕。我們對他們說，我們也想見毛主席，可我們還從沒去過北京呢。他們說，這好辦，明天你們跟我們一起去北京吧。我們立即叫好，興奮異常。

九月六日下午兩點，我們這群來自南京和北京的紅衛兵戰友，便一起在上海北站登上了開往北京的第十四次特快列車。此時此刻我的心，飛向了憧憬已久的偉大祖國首都。那時候，大串聯才剛剛興起不久，外出串聯的紅衛兵很少，所以車廂很空。我們一行人佔據了過道兩邊面對面的兩排座位，很舒服地坐了下來。車開後，我們看著窗外向後飛馳的田野，跟著火車車輪的鏗鏘聲，唱起了「從草原來到天安門廣場」。唱累了，就聊天，或者聽汪鐵羽用老南京土話說快板書。一路上，因為有汪鐵羽這個活寶，老被他逗得前仰後合，十分輕鬆愉快。段昌奉是我們中間年齡最小的，才上初一，十四歲。他的父親段俊，是江蘇省軍工部部長，管著好幾個大軍工廠，也是我父母的同鄉老戰友。文革後，段昌奉愛跟著我，就像我的小弟弟。我倆在火車上，一遍又一遍地要求汪鐵羽表演，百聽不厭。那是一次快樂的旅行，令我永遠難忘。

汪鐵羽休息的時候，我就和北京紅衛兵聊天。裴進軍是將軍後代，有一肚子古文知識，是同學中的「文膽」，雖然他在同學們中間不算年齡大的，他的同學們卻都管他叫老裴，而其他人都只叫名字。程延文是他們中間年齡最大的，他一九四二年出生於延安，正值毛澤東發表了「在延安文藝座談會上的講話」，他父親就給他取名延文。他的父親程悅長是老紅軍，參加過長征，在《紅旗飄飄》這本著名的書裡，有他回憶長征的文章。王亞東的父親是一機部副部長，秦昭的父親秦力生是中科院秘書長，所以他們都能上天安門城樓，獲得毛主席的接見。我覺得跟他們走，是不會錯的。

火車過黃河大橋時，已是夜色蒼茫。我看著幾乎乾涸的河床，問老裴：「這就是孕育了五千年中華文化的母親河嗎？」他點點頭。我太失望了，這哪裡像歌謠裡唱的「奔騰咆哮如虎狼」啊，根本就沒有滔滔的波浪，遠遠比不上長江壯闊氣派。老裴說：「開春雪化時你若再來看黃河，那可就真是『奔騰咆哮如虎狼』了。」原來，黃河的水流是有季節性的。我又問老裴，北京有什麼特產，老裴笑著眨眨眼說：「到時候，我請你吃北京火燒。」我問：「什麼是火燒？」他只是笑，卻不答。然後大家就靠著椅背睡著了。

一九六六年九月七日清晨六點，火車抵達北京車站，世界革命的中心到了。我們南京來的四人都激動地站了起來，從車窗探出頭去張望。老裴他們都笑了，說：「別急，跟我們走就是了。」他們特別體諒我們這些頭回來北京的人，所以一出火車站，首先帶我們乘坐公共汽車去了天安門廣場。天安門廣場確實非常寬廣，可是剛從高樓林立的上海來的我們，卻對天安門城樓有些失望，感覺並不「高大雄偉」，不像上海的國際飯店那樣「聳入雲霄」，尤其是暗紅色的牆壁，讓人壓抑，完全不像書上描寫的那樣「金壁輝煌」，所以激動的心情便平靜下來了。從那以後，我不敢再對任何事情期望值過高了，否則又會失望。亞東帶了一部一三五照相機，他為我們拍下了幾張彌足珍貴的照片。如今，這些照片都已泛黃陳舊，可卻是那一段歷史的寶貴見證。

延文、亞東和秦昭在天安門廣場與我們分手，各自回家了。老裴則帶著我們南師附中四人去了他們學院，安排我們住在他們的教室裡。我惦記著他說的火燒，便向他提了出來。他立即去學院門口買了兩個大燒餅回來，笑嘻嘻地遞了一個給我說：「請吃北京特產火燒。」我呆掉了：「北京特產就是這個啊？這不就是大燒餅嗎？」老裴大笑：「可不就是嘛，你們叫燒餅，我們叫火燒啊。」我這才明白，他一直在跟我逗樂呢。

北京工商管理學院，是高幹子女雲集的學院。但凡沒有考上北大、清華或哈軍工的在京高幹子女，基本上都進了這所新型學院。那時，中國高層剛剛引進企業管理之理念，所以創辦了這所大專學院，老裴他們是我國培養的第一批企業管理人才。儘管此時學院裡很多同學的父母已被揪鬥，打成黑幫，也劃分了紅五類和黑五類，可是同學之間，卻完全不像南師附中那樣對黑五類公開歧視，或者同學鬥同學。不管誰的父母被打倒了，其餘的同學，多數都會表示同情，仍然是朋友。他們畢竟是大學生，比中學生理性得多。但令我吃驚的是，他們在一起聊天時，都在譴責江青，反江青情緒甚濃。那時的江青，權傾朝野，不可一世，被譽為「文化革命的旗手」，誰敢反她，誰就是反革命。可是在這所學院裡，反江青的人很多。他們私下裡的談話，互相絕不出賣，所以沒有人因反江青而被打成反革命。我覺得他們非常可敬，也感覺到，他們的反江青情緒，在很大程度上是反映了他們父母的情緒的。他們接觸上層領導多，知道的內幕也多，所以比我們覺悟得早。可以說，他們是中國最早一批認識毛澤東真面目的人，是有良知的中共高幹後代，我受他們的影響很大。

在上海結識的幾位北京紅衛兵戰友，得知我是烈士遺孤，都對我特別好。那天在管理學院，我和陳晞光幾個分吃了老裴買的火燒後，老裴對我說：「去跟你的同學打個招呼，我帶你上我家去。」我打了招呼，就跟著老裴去了塔院二號防化兵司令部。這時我才知道，老裴的父親是中國防化兵部隊的第一把手——防化兵部部長。

老裴的父母都是軍人，他們並不認識我的父母，可是對我特別好，把我這個十七歲的紅衛兵當成貴客一樣，當晚特地加了菜招待我。我只去了他家一次，他們就都記住了我。二十五年後的一九九一年，我再去北京老裴家拜訪時，他的父親仍清楚地記得我當年的模樣，特地擺了一桌烤鴨席招待我，還把全聚德的烤鴨師傅請到家中，為我們片鴨。我離開北京時，老裴的父親還用他的專用黑色紅旗牌轎車，送我去火車站。開車的解放軍戰士，是老裴父親的專用司機。老裴也上車陪我去車站。路上，老裴對我說，他還是沾了我的光才坐上他爸的紅旗車呢，他爸從不允許自己的孩子用公家的車，可對我卻破例了，我聽後深受感動。共產黨的老幹部們，即便互不認識，只要聽說是革命老同志的孩子，都一見如故，寬厚善良，關懷備至，對別人的孩子好過對他們自己的孩子。他們對革命同志真摯的感情，足可令山河日月動容。

那晚在老裴家吃過飯後，老裴對我說：「你別去管理學院住了，那兒條件差。請跟我走。」於是，我很聽話地跟著他到了秦昭家。秦昭的家是一個漂亮的四合院，庭院裡的花草樹木令人賞心悅目。秦昭一人住在西廂房，很寬敞。裡面正好有張空床，就讓我住下了。那時她父親已經在中科院受到衝擊，但還未被打倒，可以每天回家。她家有褓母做飯，吃得很好。這樣，在北京老紅衛兵戰友們的照顧下，我的首次北京之旅，過得十分舒適。他們都把我當成小妹妹，我很開心。

秦昭的弟弟秦曉，才華橫溢，具備領導能力。為了維持好北京日益混亂的社會秩序，他和幾名老紅衛兵創建了「北京西城糾察隊」，他的家就是糾察隊的總部。他對各單位揪鬥老幹部的做法很看不慣，認為是顛倒了是非黑白。我覺得他建立西城糾察隊的出發點是好的，只是後來該組織中有些幹部子女，為了給自己被鬥的父母出口氣，有了些偏激行動，西城糾察隊因而受到人們的攻擊，被中央文革取締。我覺得人們對他們的怨怪有失公允，即便他們有失誤之處，主要責任也不在他們，而在發動文革的罪人毛澤東。不久後，秦昭的父親被打倒，秦昭去了山西農場，秦曉去了內蒙插隊，表現都極好。再後來，秦昭的父親得到解放，秦昭得以回到北京，嫁給了陳毅元帥的大兒子陳昊蘇。

我住在秦昭家的那幾天，老裴、延文和亞東三人白天都來秦昭這兒碰頭，然後我就跟著他們一塊兒出去活動。秦昭因要關注父親的被鬥情況而留在家裡，沒與我們一起出去。三位大哥帶著我，除了參加一些高層組織的大會外，什麼革命也沒幹，而是天天在北京四處遊玩。先去香山，還到過碧雲寺。我看到了史達林贈送孫中山的雕花水晶棺材，仍在展出供遊人觀賞。可是到了頤和園，情況就不同了。大門上貼著封條，門旁的牆上刷著這樣的大標語：「革命高於一切，嚴禁遊山逛水」，我挺失望。延文說：「別著急，我有辦法。」他走進大門旁邊的一個小門，跟看門人不知說了些什麼，看門人就放我們從小門進園了。

偌大個頤和園，就我們幾個人，四處隨意遊蕩，太痛快了。我問延文：「你使了什麼絕招啊，那人竟能放行？」他笑著說：「我告訴他，我們是奉中央文革小組之命，來頤和園察看文物古跡保護情況的。他不知我的來頭，豈敢阻止？」說完大笑，我們聽了也樂不可支。在中國，只要搬出個大後臺，就可以輕而易舉地解決問題，這其實是沒有法制，沒有原則的體現。直到今天，中國社會的這種弊病，仍然盛行。大人物的一句話，往往比寫在紙上的法律管用得多。若碰到什麼難辦的事，只要搬出某有權有勢的大人物來，不管是真是假，往往都可鎮住對方，問題往往迎刃而解。有些重大的詐騙案，大概就是這麼得逞的。

出了頤和園，我們都有些餓了。可是在附近找了半天，竟沒有一家小飯館，而原來設在頤和園裡的小吃部早就關張了。幸好有個農民在賣剛上市的京白梨，老裴掏錢請客，買了一堆，我們便大嚼大吃起來。我是頭一回吃到京白梨，感覺真甜，果肉真嫩，水份真多，既解渴又抵餓。和老裴他們在一起，我什麼都不用操心。

那幾天，我整天跟著老裴、延文和亞東，形影不離。九月九日，我跟著他們去了北京工人體育場，站在主席臺對面的看臺上，目睹了批鬥彭羅陸楊的十萬人大會全過程。臺上站著向群眾低頭彎腰的四個人：彭真、陸定一、楊尚昆和來陪鬥的彭真的妻子張潔清，而羅瑞卿卻並未到場。聽說他因被毛批判想不通，於當年三月十八日跳樓自殺未遂，摔斷了雙腿。體育場裡黑壓壓的人群，情緒高漲，口號震天。我和老裴等人，只是觀看，沒有跟著喊口號。老裴說：「對於沒弄清楚的情況，決不能瞎表態。」他們幾人對批鬥大會都持否定態度。不過，這場批鬥大會還算文明，不僅沒有毆打臺上挨批的幾人，也沒有將他們的雙臂反剪，讓他們坐「噴氣式飛機」。聽說，這是因為周總理事先給大會組織者打了招呼的緣故。

九月十日，老裴領我去了首都體育館。路上，他小聲告訴我：「今天總理要來。」

我聽了，激動得心都快要跳出來了。老裴每天晚上都能從可靠渠道得知第二天，甚至以後幾天，將有什麼樣的大會要召開。這天，不知老裴通過什麼關係，大會工作人員給我們安排了絕好的座位，離主席臺只有幾米遠。我們進館時，體育館內四周看臺上已座無虛席，全是首都各中學的紅衛兵代表，大約有七八千人。體育館中間的籃球場空著，不許進人。

上午十點，周恩來總理身穿嶄新的綠軍裝，佩戴著鮮紅的領章帽徽，邁著矯健的步伐，神采奕奕地從運動員出場之門走進來了，後面跟著劉志堅中將和幾名軍人，全場立刻掌聲雷動。「向周總理學習！向周總理致敬！」的口號聲此起彼伏，我興奮地跟著大夥兒一塊兒振臂高呼。此時，總理轉向我們，微笑著向我們擺擺手，然後走上主席臺。我與總理僅隔三排座位，如此近距離地看到他，激動的心亂跳，幸福得有些眩暈。周總理一直是我心中最敬重最崇拜的偶像，不僅因為他是黨和國家的重要領導人，也是因為他個人具有極強的人格魅力，而且他還是全中國女性心目中的第一美男子，就是今天人們說的大帥哥。

劉志堅主持大會，簡短的開場白後，大家安靜下來，總理開始講話：「同學們，紅衛兵小將們，我瞭解到，今天下午你們中間有一批人，要登上去烏魯木奇的火車，到新疆去幫助他們開展文化大革命運動，所以特地把你們請來，召開這樣一個大會，對你們講一講黨的民族政策……」

能在周總理身邊，親耳聆聽他那具有江蘇淮安口音的講話，令我如醉如癡。那時的總理，身體健康，滿面紅光，平易近人，而且說話風趣，使人感到特別親切。總理講了大約兩個小時，我特別記住了這樣一段話：「新疆是少數民族居住的地方，我去過好幾次。那兒的維吾爾、哈薩克、塔吉克等民族的人民都十分熱情好客。但是，由於生活習慣的不同，他們的食品你們可能吃不慣。我可以告訴你們，我也喝不慣馬奶。我第一次去新疆時，當地人民十分恭敬地請我喝馬奶，那是他們對客人的最高禮節，如果我不喝，就是對他們不尊重。所以，我捏著鼻子，硬是把它喝下去了！」說著，總理有力地向前揮動了一下手臂，全場大笑，接著響起了暴風雨般的掌聲，經久不息。總理舉起雙臂，向下按了按，我們又安靜下來。總理又說：「我相信你們是不會讓我失望的，因為你們是首都紅衛兵，是會團結好各少數民族的。如果你們現在還有什麼不懂的問題，可以向我提出來，我來解答。」我目不轉睛地看著總理，其他人說了些什麼，我一句也沒有聽進去。時間在不知不覺中飛快地流逝，兩個小時的講話一晃就過去了。最後，總理說下午他還有個重要會議，便向大家揮手再見。這時候，我跟隨全場紅衛兵一起站了起來，用熱烈的掌聲和口號聲歡送總理離去。

總理走後，人們也都紛紛離開座位往外走，我卻還站在那兒不動，回味著剛才發生的一切。老裴拉了我一把：「走吧，這樣的機會還會有的，你還可以看到更加激動人心的場面的。」我回過神來，問道：「真的嗎？」他點點頭說，他已得到確切消息，毛主席將於九月十五日，在天安門城樓第三次接見來自全國各地的紅衛兵，他們管理學院分到二十名觀禮台名額，他已經跟學院的紅衛兵頭頭說好了，勻出一個名額給我。我高興得一拍雙手：「太謝謝了，老裴！跟著你走，不會錯的！」

由於參加毛主席接見的隊伍，必須在九月十五日凌晨從管理學院整隊集體出發，我於九月十四日離開秦昭家回到管理學院，與陳晞光住一起。在我的一再央求之下，學院紅衛兵頭頭答應再給我們一個名額，這樣，陳晞光就可以和我一起上觀禮台了。對於汪鐵羽和段昌奉，我實在無能為力，他們只能跟著大隊人馬，站在天安門廣場上。

九月十五日凌晨四點，我們起身集合。上觀禮台的二十人由管理學院一名女紅衛兵帶隊，先行離校，向天安門廣場進發。早晨六點不到，我們就走到天安門廣場了，豈知那時天安門廣場早已是人山人海，擠得水泄不通。我們的位置是天安門城樓西側的紅一台，雖然不在天安門城樓上，但比起廣場上的百萬紅衛兵大軍來，已經是太幸運了。可是，儘管觀禮台就在不遠處，我們卻寸步難行。我們在人群中手拉著手奮力向前擠，一寸一寸地往前移，還得保持著隊形，不能掉隊。幾十米的距離，我們整整擠了三個多小時才擠到。此時太陽高照，我們個個大汗淋漓。我們的領隊憑著手中的票，被那兒的值勤人員放行，我們終於得以走上觀禮台。這兒比在廣場上鬆快多了，我和陳晞光相對著開心地笑了。放眼望去，天安門廣場上到處紅旗招展，已成了紅色的海洋。我後來得知，衛國當時也在廣場上，與我同時受到「毛主席接見」。

我們在觀禮臺上等了大約兩個多小時，猛然，廣場上的高音喇叭裡響起了「東方紅」的樂曲聲，廣場立即人聲鼎沸。「毛主席萬歲！萬歲！萬萬歲！」的口號聲響徹雲霄。我們猜想，是毛主席他老人家登上了天安門城樓。我抬頭向天安門城樓望去，只隱隱約約看到幾個小小的人影在晃動，實際上什麼也看不清，距離還是嫌太遠了。我們站的這個位置，看遊行才能算好。我問陳晞光：「毛主席出來了嗎？」她說：「好像出來了。」我又問：「你能看見毛主席嗎？」她無奈地搖了搖頭。此時，響起了林彪的聲音。林彪的講話大概持續了十五分鐘，具體的講話內容我已記不清了，不外乎要把無產階級文化大革命進行到底之類，然後他喊了四個偉大萬歲的口號而結束。接著，響起了歌唱家賈世俊那雄渾的男高音「大海航行靠舵手」。整個接見只有短短的半個多小時，儘管我們什麼也沒看見，還是算「見到了偉大領袖毛主席」。

下午四時許，大喇叭裡響起了「請紅衛兵小將們有秩序地退場」的聲音，廣場上的人群便緩慢移動起來。等輪到我們退場時，已是暮色蒼茫。從凌晨四點到現在，整整一天，十五、六個鐘頭，我們不吃不喝也沒有上廁所，卻既不覺得餓也不覺得渴，亦無尿急發生，始終保持情緒高漲，至今讓我感到不可思議。這種生理上的超強適應能力，恐怕只有在特殊的年代，特殊的環境下才有可能產生的吧。

毛主席第三次接見紅衛兵後，我在北京又玩了幾日，亞東通過他父親的關係，帶我參觀了北京飯店周總理招待外賓的宴會廳，還進了人民大會堂，參觀了黨的代表大會會場和各個省的廳。在那幾天裡，我還碰到過其他一些來京串聯的南師附中紅衛兵戰友，也在一起玩過。可是，怎麼碰上的，怎麼離開的，我卻記不起細節了，只知道很快活。九月下旬，老裴、延文和亞東他們又打算外出串聯了，他們下一站是重慶，要去紅岩村看看大名鼎鼎的中美合作所，看看蔣介石囚禁共產黨人的白公館和渣滓洞。他們還要去桂林，看看那兒的山水如何甲天下。他們極力勸我跟他們一塊兒去，可我那時想回家，惦記著衛國、安東和本惠，所以堅持回南京。陳晞光他們後來上哪兒串聯，我不清楚。我和老裴在北京站分手，登上南下列車，獨自一人回到南京。

家裡的門是鎖著的，沒人在家。於是，我去學校找安東，沒有找到，但有同學告訴我，說她在高三甲班的王史唯家。我立刻去高雲嶺二十四號，安東果然在那裡。原來，安東在文革後與王史唯成了好朋友。王史唯的父親王野翔是省工業部副部長，過去在延安時就認識了我父親，所以對我們很好。王史唯的媽媽石堅阿姨是省婦聯主任，當時已受到衝擊，被單位裡保她的人安頓在市府大院裡的一間屋裡居住，不讓外人知道，造反派一時找不到她，使她逃過運動初期的批鬥。安東搬到王史唯家，陪王史唯住，同時也幫著王叔叔和石阿姨抄寫檢查，應付造反派。安東見到我很高興，告訴我，她接到小衛從武漢的來信說，他已跑了好多地方了，不僅去了北京，去了大慶油田，還去了井崗山，現在他在武漢的大伯家呢。毫無疑問，小衛是我們姊妹在大串聯中，收穫最大的一位。

王史唯家的獨門小院，十分雅致、幽靜，我很喜歡。那天王史唯和她爸都不在，安東說，省委的造反派越來越厲害，所以他們到上海躲一陣，想等情況好轉一些再回來，家就交給安東代管。（實際上後來的事實卻是事與願違，情況不僅沒有好轉，王野翔還從上海被揪回南京，家也被抄了，他們全家人都被勒令搬出高雲嶺二十四號，搬進兩間破屋。）那天，我與安東聊了很久，在那兒和她一起吃飯。那時候王家還有褓母做飯，所以吃得不錯。吃了飯繼續聊天時，安東對我說，有件事要我幫忙，不知我願不願意。我問：「什麼事？」她隨即拿出兩把手槍，一把大點的是王叔叔的，一把小巧玲瓏的是石阿姨的。安東說，這是公家發給他們的自衛手槍，他們擔心造反派隨時會來抄家，所以希望將槍藏起來。我二話沒說，接過手槍，對安東說：「你放心，這兩把槍放我那兒，萬無一失。誰也不會來抄烈士子女家的。」安東笑了，又說：「還有這本大影集，也一起帶走，藏起來。」我打開影集，立刻明白了為什麼要藏起來。那裡面有好多石阿姨與外賓的合影，最引人注目的是她一九五七年隨同中國婦女代表團訪問莫斯科時的留影。那時候，造反派想整誰，沒有罪證都能莫須有，而這些照片完全會被當成石阿姨「勾結蘇修裡通外國」的罪證的，我不加思索地立即答應下來。安東將手槍和影集用幾層報紙包好，放進一個陳舊的手提包，交給了我。我回家後就將這個包放進大樟木箱底部，蓋上衣服，蓋上箱蓋，上了鎖。

那年整個秋天，除了經常去安東那兒，我照例是和本惠泡在一起，我把他當成自己的親人，非常信任他。

一天，本惠來我家玩，我打開樟木箱，拿出手槍給他看，還有四顆子彈，向他炫耀。誰知他大驚失色，厲聲問我哪兒來的，我便如實相告。他的臉色稍稍緩和下來，但是卻叫我立即將槍交給市級機關造反派。我堅決不從，與他發生了第一次不愉快的爭執。本惠說：「你怎麼這麼糊塗啊？現在的形勢你還看不出來嗎？王野翔和石堅早晚都要被打倒的，手槍的事早晚都要敗露的，你幹嘛要牽扯進去呢？你也想倒楣嗎？你年紀輕輕就當了反革命，怎麼辦？」我仍然不聽，我倆誰也不讓誰，聲音越吵越大。豈知隔牆有耳，早被不知什麼人聽去了。

後來我和本惠各讓一步，他不逼我馬上交出去，我也答應考慮他的話，再好好想想怎麼辦，於是我們又和好了。本惠說他請我吃飯，我們便一同下樓。可是還沒走到公教一村大門口，就被兩名戴紅袖章的市委造反派攔住了，一定要我交出手槍。這下我真正驚呆了，後悔不該跟本惠大吵，我家住房質量差，根本不隔音，所以暴露了秘密。我當時太幼稚，完全沒有想到遍地都有小人，不會防人。我對造反派說這槍不能交，得物歸原主。他們馬上兇相畢露，說馬上可以關押我，扣我個「私藏軍火」的罪名。本惠小聲對我說：「還是交了吧，你鬥不過他們的。」我沒辦法，只好極不情願地讓造反派跟我回家，拿出槍，交給他們。我為這事一直自責，覺得很對不起王叔叔和石阿姨。後來我見到石阿姨，對她說起這事，向她道歉，她卻一點也沒有怪我，反而笑著說：「交出去好，交出去好！你不交，我也會交的。」我心頭的這塊石頭才算落地。聊以自慰的是，那本大影集保存了下來，得以完璧歸趙。

本惠共有兄弟六人，只有一個妹妹，七兄妹關係相處極好，任何時候都抱成團。他的四哥本華當時是合肥師範學院的大學生和中學生一樣，可以四處串聯。一九六六年十二月初，本華串聯來到南京，本惠便帶他來我家，我們便成了好朋友，他對我這個未來的「弟媳婦」很滿意。在南京玩了幾天後，他打算去北京，到他的大哥家住一陣，想叫本惠和我也一塊兒去。由於本惠是機關幹部，不能外出亂跑，所以就讓本華帶著我去北京見見他的大哥。

十二月二十日，我跟著本華，開始了我的第二次北京之行。我們在下關火車站找了半天，也沒有發現哪班車是上北京的，就向車站工作人員打聽。那人一聽就說：「請跟我來，我送你們上紅衛兵專車，那是開往北京的。」我們上了車，找到座位坐下了。不一會兒，又上來好多紅衛兵，不到半個時辰，車廂就擠得水泄不通了。過道上，行李架上，廁所裡全部是人，甚至座位下面也躺著人。一個本應乘坐三百人的車廂，起碼擠進來六百人。幸虧我們來得早，有座位。等了好幾個小時，車才開。

這趟所謂的「紅衛兵專車」其實是鐵路局專門調出來應付紅衛兵的特慢車，一路上什麼車都得讓，經常停在荒郊野外，一停就是幾個小時。誰想上廁所，就趁停車時從車窗爬出去，躲在樹叢後面解決問題。我那一路上也是這麼上的「廁所」，每回都由本華幫著爬出車窗，再由他伸出雙手從窗戶拉進車箱。而他，不用我幫，自己爬上爬下。到了晚上，車廂裡開著燈，通宵不關。我困了，就閉上眼低著頭打盹。那時，我很純潔，不敢往本華身上靠，他畢竟不是我的男友，我不能造次。可是半夜醒來一看，我的頭卻靠在他的肩膀上。我趕緊坐直，離開他的肩膀。他笑著說：「都什麼時候了，還這麼封建！你看看人家！」我舉目望去，只見滿車廂的女紅衛兵，差不多全都靠在男紅衛兵身上睡覺，還有摟著的呢，我這才放鬆下來。本華說：「來，靠在我身上睡吧，這樣可以舒服些。」我想，男人的靈魂裡，也許天生就有保護女人的潛意識，要不然，在車廂裡，怎麼就看不到男紅衛兵靠在女紅衛兵身上呢？在這次疲憊不堪的長途旅行中，車廂裡的男子漢們全都自覺地墊了底，讓女孩們躺在他們身上睡覺。曾經聽到有女生說，下輩子要投胎做男人。我才不那麼想呢，做女人有男人的呵護，靠在男人的肩頭感覺很安全，小鳥依人有什麼不好？這麼一想，我就靠在本華肩上了。本華還用他的衣服蓋在我身上，讓我一直靠著他到北京。這趟車整整開了四十多個小時才到北京，沿途就在火車停靠大站時，從月臺上買食品，所以沒有餓著。

北京的十二月，比南京冷得多。我們出了車站，就覺得寒氣直往脖子裡鑽，說話時嘴上直吐白霧。本華以前來過大哥家，所以輕車熟路，很快就帶我到了地安門內大街三號總參宿舍大院，他的大哥余濤就住在其中一棟樓的三樓。余濤見到我們，馬上鋪床，安頓我們在他那兒住下了。屋內有暖氣，比在南京過冬舒服。

早在南京時，本惠就告訴我，他的大哥余濤，一九四六年十四歲時就尊父命參加了解放軍，先當衛生員，後來當軍醫。解放後，他被送去軍醫大學深造，而後一直在總參擔任保健軍醫，跟隨最久的首長是蕭向榮將軍。一九五五年，年僅二十三歲的余濤，被授於大尉軍銜，行政十七級。一九六四年，他被挑選出來，擔任毛澤東兒子毛岸青的保健軍醫。我們去的時候，他每天都去毛岸青家上班。那天晚飯後，余濤拿出岸青厚厚的一疊病歷給我們看。裡面有好多封岸青寫給毛澤東的信，每封都只有寥寥幾筆，寫的全都是「偉大的爸爸毛主席，我想見您。」還有一張照片夾在病歷裡，是毛澤東坐在岸青家裡的長沙發上與岸青的合影。照片上的毛澤東面部冷漠，眼睛根本不看他的兒子。

余濤說，岸青真的很可憐。他從小在上海被國民黨特務打傷了神經，後來他和哥哥岸英被黨組織營救出來，送到延安，後來又和岸英一起到蘇聯，邊讀書邊治病。解放後，他們哥倆從蘇聯回國時，岸青的病已經基本上治好了。可是，岸英在朝鮮犧牲的消息傳來後，他深受刺激，患上了嚴重的精神分裂症，又被送去蘇聯治療，再也未能治好。他的情況穩定後就被蘇聯送回來了。岸青特別重感情，特別愛他的家人。所以，如果毛主席能經常去看望他，對他的病情會有很大幫助。然而毛主席「太忙，沒有空」去看望他，至少要隔六個月，才去一次，一次頂多十分鐘。即便是這短短的十分鐘，也能使岸青的情緒好上幾天。平時岸青清醒時，就在家裡做些俄語翻譯。他特別安靜，很少說話，非常讓人同情。他並不知道，江青早就下令，他寫的信，不許轉送毛主席，全部作為病歷，由保健軍醫收著。聽了余濤的話，我真為岸青難過，便對余濤說，假如岸青不是生在毛主席家，而是生在普通老百姓家，恐怕要好得多，至少他每天都能得到父母的呵護和親情，不會這麼孤單。余濤說：「誰說不是呢？他在這樣的家庭，病情永遠不會好轉的。不過，你可別在外面亂講，禍從口出，搞不好會倒大霉的。一切跟毛主席有關的事情，都要小心從事，慎之又慎。」

余濤接著告訴我們，岸青已經結婚。他的妻子就是岸英之妻劉松林（即劉思齊）同母異父的妹妹邵華。結婚對他的病有好處，岸青與邵華相處也很好。可是，江青偏偏不是省油的燈，不想認這門親。幾年前，岸青有個很好的保健護士，對岸青很好，江青不知為什麼看她不順眼，把她趕走，又令部隊讓她復員回家。這會兒，又成天鼓動紅衛兵小將們攻擊邵華和她的母親張文秋都是「政治騙子」，還說：「主席從來沒有這個兒媳婦，我也不會承認她。」說到此，余濤歎了一口氣，說：「給岸青當保健醫生太難了，政治壓力太大，每天去上班都戰戰兢兢，如履薄冰，不知什麼時候就會得罪江青，早晨去就不曉得晚上是否回得來。幸虧眼下江青的主要注意力不在岸青身上，而是在領導文化大革命，所以還能勉強幹著。」這時我才知道，在毛主席近旁工作的人，日子都不好過，不像人們想像的那樣「幸福而偉大」。使我百思不得其解的是，毛主席怎麼能容忍江青這麼去胡鬧，迫害媳婦不就等於迫害兒子岸青嗎？天底下哪有這樣的父母啊？那時，毛澤東在我心裡，已經不再是神。

我的那次北京之行過後不久，余濤就打報告要求調動工作，理由是自己不是精神病方面的專家，岸青應由醫術水平更高的醫生擔任治療。他還找了總參的好幾個首長的關係，請他們幫忙說話，終於在一九六七年春，重回總參保健部，他們全家人也都鬆了一口氣。

那次我和本華在余濤家裡住了整整一個月。我倆每天都外出玩耍，當然又遊玩了頤和園。此時的頤和園，和兩個多月前跟老裴他們來玩時的情況，已是大不相同。那次有人看大門，沒有遊人。而這次，大門洞開，沒有人管。來遊玩的各地造反派們，人山人海，熙熙攘攘。看來，造反派也和我們一樣，是凡人，革命意志並不比我們更強，他們也喜歡觀光玩耍。上次我看到的頤和園，整潔美麗。而這次卻是遍地垃圾，還有大量撕碎了的標語紙，隨風四處飄蕩。

昆明湖湖面此時已經全部結了冰，成百上千的人在冰面上行走或滑行。我們也想體驗一下在冰面上行走的滋味，便從石坊處下了湖，向對岸的萬壽山走去。從湖面上走，比從陸地走，到達萬壽山的距離要近很多。冰面很滑，本華攙著我，小心翼翼地邁著小步向前走。湖上的冰透明而清晰，透過冰面，可以清楚地看見碧綠的水草，在我們腳下飄動，給人的感覺是冰層很薄，好像隨時都有破碎的可能。所以我自始至終都很緊張，真正感到是如履薄冰，一路戰戰兢兢抖抖霍霍地走上對岸，才長長地舒了一口氣。回去時，我寧肯繞道，也不走結冰的湖面了。

我和本華還玩了香山、北海、故宮、景山，到處人滿為患。我看到了明朝的崇真皇帝吊死的那棵歪脖子樹，感慨萬千。覺得真是「往事越千年，彈指一揮間」，距離那時，歷史在不經意間已飛逝了幾百年。人的生命在歷史的長河中，太短暫，太微不足道了，稍縱即逝，何以還要這樣互相鬥來鬥去，如此不知珍惜？

一九六七年一月下旬，我和本華離開北京，乘坐的仍然是不花錢的「紅衛兵專車」，與來北京時一樣擁擠。一路上，我們在火車上時不時地看到，一隊隊背著背包，打著紅旗，步行串聯的紅衛兵們，冒著嚴寒，在田野小路上前進。我很佩服他們，可是我做不到，我寧肯擠車也不步行。回到南京後，本華把我交給本惠後，就回合肥去了。此時的文革運動，又到了一個新階段。

一九六七年一月初，張春橋，姚文元以「中央文革小組調查員」的身份，到上海策劃奪權。一月四日，他們先奪了《文匯報》的權，五日，又奪了《解放日報》的權。一月六日，張春橋，姚文元等以上海「工總司」為首的三十二個造反派組織的名義，召開了「打倒市委大會」。這次大會後，上海市委的所有機構被迫停止辦公。一月八日，在張姚二人指揮下，用「造反組織聯絡站」取代了中共上海市委。這樣，全市領導權實際上就落到了張春橋，姚文元，王洪文等人的手中。

同年二月八日，中央文革小組發表了致上海革命造反團體的賀電。二月二十二日，《人民日報》發表社論，認為「上海一月風暴」是「今年在全國展開全面階級鬥爭的一個偉大的開端」，號召人民自下而上地奪權。從此，在全國各地刮起了奪權之風，大動亂局面更加嚴重。

文化大革命的錯誤做法，遭到了一批老幹部和廣大群眾的強烈反對。一九六七年二月前後，葉劍英，譚震林等向江青一夥展開了正義的鬥爭，被毛澤東污蔑為「二月逆流」。二月十一日和十六日，在中南海懷仁堂召集的中央碰頭會上，周恩來，葉劍英，徐向前，譚震林，李先念對康生和陳伯達進行了針鋒相對的鬥爭。碰頭會後，張春橋，姚文元和王力連夜整理出懷仁堂碰頭會的黑材料，在江青安排下，向毛澤東作了彙報。二月十八日深夜，毛澤東召集政治局委員開會，對這些老同志作了錯誤而嚴厲的批評，指責他們搞復辟，責令他們作檢討。其後，又煽動全社會反擊反革命復辟的浪潮，更大規模地打擊迫害黨和國家的各級領導幹部，中央政治局完全癱瘓，停止了一切活動。一切國家大事均由「中央文革小組碰頭會」討論決定。在「二月逆流」中受迫害的老同志們，直到粉碎四人幫後，才正式徹底平反。

這時，南京的造反派組織形成了極其對立的兩大派。兩派的頭頭，都是南京大學的教師。這兩大派是：以文風來為首的「紅色造反司令部」（簡稱「紅總」）和以曾邦元為首的「八二七造反指揮部」（一九六六年八月二十七日成立，簡稱「八二七」）。紅總高喊「好得很！」，八二七就高喊「好個屁！」。所以，紅總又叫好派，八二七又叫屁派。社會上各工廠、機關、企事業單位的造反派組織，基本都歸屬到這兩大派系裡，形成了兩大陣營。其他小派別都形不成氣候，不具有影響，可以忽略不計。

造反派成為運動的主力，年輕的紅衛兵逐漸被社會冷落。毛澤東在運動初期利用紅衛兵小將搞亂了各級政府，目的已經達到，不再需要他們了，就一腳踢開。被拋棄了的中學紅衛兵們整天無所事事，在家閒得無聊，就上街閒逛，其中有些人還參與了社會上的一些不良活動，甚至參與了打群架，使家長們很擔心，覺得這樣下去，孩子們不僅學業荒廢了，而且無組織無紀律的無政府狀態，對孩子們的成長和身心健康實在沒有好處。南京軍區司令員許世友因此決定，通過內部招兵，將老幹部的孩子們送進部隊，名曰「到解放軍這所毛澤東思想大學校去接受教育」，當然受到老幹部們的擁護和支持，而社會上誰又能對「進毛澤東思想大學校」有意見？老幹部的孩子們參軍入伍，讓部隊把他們管起來，叫做「子承父業，理所當然」。

一九六七年三月，南京軍區從軍隊幹部子弟中招收了一批裝甲兵，我昔日的同班同學王大章也應徵入伍，到南京郊區湯山的裝甲兵部隊學開坦克。衛國的許多朋友也都當兵去了，他一下子沒有了玩伴，形單影隻，悶悶不樂。那時，全國幾千萬六十六、六十七、六十八屆的初高中學生（俗稱「老三屆」），都成了無業遊民，不能升學，又無工作，成為世界上最龐大的一支失業大軍，誰也不知等待他們的會是怎樣的命運，前途渺茫，參軍便成為年輕人夢寐以求的事。一旦參了軍，不僅衣食不愁，每月還有津貼，即便將來復員，城市兵也由國家包分配。可以說，只要當了兵，就進了保險箱。

衛國天天跟我說，他要當兵。可是當年的內部徵兵，收的是軍隊幹部子女，我們不在此列。想找父母的老戰友幫忙吧，我們認識的人，都是地方幹部，不少已被打成了「走資派」。暫時沒有被打倒的，也都是「泥菩薩過河，自身難保」，隨時都有被打倒的可能，自顧不暇。怎麼辦呢？這時候我想起了衛國的好朋友，寧海中學的劉利民，他父親是炮兵司令部政治部主任，所以他得以到湯山當上了裝甲兵。我便對衛國說：「我們去湯山找找劉利民吧，問問他通過怎樣的渠道可以當上兵。」衛國立即表示同意，於是第二天一大早，我倆在漢府街登上了開往湯山鎮的長途汽車。為了證明我們的身份，我還特地帶上了父母的烈士證書。到了湯山，我們向人打聽坦克團在哪兒，卻沒有人知道，只有一個當兵的說，不在鎮上，在東面。我們就出了鎮往東走，見到穿軍裝的就打聽。他們全都伸手往東一指說：「在那邊。」我們就這樣一路打聽，一直走到天黑，至少走了有二十多里路，又累又餓，終於找到了坦克團。

在坦克團的接待室裡，我們見到了解放軍新戰士劉利民，陪他來的還有幾位利民的朋友，也是新兵。他明白了我們的來意後，說：「我是我爸送來的，你們這種情況我還真不知道怎麼辦呢。」我聽了，立馬眼淚汪汪，問道：「真的就一點辦法也沒有了嗎？」這時，利民的一位朋友說：「你們可以直接去找蕭永銀司令員要求當兵，蕭司令從小是孤兒，十二歲就參加了紅軍，他最同情孤兒。還有，他見不得女孩子的眼淚，心特軟。如果他不答應，你們就哭，一哭准成。」利民說：「對對對，這是個好辦法，可以試一試。」我們聽了他們的話，心中又燃起了希望。

利民隨後對接待室的負責人說：「他倆是我爸爸老戰友的孩子，請你們安排一下住宿，他們明天就回去。」利民是穿兩個兜的戰士，而那位解放軍是穿四個兜的軍官，卻對利民的「指示」連聲說：「好好好。」看來，部隊的幹部們，都對這批剛入伍的幹部子弟誠惶誠恐，不敢得罪。那位軍官帶我們去食堂吃了飯，又帶我們去了招待所。他對招待所的人說：「這兩位是一位首長的孩子，你們安排一下。」我們被安排在一間有兩張床的整潔的客房裡，招待所的解放軍還給我們送來了兩瓶開水，對我們十分客氣，我們住宿吃飯全都免費。

熄燈就寢後，我卻怎麼也睡不著，想著明天見了蕭司令該怎麼說。想著想著，我乾脆起床開燈，用招待所的信箋，給蕭司令寫了一封充滿革命感情的信，將我們父母的情況寫上，又將衛國參軍的願望寫上，然後將信和父母的烈士證書，一起放進一個信封，這才稍微踏實一點，躺下睡了。

第二天上午我們乘坐長途汽車返回南京，立刻去了北京西路五十七號，按了門鈴。一名警衛戰士開了門，聽說是找蕭司令，便說：「他去司令部上班了，中午回來。」我遞給他昨晚寫好的信，說：「請你將這封信交給蕭司令，謝謝你。」

吃完中飯，我和衛國再次去了北京西路五十七號，來開門的還是那位小戰士。他讓我們進了院，叫我們等一會兒，說蕭司令正在午睡呢。大約下午一點半，矮小精幹的蕭永銀司令員出來了。他見了我們，便往屋前的石臺階上一坐，手裡舉著我寫的信，和藹地問道：「這封信是誰寫的啊？」我回答道：「是我寫的。」心裡卻在準備好，只要蕭司令說不行，我馬上就哭。蕭司令說：「可惜我這兒不招女兵啊。」我忙說：「您招我弟弟就行。」他又看了看衛國，對他說：「你有一個好姐姐，知道嗎？」然後，他從公事包裡取出一張紙，掏出筆在上面寫了一行字，寫好後，將這張紙和父母的烈士證書一併交給我說：「你們到瞻園路我的司令部來吧。」說著便起身上了他的黑色轎車，開走了，辦事絕對雷厲風行，我的眼淚沒有派上用場。

蕭司令在那張紙上寫的是：「將高衛國收下。蕭永銀（簽字）」。我和衛國一刻也不耽擱，馬上到鼓樓乘坐三十一路電車到健康路終點站，下車後很快就找到了裝甲兵司令部。我正打算給站崗的哨兵看蕭司令的字條，一位參謀已經出來向我們招手：「進來吧，蕭司令員都跟我說了。」我們跟他進了辦公室，他拿出一張徵兵政審表讓我們填寫。我接過表，幫衛國填上姓名，年齡，性別，家庭出生，父母情況，政治態度，身體狀況等，填好後交給那位參謀，衛國當天下午就被送到小行的裝甲兵修理營，穿上了嶄新的綠軍裝，戴上了鮮紅的領章帽徽，成為了一名解放軍戰士。

那天是：一九六七年四月六日。

第十章　五朵金花

衛國參了軍，前途有了保證，家裡最小的孩子有了著落，心頭一樁大事放下了，我感到十分欣慰和踏實。整個一九六七年，我的主要活動，還是和本惠在一起。

一九六七年夏，格外炎熱，連續兩個多星期，氣溫高達攝氏四十度。七月二十日，武漢的一個叫「百萬雄師」的群眾組織，同中央文革派去調解兩派衝突的王力發生了衝突。原因是王力大耍政客手腕，支一派打一派。憤怒的「百萬雄師」，在與王力的惡劣行徑作鬥爭時，盛怒之下打傷了他。這件事被江青等人打成了反革命事件，並在報紙廣播大肆宣傳，使全國的派性爭端迅速升級。七月二十二日，江青在接見河南「二七公社」代表時說：「有一個革命群眾組織提出了這樣的口號，叫做『文攻武衛』，這個口號是對的！」第二天，「文攻武衛」的口號在上海《文匯報》上公開發表，全國各地立即響應，紛紛成立了所謂「文攻武衛」組織。對立的群眾組織之間，互相視作生死對抗的仇敵，以對待敵人的手段對待對方，無所不用其極，各地武鬥此起彼伏。

火上加油的是，毛澤東在文革初期發表的一段話，此時被譜寫成「語錄歌」，成天在高音喇叭中播放：「馬克思主義的道理千頭萬緒，歸根到底就是一句話，造反有理！」在這個「造反有理」的最高指示蠱惑下，全國造反派組織之間的武鬥愈演愈烈，並以革命的名義，大肆進行打砸搶。這時毛澤東視察了大江南北，微微一笑說：「全國形勢一片大好，不是小好，亂是亂了敵人！」致使中國陷入更大的混亂。

南京的兩大派組織也同樣是每天鬥得你死我活。在極其混亂的局面之下，一幫地痞流氓趁亂而起，糾集了社會上的三教九流殘渣餘孽，在南京成立了一個叫「五湖四海」的組織，今天洗劫一個百貨商店，明天搶砸一個國家倉庫，橫行霸道，無惡不作。毫無節制的文革，為這夥強盜提供了肆虐的土壤。他們作惡多端，使得工廠停工，交通中斷，商店斷貨，人民生活毫無安全保障，南京市的老百姓們人心惶惶。好多老年人說，他們經歷過日本鬼子侵略時的跑反，也經歷過國民黨土匪欺負的苦難，但都沒有文革中的「五湖四海」這麼可怕，這麼緊張。此時，十幾歲的紅衛兵們已經退出歷史舞臺，取而代之的全是壯年成人組成的造反派在社會上大顯身手，他們人數眾多，破壞力極大，我每天外出都感到時時處在危險之中。

在這種極不安定的形勢下，本惠對我說：「去軍事學院躲一陣吧，我的老舅（即最小的舅舅）在那兒當保健軍醫，舅母帶著孩子住在蘇州娘家，除了節假日，平時不來南京。老舅在馬標有套住房，正好空著，你可以去住，那兒比較安全。」於是，我就跟著本惠去了軍事學院。

我們從小營走進軍事學院的西大門，滿目都是一排排密密麻麻層層疊疊的大字報，炮轟院長王平和副院長張藩的最多，間或也可看見「向張震副院長進一言」之類。在小賣部的牆上，我隱隱約約看見了一條褪了色的模模糊糊的紅色大標語：「撼山易，撼紅衛兵難！」想必是在運動初期，軍院的紅衛兵們刷上去的。面對這樣的標語，我與本惠相對苦笑了一下。本惠搖了搖頭說：「紅衛兵小將們早已是催枯拉朽，一盤散沙，毛主席都不理他們了，誰還會理他們？初期的革命闖將，不過曇花一現罷了，無須誰來撼動就全垮了。如今是：蕭瑟秋風今又是，換了人間。」本惠的話，使我感到，毛澤東在兩個半月內，八次接見紅衛兵，僅僅是一種謀略罷了。

在馬標的一棟樓房裡，我見到了本惠的老舅，他還不到四十歲，風度儒雅，特別平易近人。本惠向他說明了來意，他二話沒說，就將家門的鑰匙給了我，我當晚就在那兒住下了。半夜裡，我被屋外一陣吵鬧聲驚醒。我聽到大批人流跑動聲和喊叫聲，一隊人跑過，又一隊人追上來，邊跑邊喊著什麼。突然，我聽到了炒豆般清脆炸耳的槍聲！有人大喊：「打死人了！打死人了！」跟著又是一陣嘈雜繁亂的腳步聲和吵嚷聲，折騰了足有一個多小時，才安靜下來。我在恐慌中挨到了天亮。

第二天上午，我去小賣部買食品，看到在小賣部門前的馬路上，躺著一具男屍，只穿著汗衫褲衩，屍體兩邊放著大冰塊。這時，大喇叭裡響起了一位女生的聲音，用沉痛的語調說：「成千上萬的先烈，在我們的前頭英勇地犧牲了……讓我們踏著他們血跡前進吧。」隨後，響起了哀樂。哀樂一停，便是慷慨激昂的口號聲：「還我戰友！血債要用血來還！」還有什麼「徹底打倒×××！」「徹底清算×××！」「為我犧牲的戰友報仇！」等等，不一而足。我驚愕，他們竟把這位被打死的造反派當成革命烈士了！我問小賣部的售貨員，這是怎麼回事。她告訴我，昨晚被打死的人是無錫八二七的，他們來南京，與南京八二七聯合起來同紅總決戰。昨晚不知發生了什麼衝突，竟使用了槍支。目前軍院裡，住滿了各地來的造反派，每天上大街遊行，搞不清楚他們是怎麼回事，最好躲開他們。我聽後，吐了一下舌頭，汗毛豎豎的，覺得軍院也不安全，還是少外出為好。

我在小賣部買了掛麵，出來後往老舅家走，邊走邊流覽大字報。恍惚中，似乎聽到有人在叫我，回頭一看，原來是我在和平路小學讀書時的同班同學小方。她不由分說拽著我說：「走，上我家去！」見到小學同學，我很高興，身不由己地就跟著她走了。我的最大弱點就是很容易被「友誼」所忽悠，誰能想到，不僅我被她忽悠去了，後來本惠也被她忽悠去了呢。

小方的家也在馬標，她的父親原本是軍事學院的化學教員，這時候已被軍院的造反派以「混進軍隊的階級異己份子」開除軍籍，遣返浙江老家監督勞動了，小方的母親也跟隨他回老家了，家裡只剩下了小方和她的四個年幼的妹妹。小時候，我班同學看了電影「五朵金花」後，就稱呼她家五姐妹為「五朵金花」了。小方五姐妹在父母被趕出軍院後，之所以還能留在南京，多虧了她們的姑丈張彤。張彤那時是中華人民共和國駐埃及大使，在軍內很有些過硬的關係，他通過關係給南京軍院的造反派頭頭打了招呼，所以，五朵金花得以保住南京市戶口，留了下來，而且還住在原先分給其父的一大套師級幹部水準的住房裡。五朵金花靠著姑父姑媽每月的接濟，生活得挺好。

小方與我同年，健康漂亮，長著一雙水汪汪的大眼睛，又聰明又能幹，伶牙利齒，跟誰都能很快地打成一片。我跟著她上了馬標十一號樓的三樓，進了她家，立即受到另外四朵小金花的熱烈歡迎。我小時候常去她家玩，有的週末晚上，還在軍院大操場跟她們一起看露天電影，所以她們從小就跟我比較熟。此次重逢，自然興奮無比。小方做得一手好飯菜，一進廚房，她就如魚得水，菜刀案板使用起來得心應手。在小方做飯時，我便與四朵小金花天南海北地侃起來，什麼樣的小道消息，見聞軼事，都互相通報。在講到南京的「五湖四海」時，小金花們一致驚呼，那可是一夥兇神惡煞的強盜，切切務必遠離他們，在時局如此混亂之時，最好每天就待在家裡，哪兒也別去。談興正濃，小方喊吃飯，我們全都「嗷」的一聲一躍而起，進了她家餐廳。只見各種菜肴已擺滿一桌，透著誘人的香味。小方說，這是特地為歡迎我而做的。我連說「謝謝」，坐下來與五朵金花一塊兒享用豐盛可口的午餐。

五朵金花對於父母被遣返原籍，十分憤慨，可是又很無奈。看到有的人家遭遇比她們還差，所以又覺得比上不足比下有餘，能樂觀對待。午飯後，小方加入我們一起侃大山，隨後又打撲克，盡興玩耍，一切煩惱拋之腦後，管它春夏與秋冬。玩著玩著，看看天色將晚，我起身告辭。小方問我現在住哪兒，我說住老舅家，就在馬標。她說：「你一個人住有啥意思，不如住我家算了，大家還熱鬧些。」我說：「那好，我回去打聲招呼，就來。」

夏日天長，從小方家出來已近下午六點，夕陽下，天還很亮。我便騎車回公教一村的家去取些換洗衣服，安東剛好也回來拿衣服，我們在家就聊上了。我告訴她，我打算在軍院馬標住上一陣，躲避外面動亂，有什麼事就到小方家找我。她一聽馬上說：「真是太巧了，培根現在也住在軍院呢。你還不知道吧，她是武漢水利學院造反派的頭頭，與『百萬雄師』是對立的。『百萬雄師』一倒，他們就揪出了黑後臺陳再道。這會兒她可神氣了，率領手下一千多人，跑到南京揪許世友來了，就住在炮標。」

從談話中得知，原來，因王史唯的父母均遭揪鬥，家也被抄了，褓母也辭了，全家人都搬走了，安東也只能搬出來。她在離開王史唯家之前，還請南京大學一位同情老幹部的大學生幫忙，把王家部分物品用板車運至南京東郊衛崗的炮兵工程學院保存起來。在炮工，安東結識了年輕英俊的帥哥大學生詹品澄，兩人很快陷入熱戀。平時安東就住在炮工的學生宿舍，白天跟著小詹活動。那天，小詹所在的炮工造反派組織去軍事學院「交流革命經驗」，安東也跟著去了，沒想到在那兒竟碰到了從武漢來南京造反的大姐培根。安東說，這麼熱的天，他們還天天上大街遊行，個個曬得漆黑，每天滿身大汗地回來，就胡亂用冷水沖一下，可潑辣了。

我和安東拿了各自的換洗衣服，一起離開家。天色已黑，華燈初上。兩人騎著自行車至馬標大門處分手，她去炮工，我去老舅家。進門後見本惠與老舅已經下好了麵條，正等著我呢。吃完麵條，我向老舅告辭，帶本惠去小方家，讓他認認門，以便今後聯繫方便。因同在一個大院，老舅家離小方家很近，幾分鐘就走到了。五朵金花正圍著飯桌，在燈光下吆喝著甩撲克牌：「調大王！」「甩兩張！」「槍斃了！」「剃光頭！」四十分升級正帶勁兒，見我帶了個異性朋友來，都樂得合不攏嘴，還衝我做鬼臉。

小方帶頭嚷嚷著說快老實交代，兩人什麼關係。我本來就不想對她們隱瞞我的戀情，只要不讓南師附中的同學知道就行。那會兒，早戀在學校是見不得人的醜事，但是對五朵金花這樣的鐵桿死黨，就另當別論了。我落落大方地將本惠介紹給她們，她們又是讓座又是倒茶，就像久別重逢的老朋友。那時我做夢也不會想到，本惠後來竟成了小方的男朋友。

我將大姐培根的情況說了，小方說：「明天你去炮標找你大姐，叫她來我家吃晚飯，洗熱水澡，別那麼苦自己。」

第二天上午，小方煮好一大鍋綠豆湯，放了好多糖，擱在後陽臺的陰涼處涼著，然後用能夠立竿見影的鮮酵母和了麵，我倆一起動手，做了好多蔥油花捲，蒸好。中午十二點，一切準備停當，小方對我說：「上大街遊行的造反派中午都回來休息，你快去吧，你姐肯定在。多拿些花捲去，也給你姐的室友吃點。」

此時烈日當空，氣溫至少高達攝氏四十度。我端著一大鍋涼好了的綠豆湯，拎上一包蔥油花捲，頂著大太陽，往炮標走去。才走十來分鐘，已是大汗淋漓，手中端著的綠豆湯越來越沉重，我的手臂酸得快要抬不起來了，不得不在途中幾次將鍋放在地上，停下來歇息一會兒再走。到炮標一打聽，武漢水利學院的造反派個個知道培根，聽說我是她妹妹，都熱情地告訴我培根的住處。我沒費什麼周折，就找到了培根。炮標的每間大教室裡，都混住著幾十名男男女女的造反派，滿地睡的都是人。而培根卻不與男性混住，她同三名女生住在一間小辦公室裡，還掛有蚊帳，畢竟是領導嘛。

我見到培根時，她正和室友在談著什麼。見到我，很有些驚訝，沒想到我會去那兒。我顧不得擦一把滿臉的汗水，笑嘻嘻地將綠豆湯和花捲放在她面前的桌上，說：「是安東告訴我你在這兒的，天氣太熱，你們幹革命太辛苦，所以特地為你做了消暑的綠豆湯和花捲，你快吃吧。」我又轉向她的室友：「你們也嚐嚐。」說著，一手拿一隻花捲遞給她們。

不料，培根卻沉下臉來，大喝一聲：「我們不吃你的東西！大家都在幹革命，你卻在學做家庭婦女！把你的湯和花捲拿走！」我驚呆了，被她的當頭棒喝打暈了，不知所措，楞在那裡沒有動。培根的室友看不過去，勸她說：「喲，她是你妹妹呀，你怎麼這麼待她呢？這麼熱的天，她好意送吃的喝的給你，你發什麼火嘛。」聽了室友的話，培根的臉色稍有緩和。於是我又怯怯地說：「我的同學小方請你去吃晚飯，飯後洗個熱水澡。」豈知我這話又使她冒火，只見她怒目圓睜，充滿鄙視地說：「我可不像你那麼嬌氣！毛主席年輕時還天天洗冷水澡呢，我們洗冷水很舒服。像你這麼不革命的人，如今能見到幾個？還跑我這兒來丟人現眼，還不快走！」

我默默地端起了湯鍋，拎著花捲，萬分委屈地離開了我的大姐，慢慢地向馬標走去。一路上，淚水和著汗水，不斷流淌到我的嘴裡，鹹鹹的腥腥的，我的心深受傷害。我從來沒有做過對不起她的事，不明白她為什麼對我如此怨恨。在我的一生中，在我的所有親友中，像她這麼不近人情的人，沒有見過第二個。

見我將食品原封不動地端了回來，滿臉淚水，五朵金花很詫異，忙問：「怎麼，你沒找到你姐嗎？」我把經過一說，她們全都驚呆了，半晌說不出話來。過了一會兒小方先開口：「你大姐怎麼這副德性啊？幹革命幹得手足之情都不要了呀？天下少有！」我抹了抹眼淚說：「算了，別再提她了。她不吃，我們吃，她不玩，我們玩。」於是，大家坐下喝綠豆湯吃花捲。吃好喝好後稍事休息，便又甩起了撲克牌。四十分升級不過癮，就把兩副牌合在一起，打八十分升級。打撲克時，一切酸甜苦辣全部忘卻，那真叫一個痛快！打完了兩圈升級，又打「提壺」，也就是原先的「爭上游」，但比「爭上游」更進了一步。不僅有四張的「炸彈」，而且有更厲害的五張以上的「同花順子」，可以滅掉「炸彈」。如果手氣特別好，摸到一手從小二子到A的十三張一條龍，則是天下無敵的最重鎊「炸彈」了，提一壺可一錘定音，絕對成功。

玩牌時，我通常和老三打對家，小方和老二打對家，兩朵最小的金花只在一旁觀戰，或為我們倒開水搧扇子，和諧小社會，全體同樂。家裡沒有大人在，我們毫無顧忌。真是山中無老虎，猴子稱霸王。本惠有時來訪，卻從不玩牌。看到我們玩牌時的高度興致，大叫大嚷的，把家鬧得底兒朝天，他總愛說風涼話：「看看你們瘋的，幸虧都生在新社會，要是在舊社會，女孩子在男人面前大聲說話，沒有規矩，不把你們的腿打斷才怪呢。人說三個女人一台戲，你們可倒好，六個女人，兩台戲一起唱。」每當此時，小方就伸出拳頭捶他：「此地男賓不宜，是女性的天下，你若搗亂，當心你的皮！」那眼神裡，舉手投足間，都透著嬌嗔，充滿了對本惠的愛意，而我竟傻呼呼的從不在意，未加防範，讓小方神不知鬼不覺地挖了我的牆角，還渾然不知。

一次，小方問我：「你知不知道撲克牌是誰發明的？」這個問題可真把我問住了，我只知是從外國傳入中國的，並不知是哪個發明的。小方說：「發明撲克牌的人應該榮獲諾貝爾大獎，因為他的發明，讓全世界人民快樂無比，沒有哪種娛樂能比撲克牌更為普及的了。」我說：「對啊，為什麼沒有設立諾貝爾娛樂獎呢？也許，發明撲克牌的時候，諾貝爾還沒出生吧？如果追加一個獎給它，應該歸在哪一類獎項裡呢？」小方答不上來，便說：「管它歸於哪一類呢，反正它深受民眾喜愛，這點不可否認。」小方說的沒有錯，撲克牌的確是我們在文革混亂年月裡的一大精神享受，使我們遠離喧囂的社會，躲進小樓，擺脫一切政治的污泥濁水，求得了心情的寧靜。

好多年後，我嫁給了英國人海瑞（Harry）。他第一次來到南京我家時，我就教會了他玩「提壺」，他這才知道，中國人的玩法很新穎，富於創造性，撲克牌裡居然會有「炸彈」！海瑞說，法國人發明了撲克牌，英國人發明了乒乓球，但最終都成為中國人的手下敗將。中國人的聰明才智舉世聞名，要不是中國人老愛自相殘殺窩裡鬥，中國早就成為世界最強國了。海瑞對中國五千年的燦爛文化敬佩得五體投地，但對共產黨政治嗤之以鼻。中國人裡頭，他最讚賞的人是孫中山。我告訴他，其實有很多中國人，與他也是心有靈犀，所見略同。

我在軍院居住的日子裡，安東有時也帶小詹來玩。那時外面的生活枯燥乏味，老電影幾乎都被打成「毒草」而禁演，老歌幾乎都被打成「封資修」產品而禁唱，社會上一片血雨腥風，全面內戰，各單位都可隨意抓人，私設公堂，刑訊逼供，中國本來就很薄弱的民主與法制，此時已經蕩然無存。只有在小方家裡關起門來，我們還能有一小片屬於自己的自由的天空。

小詹是天津人，很會做北方麵食。所以安東和小詹來玩時，我們就包餃子吃。從談話中，我們瞭解到，小詹從小也是孤兒，五歲時就父母雙亡，他是靠大哥大姐撫養成人的。由於兩人都缺少父母疼愛，安東與他同病相憐，所以感情甚篤。小詹生性靦腆，不像安東那樣快人快語，我們揣摩著，他倆戀愛，八成是安東主動發起進攻的，便向她盤問。安東也毫不掩飾，坦然地向我們講述了他倆相好的經過。

原來，安東對小詹是一見鍾情。首先是被他英俊漂亮的外表所吸引，後來又被他的處事穩重所折服，就喜歡他了，每天去找他聊天。小詹也挺熱情地接待安東，可就是什麼也不向安東表示。安東不願拖泥帶水慢慢來，她喜歡麻利爽快。於是有一天，她來到小詹宿舍，把他叫了出來。小詹跟著安東，走到炮工大院一處僻靜之所，安東往他手裡塞了一張小紙條，然後走開幾步站住了。

安東給小詹的紙條上寫著：「我希望成為你的女朋友，給你十分鐘考慮，我就在前面樹蔭下等你的答覆。」小詹看了紙條，臉漲得通紅，加上天氣炎熱，他緊張得汗水一個勁兒從頭上往下淌。小詹還沒有細想過自己的終身大事，現在安東要他十分鐘之內必須作出決定，未免也太快了。眼看十分鐘就要到了，小詹抬頭望瞭望幾步之外的安東，安東正死盯著他看呢。他更加心慌意亂，緊張得大氣都不敢出，想再仔細考慮一下吧，又怕錯失良機。這時安東對著他舉起了手錶，意思是：「時間已到。」小詹便鬼使神差般地對安東點了點頭。他這一點頭，在安東看來，等於他倆簽下了生死合同，確定為夫妻關係了。

安東講完經過，開心地哈哈大笑，說：「可惜，你們沒有看見他當時的窘樣！」我們被安東毫無掩飾的幸福所感染，也一起大笑不止，弄得小詹有些不好意思，躲進廚房炒菜去了。安東很幸運，小詹是把做飯好手，他們婚後一起生活的二十多年裡，安東基本沒做過飯。文革初期，安東和我都在談情說愛，認為自己有了可靠的歸屬，在一起玩耍時，心情自然都很舒暢。在全國一片混亂到處武鬥的一九六七年，我和安東在各自快樂的小天地裡，逍遙自在地過著幸福的小日子，不知不覺中迎來了一九六八年。

此時中國的政治形勢是，毛澤東的政敵已經基本上被一網打盡了，可是全國卻呈現出四分五裂的混亂狀態。為了穩定「文化大革命」所造成的既定格局，毛號召實現「革命大聯合」。毛挑起的全國派性武鬥，在持續了一年死傷無數以後，他說：「兩派都是革命群眾組織，在工人階級內部沒有根本的利害衝突。」一九六八年初，各省市自治區逐步建立起由不同派別共同組成的老中青三結合的各級革命委員會。然而派性難以馬上消除，各派都自稱為「真正的無產階級革命派」，互不買帳。所以勉強成立起來的各級革委會，大抵只是形式上的結合，實際上則或是一派掌權壓制別派，則或是兩派分權互相掣肘，爭權奪利的紛爭更趨複雜，內部矛盾繁多。但是，儘管建立的是畸形的效率低下的政治機構，總比無政府狀態的天下大亂是一個進步。

一九六八年三月二十三日，江蘇省暨南京市革命委員會成立大會，在鼓樓廣場隆重舉行。南京軍區司令員許世友，被黨中央任命為省革委會主任，文革初期被打倒並被關進「牛棚」的彭沖，此時獲得解放，被任命為省革委會副主任。我和五朵金花在家收聽了電臺廣播，得知彭沖重新出來工作，擔任要職，感到十分高興。

我們天真地想，一切恐怕都要逐步走上正規，恢復正常了。那麼，我們幾千萬老三屆失業青年，在社會上已晃蕩了兩年，恐怕也會很快得到安排了吧？豈知，我們聽到的卻是毛的最高指示：「知識青年到農村去，接受貧下中農再教育，很有必要。」我和小方聽了，當時就暈得臉色慘白。本惠感歎了又感歎：「毛主席可真有辦法，世界各國都頭疼的失業問題，他大手一揮，一刀切，就全解決了。真有辦法！」

我實在不甘心，難道就這樣束手待斃了嗎？得趕快想辦法，逃避上山下鄉。最好的辦法就是和衛國一樣，參軍入伍。這年三月，南師附中一大批男生都當兵走了，我們班也走了好幾個，都是幹部子弟，他們父母健在，自然好辦。可是我能找誰呢？我想到了彭沖，決定找他試試。

我聽說省革委會在ＡＢ大樓辦公，就在四月上旬的一個陽光明媚的日子，徑直去了北京西路上的ＡＢ大樓。ＡＢ大樓門口站崗的解放軍戰士攔住我不讓進，我告訴他我找彭沖有事，他認識我。但哨兵不信，就是不放行，也不讓我用門房的電話。情急之下，我想起在北京時，延文曾冒充中央文革唬住了頤和園看門人，便也使出這招，裝做是哪位大官的女兒的樣子，傲氣十足地對站崗的哨兵說：「彭沖是我爸爸媽媽的老戰友，爸爸媽媽叫我來找他的。你若不信，我寫張紙條，你讓人送進去給彭沖，他肯定出來見我。」說著，我到門房要了紙和筆，寫道：「尊敬的彭沖叔叔，我是高藝林同志的女兒，我想見您。」寫好後，我交給哨兵，這時他對我的表情已是誠惶誠恐了。他立即打電話叫裡面的人來取我的紙條，要來人以最快的速度交給彭沖，還對他說：

「可能有重要的情況，快點去，別耽誤了。」我裝出一副嚴肅認真的樣子，心裡卻在暗暗發笑，同時我也有些擔心，吃不准彭沖是否會接見我。

其實，我的擔心是多餘的。我等了還不到五分鐘，就看見彭沖從ＡＢ大樓主樓走了出來。他一邊向大門口走，一邊向我招手，示意讓我進去。這時候的哨兵對我已是滿臉笑容了，馬上對我敬個禮，請我進去。我便也很有禮貌地對哨兵笑了笑，迎著出來接我的彭沖，走了過去。只見彭沖手上拿著的，正是我剛才寫的紙條。

彭沖領著我進了ＡＢ大樓的會客廳，和藹地招呼我坐下，還請服務員為我泡了茶水端過來放在面前的茶几上。他首先詢問了我們姐弟這幾年的生活和學習情況，我如實作了回答，然後對他說，我想參軍，請他幫助。他略作沉思後說：「我跟南京軍分區的趙司令員關係很好，見到他時，我對他說說你想參軍的事，看他那兒收不收女兵。有了消息後怎麼通知你呢？」他一點兒都沒有打官腔，也沒有找藉口推辭，令我感動。我說：「有消息可寫信到南師附中通知我。」他說：「那好，等有機會見到趙司令，我就對他說。」然後站起身說道：「我很忙，不能久談。今後你有事還可以隨時來找我的。」我立即起身，向他道別。本沒有想過要他送的，誰知他一直陪我走到院大門哨兵站崗處，才向我揮揮手，轉身進去。像這樣沒有架子，平易近人的大官，在當今的中國已經很少見了。

離開ＡＢ大樓回到軍事學院，我心情很輕鬆愉快，認為我參軍的事很有希望了。可是本惠卻說：「別高興得太早，南京軍分區權利有限，要參軍的女孩恐怕太多，萬一雇不上你，怎麼辦呢？我看你還得多找些門路，一條不通，還有一條才行。」我覺得他的話言之有理，在我沒有真正穿上軍裝戴上領章帽徽之前，都不能高枕無憂太篤定了。「那我該再找誰呢？」我自言自語地說著，陷入苦思瞑想。本惠說：「若是許世友同意收你，那就篤定了。」

「許世友？」我茅塞頓開，因為我想起自己如何幫助衛國當兵的情景來。於是我坐下來，給許世友司令員寫了一封信，除了介紹了父母的情況並要求參軍外，我還加上了這麼一句話：「我的情況，您可以從彭沖同志處瞭解。」信寫好後，我騎上自行車，飛也似地向山西路人和街十一號許司令員的住處奔去，按響了他家的門鈴。和上次去找蕭司令時一樣，一位警衛戰士來開了門。我將信交給他，對他說：「請你務必將此信交給許司令員。」他回答：「一定錯不了。」

我想，許司令員軍隊地方都得管，那麼忙，還得調查一下我，怎麼也得等個十天半個月吧，不會那麼快的，所以信交出去後，我一個多星期都沒去學校看通知，還是整天在五朵金花家裡玩「提壺」和「升級」。大約過了八九日，我騎車去南師附中，想看看我的運氣如何，一路上我心裡仍然沒有底。哪知一進校門，傳達室老師就說：「哎呀，高安華，你終於來了。軍區動員部的一個參謀上星期到學校來找了你三次，你都不在，問誰，誰都不知道你在哪裡。你看看黑板上寫的通知吧，叫你立即去薩家灣軍區動員部呢。」我見傳達室旁的黑板上，果然用粉筆大大地寫著給我的通知，馬上騎車去了軍區動員部。一位參謀接待了我，我才知道，許司令和蕭司令一樣雷厲風行，乾脆俐落。他在接到我信的當天，就指示軍區動員部收我當兵了。而我還在忐忑不安地傻等，我太不瞭解這些戎馬一生的老軍人了，他們太可愛了！

那位參謀讓我填寫了一張政審表，我填好後，他就交給我一張「入伍通知書」並對我說：「所有新徵女兵都由軍區後勤部安排，你明天上午帶上這份通知書，去新街口後勤司令部報到吧。今天下午我會跟他們聯繫，將你的情況告訴他們。」我將預示著自己光明前途的「入伍通知書」小心翼翼地折疊好，放進上衣口袋，努力按捺住內心的激動，很沉穩地跟那位參謀告了別，離開了動員部。回軍院的路上，我心花怒放，放聲唱起了歌。老歌、新歌、革命的歌、抒情的歌，凡是我會的，唱了個遍。那天的天空顯得特別的藍，那天的太陽顯得特別的和煦溫暖。

許世友收我當兵的消息，我第一個告訴了安東。她說：「我也要當兵。」於是她如法炮製，也給許世友寫了一封要求當兵的信，而且也立即獲得批准。可是沒想到，臨走時安東卻放棄了參軍入伍的大好前途，她捨不得離開小詹。在人人都把個人前途放在第一位的年代，安東卻把愛情看得重於一切，為了追求愛情，捨得拋棄一切，直至拋棄自己的生命。她始終認為，一個人的感情寄託，才是一生中最重要的事。為了忠於對小詹的那份情和愛，她什麼苦都不怕。她說，哪怕走到天涯海角，她也願意跟著小詹，無怨無悔。她最終真的為了愛情，付出了生命的代價。

本惠是第二個知道我要當兵的人。那天下午，在老舅家，我最後一次為他洗了幾件衣服。他有點難過，畢竟，我倆是初戀，是有感情的。我一如既往地將他視為我的男友，壓根兒沒有想過下次再回南京，他已不再是我的戀人。我以為從此以後我會走一條平坦的康莊大道，不知道這一生中還會受到一次又一次的打擊和挫折。

一九六八年四月十九日上午，我隻身一人到軍區後勤司令部報到。我向大門口站崗的哨兵出示了我的「入伍通知書」，他就打電話通知參謀部來人接我。不一會兒，一位參謀笑容可掬地出來了，他已經接到軍區動員部的通知了，對我特別和氣，直接帶我去了被服倉庫，幫我領出兩套新軍裝，還有被子、挎包、水壺、毛巾、內衣褲、解放鞋，一應俱全。然後，他親自幫我安上紅帽徽和紅領章，還幫我打好背包，讓我在倉庫裡就換上了軍裝，再送我到大門口，前後不到半個小時，哨兵還沒有換崗。那個哨兵一看見我就咧開嘴笑了，因為他看見我穿著學生裝走進大門，出來時卻已是一名解放軍戰士了。

那位參謀叫來了一輛三輪車，吩咐車夫把我拉到光華門石門檻的新兵集訓隊，並且付了車費，才揮揮手，讓三輪車載著我離去，奔向我的遠大前程。

第十一章　當兵

我坐在三輪車上，挺直了腰板，感覺精神特別好，滿眼看到的都是美好。春天的南京特別美麗、燦爛的陽光照得我心頭暖洋洋的。路旁的行人都向我投來好奇而友好的目光，也許他們在羨慕我這個小女兵吧。三輪車緩緩地走過大行宮，禦道街，折向通往光華門的寬闊大道。我仰望藍天，覺得父母的在天之靈在對我微笑。我內心對他們充滿感激，因為我知道，我是靠著他們那「革命烈士」的英靈，才逃脫了上山下鄉而當上兵的。

新兵集訓隊設在南京郊區石門檻一處軍營大院裡，大門口有哨兵站崗。我進了大院，找到集訓隊辦公室報了到，這才得知，已有一百多名新入伍的女兵，早我兩天被集體送到這兒了。我們這些女兵組成了一個新兵連，我被分在三排八班。新兵連的班排長，都是從南京軍區總醫院和八一醫院抽調來的女護士擔任，而連長和指導員卻都是男性。據說他倆專門負責帶新兵，已有多年的豐富經驗。不過，他們以前訓練的全都是男兵，這回訓練女兵，在他們還是頭一次。

我們八班共有十名女兵，班長來自八一醫院，她是揚州人，已參軍四年多了。她對我們這批女兵未經體檢就入伍的做法，頗多感慨，頗多微詞。她說，當年她們參軍體檢時，真是嚴之又嚴，百裡挑一好不容易才入伍的。與她一起報名參軍的女孩，大部分都未通過體檢而被刷掉了，只好哭著回家。而我們呢，只要首長點一下頭就全進來了，不公平啊。我們知道她說的是事實，也都不與她爭論，她畢竟是班長啊，訓練結束時還得靠她給評語呢，所以都盡量對她友好。

緊挨著我的鋪位的女兵名叫王小平，是當時成都軍區副司令員王城漢的大女兒，比我大兩歲，老高三的。

我倆在新兵連裡算是大齡青年，她二十一歲，我十九歲，其餘大部分都是十四、五歲的小女孩，初中生。我和王小平很談得來，很快就成了最要好的朋友。小平對我說，南京秩序真好，已經沒有武鬥了，而四川仍然派性嚴重，成都的兩派正打殺得難解難分呢。當時，四川是全國少數幾個還未成立革命委員會的省份之一，也沒有什麼內部徵兵，所以她爸爸就把她送到南京來當兵了。

我們這一百多名女兵，絕大部分是來自蘇州、無錫、鎮江和南京這幾個軍分區以及在寧駐軍各位首長的千金小姐，全部都說標準的普通話。而我們連長是六合縣人，說的是一口六合土話，他把「紅彤彤」說成「渾騰騰」，把「共同敬祝」說成「滾騰敬祝」，常引得我們哄堂大笑。在集訓隊，我們每天要「早請示」和「晚彙報」。「早請示」就是每天早起做的頭一件事，起床後全體集中列隊，由連長帶著連喊三遍「敬祝毛主席萬壽無疆」。「晚彙報」就是每晚睡覺之前做的最後一件事，各班戰士在寢室裡站成一排，由班長帶著連喊三遍「祝林副主席身體永遠健康」。當然，每喊一次，都得舉一次手中的紅寶書——毛主席語錄。

我頭一次參加「早請示」時，其他女兵都已有過兩次經驗了。全體集合時已有不少女兵捂著嘴巴在竊笑，我不明白其中緣故，有些莫名其妙。連長和指導員面對我們站著，軍容風紀十分嚴謹，一絲不苟。連長一臉的虔誠認真，他用洪亮的嗓音喊道：「首先，讓我們滾騰敬祝我們心中最渾最渾的渾太陽毛主席萬壽無疆！」全隊女兵「哄」得一下子笑得彎下了腰，我才恍然大悟她們竊笑的原因。指導員大喊：「嚴肅點！你們都當兵了，還這麼嘻嘻哈哈的，成什麼體統！我帶了那麼多年兵，還沒見過你們這樣的呢。現在，跟我學習一段毛主席語錄。」於是，我們憋住笑，站直了，舉起了毛主席語錄本。指導員高聲喊道：「偉大領袖毛主席教導我們說，加強紀律性，革命無不勝！」我們也一起跟著他大喊一遍，不敢大笑了。

可是，一做完「早請示」回到宿舍，大家卻又笑成一團，一個個學起了江北話，喊著「最渾最渾的渾太陽」，還有「山丹丹開花渾騰騰」，前仰後合，大笑不止。這時候，班長操著揚州話大喝一聲：「哎喲喂，笑成這副腔調呀，不得命了喂！」這下子惹得全體又爆發一陣大笑，好幾個人都倒在床上打滾，直嚷肚子酸死了，個個笑出了眼淚。我班的萬柏友，是個搞笑能手老油子，會學說南京土話，而且她逗我們大笑時，自己卻能一本正經地不笑。她跟在班長後面，用南京方言「訓斥」我們：「小炮子子，彪興得一頭核子！」（此處的「核」念「忽」音，意思是：你們這些挨槍子兒的，不要高興得過了頭），結果又把大夥兒笑翻過去了，我也笑得差點兒叉了氣，跟大家一起直喊「哎喲哎喲，乖乖隆地冬，青菜炒大蔥！」現在回想起來，覺得新兵連的生活真是太有趣了。當我們跟在連長後頭學舌，喊著「最渾最渾的渾太陽」時，誰也沒有想過要上綱上線弄成政治問題，只是用來取樂。但四十多年後的今天，我卻覺得我們當年喊得太對了，毛澤東可不就是全中國最犯渾的一個人嘛。

新兵連每天的生活是：上午在室內練習打背包，或者到室外操練步伐以及基本持槍動作；下午練習步槍瞄準，趴在地上一練就是幾個小時。另外就是政治學習和背誦毛澤東的老三篇「為人民服務」、「紀念白求恩」和「愚公移山」，還要高唱幾遍毛主席語錄歌：「颯爽英姿五尺槍，曙光初照演兵場，中華兒女多奇志，不愛紅裝愛武裝。」

以上這些活動都還不太困難，最不好對付的是緊急集合。這種集合事先從不打招呼，全是突然襲擊，而且多半發生在夜間。連長在寂靜的夜裡吹出的哨音，響亮而悠遠，每回都把我們驚得跳將起來。緊急集合時不許開燈，我們得摸黑穿衣打背包，以最快的速度，到院子裡集中，按照班排順序列隊，然後由連長宣佈哪排哪班得了第一第二第三名。宣佈完畢，通常還要進行急行軍半小時，得走出軍營大門，在田間小路上急走。剛開始時免不了鬧出些笑話，有把衣服穿反的，有穿錯鞋的，有忘記穿襪子的，有漏帶水壺挎包的，等等。行軍途中，有些人的背包還散了架子，一路丟三落四，回來發現東西丟了就哭鼻子。女兵一哭，連長和指導員就都沒轍。不像對男兵，他們可以狠狠訓斥，甚至罵娘，而對我們女兵，這些招數他們都不敢使，全交由各班班長採用勸說和安慰解決問題。緊急集合的第二天，各班清點物品，然後上報丟了多少水壺、茶缸、毛巾等等的數量，由司務長補發。所幸的是，我從沒丟過東西。

女兵們雖然有很多人在家時嬌生慣養，但是大多數是要求上進的。幾次緊急集合下來，就全練出來了。不僅集合速度快，而且背包也打得緊了，一個星期後，就再也沒有人丟東西了。白天，我們時常在院外的柏油馬路上訓練隊形，齊步走正步走。路旁的行人都嘖嘖稱讚，說我們精神飽滿，步伐整齊，訓練有素。連長說，雖然他是頭一次帶女兵，但比起男兵來，他更願意帶女兵，因為女兵有意思。

新兵集訓隊駐地沒有澡堂，所以每逢星期六，隊領導安排我們全體女兵分乘幾輛敞篷大卡車，去軍區總醫院或者八一醫院的病員澡堂洗澡。由於醫院裡的女浴室容量太小，所以我們都進男浴室。我們洗澡時，外面牆上貼有告示，幾點到幾點，男賓止步。醫院的領導考慮得特別周到，每週六浴室開放時，男浴室裡的大池子都換上乾淨的清水，讓我們新兵連的女兵先洗。這種大池子，我是在新兵連裡才見識到的，其他女兵也是頭一回泡這灌滿熱水的大池子，所以相當新奇。當我們第一次一個個脫光了衣服，「撲通撲通」像下餃子似地跳進大池子裡時，簡直快樂得無法形容，大聲嘻笑，還有人高聲唱歌。我們互相搓背，然後大叫：「你的背已經是渾騰騰的一大片了！」全體又大笑，澡堂裡熱鬧非凡。玩興濃時，我們往往忘了時間，班長不得不時時提醒我們抓緊時間洗，因為給我們洗頭洗澡的時間只有一個小時，外面還有很多男兵排著隊等著進來洗澡呢。我們在大池子裡泡舒坦了以後，就爬上來，在蓮蓬頭下沖洗一陣，然後到外屋大長椅上去擦乾身體穿上乾淨衣服，排好隊，由各班班長領著一起出去。走出浴室，果真看到一批男兵整齊地排著隊，安靜地等著進去洗澡。我們都感歎，還是男兵們風格高，乾淨水讓我們先泡，我們泡過的水他們也不嫌，跟著再進去泡。假如是他們先洗先泡，女兵們恐怕沒有一個會跳進大池子的，因為我們會嫌水髒。這大概也是一種男女有別吧。哦，那些迷人的往事！

五一國際勞動節到了，集訓隊的領導格外開恩，放假兩天，讓全體女兵回家看望父母，並向父母彙報自己在新兵連的成績。這是部隊領導給予我們女兵的特殊優待，開創了當兵不到一個月就可回家探親的先河。而同在一個大院的男兵們，卻無此待遇，他們過節只能待在營房裡，連南京城都不許去，只因他們是農村兵。看來，中國社會裡的不平等待遇，時時處處都會有，任何朝代都一樣。

當我身穿軍裝，十分神氣地出現在五朵金花面前時，她們全都驚得「啊」了一聲，然後又都咧嘴大笑：「怪不得這麼多天沒見到你呢，原來當兵去了。事先也不吱一聲，保密工作做得也太好了！」她們都為我高興，同時也很羨慕我的好運氣。小方下廚房做了一桌豐盛的午餐，大家一起坐下，邊吃邊聊。才聊了幾句，小方不笑了，覺得自己前途暗淡，情緒低落。我忙對她說：「去找找你的姑父姑媽吧，興許他們會有辦法的。」小方說：「已經找過了，他們目前有困難。前不久，他們好不容易打通關節，把他們的兩個孩子送進部隊，不便馬上再為我們說話。再說，外交部的造反派還在揪鬥我姑父，他一時也顧不上我們。」我安慰她：「形勢總會慢慢好轉的，你姑父要不了多久肯定會被解放出來的，那時你們就有希望了。」我這一番安慰她們的話還真的說中了。兩年後，五朵金花中的三朵大的就被她們的姑父姑媽送進部隊當了兵，五朵金花的父母也從老家重返南京。兩朵最小的金花因為太小，才上小學，所以一直留在父母身邊。要不然的話，五朵金花會統統被送進部隊的。

我從小方家出來後又去了老舅家，本惠也在那兒過節。他們見到我一身戎裝，非常高興，都說我穿上軍裝特精神，顯得更漂亮了。我到處找不到安東，所以當晚就在老舅家住下。第二天上午，本惠拉著我去軍人攝影社拍了幾張戎裝照，由他負責，過幾天去取回，再寄給我。他後來放大了其中的一張，還上了色彩。其實那時他對我還相當留戀，難以割捨。他在我和小方之間徘徊，舉棋不定。在我當兵離開南京之後，寂寞難耐的本惠，與小方的接觸日益頻繁起來。最終，由於小方有心計，本惠也是日久生情，將她攬在了懷中。而我，直到兩年後才得知事情的真相。我哀歎，男人啊男人！為什麼總守不住愛的誓言？總要被女色誘惑？總愛腳踩兩隻船？我後來聽本華說，他們全家都反對本惠與小方相好，尤其是本華，反對得厲害，他們都喜歡我認可我。然而，對我來說，只能是一桌散了的宴席。我若不當兵走掉，若能在南京分配工作，也許我和本惠能夠締結連理，比翼雙飛。可是在當時的政治形勢下，我不可能分配工作。為逃避下鄉，我只能當兵，我們只能分開。月有陰晴圓缺，人有悲歡離合，此事古難全！

五一節過後，我們繼續接受新兵訓練。幾天以後，我們被大卡車拉到南京步兵學校靶場，進行第一次實彈射擊。我們使用的是國產半自動步槍，每人發了九顆子彈，要求用三種姿勢——臥姿，跪姿和立姿，每種姿勢打三發子彈。女兵中有很多射擊好手，一個叫杜寧生的女兵槍打得太好了，超過連長和指導員，後來被送進軍區射擊隊，在手槍射擊中打破了世界記錄。不少女兵當兵之前，常常跟著她們的首長老爸去靶場射擊，所以這次實彈射擊成績斐然，超過正軌部隊的男兵連隊，大部分人都打了優秀，令連長和指導員對這批首長的千金們刮目相看。而我，九發子彈只打中七發，兩顆子彈打飛了，總成績只有四十八環。但是，連長算我及格，這樣全連就全部在及格以上了。對於我這個近視眼來說，能夠及格，已是非常滿足了。第二次實彈射擊時，我的成績略有進步，雖然仍有兩顆子彈打飛了，但總成績達到五十四環。

一九六八年五月三十一日，新兵訓練結束了，分配名單也下來了。王小平和我都被分到後勤十三分部的第六九五野戰醫院，同我們分在一起的還有其他班排的八名女兵。在我們各奔前程之前，集訓隊開了告別聯歡會。很多女兵都極富表演天賦，上臺跳舞唱歌，水平相當高，有人還能做「倒踢紫金冠」呢，連長和指導員看了直叫好。聯歡會後，我們回到班裡，由於我班十名女兵被分到五個不同的地方，快要分手了，大家捨不得這份戰友情，便一起大哭起來。其他班排也一樣，集訓隊裡一片哭聲。就像我們一起大笑一樣，哭起來也是「嗚嗚」的一條聲，止都止不住，連班長和排長也落淚了。連長和指導員都說，這種場景以前他們帶男兵時從沒見過。他們笑著搖搖頭說：「丫頭片子，當了兵還是丫頭片子，說笑就笑，說哭就哭，臉上像有個晴雨錶似的，剛才還是萬里晴空，現在就下傾盆大雨了。」他們說話時，眼光是慈祥的，充滿了善意。我猜，他們雖然覺得我們這群女孩挺可笑，但肯定認為我們特可愛。

六月一日下午，我們十名分配到浙江省江山縣第六九五野戰醫院的女兵，背著背包，登上了開往福建廈門的第四十七次快車的硬臥車廂。這列火車，將載著我們奔赴新的戰鬥崗位。我們上車坐好後，齊聲高唱當時部隊流行的革命歌曲：「當兵為什麼光榮？光榮因為責任重！」「日落西山紅霞飛，戰士打靶把營歸……」「……古有花木蘭，替父去從軍，今有娘子軍，抗槍為人民！」一首接一首，直到唱累了，倒在各自的鋪位上昏昏睡去。十四個小時之後，已是翌日上午，列車停靠在浙江省江山縣車站。我們下了車，看到醫院派來接我們的魏幹事正舉著牌子站在月臺上，便迅速向他靠攏。魏幹事拿著名單，用極洪亮的嗓音，鏗鏘有力地點了名，然後領我們出站，上了醫院的卡車。卡車向醫院行駛途中，我們看見當地的農民造反派，押著頭戴高帽子的不知是地主還是公社幹部的「牛鬼蛇神」，在田間小路上遊街，舉著小紅旗，敲著鑼喊著口號，田裡無人幹活。這才意識到，我們在集訓隊差不多已經淡忘了的「文革」，仍處在鼎盛時期。

十幾分鐘後，我們到達六九五野戰醫院。這個醫院，對外番號南字三六五部隊，坐落在離江山縣城五公里的一片凹地中，沒有圍牆，四周全是老百姓的農田。舉目望去，幾排平房為病房，幾排平房為我們居住的營房，顯得很簡陋。院部設在離營房百米之外的一座紅磚小樓裡，緊挨著家屬區。

剛放下背包，還沒來得及喘口氣，醫院領導就召集我們開會，為我們上了一堂政治課。主要是要我們樹立敵情觀念，提高革命警惕性，嚴防階級敵人破壞。原來，我們所在的江山縣，是國民黨的模範縣，軍統特務頭子戴笠，毛人鳳都是江山縣人氏。此外，作為蔣介石嫡系軍隊的來源地，這個縣還出了國民黨少將以上高級軍官五十多名，所以又被稱為「國民黨將軍縣」。據說，全縣一半以上的人家有親友在臺灣，「敵特影響」十分嚴重。那會兒，誰有親戚在臺灣都被看成是「反革命家屬」，倍受歧視。而「海外關係」四個字，則與「敵特」等同。

院領導反覆強調，我們身處複雜的政治環境中，醫院周圍敵情很嚴重，必須在頭腦中繃緊「階級鬥爭」這根弦，一刻也不能放鬆。當年我們年紀都小，確實被這一番話唬得不輕。我和小平因是女兵中的「大齡青年」，尚能沉得住氣靜靜地聽，而其他小女兵都驚得直咂嘴，面面相覷。說實話，「臺灣」二字在當時確實特別可怕。因為離得近，更甚於「美帝」和「蘇修」。以前我們都沒有見過真正的階級敵人，現在乍一聽院領導說大批階級敵人近在咫尺，包圍著我們，弄得很緊張。

事實上，我們很快發現，不僅我們新兵緊張，六九五野戰醫院的每一個人都緊張，時刻警惕著，從不敢和駐地周圍的老百姓說句話，生怕一個不留神，搭話的是個「臺灣國民黨家屬」。而江山縣的老百姓呢，不僅不尊重解放軍，還常在夜裡來偷刨解放軍種的樹木和蔬菜。為此，醫院增設了流動哨兵，荷槍實彈，刺刀拔起，在營房四周巡邏站崗，一付大敵當前的樣子，其實全是用來對付農民小偷的。與安徽，河南等貧窮省份的人民踴躍報名參軍的情形完全相反，這兒的人是不願意參軍的。他們稱解放軍是「窮當兵的」，軍民關係相當糟。

當時，解放軍中除了野戰軍不直接參加文化大革命外，部隊院校與地方上一樣參加運動，停課鬧革命。過去那種軍事院校畢業生馬上就成為軍官的做法受到了批判，各軍區的護士學校也都關了門，不再招生。院領導說，今後醫院的護士一律從護理員提拔，當兵的不論男女都必須先當戰士，然後一個臺階一個臺階上。哪怕你的父親是天王老子，你也得從最基層幹起，而且髒活累活面前人人平等。所以，我們這批女兵一到醫院就都成了護理員。

我們醫院由兩個衛生所組成，輪流戰備值班。第一衛生所下病房時，第二衛生所就戰備值班，每天進行軍訓和政治學習，隨時準備聽從上級調遣，派往越南或珍寶島戰場救護傷員。每隔一段時間，兩個衛生所交換職能。我們十名女兵被平均分配在兩個衛生所，小平分在一所，我分在二所，好在宿舍還在一起，我們沒有感到真正被分開了。我們到達醫院時，正值一所下病房，二所值班，分在一所的五人，第二天就去病房上班了。小平很幸運，分在化驗室，學習各種化驗技能，不用像分到病房的人那樣倒痰盂，掃地，灌開水，送飯，端屎端尿。

我們二所護理班班長孫裕松，是個一九六五年參軍的老兵，大個子，一身的肌肉壯如牛，天不怕地不怕，外號「孫大膽」。在我們這批女兵來醫院之前，護理員全是他這樣的男戰士。我們女兵來了後，與原有的男戰士混合編為一個護理班，正副班長皆為男性。由於女性的加入，給這些男兵增添了興奮劑。軍事訓練時，他們動不動就以練習「戰地救護」為名，把我們帶到野外摸爬滾打，還把我們當成戰場上的「傷員」，在地上拖來拖去，或者把我們平放在他們的大腿上摟著匍匐前進，說是「穿過敵人的火力封鎖」，把我們「從戰場上搶救下來」，弄得我們渾身是土，胳膊和腿常常被碰得青一塊紫一塊的，苦不堪言還不敢吱聲。只有晚上回到宿舍，才敢狠狠罵一句：「流氓！」

我們在戰備值班期間，除了政治學習，軍事訓練外，還由軍醫們為我們上業務課，學習那些從前在護士學校才能學到的醫務知識。我們學的是「戰傷外科」，基本知識之一就是學習人體結構。我們不僅要記住人身上的每塊骨頭的名稱和位置，還必須記住每塊骨頭旁邊的肌肉名稱及神經走向，一點兒也不能搞錯。因為在手術中，差之毫釐便會失之千里，錯一點都會關係到傷病員的生死存亡。

軍醫們的教學工具，只有一張簡單的人體結構的平面掛圖，根本不可能形象地展現人體的二百零六塊骨頭及其周圍的肌肉組織，所以儘管我們認真學，還是概念模糊，入不了門。教我們的軍醫打報告給院領導，說我們需要一付真正的人體骨骼架進行解剖教學，才可符合「從實戰出發」的要求。領導批示：「同意。」

但是，從哪兒弄一具屍體呢？我們醫院裡雖然時不時地有傷病員死亡，但要想解剖他們的屍體，卻必須征得其家屬同意才行。而在我院死亡的病員，基本上都是農村兵，傳統的農村觀念，使他們的家屬們無一例外地要求保留全屍，寧肯將屍體火化了，也絕不答應被我們「開膛剖腹千刀萬剮」了，所以我們一直不能上一堂正規的解剖課。

大概在我們到六九五醫院後兩個多月吧，消息傳來，江山縣城將召開公判大會，槍斃一名「罪大惡極的現行反革命份子」。據說，該名罪犯反對「敬祝毛主席萬壽無疆」的口號，說這個口號是反馬克思主義的，是形而上學，因為任何人都不可能「萬壽無疆」。在那個「誰反對毛主席就砸爛誰的狗頭」的瘋狂年代，他竟如此膽大包天，當然是死路一條，格殺勿論，「不殺不足以平民憤」了。

醫院領導立即與江山縣公安局聯繫，要求在行刑的當日，將罪犯的屍體交由我院處理。江山縣公安局說，屍體交給醫院他們沒意見，可他們已通知其家屬收屍了，這也是人家的權利嘛，要知道，死刑犯的家屬是付了公安局子彈費的。如果我們很想要這具屍體，只有一個辦法：偷屍！

那時，江山縣火葬場正好停工，火葬工人們都上大街鬧革命去了，所以不管什麼人死了都是土葬，這便成全了我們醫院弄一具屍體的願望。整個行動絕對保密，以免死者家屬得知後，來醫院找麻煩。

偷屍的任務責無旁貸地落在了護理班班長「孫大膽」的頭上，時間定在「反革命份子」被槍斃後的第二天晚上九點整。聽說行刑那天，江山縣城的男女老少傾城出動，擠滿了縣城主要街道兩旁，觀看罪犯的囚車緩緩駛過。只見罪犯被五花大綁，背上插著寫有其名字的木牌，名字上用紅筆打上了大大的「×」字，由十幾名全副武裝的員警押著，站在一輛敞篷卡車上，從公判大會會場出發，穿過整個江山縣城，駛向刑場。

犯人是名普通工人。文革開始後，他常用「刀出鞘」的筆名寫些大字報，對文革質疑，其文章早被列為「反標」。但在公審大會之前他並不太有名，倒是這次公審大會，使他名聲大振。人們驚歎他的膽量，敢說別人不敢說的話。他站在奔赴刑場的卡車上時，昂首挺立，面對死亡，毫無畏懼，「反骨畢露」。當卡車經過他的家門時，他大聲說：「母親，請原諒我這不孝之子，我不能為您老盡……」還沒等他說完，一名員警就用雙手熟練地捏住他的下巴殼兒，只一撥弄，他的下巴就脫臼了，再也說不出話來。人群禁不住一陣騷動，議論紛紛：「是條漢子！」等到行刑完畢的消息傳到我院時，死者家屬已在公安局監督之下，將屍體埋在了江山縣城外的一座專門闢作墓地的山崗上了。

偷屍行動的那天晚飯後，刮起了強勁的大風，天空很快陰沈下來，悶雷一聲接一聲。孫班長與一名軍醫在兩名公安人員陪同下，帶著工具開著吉普車上路了。他們剛走幾分鐘，老天爺就發了怒，下起了瓢潑大雨。我們望著窗外一陣陣電閃雷鳴，都說班長今晚可碰上「硬仗」了，誰也睡不著。熄燈號響過很久了，我們還在小聲嘰嘰咕咕的無一刻安寧。夜裡十二點過後，下崗的女兵回來說，孫班長他們已經回來了，屍體順利偷到手，已送太平間，泡在福馬林浴池裡了。我們這才鬆了一口氣。

第二天一早，起床號一響，我們就跳起來，迫不及待地跑去男兵宿舍。只見孫班長坐在他的床頭，兩眼發直，臉色煞白，兩腿微微發抖。我們忙問怎麼了，他卻不答。過了好一會兒他才說：「我的媽呀，嚇死人！」然後把偷屍的經過慢慢道來，他說，真好像是到陰曹地府走了一遭。

當他們的吉普車開到埋死人的山崗時，四周一片漆黑，伸手不見五指。為避免驚動附近百姓，吉普車未開前燈，只有閃電時時照亮大地，忽明忽暗。借著閃電的亮光，在傾盆大雨中，兩名公安引著孫班長和隨同的軍醫，趟著滑溜溜的泥水，深一腳淺一腳地來到一座新墳前，說罪犯就埋在下面。此時雷聲伴著野狼的嚎叫，使周圍寂靜的山林變得格外陰森可怕，令人毛骨聳然。

孫班長生平頭一回感到了恐懼。對他來說，盜墓無異於犯罪，是違背他的良心的。然而軍令如山，理解的要執行，不理解的也要執行。他口中喃喃地念著：「一不怕苦，二不怕死」，和軍醫一起開始挖土，兩名公安則在一旁打著手電筒。班長力氣大，三下兩下就挖到了那口薄棺材，他隨即一下子掀開了棺材蓋板。此時正值一道閃電劃破長空，照亮了那死人蒼白如灰的面孔，緊接著一聲炸雷，班長腳下一滑，整個兒掉在了死人身上。在他的手觸摸到冰涼的屍體的一剎那，這位平時的「孫大膽」卻嚇破了膽，渾身顫慄，大叫救命。他被兩名公安拉起後仍抖個不停，手腳都不聽使喚了，只覺得像有陰間的小鬼在勾他的魂。好不容易，他才在兩名公安的幫助下，和軍醫一起，將僵硬的屍體從棺材裡拖出，塞進了吉普車的後座。然後，他們將挖開的墳墓重新填上土，做得像未被挖開過一樣。死者的家屬恐怕至今都不知道，他們的人權早被踐踏，那兒從一開始就成了一座空墳。

偷來的屍體在福馬林溶液中泡了一個星期後，院領導認為所有病菌已經殺滅，加之無人來鬧，平安無事，於是決定處理屍體。一個晴朗的下午，我們護理班全體人員在班長帶領下，將已變成醬色的屍體抬到了離醫院兩公里外的山坡上。炊事班已在山坡上幫我們挖好了戰地爐灶，並架上了一口能煮上百人飯的特大行軍鍋。他們取來山泉水，倒滿大半鍋，我們女兵分頭去撿來大量樹枝填滿爐堂。當大火從鍋底熊熊燃起時，班長和另兩名身強體壯的男兵將屍體抬起，從股骨處使勁折斷，然後將屍體對折起來扔進鍋裡被水覆蓋。

鍋中的水不一會兒就滾開了，我們不斷加柴。又過了一會兒，鍋中飄出了帶有福馬林氣味的肉湯的香味，一時間引來了四周十幾條野狗，圍著我們狂吠。幾名男戰士手持衝鋒槍，將我們女兵護在他們圍成的圈中，與野狗隔開。可是那群野狗瘋狂的吼叫聲，它們那窮兇極惡的眼睛，尖銳的牙齒，還是把我們嚇得心怦怦亂跳，似乎它們馬上就會撲過來，把我們撕碎了，吞食了。

屍體在滾開的水中煮了約有兩個小時，班長確信肉已煮爛了，便下令熄火並舀盡鍋中滾水。我們將一大塊帆布鋪在鍋旁的草地上，等鍋中煮熟的人肉涼得差不多了，便開始將肉與骨頭分家。不消說，只輕輕一撥拉，大塊大塊的人肉就從骨頭上滑落下來，就像家中煮透了的排骨湯一樣。我們仔細地撿出一塊塊人骨，準確地按照其原來在人體中的位置，擺放在帆布上，不大一會兒就得到了一具完整的骨骼架，包括一個頭顱和兩排潔白的牙齒。看得出來，死者生前非常健康。唯一不足的是，頭蓋骨上有一個被子彈擊穿的小洞，否則這副骨架是完美無缺的。

我們對照書本，認真辨認了每一塊骨頭，上了一堂真正的解剖課。

這時已近黃昏，班長小心地用帆布將骨骼包好拎在手上，幾名拿槍的戰士在前面開道，另幾名拿槍的戰士押後，女兵們走在中間，下山返回駐地。剛一離開，我們就聽見身後呼啦啦一陣亂響，夾雜著震天的狗叫聲。回頭一看，野狗們早已為爭食我們棄下的人肉而打成一團。「反革命份子」的肉體一眨眼功夫就無影無蹤了，只剩下他的一副骨骼架，隨同我們返回了醫院，繼續「為人民服務」。

我們在戰備值班期間，還負責全院的站崗放哨，每兩小時換一班崗，二十四小時不間斷，男女輪流排班。白天，女兵一人一班崗，夜晚，兩名女兵一班崗。男兵則不論白天黑夜，全是一人一班崗。站崗時，除了背著上了刺刀的半自動步槍外，還發給五顆子彈放入彈匣。交班時，要取出子彈，一顆顆數清楚了，交給下一班崗。站崗時子彈上膛，是為預防萬一，如果沒有特殊情況，不許開槍。

我們的站崗，實際上是巡邏，放的是流動哨。通常的路線是從護理班宿舍出發，先去院部和家屬區繞一圈，再到病房繞一圈，然後再從病房繞回護理班宿舍。這樣繞上兩圈下來，就到換崗時間了。一日，下著傾盆大雨，輪到我站崗。我背上槍，披上雨衣就出去了。還未走到院部，嘩嘩的雨水，就順著雨衣灌滿了我的解放鞋，濕透了我的襪子，很不舒服。我暗想，下回站崗若再下雨，我絕不穿襪子了。

我在院部繞了一圈，沒發現異常，便折向通往病區的小路。突然，不知從哪兒竄出一隻大狗，對著我「汪汪」大叫，那叫聲嚇得我汗毛直豎，魂飛魄散，以為它馬上就會撲上來咬我。要是我腿上被它撕下一大塊肉來，可怎麼得了啊！我本能地拔腿就跑，可我一跑，它就跟在後頭窮追，還一個勁兒狂吠。吠聲又引來了幾隻狗，追我的狗變成了一小群。我嚇壞了，拼著命大喊「救命」。可是，在這樣的大雨天，，室外根本沒有一個人影。嘩嘩的雨聲淹沒了我的喊聲，再喊也無濟於事，我只有不顧一切沒命地跑。雨水糊住了我的雙眼，根本辨不清東南西北，跑得偏離了小路也不知道。猛然腳下一踩空，我掉進了一個兩米多深的大水坑，裡面的積水淹至我的腰部。抬頭一看，離我的頭只有一兩尺遠的大水坑周圍，站著一群狗，都在對著我狂叫。我想：「這下完了！我要被這群狗吃掉了！」我摸了摸雨衣下的步槍，還好，槍筒朝上，沒有進水。我閉上了眼睛，極度恐懼，停止了一切思維，等待最後的命運。

奇怪的是，過了幾分鐘，狗叫聲停止了。我睜眼一看，那群狗並沒有走開，還在水坑邊站著，安靜地看著我。我一動不動，它們也一動不動。我稍稍壯了點兒膽，心想，只要它們不跳下水坑來，我一時半會兒恐怕還死不了。這個水坑比我人還要高，即使沒有這群狗的威脅，我自已也是爬不上去的，只有等人來救。

換崗的時間過了，我還在水坑裡。大雨仍嘩嘩地下個不停，雖然是六月份，但在冷水裡泡了一個多小時的我，卻凍得直打哆嗦，上下牙打架。這時我心裡已充滿了希望，因為下一班崗的女兵等不到我去交班，就一定會去報告班長，他們就一定會出來找我的。果然不出所料，大約又過了一刻鐘，我隱約聽到有人喊我的名字。我忙不迭地大聲喊道：「我——在——這——裡——！在——水——坑——裡——！」過了一會兒，我終於看到班長和班副探頭往水坑裡望。他們揮手將狗群趕開，班長伸出一雙有力的大手，我趕緊抓住，他使勁一拉，我的腳再使勁往坑邊上一蹬，就被拽出了坑。

班長送我回到宿舍，我交了班。班長對我說：「小高，今天下午你好好休息一下吧，不用參加政治學習了。」然後就走了。那時候，一到下雨天，不能進行軍事訓練，除了有時上上業務課，基本上都集中到男兵宿舍去政治學習。我那時要求進步，很想入黨，表現積極，所以換下沾滿了泥水的軍裝後，沒有休息，又跑去男兵宿舍參加政治學習。我一進屋，見他們根本就沒在讀毛主席語錄，全都在嘻嘻哈哈地談論著我被狗追逐的經歷。見我面色蒼白地進來，一付驚魂未定的樣子，幾名男兵竟然還哈哈大笑。班長笑著對我說：「以後看見狗不要跑，你越跑它越追你。其實這些狗一點也不可怕，他們是醫院養的，只咬來偷菜的農民，絕不咬穿軍裝的，它們對你叫喚，是在向你問好呢。瞧你嚇得那個樣子，城裡的女娃就是頭髮長見識短。」我班的男兵全是農村來的，他們在家時就養狗，自然不怕狗，所以見我如此怕狗，覺得特好笑。

聽班長說，醫院裡養了一些狗，防範農民其實是次要的，主要是為了讓缺乏手術經驗的年輕軍醫和護士們練習外科技術用的。比如，要想練習「接骨技術」，就捉一隻狗來，用棍子狠命打斷它的一條腿，然後給斷腿上夾板上石膏，再送入狗病房。那是一種專為傷狗建造的小屋，裡面有一張張小小的矮矮的簡易木床。每隻受傷的狗都有病歷，記錄治療經過以及恢復的狀況和時間。再比如，要想練習如何治療「脾破裂」，也捉一隻狗來，幾人將其翻轉過來按倒在地，固定好它的四肢，肚皮朝上，然後拿起剃頭刀，三下五去二，幾下頭剃去其腹部體毛，打一針麻藥，抹一點酒精，做練習的護士戴上術用手套，用手術刀將狗肚子劃開，迅速切除其健康的脾臟，然後縫好傷口，送入狗病房做「特別護理」。一切動作講究一個快字，行動爭分奪秒，猶如在真正的戰場。當時醫院最快的記錄是：七分鐘內就切除了一個狗脾臟。這種情況若是讓特別愛狗的英國人知道了，不僅會使許多老太太傷心落淚，而且會使更多的人憤怒抗議虐待動物。在英國，虐待動物者若情節嚴重，會被判重刑。

六九五野戰醫院的狗們，真的很可憐。因為它們每天能得到炊事班的美味佳餚，就對軍人特別友好，它們哪裡知道人類的險惡用心啊。由於醫院的母狗年年都下幾窩狗崽子，狗的數量快速增長。因此，每隔一段時間，炊事班就要殺掉一兩隻狗。炊事員用一小塊豬肉引一條大狗到炊事班，然後關上門，將肉扔給狗。狗對主人友好而歡快地搖首擺尾表示感謝後，便低頭吃肉，毫無防範，哪裡知道自己的死期已到，主人用肉欺騙它是為了殺它。趁它低頭吃肉時，猛地一錘子下去，就砸爛了狗頭，結果了它的性命。然後，炊事員剝了它的皮，去了內臟，將狗肉切成塊，燉上一大鍋紅燒狗肉，放進好些五香八角紅辣椒，醬油鹽糖種種作料，那天便是我們醫院全體幹部戰士加餐的日子。我平生頭一回吃狗肉，就是在六九五野戰醫院吃的。平時不愛吃葷的我，卻挺愛吃狗肉，覺得挺香的。因為全是瘦肉，所以吃起來不膩。

我們不僅常吃狗肉，有時還吃老鼠肉。炊事班存放米麵的倉庫，有成群的耗子，無論用了多少種辦法都無法全部剿滅。每隔一段時間，炊事班就要大張旗鼓地滅一次老鼠。打死的，藥死的，鼠夾夾死的耗子，一滅一大堆。由於它們吃的是大米白麵，個個肥碩無比，個頭也特大，一尺來長的大耗子屢見不鮮。這些死耗子並不扔掉，而是紅燒給大家吃，說是高蛋白，營養豐富。我第一次吃老鼠肉時，完全不知曉。一次晚餐時，炊事班在每個人的菜盤子裡又添加一勺紅燒肉，我一看，淨是瘦肉，所以很高興地吃了，感覺味道不錯。吃完以後，才被告知，每人加的那一勺子紅燒肉是老鼠肉。要是我事先知道得話，無論如何也不會吃的。

一九六八年九月初，我們第二衛生所全體人員，開始了第一次拉練野營，目的地是峽口鎮。那是國民黨特務頭子戴笠的家鄉，我們要去接受階級教育。出發時，我們都背著背包，背著槍，全副武裝。而炊事班例外，他們不用背背包，也不用背槍，因為他們要扛著行軍大鍋，鐵鍬，挑著裝滿米麵蔬菜的大筐走在隊伍的最前面。他們的被褥，由先遣隊的幾個人，裝上卡車，開著先走，為安排我們每天的宿營而打前站。宿營地點一般都事先在地圖上標好，每晚我們和先遣隊在指定地點匯合。卡車走大路，而我們步行，專撿小路或山路走。行軍時，護理班緊隨炊事班，軍醫和護士都由正副所長領著，走在我們後頭。我們每天都要在大太陽底下走上八十至九十里路，天天一身汗，為練就一雙鐵腳板，適應戰備需要，我們不怕苦不怕累，始終保持高昂的精神狀態。

江山縣位於浙江省最西南，是福建，江西和浙江三省的交界處，到處是山，山上古木參天，遮天避日。所以我們一進了山，就曬不著太陽了，感覺陰涼舒服多了。每座山裡，往往只有一條狹窄的石頭臺階通往山頂，下山時也只有一條細細的羊腸小徑，十分險峻。據說，自古以來，閩浙贛三省的商人小販，就是爬著這些陡峭的山路，肩挑手提，把貨物販運到鄰省和外地去的。大路行軍時的二路縱隊，現在排成單行，一個跟著一個，攀著石階上山，到了山頂就找下山的路。由於不熟悉地形，有時找不到商人們下山的正道，只好小心地順著羊腸小徑，慢慢下山。

令人驚奇的是，一路上，我們在大山裡看到許多小小的山神廟，隱藏在山中的林子裡，還都冒著縷縷青煙，香火不斷，偶爾也能看到在山神廟前磕頭的山民。看來，這兒是紅衛兵破四舊時漏網的地方，他們沒有涉足山裡，未能蕩滌一切污泥濁水。這兒的老百姓才不管什麼「文革」「武革」呢，他們在這偏僻山區，照樣按著祖輩的傳統習俗過著日子，在這一小片淨土上，不受任何干擾地拜著山神。即便在文革鼎盛時期，也沒人來管。班長說，這兒有的老百姓甚至都不知道毛主席是誰，亦無人來教育他們。有的山裡，只住著零零星星的三兩戶人家，就讓他們去吧，不必去管。

行軍中，最辛苦的是炊事班。每天中午，我們停下休息了，他們卻還要幹活，挖戰地爐灶，架上行軍鍋，做飯炒菜。好在浙江的大山裡，處處都有清澈細小的山泉，終日不停地流淌，所以水源不成問題。炊事班戰士們先用山泉燒一大鍋開水，讓我們每個人灌滿自己的水壺，才開始做飯。如果帶來的蔬菜不夠吃，就發給我們一些鹹蘿蔔乾，讓我們就著白飯吃。到下一個村莊，再購買新鮮蔬菜來補充。

我們護理班的五名女兵，遵照所長指示，組成了「毛澤東思想宣傳隊」。每到一個宿營的村子，當地公社革委會的幹部，都會帶領著老百姓，站在路口歡迎我們，我們宣傳隊便為他們唱歌跳舞。我們唱的是語錄歌，跳的是忠字舞，簡單地揮動著語錄本，走著四方步，最笨的人也一學就會。有時我們也唱一些比較好聽的歌，比如「向著北京致敬」、「唱支山歌給黨聽」等等。村民們就用土話喊革命口號，我們都不大懂。但是，他們把「解放軍」說成「家放軍」，我們能懂。我們女兵表演時，他們會對我們喊：「向家放軍女叔叔學習！向家放軍女叔叔致敬！」我們很驚奇，他們怎麼喊我們「女叔叔」呢？所長解釋說，這兒的方言裡沒有叔叔這個詞，他們稱呼自家叔叔的詞語跟我們不一樣，他們以為「叔叔」二字是對所有解放軍的尊稱，所以，即便是八十歲的老翁，看見十八歲的小兵，也會喊：「家放軍叔叔好！」

那時，我們已在執行三支兩軍的最高指示了。三支，就是支工支農支左。兩軍，就是軍管軍訓。我們拉練行軍，每走了一個星期，就宿營在一個村莊休整幾天再走。若是住在山村，沒什麼農田，我們只需對山裡人唱唱歌跳跳舞就行了，不用幹農活。可是翻過幾座大山，一進入峽口區境內，情況就不同了。這兒是平原，到處都是水稻田，我們進村子休整時，除了政治學習和軍事訓練外，還要下田，參加支農勞動。

江山縣峽口區的農民一年種三季稻，我們去的時候，第三季晚稻正茁壯成長，綠油油的一大片接一大片，清風吹過，稻浪滾滾。藍天白雲下，稻田襯著遠處的青山綠水，近處的小溪農舍，真是一副美輪美奐的田園風光畫。大家都說，我們沒有帶照相機來，不能拍下這兒的美景，實在太可惜了。村裡的小學名叫峽口小學，正好放農忙假，空著的教室就讓我們住下了。我們把課桌拼起來，就成了睡覺的床。這兒的人都使用井水，很乾淨。假如不用下田勞動，在這兒休整，賽過度假，絕對是很心曠神怡的。浙江的農村，比起我去過的蘇北農村來，足可稱得上是天堂。

峽口小學距離峽口鎮只有三里路，軍統特務頭子戴笠的家就在峽口鎮上。我們住下後的第二天，就由峽口鎮革委會主任親自出馬，帶領著去參觀戴笠故居。戴家解放前是峽口區的特大地主，附近十里八鄉的農民大部分是他家的佃戶。他的家是很大的一片莊園式樓房，有好幾進院落，老百姓稱其為「戴公館」。我們去參觀時，戴公館裡大部分房屋已被峽口鎮革委會的各機關佔用，只留下戴笠的大臥室和大客廳供人參觀。僅這兩間房的豪華程度，就讓我們咋舌不已。屋內不僅有中式的紅木雕花大床，有西式長沙發，還有懸掛在天花板上的水晶玻璃大吊燈，巨大的窗戶全是從西方進口的洋貨，窗玻璃上的花紋精緻漂亮，顯得富麗堂皇。過慣了艱苦樸素生活的我們，都是第一次見識這樣的奢侈，比我們從電影上看過的四川大地主劉文彩的莊園，更加西化，更富藝術性，更高一個品位，更上一層檔次。鎮革委會主任介紹說，戴笠自從跟上蔣介石，就很少回家鄉了。

這兒的住房讓他的一個侄兒住著看家，以便戴笠告老還鄉後回來居住。戴笠家裡的武裝家丁，足有一個加強連。他們終日橫行鄉里，魚肉百姓，是地方上的惡霸。聽到此處，所長帶頭振臂高呼：「打倒地主階級！」我們緊跟著舉起語錄本也高喊一遍。地方幹部立即介面喊：「向解放軍學習！」我們又回喊：「向貧下中農致敬！」大夥兒再一起喊：「軍民團結一家人，試看天下誰能敵！」

在戴公館接受了階級教育後，回到駐地的當天下午，我們就參加支農勞動了。生產隊分配給我們幹的農活雖然不重，但是一干起來，就知道實在太可怕了。我們的任務是給稻田施肥，幹活時，全部脫了鞋襪下水田。社員們背著裝滿牛糞的大筐在我們前面走，邊走邊往稻田裡撒牛糞，我們則跟在後面用腳把社員剛撒下的牛糞使勁踩入稻根旁的泥土中。那時沒有人使用化肥，這樣生產出來的稻米，絕對是無污染的純天然綠色食品。雖然踩牛糞的活兒使我們內心很難接受，覺得太髒，但是沒有人敢公開抱怨，全部老老實實按照吩咐下水田踩牛糞。

豈知，我們在水田裡還沒走幾步，就覺得兩腿發癢，低頭一看，立即渾身發毛而顫慄。原來，我們的腿上爬上來好多細小黑色的螞蝗，叮在皮膚上吮吸我們的血液，有的一個口子上叮著四五條螞蝗。我的老天！幾名女兵不約而同地尖叫起來，小柳和小黃當場嚇哭了。氣人的是，這些螞蝗專門欺負女兵。和我們並排走在水田裡的孫班長他們男兵，腿上卻無螞蝗叮咬。也許又應了農民的話：城裡人細皮嫩肉，肉香。

好不容易走完一壟，上了田埂，我的兩腿已密密麻麻地粘滿了幾十條螞蝗。我用手去拽卻拽不掉，孫班長大喊：「不能拽，越拽它越鑽，快快蹦跳，使勁跺腳。」我們照孫班長的話去做，使勁蹦跳跺腳，螞蝗真的一個個被抖落下地了。可是我的腿上還有一個死硬頑固份子，任我怎麼蹦，它就是不下來。孫班長照我的腿上狠打一巴掌，最後一隻螞蝗就掉下來了。此時我們的雙腿鮮血淋漓，凡是螞蝗咬過的地方都流淌著鮮紅的血的小溪。據說，螞蝗的吐液中含有一種破壞血小板凝血作用的物質，所以我們的雙腿一直流血不止。掉在地上的那堆螞蝗，也許是吃得太飽了，懶懶地不大動彈。孫班長撿起一塊大石頭，狠狠地砸扁了它們，地上血跡一片。

我們拖著鮮血淋漓的雙腿，拎著鞋襪，光著腳走回峽口小學駐地，一路上，兩隻腳被石子硌得生疼。見我們寧肯受罪也要保護自己的鞋襪不被弄髒，孫班長他們又是一陣嘻笑。他們才不管髒不髒呢，一出水田就把一雙髒腳伸進了解放鞋。他們是寧肯髒了鞋，也不受硌腳之苦，男女就是有別啊。我們一回駐地就打來井水洗腳，雙腳一泡進清澈的水裡，瞬間就成了一盆血水。我們用水洗過腿腳後，螞蝗的吐液被洗掉了，血流也就很快止住了。

第二天的支農勞動，仍是下水田施肥踩牛糞。儘管我們內心充滿恐懼，還是得服從命令。這回我有所準備，因為我小時候用鹽醃過蚯引，心想螞蝗跟蚯引的身體素質大概差不多吧，所以在出發之前，跑到炊事班要了一包細鹽，放在上衣口袋裡。到了水田邊，我讓女兵們往腿上抹上一層鹽，再下田。果然，叮咬我們的螞蝗少了許多，但是只能保證露在水面上的小腿不被螞蝗叮咬，而淹沒在水下的腿腳部分，仍然擋不住螞蝗的叮咬。幹完活後，從水田走上岸來一看，小腿和腳背上還是有很多螞蝗。我們便使勁蹦跳，螞蝗掉下來後，沒等班長用石頭砸死它們，我對大家說：「別忙，看我來收拾它們！」說著，我從口袋裡掏出剩下的鹽，撒在螞蝗身上。它們很快就都縮成一團，體內水分外溢而死。看著它們在白花花的鹽中，痛苦地扭動著身軀，就像當年我踩死蓖麻上的洋辣子時那樣痛快。我高興地大喊：「它不犯我，我不犯它。它若犯我，我必犯它！」女兵們都快樂地叫道：「小瞎子，（由於我是近視眼，常因看不清東西而鬧笑話，她們就給我起了這個外號）想不到你還有這一手學問，你是怎麼會知道用鹽醃的啊？」我笑著說：「因為我比你們多吃了兩年飯唄。」

活醃了螞蝗，心裡多少解了一點氣，不像頭天那麼沮喪了。返回駐地時，我們仍然光著腳走，忍受著石子硌腳的痛苦，不願在沒有洗腳前就穿鞋。明知班長他們以保護雙腳為重是對的，我們就是不願像他們那樣，把髒腳伸進自己的鞋。可見，人的思維和習慣是多麼頑固，多麼難改啊。

我們下了兩次水田之後，所長決定停止支農勞動。從第三天起，上午政治學習，下午去村外小河裡游泳。離峽口小學五裡外，有一條小河，河水不深，河中心才到我們胸部，游泳絕對安全。河水清澈見底，從水面上可以看到水底大大小小的鵝卵石。岸邊幾十米開外，也都是這種圓圓的鵝卵石，非常潔淨，不帶一點泥土。拉練之前，所裡就通知我們，有游泳衣的全部帶上，所以游泳不成問題。個別護士沒有泳衣，就穿著內衣下水。我們出發之前，在屋裡就穿好游泳衣，再套上軍裝，到了河邊，軍裝一脫就下水了。男兵們都光著上身，穿條褲衩下河。護理班全體女兵都游蛙泳，而全體男兵都是狗爬式。我們看到他們游泳的姿勢，總是忍不住「咯咯咯」地笑個不停，他們就朝我們頭上身上一個勁兒潑水。我們便大叫大嚷：「好男不和女鬥，你們欺負我們，算什麼本事啊？」他們便歇手。護理班和炊事班的游泳成績最好，而軍醫和護士們，有不少還是稱陀。那麼淺的水，都不敢游，害怕得要命，教都教不會。拉練野營結束前，所裡測試我們的游泳成績，規定游一百米以上為及格。小柳和小黃她們都遊了一千米以上，在河裡順流而下，像魚兒一樣游得飛快。我也順流而下地游，又快又舒服，但我只游了兩百米就停下了，反正及格了就行了。軍醫護士組竟然有一半以上不及格，不及格的概念是，完全不會游，放棄測試。沒想到，他們在河裡學了二十多天游泳，都沒學會，每次下水，洗洗澡而已。

拉練野營快要結束的時候，我們從廣播裡聽到了南京長江大橋勝利建成通車的消息。從南京來的女兵們自然都很興奮，可是等我們看到登在報紙上的通車照片，就都不吱聲了。我們看到，首批通過大橋的幾十輛卡車上，竟滿載著老三屆的知識青年奔赴蘇北農村插隊落戶。照片上的知識青年，雖然都是笑容滿面，可我們心裡清楚他們是什麼滋味，明擺著，下鄉意味著沒有前途。我們很幸運，因為我們當了兵，逃脫了下鄉插隊。我們很同情他們，我們知道，由於家庭出身不同而命運不同，是一種社會的不公平，由此而造成的社會矛盾和同學之間的心理不平衡，在很長時間裡都難以消除。但這不是我們的錯啊，多數人處在我們的位置，都會和我們走同樣的路。

十月底，我們結束了拉練野營，回到醫院。十一月一日，與第一衛生所交接班，他們戰備值班，我們下病房。病房分為兩類，一是軍人病房，病員來自附近各個部隊，還有從越南戰場送回的傷員。二是老百姓病房，住院治療的清一色全是江山縣城中武鬥打斷了腿和胳膊的兩派造反派。有的病房八張床上，躺著八個斷了腿的造反派，每個人的斷腿都高高地翹起在床尾的牽引架上，下面吊著幾塊磚，一吊就是半年，像高射炮筒一樣直指天花板。我們稱這種病房為「高射炮病房」。這幫傢伙的吃喝拉撒全靠我們護理，可他們是一群不知好歹的東西，不好好安靜地養傷，成天互相謾罵各不相讓，武鬥不成就打嘴仗，吵得我們頭疼，深感厭惡。可是，在「兩派都是革命組織」的最高指示下，在「三支兩軍」的任務面前，我們還得天天努力強打笑臉走進病房，為人民服務！

我們喜歡軍人病房。軍人傷病員懂禮貌，守紀律，尊重人。我們都很年輕，無論是傷病員還是護理員，多數都不滿二十歲，男女之間的愛慕之情常悄悄滋長。女兵們常收到男病員的禮物，主要是新版的毛主席語錄和毛主席像章，這在當時是最好的愛情信物了。有位病員是來自杭州的幹部子弟，老送像章給我，而且越送越大，最大的一枚直徑有十六釐米。他的用意我很明白，可是部隊紀律嚴明，規定戰士不許談戀愛。如果有誰偷偷談戀愛，一經查出便會受到嚴厲懲罰，弄不好還會丟了軍籍，被遣送回家，所以我是萬萬不敢的。再說，我已有一個秘密男友本惠了，不可能再對其他男同胞動什麼心思。所以我對那個杭州兵只盡護理責任，無任何其他表示。他出院後過了一段時間還特地到醫院來看我，我對他只能說對不起，他很失望地走了。

我們除了做護理工作，給住院病人送飯送開水，倒痰盂便盆，換床單被套等等外，還跟著護士學醫療知識，從量體溫測血壓，到發藥打針抽血針灸，什麼都學，因為兩年一到就可提幹當護士了，必須掌握護士的基本技能。我們經常在自己身上練習針灸，體驗每個穴位的感覺，還互相練習抽血技能，要求做到一針見血，盡量減少病人痛苦，大家都學得很認真，進步很快。

一次，醫院收治了一名患了腸梗阻的戰士，做了手術切除壞死的小腸後，送進病房，護士要我坐在床頭寸步不離地觀察，特別交代了要看他是否能在兩小時內腸胃通氣，通氣的標誌是要恢復放屁功能，如果放不出屁，問題就嚴重了，又得搶救，重新手術。病員的肛門裡插著一根長長的像皮導管，導管的另一頭插在床下的一盆清水中。護士說，只要看到水裡的導管冒出氣泡，就說明縫合的腸子通氣了。我靜靜地坐在病人床邊，眼睛盯著盆裡的水看。坐了好久也不見有氣泡冒出，我開始不安起來。一會兒看看病人蒼白的臉，一會兒又看看盆裡的水，心想，可別在我手上出事啊。正擔心著，忽見盆裡的水「砰通砰通砰通」地接連冒了三個氣泡，這下我大大地鬆了一口氣，提筆在病人病歷上作了如下記錄：「×年×月×日×時×分，×床病人排屁三個。」順利交班。

一九六八年年底，我和王小平都被評為五好戰士，我還被選為二所團支部的組織委員。

第十二章　暗箭

一九六九年元月，我接到安東來信，說她已經結婚，小詹被分配在呼和浩特市鍋爐廠，已先行報到去了。她在南京處理一些遺留事項，過幾天也將赴呼市，以後還不知哪年哪月我們才能再見上面呢，問我能否請幾天假，回南京見一面。我閱信後立即向領導彙報了，領導很厚道，批給我一星期假，讓我回南京送姐姐。

我一刻都不耽擱，當天就乘火車回南京，回到公教一村的家。姐倆見面後有說不完的話，晚上躺在床上徹夜長談。直到這時，安東才流著眼淚告訴了我她和小詹的遭遇。原來，那時各中學和大學都進駐了工宣隊接管學校，他們在學校裡搞起了「清理階級隊伍」。一名與小詹有不同觀點的人，拉攏了工宣隊頭頭，把小詹打成了「現行反革命」，抓起來隔離審查。與此同時，他們與南師附中工宣隊聯繫，要他們找安東談話，叫安東與小詹斷絕關係。可是任憑工宣隊如何威脅，倔強的安東死也不從命，不僅不與小詹劃清界限，反而天天跑到關押小詹的地方去看他。雖然她被屢屢擋在門外不讓見，她還是堅持不懈，因為她堅信小詹是好人。

最終，安東的執著和癡情打動了一名看守，放安東進屋見了小詹一面。安東說，兩個月不見，小詹已是三分像人，七分像鬼了，頭髮鬍子老長，骨瘦如柴。說到這裡，安東泣不成聲，我也陪她落淚。安東告訴小詹，她永遠都會等他，要他一定挺住。安東的倔強激怒了南師附中工宣隊，他們組織了一幫初中生，在安東臥室的窗下貼了大字報，敦促她「站到革命路線一邊來」，而且每天對著安東不停地呼喊口號。他們越逼，安東的態度越強硬。她對那幫來鬧事的小孩子置之不理，巋然不動。

進駐炮工的工宣隊關了小詹三個月，什麼問題也沒查出來。他們給小詹扣上的莫須有罪名，小詹死不認帳，再打再罵也不寫交代不畫押，因為他有安東這個強大的精神支柱，他什麼也不怕。一九六八年底，根據中央精神，大專院校學生必須分配離校，工宣隊只好放了小詹，但是把他分到最偏遠的東北嫩江。這時恰好呼市鍋爐廠來要人，沒人願去，小詹就頂了那個名額。呼和浩特畢竟是內蒙古自治區的首府，總要比嫩江好些。安東說，即便是去嫩江，她也會毫不猶豫地跟著小詹走的。

和安東相聚的那幾天，衛國也請了一天假回來為安東送行。考慮到我家沒人在南京住了，我們決定把兩間住房還給公家。那時我們都年輕幼稚，沒有想到應該把住房留下來，托給朋友照看，將來我們一旦有誰回南京還能有個住處。我們哪裡知道城市裡的住房奇缺，將來我們若再想要一間住房會難於上青天。那時我和衛國都打算長期在部隊幹下去，所以一致同意將住房上交。媽媽的大樟木箱裝著我的東西運至本惠處，由他保管，爸爸的藤條箱由衛國帶去部隊。其餘的東西，我們去南京西站托運至呼市給安東。一切處理完畢，我們去市府管理局交了住房。

隨後，我們姊妹三人去照相館拍了合影，當晚就送安東上了去內蒙的火車，她這一去就是整整十二年。令人惋惜的是，我們的合影被照相館拍壞了。兩星期後，我在部隊收到了照相館寄來的照片，只有我和衛國的合影，卻沒有和安東的合影。他們在信封裡附了一紙道歉信，我們卻永遠都沒有那次的臨別紀念照了。

安東走後，衛國回了部隊，本惠也去了江浦縣的「五七幹校」，我便啟程去上海看望王峰表叔。王峰表叔見到我十分高興，又送給我一套毛主席像章，還一再挽留我多住幾天再走。我對他說，我必須遵守紀律，按時歸隊，一天也不能超假。王峰表叔說：「我給你們部隊領導打個電話，要他們多給你幾天假，怎麼樣？」我忙說：「別別別，千萬不能那樣，部隊裡的人最煩特殊化了，我可不願被他們扣上特殊化的帽子啊。」王峰表叔微笑著點了點頭，不再硬留我。

在上海住了兩晚後，我告別了王峰表叔，登上返回江山的火車。坐在火車上，我有些傷感，感到我們姊妹真正徹底地分散了，恐怕再難有團聚的一天了。我想到了大姐培根，覺得自己已經是一名解放軍戰士了，應該主動搞好團結才對，所以一回到醫院，我就給培根寫了一封信，告訴她我在部隊這一年來的鍛煉和成長。由於她一直視我為「資產階級嬌小姐」，對我不屑一顧，我作好了思想準備，收不到她的回信。沒想到，她很快就回信了，還對我在部隊的表現十分讚賞，一改過去對我不理不睬的冷漠態度。我讀了她的信，甭提有多高興了，興奮地立即又去信。那時我做夢也不會想到，從我給她寫的第一封信開始，就已踏上了自毀前程的危險道路。我對她的友好和善意，幾乎讓我付出了喪失生命的巨大代價。

一九六九年四月一日，在病房忙完了一天的工作後，我早早地上床歇息了。半夜裡，突然起床號響，緊接著集合號又響了，我們立即起床去所部集中。原來，是傳達中國共產黨的第九次代表大會當日在北京召開的喜訊。上年九月初，新疆和西藏兩個自治區成立了革命委員會後，中國實現了「除臺灣省外全國山河一片紅」，黨的九大籌備工作，就在緊鑼密鼓地進行著了。

九大的召開，代表了當時全國二千二百多萬黨員。此時距離上屆代表大會——中共八大的召開已有將近十三個春秋了。按照八大通過的《中國共產黨黨章》規定，黨的代表大會，每五年舉行一次。顯然，九大的召開拖延得太久了，充分說明中國的執政黨缺乏法制觀念。在兩屆大會之間的十三年中，八大制定的一系列比較正確的方針政策，沒有得到堅持和貫徹。相反，黨的指導思想卻逐漸左傾，終於發展到極左思潮的顛峰，爆發了文化大革命。全國「踢開黨委鬧革命」，各級黨委先後被推翻。在毛澤東清除了自己的政敵，江青也拔去了自己的眼中釘，中央委員會大換血之後，才拉開了九大的帷幕。參加九大的代表，不是通過選舉產生的，全部是在權衡了各個派別的利害關係後，由中央指定的。代表中竟然有「突擊入黨」的黨齡不足一個月的年輕新黨員，而且居然「當選」為候補中央委員，用坐「直升飛機」的方式吐故納新。

黨的九大確定了林彪為毛澤東的接班人，並且將此寫進了黨章。時刻處心積慮揣摩毛澤東心思的林彪，這次卻猜錯了。他以為歷時三年的文革已經搞得差不多了，九大的召開應標誌著文革的結束，所以他在準備的發言稿中，將發展國民經濟寫了進去。毛澤東看了很不高興，指示江青和張春橋進行了修改，提出了進一步開展更加左傾和階級鬥爭擴大化的「鬥批改」運動。鬥，就是鬥垮走資本主義道路的黨內當權派；批，就是批判資產階級反動學術權威，批判一切剝削階級意識形態；改，就是改革教育，改革文藝，改革一切不符合社會主義經濟基礎的上層建築。林彪在被毛澤東指定為其接班人的同時，就因自己的錯誤估計而開始了兩人之間的裂痕，從「親密戰友」迅速走向疏遠直至徹底鬧翻。

九大之後的「鬥批改」運動，一再強調要以大批判開路，而大批判的直接後果，是極大地動搖了人們對共產黨和共產主義的信仰，傷了中國人民的心，給生產，科研，教育，文化各個領域帶來了巨大破壞，造成了百花凋零，萬馬齊喑，人人自危，思想被嚴重禁錮的局面。隨著「鬥批改」運動在全國的迅猛開展，各種各樣的顛倒黑白，無視事實，不講道理，不容分辨，捕風捉影，斷章取義，無限上綱的極其粗暴的不端行為和語言暴力也隨之盛行起來。

由於文化大革命全局性的方針錯誤，對於「階級敵人」沒有明確的定義，主觀性和隨意性極強，任意誇大敵情，破壞民主與法制，人權沒有保障，各種名目的組織都可任意揪鬥，關押，審訊他們認為的「階級敵人」，加上車輪戰術刑訊逼供等野蠻方式，濫用專政手段，因而造成了打擊一大片，冤假錯案遍於域中的嚴重後果。數以萬計的無辜者被關押，成千上萬的人被迫害致死，致殘，逼瘋，加上他們的親屬和各種社會關係，全國受株連的人多達一億餘人，真正是史無前例。

我的大外公周新民就是在文革中被逼瘋的。他從一九六七年夏失去記憶至一九八二年春去世，再也沒有叫出任何一個去探視他的朋友的名字，就連粉碎「四人幫」後，中央邀請他上天安門觀禮都無力參加。好在他死後享盡了哀榮，《人民日報》用一個半的版面登載了他的生平事蹟，給予他很高的評價，使他的家人得到些許慰籍。

那個時期，我與安東通信最多，在姊妹中感情也最好。在學校時成績優異的她，從小就有遠大志向，一心一意要考上清華大學原子物理系，成為科學家，做中國的居里夫人。可是一場傷天害理的文革，不僅讓她的理想徹底破滅，而且使她的身心健康受到極大的摧殘。她只好為了愛情，追隨小詹去呼和浩特生活。小詹所在的呼和浩特鍋爐廠，是一個專門安排勞改犯的集體所有制單位。那裡面的大多數工人，都是在服刑好多年之後轉送來的。安東只去過鍋爐廠一次，就再也不敢去了。那天她去車間找小詹有事，一走進廠房，所有的工人都停下了手中的活兒，死盯著安東看，貪色的眼光垂涎欲滴，小詹一把拉上安東出了工廠大門。小詹說，那裡很多人十多年都沒見過女人了，所以一看見女人，尤其像安東這麼標緻的女人，個個都像窮兇極惡的餓狼一樣，恨不得一口吃了她。小詹從此不許安東再進他的廠。

安東和小詹住在廠裡分的一間十平方米的小屋裡，兩人靠著小詹每月四十幾元的工資生活，安東離開南京後，政府就停止給她發放生活費了。要強的安東不願在家吃閒飯，便外出四處找工作。可是她沒有呼和浩特市戶口，工作很難找。她帶去的南京市戶口轉移證明，不讓安在呼市，只許落在郊縣或牧區。安東不願意，只好將戶口證明放在家裡擱置起來，成了黑戶，連內蒙發的糧票都領不著。

正式工作找不到，但可以找到不要戶口證明的幹體力活的臨時工。安東找到的第一份工是拖板車。她每天拖著沉重的板車，運煤運物資，來回要走四十里，才只能掙到兩塊錢。安東說，呼市的冬季極度寒冷，每晚幹完活回到家裡，鼻上的眼鏡都與臉蛋凍結在一起，半天摘不下來。第一個月，她就用自己掙來的血汗錢，購置了新床單和小炕桌，精心地打造著自己愛情的小窩。她在給我的信中，樂觀地寫道：「勞動換得幸福來。」那年五月，已有五個月身孕的安東，每天仍在頑強拼搏，幹著重活。一天，她在往五層樓上搬運煤球時，暈倒在人家門口，下身流血。繁重的體力勞動，導致了她的頭一個孩子胎死腹中。她被送往醫院搶救，醫院為她做了引產手術，產下了一個已經成形的男胎。就這樣，安東掙來的血汗錢，統統付了醫療費，孩子也沒了，人財兩空。出院後的安東，體質極其虛弱，不久又染上了急性黃膽型肝炎住院治療，再次耗盡了她和小詹所有的錢。

小詹從此不讓安東再幹臨時工，可是總得想個辦法安上戶口才行啊。當時二十七軍軍長尤太忠已從無錫調去內蒙，小詹想，尤太忠當年與我父母一樣，都是三野的，何不找他幫忙將安東的戶口安在呼市？於是小詹壯起膽子去找了尤太忠。到底是老幹部，對烈士子女有階級感情，尤太忠馬上指示呼市公安局給安東落上了戶口。戶口問題解決後，安東很快就當上了一名小學教師，有了自己固定的工資收入。她在學校的教學質量，是老師中最高的。在呼市度過了最初的大半年艱苦日子後，安東的生活穩定下來。但是，那次的肝病，卻使安東的脾氣變壞了，容易動怒，也為她後來的憂鬱症埋下了隱患。

地方上的極左思潮，極大地影響著軍隊。我們在醫院的政治學習中，也要不斷進行大批判，還要以階級鬥爭為綱，鬥私批修，狠鬥私字一閃念。醫院裡專門騰出一間病房，當作「忠字室」，要醫護人員和傷病員每天對毛主席表忠心。大家把自已寫的表忠心文章，畫的毛主席頭像，用紅紙剪成的「忠」字等等都送到「忠字室」，陳列在那裡的長桌上，我們每天一次，進去參觀朝拜三鞠躬。

我所二十三歲的護士閻常玲，來自城市貧民家庭，護校畢業，聰明漂亮，天真活潑，十分討喜。有一天，她在用舊報紙練習剪「忠」字時，粗心大意沒注意看，不小心將報紙反面的毛主席像剪成了兩半，使偉大領袖的頭與身子分了家。這下子還得了啊，她那個學習小組組長立即叫她停職反省，回去寫檢查，並說第二天她必須在批判大會上作認罪檢討，等候處理。小閻護士當晚就趁人不注意，在被服倉庫上了吊，自殺身亡。原定第二天的批判會，變成了辦喪事。她死後，醫院領導沒有定她為反革命，他們心知肚明，知道這是一個意外事故，所以什麼也沒說，就把她往醫院後面的山崗上一埋了事。可是，她的父母家人都沒有來部隊看她最後一眼，政治壓倒了親情，人人膽小如鼠。

一九六九年五月，我們二所又與一所交接班，他們下病房，我們戰備值班。這次的戰備值班，我們沒有出去拉練野營，而是在營區操練步伐，投擲手榴彈，練打衝鋒槍。除此而外，還經常在附近生產隊參加支農勞動。支農是我最感頭痛的事，我覺得幹農活是不務正業。我們是醫護人員，本該多學些醫療技術的，現在倒好，差不多每天都要花上一兩個小時挑大糞，或者挖塘泥，或者上山徒手滅殺松毛蟲。

醫院四周的小山包上，長著許多小松林，是生產隊的財產。由於連續多日乾旱，發生了嚴重的蟲災，每棵樹上都有密密麻麻的松毛蟲在吞噬松針松枝。可是農藥廠都停工停產，買不到殺蟲劑，我們全所人員就集體上山，幫助社員滅蟲。先由男同志們用力搖動樹幹，搖下的松毛蟲掉在地上，女同志們再用腳將它們踩死。男同志們搖動樹幹時，好多黑呼呼不停蠕動身軀的松毛蟲，像下大雨一樣落在我們頭上身上甚至脖子裡，嚇得護理班的小柳直哭。其他女兵雖然忍住沒哭，心裡也是害怕得要死。當我用手從身上彈掉松毛蟲時，渾身都起了一層雞皮疙瘩。這些勞動對提高我們的醫療技術，毫無益處。然而部隊的政治高壓和領導的「一言堂」作風，使我們無論如何也不敢說，不敢叫苦叫累，更不敢暴露自己的活思想。我將自己的苦惱，寫信告訴了大姐培根，對挑大糞和上山滅蟲，都非常討厭。而她也及時回信，對我又體貼又關心，我很開心，以為我終於以自己的誠意，得到了大姐的手足情。

在那個紅五月裡，由於我的表現出色，二所的黨支部討論了我的入黨問題，還讓我填寫了一份「入黨志願書」。在部隊入黨，是每一個當兵人的願望，是取得進步的最重要的證明。可是不知為什麼，我填表後過了好久都不開黨支部大會通過，而且從六月份開始，所領導對我的態度突然變得冷淡了，我心裡納悶，攪盡了腦汁也想不明白問題究竟出在哪裡。於是更加努力表現好，埋頭苦幹。可是，無論我花費怎樣的努力，都不見效。我不知道自己什麼地方得罪了領導，心情沉重，就去問平時與我要好的黨支委曹軍醫。曹軍醫說：「組織上對你的一切是瞭解的，你服從就是了。」至於究竟是什麼原因阻礙了我的進步，曹軍醫始終不露半句口風。我如墜入五里霧中，心中委屈不已，傷心地哭了好多回。

一九六九年十月十八日，林彪對全軍下達了一號通令，全國軍隊大調防，我們六九五野戰醫院與江蘇宜興縣的一個野戰醫院對調。我院的傷病員，能出院的全部出院，不能出院的全部轉入金華的後勤十三分部駐軍醫院。然後全院打點行裝，一切醫療設備都留下不帶走，只帶個人物品，每個人都在領章的反面寫上自己的姓名和血型，好像馬上就要開赴真正的戰場一樣。

十一月上旬，六九五野戰醫院全體人員登上了軍用專列，就是那種悶罐子車廂，兩節車廂就裝走了整個醫院。軍列行至常州站，我們全體下車，換乘幾輛大卡車向宜興進發，走的是土公路。一路上，各換防的部隊在公路上延綿數公里，一眼看不到邊。交叉路口上，東西南北路都是部隊的軍車，輪流過路，車輪揚起的灰塵飄揚在半空，也是延綿數公里，風煙滾滾，遮天避日，真像是已經爆發了戰爭。我們在灰塵中前進，濃濃的灰塵撲面而來，落滿一頭一身，直鑽鼻孔耳孔，我們個個成了白毛女白毛男，偶爾吐一口痰，顏色是黑的。

到宜興的新醫院後，感覺這兒的環境比江山縣要好。最讓人高興的是，由於新醫院的周圍全是部隊窩子，所以我們再也不用支農了。休整了幾天後，全院就集體參觀了附近著名的景點善卷洞，由一名分部來的參謀擔任講解。善卷洞很大，洞內有天然形成的各種景觀，還有流水，很好看。不過，原先的自然景觀現在都安上了革命化的新名稱。例如，倒掛的鐘乳石像一串串巨大的玉米棒，所以就叫「慶豐收」，層層的蓮花池改叫「大寨梯田」，一處天然的石頭形似狗熊爬壁，現在叫作「勇攀高峰」。參謀說，善卷洞在文革開始後曾一度被宜興的造反派當作武鬥指揮部，如今被軍隊接管過來，將來一旦打起仗來，戰場指揮部可設在裡面。

一周後，我們開始收治傷病員。這回，兩個衛生所都下病房，分管不同的病區。我被分在傳染病房，與老肝（肝炎）和老肺（肺結核）們打交道。我努力地工作著，對傷病員們關懷備至，服務周到，特別勤快，無一刻懈怠。醫院領導不斷地收到傷病員給我的表揚信，在護理班裡我的表揚信最多，表現突出，負責帶我的吳護士對我印象特別好，經常在所裡集中開會時表揚我。可是，和我同來醫院的另一名女兵被發展入黨了，卻仍然沒有我。我實在想不通，就又跑去問曹軍醫。他還是只說一句：「組織上是瞭解你的。」其他什麼也問不出來，我當著他的面難過得哭了。曹軍醫伸出手，輕輕為我抹去了淚水，卻一聲不響。我只好不再問了，回去悶頭工作，心裡像壓上了沉重的鉛塊，不明白為什麼我在部隊近兩年的汗水會付諸東流。

一九六九年十二月中旬，護理班報上去的「五好戰士」名單裡有我，可是所長宣佈時卻沒有我，這可讓我太受不了了，淚水嘩地流淌下來。宣佈名單後，所長隨即召集護理班全體人員開會，這是我們到醫院後，所長第一次親自專門為我們護理班開會。他張口就開門見山：「今天開會講一講高安華同志的問題。」然後他轉向我，毫無表情地說：「你不是一直想知道為什麼入不了黨嗎？今天就告訴你原因。」說完，他掏出了厚厚的一個信封，舉在手裡對護理班全體說：「這是今年夏天，我們收到的高安華姐姐的來信，現在我給大家念一念。」

培根的信是這樣寫的：「尊敬的二所黨支部，我是你所戰士高安華的大姐。聽說所裡準備發展她入黨，我感到十分擔憂，認為她不符合黨員的條件，根本起不了火車頭的帶頭作用。你們並不瞭解她，被她偽裝的假象迷惑了。作為她的姐姐，我有責任有義務向你們反映真實情況。我這妹妹是一個一貫的兩面派，當領導一套背領導又一套。這兒附有她給我的幾封信，你們看看吧，請你們對她加強教育……」接著，領導撿出其中一封我寫給培根的信念了出來，我對支農勞動和部隊領導的「一言堂」作風的不滿言論，就暴露在光天化日之下了。

我的腦瓜「轟」地一聲爆炸了，打擊是毀滅性的。就好像我被人剝光了衣服，赤身裸體地在大街上示眾，所受的屈辱之大，根本無法用文字表達。護理班裡鴉雀無聲，所有的人都驚呆了。所長沒有讀完我的信，就將培根的信和我的信一併交給了我，對我說：「這些信還給你吧，我們不瞭解你，你姐姐還不瞭解你嗎？」

短短的會議結束了，所長走了，但護理班的小姐妹們一個都沒走。一所的王小平和高新媛聽到風聲也趕來了，大家都圍著我。新媛開口就說：「你這個姐姐不是你媽媽生的吧？否則怎麼會放這樣的暗箭置你於死地呢？」那時好幾名女兵都有同父異母的姊妹，王小平就是如此。她的生母是老幹部，但他爸爸在一九四九年剛解放就與她媽媽離了婚，另娶了一名年輕的文工團員為妻，所以她的弟妹們和她，不是一個媽媽生的。可是培根與我，卻是同父同母所生。我輕輕地對新媛說：「我們是同一個父母生的。」她們都驚叫起來：「怎麼可能呢？天下哪有這樣的姐姐？誰能相信啊？」

那天，從下午開完會到晚上，小平陪著我寸步不離。這種事情實在太出人意料，所以醫院裡絕大多數人都對我深表同情。而我，頭腦幾乎已停止思維，反反覆覆在腦海中出現的只有一首古詩，就是三國時期的曹丕逼迫其弟曹植七步作成的那首「煮豆歌」：「煮豆燃豆萁，豆在釜中泣，本是同根生，相煎何太急！」

從我感覺到領導對我的態度轉壞的那一刻起至今，從來沒有往培根身上想過，我萬萬想不到，我對她的友好和誠實換來的會是她對我背後下黑手。她說我是兩面派，可那時誰又不是兩面派？她自己就是，所不同的是，我這樣的兩面派不害人，而她那樣的兩面派，口蜜腹劍，兩面三刀，用心太邪惡了。她用體貼的語言騙取了我的信任，使我對她敞開心扉，其實是給我設下的圈套，一旦搜羅到我的「罪證」，就向我射出了暗箭，置我於死地，也將我的心射成粉碎。可是，她出賣了我，能夠得到什麼好處呢？妹妹的倒臺完蛋，真的能給她帶來樂趣嗎？我永遠找不到答案。但在我心裡，從此不再認這個姐姐。沒有她，我會生活得更好。

公佈信件的那天晚上，我沒有去食堂吃飯，女兵們為我打來飯菜，可我坐著不動，兩眼發呆，不吃也不喝。我的神經如果再稍稍脆弱那麼一點點，肯定就是精神分裂症患者了。小平把我拉到她的寢室，當晚就叫我睡她那兒，不許我離開。我在一遍又一遍的「相煎何太急」的吟詠中昏昏睡去。半夜裡，我被一陣吵鬧聲驚醒。睜開眼就見到吳護士站在床前：「啊呀，可找到你了。可把我們嚇壞了，沒事就好，沒事就好！」原來，二所的哨兵夜裡查鋪，見我的鋪位是空著的，慌忙報告了所領導，他們以為我也會像小閻護士那樣，受不了打擊而尋了短見。也許是一時慌亂，沒有首先想到我會在一所的王小平那兒，就把二所的軍醫護士都發動起來出去尋找。他們打著手電筒，找遍醫院周圍的水溝水塘，磨房倉庫，最後在一所找到了我。沒有人責備我，大家心裡都明鏡似地透亮，知道這樣的事無論擱在誰頭上，都不亞於一顆重磅炸彈所造成的嚴重傷害。

過了幾天，復員名單就公佈了，四名女兵復員，兩名安徽農村來的女兵，加上我和小柳。所長又一次來到護理班，向我們說明，我是否復員，是經過了院領導的反覆討論而最後決定的。上級分給我院四名女兵復員名額，兩名農村兵走人沒關係，而其他人，叫誰走他們都有難處。我這個烈士子女除外，所有女兵們的父親都是軍隊在職高級將領，比我們院長高出好幾級。儘管我表現很好，可是我父母的權威已不存在，讓我復員是不會得罪任何首長的。而小柳，平時表現得太過嬌氣，醫院裡對她的反映普遍不太好，讓她復員是順理成章的。所長在宣佈復員名單之前公佈培根的信，就是為避免大家因我的復員而議論紛紛。但是名單一宣佈，還是令不少醫護人員和傷病員為我感到驚訝，感到惋惜，感到遺憾。而其他醫院的個別女兵，在被宣佈復員後，還被她們的老爸轉送到我們醫院來，換個地方繼續當兵，其中就有我們南師附中的人，我在離開六九五醫院之前還見過她，和她說過話。我院編制有限，此時已經超編，壓力太大，所以儘管院黨委裡有些人，為了留下我而極力為我說話，最終還是「為了照顧首長子女而顧全大局」，未能讓我留下。大家都說，如果沒有我姐的那封揭發信，像我這樣原本就是領導重點培養對象的人，是肯定不會復員的。

一九七〇年一月下旬，我拿到了復員費：三十八元人民幣，我的短暫的當兵生涯就此告終。我含著眼淚，默默地摘下了紅領章和紅帽徽。我們二所的幾名復員軍人，由當初接我們來醫院的魏幹事負責送回南京。我們帶著部隊所發的一切物品，爬上了軍用卡車，二所全體人員站在路邊歡送。卡車即將發動時，有人大叫：「等一下！等一下！」小黃對我說：「小瞎子，你看，小平來了！」

我抬頭向醫院方向看過去，只見小平飛快地往我們這兒跑著，那天她正當班，卻沒有忘記來送我。跑到跟前時，我才發現，她早已淚流滿面。我從卡車上彎下腰，握住了她向我伸來的高高舉起的雙手。她往我手裡塞了一個小紙包，說：「送給你的，留個紀念吧。」然後揮手，卡車就起程了。我打開紙包，看到一雙嶄新的解放鞋。我抬起眼，向小平揮動著解放鞋。看著漸漸遠去的六九五野戰醫院，我心中湧起的竟是那樣難以割捨的強烈的眷戀，淚水像斷了線的珠子一樣流淌下來，一路哭到了南京。

第十三章　南京無線電廠

卡車行至南京新街口，小柳下車回家去了，魏幹事把我和兩名安徽兵送到後勤招待所住下。第二天，安徽的兩人乘火車走了，只剩下我一人無家可歸，孤苦伶仃。魏幹事對我很同情，當天就帶我去了復員軍人安置辦公室，還特地對那兒的工作人員交代，請他們儘快安排我的工作，盡量安排好一些，才和我告別。我向安辦的人交上從部隊帶回的一個小小的牛皮紙信封——我的檔案。安辦的人沒有耽擱，當時就通知我，我被分配在南京無線電廠。後來得知，小柳被分在南京電子管廠。

南京無線電廠和南京電子管廠都是南京的大軍工企業。當時的南京，是中國軍工生產的重要基地。各大軍工企業都跟部隊一樣，有番號。比如，生產海軍用品的叫伊一〇一廠；生產軍裝被服的叫三五〇三廠；生產降落傘的叫五一一廠；而生產電子產品的，全部是「七」字打頭。所以，生產雷達的叫七二〇廠，生產電子管的叫七三四廠，生產照明器材的叫七四一廠，我所在的無線電廠為部隊生產通訊設備，叫七一四廠。由於廠裡有一個民用車間生產熊貓牌收音機，所以老百姓又叫七一四廠為「熊貓廠」。在生產業務上，所有的「七」字頭工廠，條條上都歸四機部領導，塊塊上都歸江蘇省電子工業廳管。

我一經分配就背上背包，去七一四廠報到。那年的春節來得早，我去報到時，廠裡空無一人，這才知道，那天是大年三十，全廠放假四天回家過年。幸虧勞資科有人值班，我才沒有撲空。那人看了安辦的介紹信後對我說：「你先回家過年，春節假過了再來吧，這會兒沒人安排你的工作。」我聽了鼻子一酸，眼淚叭噠叭噠直往下掉。我哽咽著說：「我沒有家，在南京只有我一人。」他聽我這麼一說，介面答道：「哦，原來是這樣，好吧，我送你去廠裡的職工宿舍。」

七一四廠的職工宿舍，在後宰門清溪路上的一個大院子裡，距廠部大約有兩里路。院內有好幾幢宿舍大樓，還有食堂、澡堂、開水房和一個衛生所。所有建築均被院內馬路和成排的法國梧桐隔開，錯落有致，條件相當好。其中有一幢青磚大樓，是女工宿舍。廠勞資科的人將我交給門房值班的大媽就走了。值班大媽拿著一大串鑰匙，領著我上了女工宿舍三樓，打開三〇八號房間，說：「你就住這兒吧。」說著，她給了我一把鑰匙，也轉身走了。

我這間寢室朝南，裡面有四張上下鋪的木板床，看來是八人住一間。因為過年，屋內無人。我把背包放在一張空著的下鋪上打開，把床鋪好。這時已到中午，可我卻絲毫不感到饑餓。自從所長公佈了培根的信件，又宣佈我復員後，我已有好多天吃不香睡不好了，加上卡車顛簸和旅途勞頓，這會兒只覺得渾身酸痛無力，便躺下睡了。迷迷糊糊醒來時，窗外一片漆黑。我拉開電燈，看了看手錶，才知已是晚上九點了，不知不覺中竟睡了那麼久！

我感到口渴的厲害，想起床找水，卻渾身酸痛得動彈不得。但我咬緊牙關，拼力掙扎著起來，卻是一陣頭暈眼花，差點兒摔倒。好不容易扶著桌子走到屋角摸到了一隻熱水瓶，卻是空的。我只好再上床躺下，可是渾身的骨頭和肌肉都在劇烈疼痛，再也無法入睡了，這才意識到，我恐怕是病了。我的嗓子眼乾得冒煙，想喝水吃藥，但什麼也沒有，想喊人幫忙，但是四周連個鬼影子都沒有。我感到自己是那樣無助，叫天不應，呼地不靈，我想到了死亡。可在這空無一人的地方，即便是死了，也不會有人知曉。在這個一九七〇年一月底的大年夜，我孤獨地承受著疾病的煎熬，承受著精神和肉體的難以名狀的痛苦。深更半夜又人生地不熟，能找誰啊？

我就這麼開著燈，哀傷地看著我的手錶一秒一秒一圈一圈地走著，終於熬到了凌晨五點，到這時，我已經有二十多個小時沒進一滴水一粒米了，只有渾身的酸痛陪伴著我。我想，難道就這麼坐以待斃了嗎？我還有本惠呢，他在五七幹校勞動，還不知道我已返寧。不管怎樣，我都不能這樣等死，培根恨我，可本惠是愛我的啊，就是死，也一定要再見上本惠一面才可甘心。若能倒在愛人的懷中死去，也不枉我來人世間走一回了。若是無聲無息地死掉，怎能瞑目呢？這麼一想，我似乎有了力量，掙扎著坐起來，穿上棉襖，拼出全身的力氣，扶著牆慢慢走出了寢室。

寢室外是一條長長的走廊，走廊的盡頭就是樓梯。我扶著牆一步一挪地走到樓梯口，終於站立不住，一屁股坐在地上，再也站不起來了。可是我的頭腦是清醒的，知道必須走出大樓才能獲救。我艱難地伸出雙腿，手撐著地，一步一挪，坐著一個臺階一個臺階地往下蹭。蹭到底樓，我已精疲力盡。於是躺在地上歇了一會兒，便開始往外爬，就這樣慢慢爬出了大樓。天色已亮，但大院裡空無一人。冬日的清晨，冷風嘯嘯，寒氣直入我的骨髓，透心涼。我仰天長歎：「老天爺啊，我犯了什麼罪，你這麼不容我啊？」

可是這種時候，一切哀歎都無濟於事，只有繼續掙扎著往前爬。老天爺還算慈悲，讓我爬到了衛生所門口，靠在門檻上，卻無力起來敲門。我就這麼靠著，漸漸地失去感覺，不再感到酸痛了。不知過了多久，我聽到了開門聲，又聽到一位女同胞的驚叫：「啊呀，這兒怎麼躺著一個人？」我微微張了一下嘴，卻無力回答。她看到我穿著軍裝，似乎猜到了我的身份，忙將我拖進了衛生所，放在床上。一量我的體溫，水銀柱竟升至四一・五度！值班女醫生趕緊給我掛上葡萄糖鹽水，又拉出我的手臂作了青黴素皮試。兩分鐘後，我的皮試反應呈陰性，她便給我注射了八十萬單位的青黴素。我心裡明白自己已獲救，就是說不出話來。情緒放鬆下來，便昏昏睡去了。

我醒來時，已是大年初二的上午，那位女醫生正坐在床邊守候著我。她見我睜開眼睛，和藹地說：「你終於醒了，你來的還算及時。像這樣的高燒，嚴重脫水，再拖上幾小時，小命就難保了。」得知我是剛進廠的復員軍人，她問我為什麼不回家過年。我搖了搖頭說：「我沒有家，從小是孤兒。」她一怔：「難怪你睡著了還老是喊媽媽呢，還叫本惠本惠的，本惠是誰啊？」我看著她，沉默了一會兒，然後說：「醫生，您能幫我一個忙嗎？」她問：「什麼事？」我便請她打電話給在五七幹校勞動的余本惠，就說一個叫高安華的復員女兵病了，躺在七一四廠後宰門職工醫院。他若不在幹校，就請到中山東路團市委去找。女醫生點點頭就出去了。

當天下午，本惠就帶著剛買的一包蛋糕火急火燎地趕來了。他一見我就說：「怎麼病成這樣啊？哎……哎……」長吁短歎了好一會。看到本惠，我的心踏實了。有親人在身旁，我就什麼也不怕了。廠裡的大食堂假日裡關門，女醫生就在屋裡用小煤油爐熬了一小鍋大米粥，香噴噴地勾起了我的食慾。女醫生給每人盛了一碗粥，扶我坐起，讓我跟他們一道，喝了一小碗粥，吃了點榨菜，我渾身都暖了起來，出了汗，熱度也退去許多。這是我進廠後吃的第一頓飯，雖然沒吃下多少，身上的燒也沒退盡，但我已擺脫了死神，開始恢復體力。

四天的假期一過，回家過節的職工都回廠上班，我也離開衛生所，回到自己的寢室。宿舍裡已住滿了女工，有蘇北人，南京人，也有上海人。女醫生給我開了一個星期病假，我託同宿舍的女工將病假條帶去廠裡。很快，有四位師傅來宿舍看望我。我這才知道，我被分在廠裡的設計所當裝接工。來看我的四人是：設計所連長（即所長），指導員（即黨支部書記）和裝接班的正副班長。他們安排了女工來照顧我，每天為我去食堂打飯菜送來，直到我自己能夠走動才停止。一周後，我拖著大病初愈的疲軟身軀，進廠上班。

南京無線電廠的前身，是解放前國民黨時期的中央無線電廠，是蔣介石在一九三六年親自下令建立的中國第一家軍工無線電廠。生產的產品，從以前為國民黨軍隊服務，到現在為共產黨的解放軍服務，一直以軍工生產為主，也是毛澤東主席在一九五六年視察過的工廠。聽指導員說，在全國大大小小數百家無線電廠中，南京無線電廠是唯一享受到國家最高領袖光臨之殊榮的工廠。毛澤東來廠視察時與女工李琦交談的巨幅照片，掛在廠裡的榮譽室裡隨時供人參觀。

我進廠時，全廠有職工六千餘人，二十個車間和一個設計所。廠革委會主任是一名軍代表，名叫朱根傳，原來的廠長馮志遠和黨委書記李元如都是副主任。當時廠裡的建制完全按照軍隊的一套叫法，車間叫連隊，車間主任叫連長，車間黨支部書記叫指導員。二十個車間就是二十個連隊，每個連隊有工人兩百至四百名不等。由於我所在的設計所裡，有一百多名大學畢業的設計師分在各個科室，是知識份子「臭老九」成堆的地方，所以被編成廠裡的第十一連隊，被前後各十個工人階級的連隊夾在中間，意思是十分明瞭的：在工人階級的包圍中，看誰還敢不老老實實地接受思想改造？看誰還敢不接受工人階級的再教育？

設計所有兩個裝接班，每班有十來個人，除了正副班長是老師傅外，主要由復員軍人和十七、八歲的學徒工組成，任務是為「臭老九」們設計的新產品進行小批量試生產，不像大車間裡的流水線那麼繁忙。我到裝接班報到後，就領到了一件白大褂和一雙白布鞋。設計所全體員工，每天必須先在樓梯口套上白大褂，換上白布鞋，才許進去，非常乾淨。不知道的人看了，真會以為我們是醫院裡的白衣天使呢。我剛進廠那會兒，裝接班根本沒有活兒幹，整天都是政治學習。有時侯，老師傅也給我一小塊舊的接線板，插上一些廢棄的電阻電容和電晶體，教我練習焊接技術。老實說，活兒很輕，一點兒也不累，比在六九五野戰醫院舒服多了。廠裡的老師傅都很樸實善良，連長和指導員也對我不錯。慢慢地，我的一顆受傷的心逐漸平復，對所受的打擊也不再去想了。

和我同一批進廠的復員軍人很多，百分之九十五是男性，多數來自農村。一九七〇年國家急需發展通訊衛星等電子工業，需要補充工人，而各大軍工廠因文革運動已有多年不招工了，所以由南京軍區特批，將一部分當年的復員軍人安排進廠當了工人，使這一批農村兵幸運地獲得南京市戶口。復員軍人一進廠就成為廠裡的基幹民兵，我也是基幹民兵，但卻只掛個名，不參加民兵活動。因為我一進廠就上了「老弱病殘」名單，大家都很照顧我，一次也沒有讓我參加基幹民兵訓練。

當了兩年兵的戰士復員進廠後，一律按第三年學徒發工資，每月二十二元，扣除一元集體宿舍房租，實發到手二十一元。我每月在廠裡大食堂吃飯，很少吃葷，也要花費十五元左右，所剩無幾的零花錢還得購買牙膏草紙等日用品，基本上就是一個完全的無產階級，根本無力購置新衣新鞋，一年四季都穿著一身舊軍裝和解放鞋。幸虧那時全民所有制單位的工人有公費醫療，否則得話，要是生了重病就只有完蛋。我進廠第二年時被定為一級工，每月工資增至三十三元，第三年定為二級工，每月工資為三十九元四角六分，然後就停滯不前了。二級工的工資整整拿了十年，就用這樣的低工資結婚生子養家活口，直到一九八二年國家決定給百分之四十的人加工資時，我才又加了一元多點兒。而和我同時入伍的王小平她們，一九七〇年初我剛離開部隊，她們就都提幹當了護士，每月工資陡升至五十六元，每年還有新軍裝發，我比她們低了好幾個數量級。培根對我的背叛，使我在精神上，身體健康上和經濟收入上都損失慘重，落入了社會的最底層。

我進廠後，一直與本惠保持著通信聯繫，不斷往他的五七幹校寫信，但他的回信卻並不勤。我以為他忙，沒有介意。我知道，他每隔兩周，可以回城兩天。所以有一個星期天，我算算該是他回城的日子了，想給他一個意外的驚喜，事先沒向他打招呼，直接去了他的宿舍。不料，當我推門進去時，他有些驚愕，還有些慌亂，好像不歡迎我似的。但我還是沒有多想就進了屋，像到自己家裡一樣在他床上坐下。猛然看見正對著床的書桌上放著一個精緻的鏡框，裡面是一張放大了的小方的照片。我與本惠交往了好幾年了，他都沒有給我買過一個鏡框，怎麼小方在他那兒的待遇竟然會超過我了呢？我感到了問題的嚴重性，楞住不語了。本惠見狀，一把拉開抽屜，將桌上小方的照片收進抽屜關上了。

我覺得頭暈，一言不發地坐著。我的大姐欺騙了我，讓我吃盡苦頭。難道我最信賴的本惠也在欺騙我不成？我沉默著，雙眼直勾勾地盯著他，想看透他。我眼中射出的犀利目光在對他無聲地喝問：「這究竟是怎麼一回事？」本惠不敢看我的眼睛，他的眼睛躲避著我的目光，怯怯地說：「你的身體太弱了……恐怕不適合……我今後會把你當成親妹妹來看待的……」我張了張嘴，卻什麼也說不出來。我已經不會思維了，出現在我頭腦中的只有這樣一個標點符號：「?!」

我的初戀，就這樣劃上了句號。我默默地離開了本惠的小屋，他也沒有來追。我心裡空落落的，非常難過，卻欲哭無淚。星期天我還能去哪兒呢？只有爸爸媽媽才是真正心疼我的人啊。從本惠那兒出來，我到新街口登上了三十二路電車，一直坐到底，在中華門外下車，一個人沿著共青團路，向望江磯爸爸媽媽的墓地走去。天陰沉下來，厚重的烏雲壓了下來，壓在我的心頭，幾乎令我透不過氣來。二月的南京，沒有一點綠色，郊外更是一片蒼茫，光禿禿的樹枝在寒風中搖晃，與我的心境一樣淒涼。

我走到父母墓前，先把右臉蛋貼在爸爸的墓碑上，輕輕喊了一聲「爸爸」，再把左臉蛋貼在媽媽的墓碑上，輕輕喊了一聲「媽媽」，眼淚奪眶而出。看著墓旁枯黃的野草，心頭湧起的只有無限的傷感，無限的孤獨。天地悠悠，唯有父母情長久。可我與他們早已是陰陽兩界，天上人間。現在，我的戀人也離我而去了，使我完全無依無靠，誰會憐我？誰又會惜我？媽媽啊，你去世已整十年。十年生死兩茫茫，不思量，自難忘。千里孤墳，無處話淒涼。相顧無言，惟有淚千行。

我環顧四周，父母的墓旁，一座新墓赫然映入眼簾，墓碑上寫著：「江靖宇之墓」。啊！敬愛的江伯伯，想不到，您也離開了人世！我又少了一位關愛我的老前輩。江伯伯生前，是父母的好友和鄰居。他死後，一定是朱阿姨把他葬在父母的墓旁，讓他們永遠作伴，永做鄰居。

我想著本惠，心裡難過。他與我分手，令我傷感。可是我對他卻怎麼也恨不起來，內心留下的只有無盡的惆悵和眷戀。人生在世，聚散都是緣。曾聽到有人說過，不在乎天長地久，只珍惜曾經擁有。本惠給我留下的永遠都是初戀的純情和美好，我把少女最寶貴的貞操給了他，是他讓我成了真正的女人，我不後悔。

我在潛意識裡的那份對親情的渴求，使我在離開父母墓地後徑直去了蘭園二十四號。可是卻被鄰居告知，我的外公已於一年前去世，外婆和小舅被市革委會趕出了蘭園，聽說搬到城南一帶，地址不詳。原本住在隔壁的朱阿姨，在江伯伯去世後，也早被趕到不知什麼地方去了。我趴在通往他家庭院的小門的門洞往裡窺視，只見他家的大花園一片破落，遍地殘花敗葉，往日的光彩無影無蹤，令我痛斷肝腸。我回頭最後又看了一眼昔日我的家，便走出了蘭園二十四號大門。這時才看到，斜對門蘭園十號的外牆上，刷著這樣的大標語：「打倒反革命份子彭德懷的黑幹將王彬！」我感到心灰意冷，幾乎所有我敬重的人，也是關愛我的人，死的死、殘的殘、打倒的打倒、趕走的趕走、關押的關押，一個都找不到了。我知道他們都是好人，愛國愛民，忠心耿耿，可是卻都遭遇如此不幸，命運為何對他們如此不公啊？我喃喃自語：「中國到底怎麼了？怎麼了？」

那天在墓地，我發現父母的墓已經有所損壞，特別是媽媽的墓，有大塊的水泥脫落，所以決定去找有關部門為父母修墓。星期一上午我請了半天假，去了媽媽從前工作過的城建局。剛走進門廳，就有一位叔叔認出了我，問道：「你是周洪冰部長的女兒吧？」我驚異地點點頭，不知道他是誰。他笑著說：「你小時候常跟你媽媽來辦公室玩，哪個不認識你啊？你和小時候真沒怎麼變。」原來他是城建局的老工作人員。我高興地說：「叔叔好！」他又問：「你來這兒有什麼事嗎？」我說想找人為父母修墓。他環顧了一下四周，小聲對我說：「現在情況不同了，全是軍代表當權，軍隊的一個小連長在管著整個城建局呢，一切都是他說了算。我可以領你去他那兒，但是他會是什麼態度，不好說。」說完，他領我去了城建局革委會主任辦公室。

我見大寫字臺後面坐著一位三十多歲的解放軍，便很禮貌地說：「首長好！」大概是因為這樣的稱呼愉悅了他，我又穿著一身軍裝的緣故，想必與他也應該是同一個戰壕的戰友吧，這位軍代表開頭對我還算客氣，平和地問我：「你有什麼事？」我說想請城建局幫助，為我父母修墓。他又問：「你父母是幹什麼的？」我如實相告。不料，他竟十分傲慢地拿腔拿調起來：「你知不知道，我們現在已經是新生的革命委員會了，而你的父母都是舊市委的舊人員，我們怎麼能管呢？」我一聽就急了，說道：「我的父母可都是革命烈士啊！」他聽了竟然把眼珠子一瞪，一臉的不屑，不耐煩地大聲說：「笑話！舊市委和舊省委定的革命烈士現在還能算數嗎？他們要是活著，還不照樣都是走資派？還不都是批鬥對象？還妄想讓新生的革命委員會為他們修墓？走走走，別在這兒耽誤我的時間。」

他的話是對我父母的侮辱！我的眼淚嘩地一下淌了下來，想反駁他幾句，還沒來得及說出來，就被他的手下人拉出了辦公室。屋外走廊上，剛才領我進屋的叔叔還在等我。他見我哭著出來，立刻明白了結果。於是，他把我拉出了大樓，對我說：「別哭別哭，你去成咸街的市民政局找一個叫林正方的副局長試試，他認識你的父母，而且他已被結合進市革會，興許幫得上忙。」我聽了立即擦乾眼淚，謝過那位叔叔，出了市委大院直奔民政局。到了民政局值班室，我求見林正方副局長。也許是我長得太像一個十來歲的小女孩了，人家根本就不把我當回事。值班員漫不經心地抬眼看了看我，也不問問我有什麼事，就擺出一副傲慢，說：「林局長很忙，不會客。」這種討厭的政府機關官僚作風和腔調，到哪兒都能碰到，十分普遍，恐怕是中國公務員的一種通病。我情急生智，並不示弱，也擺出一副傲慢，回他說：「他再忙也會見我的，我父母是他的好朋友！」這一招果然靈驗，立馬唬住了他，他的臉上一下子就堆滿了令人肉麻的笑容：「啊，原來是這樣，請問你的父母叫什麼名字？」我如實說了，他立即撥打電話報告了林局長。只一分鐘工夫，老局長林正方就下樓來見我了。

林叔叔很關切地詢問了我們幾個姊妹這幾年的生活情況，我說都好，只是父母的墓需要修理了，請林叔叔幫助。他聽後沒有半點猶豫，爽快地說：「這事你放心，本來就是政府的事。文革之前，我們每年都為去世的老幹部修墓，從未間斷過。文革開始後這幾年，政府都亂了套，所以墓地也沒人管了。但是既然新生的革命委員會已經成立了，那麼一切就該走上正規，該管的都得再管起來。」他隨即撥電話給清涼山殯葬管理委員會的李主任，對他交代了這件事，而且對李主任說，修墓的費用，等墓修好後再結算，買材料的單據拿到民政局來實報實銷。

一個星期後，我正在裝接班參加政治學習，副指導員吳為民笑嘻嘻地跑來叫我，說連部辦公室有我的電話。我忙跑去接聽，原來是李主任從廠門口打來的。他說，我父母的墓已經修好了，他的車就在廠大門口等我，接我去墓地看看是否滿意。我馬上向連裡請了假，一路小跑到廠大門口，上了李主任的中吉普，跟他去了父母墓地。父母的墓已是煥然一新，墓碑上的字也都用黑色油漆重新漆過，十分清晰醒目，我很滿意，再三感謝李主任。李主任說：「不用謝我，謝謝你林叔叔吧。」當晚我就去了鼓樓雙井巷林叔叔的家，向他表示感謝。林叔叔不要我謝，反而招待我吃了一頓豐盛的晚餐。老幹部對革命後代深厚的階級感情，再次溫暖了我的心，使我覺得活著很有意義，人間只要有真情在，生活就會美好，我也就不會孤單。在二十一世紀的今天，當我提筆撰寫回憶錄時，絕大多數父母一輩的老幹部都已向馬克思報了到，與我的父母歡聚在天堂了。我只能以這寥寥幾筆文字，祭典他們的英靈，緬懷逝去的歲月，激勵自己以他們為榜樣，像他們那樣光明磊落地走完自己的人生路。

七一四廠設計所，是一幢四層的漂亮樓房。我們裝接班在三樓，緊挨著「臭老九」的設計室。我所設計師研製的各種軍用電子通訊設備，都是國內最先進的，技術上對外是保密的，所有產品都有代號。例如，單邊帶瞬間發射機稱作九十號，終端機稱作八十二號，接收機稱作七十號等等。雖說設計師是「臭老九」，我卻與他們「臭味相投」，平時相處非常好。他們文化程度高，不少人學富五車滿腹經綸，我也就「近墨者黑」，與他們很談得來。每天中午吃完飯，兩小時的午休，我不待在裝接班，喜歡跑到「臭老九」的科室，與他們混在一起，聊天侃大山，或者打撲克。那時流行紅心五，也就是「提壺」的孿生兄弟，而拱豬牽羊最為熱火朝天。真是其樂無窮。

在部隊時，因為想入黨，我謹言慎行，處處小心翼翼，時刻看著領導的臉色做事，很在乎領導對我的印象，活得很累。部隊裡流行一句話，叫做「忠不忠看行動」，可是，我在行動上做得那麼好，簡直無可挑剔，還是不如一封揭發信的力量大，根本就不看我的行動。所以，我不再相信那一套說教了。復員後，我政治上不再要求上進，不再要求入黨，不再在乎領導印象，所以絲毫也不害怕與臭老九們混在一起。我想，反正我是烈士子女，他們頂多說我是落後份子，還能把我怎樣？這麼一想，我什麼思想負擔也沒有了，心情反而輕鬆，行動反而自由自在多了。

我回寧後，把培根寫給我們部隊的揭發信寄給了安東。安東看後，對培根的惡劣行為怒不可遏，回信給我說：「太卑鄙了！」隨即宣佈與培根斷絕關係。安東與我，在政治上是永遠的死黨、同盟軍。安東不僅心高氣傲，而且富有個性，在很多人把政治條件好當成擇偶的第一標準時，安東偏偏挑了一個被打成反革命的臭老九，頂住工宣隊的壓力，嫁給他為妻，跟隨他去邊疆。我復員以後，也完全看淡了政治名聲，擺脫了精神上的羈絆，變成了與安東一樣桀驁不馴我行我素的人。

我進廠兩個月光景，設計所的臭老九裡，突然就有人出了大問題。哈軍工分來的大學生錢壽山，二十四歲，一表人才、人高馬大、相貌堂堂，雖然是臭老九，卻因一手好槍法而成為基幹民兵。他的槍打得又快又準，每回全市基幹民兵表演射擊，他必上場，很為廠裡掙了些面子，他也就比較傲氣，無形中可能得罪了人。不知是哪個小人想整他，想出的鬼點子實在太惡毒了。在一次打靶後，驗靶員大驚失色地跑回來報告說，錢壽山的靶子上寫著「毛澤東」三個字。此事立馬成為我廠最大的「反革命事件」。廠保衛科驗不出是誰的筆跡，就把錢壽山當成犯罪嫌疑人關押起來，隔離審查。不管怎樣，射向「毛澤東」三個字的子彈是他打出的，難逃干係。

關押錢壽山的「牛棚」，是設計所二樓的女廁所，裡面放了一張木板床，門口一天二十四小時有基幹民兵輪班看守，二樓的女職工都到我們三樓來上廁所。批判錢壽山的大會，是我進廠後參加的第一次批鬥大會。會場設在二樓大鉗工班，我們全所人員都坐下，才只占了鉗工班一半的面積。指導員宣佈開會後，就把「反革命份子」押進來了。一陣革命口號開道，然後勒令錢壽山交代罪行。錢壽山當然不肯認罪，他矢口否認靶上的「毛澤東」三個字是他寫的，而且射擊之前毫無知曉。他說：「我會這麼笨嗎，寫這樣的字來自投落網？」他的話剛落音，有人就高喊：「錢壽山不投降，就叫他滅亡！」他越不承認就越整他，越整越厲害，他當場被打得口鼻出血。大會結束後，專案組再繼續審他。據說採用的是車輪戰，一天二十四小時三班倒不停地審，錢壽山若打盹，就往他的雙眼裡抹萬金油，讓他辣得淚水直淌，磕睡就沒了。

對錢壽山的批鬥成了設計所的頭等大事，每兩天就召開一次批鬥大會。開始時，錢壽山還反駁幾句，後來就保持沉默了，任人踢打，他沉著臉，始終一聲不吭。這種時候，專案組總要帶領大家振臂呼喊：「誰反對毛主席，就砸爛誰的狗頭！」台下的全體就跟著齊聲高呼：「砸爛他的狗頭！」但是，錢壽山的頭，不是被別人砸爛的，而是他自己摔爛的。那天批鬥大會結束後，押他回女廁所的民兵一個不留神，走在前面的錢壽山突然撒腿就跑。他平時就是體育好手，看守哪兒跑得過他！他一步三個臺階蹬蹬蹬地跳著奔上了四樓，從四樓視窗往外飛身一躍，一個倒栽蔥，腦瓜著地，被堅硬的水泥地面撞裂，當場腦漿四濺氣絕身亡。他自殺後，設計所領導緊接著又召開了一個更加聲勢浩大的批判大會，還邀請其他連隊的代表參加，連長帶頭呼喊：「錢壽山自絕於人民自絕於黨，死有餘辜！」

當晚我回到宿舍後，所有的人都在對錢壽山的死議論紛紛。好多人都說，錢壽山這麼一個聰明絕頂滿肚子文化的人，死得太可惜了。絕大多數工人兄弟姐妹們都同情這個死去的「臭老九」。和我同宿舍的小張，是二連流水線上的裝接工。她們連專門生產供給越南的步話機，就是電影「英雄兒女」中王成使用的那種。在全廠都停工鬧革命之時，唯有二連不停工，為支援「同志加兄弟」的越南北方人民，履行著國際主義義務。她說，錢壽山的女朋友就在她們二連。前兩天，廠軍代表找她談話，要她與錢壽山劃清界限，而且不能只是口頭上劃清，要寫在紙上，如果不寫，就將她作為錢壽山的同案犯處理，馬上隔離審查。她在威逼之下，違心地給錢壽山寫了一封與他斷絕戀愛關係的短信。此信當天就轉送專案組，給錢壽山看了，這恐怕是他失去生活的最後希望從而選擇死亡的真正原因。哀莫大於心死，當一個人失去了最後的精神支柱，萬念俱灰，生不如死的時候，只有結束自己的生命以求得解脫。

我才進廠短短的兩個多月，就親眼目睹了這場觸目驚心的階級鬥爭，見證了人與人之間的殘酷無情，見證了什麼叫做「階級鬥爭一抓就靈」，見證了被罵作臭老九的原本生龍活虎的錢壽山，是如何在剛剛踏入社會，就親自結束了自己年輕的生命。所有這一切，都只能使我一天比一天厭惡中國的政治。我從一個中小學時代的聽話的乖乖女，響應黨的一切號召的積極份子，在二十一歲這一年，在踏進七一四廠的大門之後，真正變成了一個什麼政治活動都不願參加的「落後份子」，越來越不討領導的喜歡。但是，我不在乎，我只為自己的良心安穩而活，絕不刻意討好領導，絕不！我的這種性格和對政治的強烈逆反情緒，必將導致我的又一次災難的降臨，可我當時預見不了。我以為，我的頭上有「烈士子女」的光環照著，只要我不問政治，誰也別想把我打成「反革命」。我意識不到，這種政治上的麻痺大意，會鑄成大錯。因為那時，我還沒有弄懂「欲加之罪」這四個字的真實含義。

十年後，錢壽山的冤案得到徹底平反，聽說他的女朋友哭成了淚人。錢壽山的政治名聲是挽回了，可是人死了，他這一紙平反，對他的老父親老母親有什麼用啊？

第十四章　乒乓外交

一九七〇年的清明節到了，七一四廠共青團委員會組織全廠共青團員，去雨花臺烈士陵園掃墓並憑弔革命先烈。我們在廠裡按連隊整隊出發，步行前往雨花臺。一路上，各單位前去掃墓的隊伍絡繹不絕。走到雨花臺坡下，南京市各界來掃墓的人已是人山人海，通往山頂烈士紀念碑的路上，滿滿當當全是人。大家有秩序地靜靜地排著隊，一個單位一個單位地上，我跟隨著七一四廠大隊緩慢向前。正走在半山坡上，突然聽到有人叫我：「安華，安華！」我順著聲音轉過頭去，看見路旁等著上山的另一支隊伍中，有一張熟悉的女孩面孔，一雙大而明亮的美麗眼睛正看著我。啊！是何天陵，我的髮小，我們從幼稚園時代起就是好朋友。可是我們的隊伍在向前走，我不能停下來同她說話，只好對她點了點頭，隨著隊伍走了。

我們上山給烈士紀念碑敬獻了花圈，繞碑一圈後，全體下山，與其他單位的青年一起，集中到山下的大草坪上，只等人坐滿後，就聽老紅軍作革命傳統報告。七一四廠的共青團員們排成一條長隊，挨著五一一廠的共青團戰友們坐下，靜靜地等著後面的隊伍下山來坐在我們旁邊。我低著頭想，報告會結束後，我要去父母的墓地看看。這時候，有人拉我的膀子。轉頭一看，是何天陵。她離開了自己的隊伍，找到我這兒坐下了，頭一句話就告訴我：「我媽媽去世了。」我一驚，以為聽錯了，楞在那兒：「什麼？」她又說了一遍我才回過神來，知道她與我一樣，也成了失去雙親的孤女。何天陵，革命烈士的女兒，她父親是南京市委繼我父親去世後第二位去世的老幹部，家住蘭園十號，和我家斜對門，與副市長王彬同院。我一直以為她比我幸福，因為她還有一個媽媽健在，沒想到，她媽媽也去世了，享年僅四十三歲。

天陵哀傷地告訴我，在她媽媽病危時，單位裡的造反派都不肯放過她，不讓醫院好好治療。天陵始終守在其母病榻前，直到她吐出最後一口氣。她母親死時因還在受審查，未得到解放，心境十分淒涼。我默默地聽著，心裡也同樣淒涼，卻說不出一句安慰的話來。因為除了同病相憐，陪她落淚外，沒有話可以安慰她那顆受傷的心。過了一會兒，天陵告訴我，就在上個月，七一四廠招收一批學徒工，她有幸被招進廠，在學徒訓練班已學習了一個月，正在等待分配，尚不知分在哪個車間幹哪個工種。在老紅軍作報告時，我倆一直在竊竊私語，老紅軍說了些什麼，我們一句也沒聽見。在與她交談之時，我心裡已打定了主意：既然我倆在一個廠，那就把她要到設計所來。大會結束後，我和天陵沒有馬上回廠，而是一起去了我倆父母的墓地。我倆的父母，隔著共青團路，分別葬在兩邊的山崗上，就像我們兩家在蘭園是隔著一條馬路的鄰居一樣。在墓地發現，不知是誰，已在我們父母的墓前擺上了幾束鮮花。我倆採了些野花，紮成花束，敬獻給父母，並向他們深深三鞠躬。然後走回中華門，乘車返城。

第二天上午，我進廠上班時，直接去了廠革委會，找到了革委會副主任李元如，通報了我媽媽的名字，他立刻就想起來了。他認識媽媽，我家的熊貓牌收音機，就是他幫媽媽買的，所以對我十分熱情，問寒問暖。我說我一切都好，在他領導下的設計所工作，現在有一事相求，請他務必將剛進廠的學徒工何天陵分來設計所，並且對他說：「她的父親何一泉是革命烈士，您也許認識的。」他回答：「對對對，我認識我認識。待會兒我去勞資科看看他們分配了沒有。」我又央求道：「您可得快點兒啊，要趕在宣佈分配名單之前。」

回到設計所，我又跑去找副指導員吳為民，對他說：「副指導員，請你去廠勞資科要一名新進廠的學徒工，她叫何天陵。」平時吳為民對我很好，常愛和我開玩笑，所以我對他說話沒有顧忌。誰知，這會兒他卻板起臉一本正經地對我說：「我憑什麼要聽你的呢？」我急了，脫口而出：「因為你對烈士子女有階級感情啊。」他還是不肯鬆口，說：「別來和我套進近乎，一切得服從廠裡分配。」看他那一臉嚴肅的樣子，不像在逗我，我的心涼了半截，只怨自己多此一舉。跟李元如說過不就行了嘛，可我想雙管齊下，就又找了吳為民，這下恐怕弄巧成拙了也未可知，我很沮喪。

翌日一早，我準時去設計所上班，在樓下碰到吳為民，我還記著昨日的「仇」，沒搭理他，他卻衝我笑著說：「小高，快上樓看看誰來了！」我急忙換了鞋，披上白大褂，三步並作兩步地跑上了樓，一間一間科室往裡瞧。走到描圖室門口，看見何天陵正坐在裡面呢！原來，副指導員昨天是故意逗我急的，我剛一離開，他就去廠勞資科要何天陵了。勞資科的人告訴他說：「你要的人已經被李元如分到你那兒了，說讓她當描圖員，活兒不重。」我如願以償，太高興了。我與何天陵，從小一起上幼稚園，又一起上小學，現在又一起上班，老朋友又在一起了。

在設計所裡，我還同一名叫賈晨的女工成為好朋友。她也是幹部子女，比我大幾歲。她長著紅撲撲圓圓的臉蛋，透著健康美，對人熱情大方，見人說話就笑，笑起來兩眼瞇成一條線，特別討喜。她是車工，技術很好，和我一樣，她也不喜歡政治，所以我倆成為知己。我進廠不久，她就與二連一位姓梅的大學畢業生結了婚，給了我好多喜糖。有了這些朋友，我漸漸地不再感到孤單，不知不覺地很快就過去了一年。

一九七一年，我國發生許多重大事件。這年四月，發生了舉世矚目的乒乓外交。中國的乒乓球運動，自一九五九年容國團在第二十五屆世界乒乓球錦標賽上奪得第一個單打世界冠軍以來，發展極其迅速，全國普及率非常高。中國乒乓球隊在第二十六、二十七和二十八屆世乒賽上像一顆冉冉升起的耀眼明星，叱吒風雲，所向披靡，取得了一次比一次輝煌的勝利，幾乎囊括所有獎盃，榮登世界乒壇霸主地位，乒乓球成了中國的國球。可是，由於文革的爆發，國內局勢動亂，乒乓球隊也成為重災區，世界冠軍容國團和教練傅其芳都被迫害致死。所以，中國沒有派運動員參加第二十九和第三十屆世乒賽。

一九七一年三月，第三十一屆世乒賽在日本的名古屋市舉行，毛澤東主席拍板決定中國乒乓球隊參賽。中國隊由連續獲得三屆世界單打冠軍的運動員莊則棟掛帥，赴名古屋參加比賽。他們不負眾望，敢打敢拼，克敵制勝，一舉奪得了男子團體等四項世界冠軍。消息傳來，舉國振奮。

這個時候的國際形勢是中蘇關係破裂，中蘇聯盟不復存在。而蘇聯的日益強大，不僅威脅著中國的安全，也使美國感到受到威脅。因此，中共領袖毛澤東和美國總統尼克森，都在考慮如何結束中美長期對峙，聯手共同對付蘇聯的問題。可是，自一九四九年新中國成立之後的二十多年裡，中美兩國關係都是嚴重敵對狀態，相互斷絕了來往。如何打破中美之間的堅冰呢？必須有一個適當的契機。

這時，在名古屋發生了一件戲劇性偶發事件，為中美雙方關係的解凍打開了突破口。美國運動員科恩一天早上起床晚了，眼看就要誤了比賽，他慌不擇路，糊裡糊塗地跳上了最後一輛開往賽場的大客車。他上車後才發現，車裡坐的全是中國人，一時傻了眼。由於「美帝國主義」這幾個字長期以來就一直震懾著每一個中國人，所以中國隊隊員們也都不敢吭聲。中國隊領隊莊則棟，機敏睿智，出於運動員之間的相互尊重和理解，友好而大方地向科恩伸出了雙手，握手表示歡迎，實現了東西方兩個大國在封凍二十多年後的第一次握手。科恩為了表示感謝，在下車前將自己的運動衣脫下，贈送給莊則棟，莊則棟以一幅杭州織錦回贈。

毛澤東聽到彙報後，認為兩國關係的和解，從民間往來開始突破，是順理成章的大好契機。一九七一年四月六日，毛決定由中國乒乓球隊向美國乒乓球隊發出訪華邀請。四月十日，美國乒乓球隊及幾名記者，成為一九四九年以來，第一批獲准進入中國大陸的美國人。四月十四日，周總理在北京人民大會堂接見他們時說：「你們的來訪，在中美兩國人民的關係上打開了一個新篇章。」幾小時後，尼克森宣佈了一系列對華開禁政策。作為回報，美國隊也邀請中國隊訪美。中美兩國乒乓球隊的互訪，轟動了國際輿論，成為全世界矚目的大事，被譽為「小球（乒乓球）推動了大球（地球）」，使中美兩國結束了長達二十多年的隔絕局面，取得了歷史性突破。

一九七一年四月二十一日，周總理通過與東西方都有良好關係的巴基斯坦總統葉海亞汗，向尼克森發出訪華邀請。同年七月九日，美國總統國家安全事務助理基辛格博士轉道巴基斯坦秘密訪華，為尼克森訪華鋪路打前站。一九七二年二月二十一日，尼克森抵達北京，成為第一個來華訪問的美國在職總統。二月二十八日，中美在上海發表聯合公報，中美關係開始逐步實現正常化。我和普通中國公民一樣，也逐步重新認識了美國，逐步淡化了對美國的敵對情緒。

一九七一年十月二十五日，又是一個舉國歡騰的日子。這一天，中華人民共和國恢復了在聯合國的合法席位。消息傳來，我們設計所召開全連大會慶祝，會後各班組再繼續開小會暢談感想，人人興奮不已，覺得痛快，覺得揚眉吐氣。試想，像我們這樣的政治大國被排斥在聯合國之外，聯合國還能是真正的聯合國嗎？當今世界的一切大事，如果少了中華人民共和國的參與，恐怕都達不到平衡。

聯合國是一九四五年在美國成立的。那時，第二次世界大戰結束，當時的中華民國以戰勝國身份參加了聯合國，並躋身於五個常任理事國之列，國際地位非常高。國民黨敗退臺灣後，由於美國的干預，中國在聯合國的席位仍由「中華民國」佔據。直到一九七一年十月二十五日，聯合國以三分之二以上的多數票通過了第二七五八號決議，承認中華人民共和國是中國在聯合國的唯一合法代表，才恢復了我國在聯合國的合法席位，並且也恢復了我國在聯合國安全理事會的五個常任理事國之一的地位，國民黨的中華民國代表從此退出聯合國。由於投贊成票的國家大部分是第三世界的，毛澤東主席調侃地說：「我們是讓亞非拉的兄弟抬進聯合國的。」

這一年秋天，中國還發生了震驚中外的林彪叛逃的「九一三事件」，林彪，中國的十大元帥之一，曾為抗日戰爭，人民解放戰爭和民族獨立作出過很大貢獻。一九六九年四月，中共九大上，他被毛澤東欽定為接班人。盛勢下的林彪，一人之下，萬人之上，為何還要搶班奪權呢？這是因為在毛的暗中指使下，江青一夥在同他進行權力傾軋，明爭暗鬥，使林彪不安。他的接班人地位，既然可以由毛澤東一人選定，當然也可以由毛澤東一人廢除，這使他害怕。一九七〇年的九屆二中全會上，毛給林彪下套，授意他提議設國家主席，林彪便遵旨向大會提了出來。可誰知，一九七一年八月，毛澤東去南方幾省視察，卻對幾省的黨政軍負責人說：「廬山會議是有人急於當國家主席，要分裂黨，急於奪權。」這等於將自己的話嫁禍林彪，下達了整林彪的旨意。在北戴河窺測風向的林彪，探知了毛澤東在南方的這些談話後，不免心慌意亂，擔心自己會成為第二個高崗。林彪之子林立果便孤注一擲，挺而走險，背著林彪，決定炸毀毛澤東的專列。而毛澤東是何其精明之人，他突然改變行程，提前於九月十二日傍晚回到北京。九月十三日零時三十二分，林彪被其妻子葉群和兒子林立果劫持，強行乘坐二五六號三叉戟專機倉皇出逃，摔死在蒙古人民共和國的溫都爾汗，令全世界目瞪口呆。

林彪事件的發生，是文革以來嚴重削弱黨的集體領導的惡果，是民主法制被踐踏的惡果。這一事件的發生，促使幹部和群眾從個人崇拜的狂熱中清醒過來，客觀上宣告了文化大革命之理論和實踐的破產。然而毛澤東是不會認錯的，他說：「文化大革命要經常搞，每隔七、八年來一次。」

林彪事件很快傳達到基層，全國人民以此為中心內容，進行了曠日持久的政治學習和對林彪的批判。我們七一四廠當然也不例外，三天兩頭開大會傳達中央文件，然後回到班組討論。可是這時候的許多中央文件已經不能讓人信服了。一次，我們設計所召開全員大會，指導員傳達的一份中央文件說：「毛主席明察秋毫，在一九二八年就洞察出了林彪的野心，因而寫了一篇『星星之火，可以燎原』的文章來揭露他。」指導員剛一念到此處，就引起台下坐著的「臭老九」們一片哄笑，我也覺得好笑。既然如此，毛老人家為何還要欽定林為其接班人呢？寫進黨章是開玩笑的嗎？

那一陣子，我們每天都在批判林彪的「五七一工程紀要」，大家都說，林彪真是機關算盡太聰明，反誤了卿卿性命。可是，很難深入下去，因為那份紀要裡的許多話都挺有道理的。比如「上山下鄉是變相勞改」，再比如「國民經濟停滯不前，到了崩潰的邊緣」，還有「今日是他的座上賓，明日是他的階下囚」等等，都挺對的，所以我們的討論大部分是走過場，誰也搞不懂中國的政治，究竟是怎麼一回事，沒有人真正恨林彪，反而為他的軍事才華可惜。我們參加政治批判是受高壓逼迫，完全是身不由己。直到今天，中國政壇上的很多是非仍然使我感到困惑。

第十五章 深挖「五・一六」

我進入七一四廠的頭三年中，還進行了一場駭人聽聞的深挖「五・一六」運動。據說，這個叫「五・一六」的反革命組織首先在北京成立，然後發展至全國。據說，這個反革命組織極其秘密，裡面的成員都是單線聯繫。從積一九七〇年四月起，江蘇省掀起了聲勢浩大規模空前的清查深挖「五・一六」運動，一九七一年形成高潮，歷時三年多，打擊面之寬，手段之狠，前所未有。北京的「五・一六」組織究竟是怎麼一回事，誰也搞不清楚，而江蘇省三年多的清查證明，根本就不存在這麼一個組織。

運動初期，當時的江蘇省委主要負責人認為，「五・一六」組織遍佈全江蘇各條戰線各個領域，具有群眾性，隱蔽性，頑固性和欺騙性，十分危險。根據這一案前定論，他作出了「破口、圍點、掃面、深挖」的清查部署，打了一場全殲「五・一六」份子的人民戰爭。三年中，全省抓出的「五・一六」份子達十三萬之多，被排查的不計其數。

清查工作主要由軍隊「支左」人員組成，設立了權力很大的「三二〇」辦公室，簡稱二辦，統管清查工作。他們有權拘留，逮捕，關押和審訊「五・一六」份子。受許世友委託，主持省委日常工作的「支左」大員吳大勝獨管各級二辦，避開各級黨委單線領導。在這起大冤案中，二辦雖非罪魁禍首，但卻是冷酷兇殘的打手，罪不可赦。

據說，「五・一六」反革命集團是「上不告父母，下不告妻子兒女」的秘密組織，所以要想挖出全部成員，只有先抓幾個定了性質以後，再要他們交代出與其「單線聯繫的上下級」，各個突破，最終挖出整個組織，一網打盡。只要有一個人禁不起拷打咬出一人來，就能一個接一個地咬出一大串。文革中的群眾組織被當成「五・一六」的黑窩，結果兩派都未逃脫追查。紅總的頭頭文風來和八二七的頭頭曾邦元，先後被打成「五・一六」大頭目而鋃鐺入獄。南京大學被認為是「五・一六」敵情最嚴重的單位，掛上「五・一六」黑名單的教職員工多達一千餘人，有二十一人自殺身亡。

我們七一四廠也設立了廠部二辦，直接領導各連隊由復員軍人為主組成的「三二〇」小分隊。我雖然也是復員軍人，可我是有名的政治落後份子，所以沒有被吸收入小分隊。小分隊隊員抓出的「五・一六」份子越多，成績越大，非黨員可以「火線入黨」。一個擁有六千多職工的大廠，三年中竟然抓出了近兩千名「五・一六」份子，「反革命份子」數量之多創下歷史記錄。每隔一兩天就召開一次全廠大會，由抓獲的「五・一六」份子上臺交代罪行，並呼籲尚未「暴露」的「五・一六」份子「認清形勢，趕快自首，坦白從寬，抗拒從嚴」。

設計所最早抓出的「五・一六」份子是副指導員吳為民，說他是設計所「五・一六」份子的小頭目而被關押審查。他是一個工人出身根正苗紅的共產黨員，怎麼會反黨反革命，誰也理解不了。我們起先非常吃驚，隨著越來越多的人被打成了「五・一六」，大家也就見怪不怪了。誰也不知道，這樣的厄運第二天又會落在誰的頭上，人人自危。我們每天參加大大小小的批鬥會，設計所被抓出的「五・一六」份子隊伍不斷壯大，連開電梯的老好人吉師傅也成了「五・一六」，還說他平時老實是為了「隱藏得更深」。

一天，我在二樓碰到好友賈晨，見她哭得十分傷心，忙問她怎麼了。可是不管我怎麼問，她都不答。她下樓時回頭看了我一眼，一雙紅腫的淚眼充滿了哀怨，向我微微點了一下頭，就頭也不回地走了。我回到裝接班問班長，賈晨怎麼了？班長說：「聽說她父親是『五・一六』份子，材料已轉我們廠二辦。設計所領導認為，她八成也是，令她回家寫坦白交代，明天上午全所開大會，要她上臺交代問題。」這突如其來的壞消息令我震驚，我脫口而出：「怎麼會啊？」心都抽緊了。

第二天上午八點半，我們全所又集中到二樓大鉗工班，召開批判賈晨大會。連長和指導員都講了話，說賈晨是隱藏得很深的「五．一六」份子。說完後就叫車工班班長帶賈晨上來，車工班的人回說，賈晨還未來上班。連長隨即派了兩名小分隊隊員去她家找，還惡狠狠地說：「如果她不肯來，拽著她的頭髮也要把她拖來！」

我們大家坐著等候時，連長和指導員反覆宣傳黨的寬嚴政策，呼籲「五．一六」份子自行站出來坦白交代，回到人民一邊來。大約過了半個多小時，去找賈晨的小分隊隊員神色慌張地跑回來說：「賈晨已經上吊自殺了！」我驀地一驚，想起昨日她最後看我的那一眼，突然明白了，她是在向我告別！她昨天就決定走這條路了。小分隊隊員到賈晨家後，見房門緊鎖，便用力敲打叫門，可是不見任何回應，於是，一個隊員踩在另一個隊員的肩頭，打算從門上的氣窗看個究竟。誰曾想，他從氣窗看到的是賈晨吊在窗下，嚇得他一屁股跌坐在地。後來兩人奮力打碎了氣窗玻璃，翻進屋去解開繩子，將賈晨放倒在地。可是太晚了，賈晨的遺體冰涼，已經開始發硬。賈晨當時懷有身孕，她的死失去的是兩條生命。

然而，此時的指導員毫無人性，不僅不同情，反而立即叫人通知二連，讓他們把賈晨的丈夫看住，並對他封鎖賈晨的死訊，還說：「一旦讓他知道賈晨死了，他會將一切罪責推到死人身上。」就這樣，賈晨的丈夫立即被當成「五．一六」份子關押起來，直到兩年多以後，「深挖五．一六」運動結束，他才被放出來。他回家的那天，期待著和妻兒團聚，等待他的卻是失妻喪子的噩耗。

在這場深挖「五．一六」運動中，七一四廠共有十九人自殺，算上賈晨腹中的孩子，總共死亡二十人。其中設計所死亡四人（連死去的孩子便是五人）。他們自殺的方式可謂繁多，有跳長江大橋的，有跳廠裡水塔的，有跳靈谷寺九層塔的，有臥軌的，有服用敵敵畏的，有自縊的。七一四廠只不過是江蘇省的一個小小的縮影，整個江蘇省冤獄遍地，到處草菅人命。全省共抓出「五．一六」份子十三萬多人，掛上嫌疑名單的有幾十萬，因抓「五．一六」而自殺的共有兩千多人，被嚴刑毒打重傷致殘人數多達幾萬。

七一四廠的軍代表在深挖「五・一六」運動中表現積極，大搞逼供信，審訊「五・一六」份子的小分隊三班倒通宵達旦。他們所謂的「政策攻心」，就是逼迫人家交代並不存在的事實。誰一旦被關押還不認罪，必定逃不過毒打，於是屈打成招，亂咬一個出來就可免遭皮肉之苦，而另一個被咬的人就又成為一起新的冤案。設計所小分隊負責人張某，是個喜歡整人的小人，手段兇狠，令人厭惡。大家當面不敢說，全在背後罵。讓我們解氣的是，終於有一天惡有惡報，他也被人咬成了「五・一六」份子，關了進去。這種昨天整別人，今天被人整的事情幾乎天天發生，層出不窮，屢見不鮮。

在一次全南京市的拉線廣播中，安東的好友王史唯的父親王野翔，作為江蘇省「五・一六」份子的骨幹力量和黑後臺，對全市人民「坦白交代」。我們是坐在廠部大禮堂裡收聽實況廣播的，我聽了王叔叔的「交代」，心情沉重。他給自己扣上好多反革命大帽子，我根本就不信，心中難過極了。一個出生入死跟著毛澤東幹了幾十年革命的老共產黨員，怎麼可能反黨？沒有人敢於挺身而出為他說句公道話，因為只要那樣做了，就只會被打成他的「同案犯」。那時，神州無青天。

各單位的小分隊一手遮天，濫用十多種體罰，成為逼人承認是「五・一六」份子的主要手段，在全省流毒很廣。據說，他們發明的各種酷刑，種類之多超過了臭名昭著的中美合作所，殘忍程度和手段超過當年國民黨拷打江姐許雲峰。這樣的「共產黨天下」，怎能不讓中國的老百姓感到寒心呢？設計所副指導員吳為民放出來以後，下放到我們裝接班當工人。他說，被關押的那兩年，真是站不完的隊，受不完的罪，寫不完的交代，流不完的眼淚。這樣的革命只能使老百姓跟共產黨離心離德。當年我的父母和許多革命前輩們，為解放全中國跟隨毛澤東打江山時，想的是讓全國人民不再受壓迫受剝削，能過上幸福的好日子，萬萬也不會想到，中國人民在和平時期還會遭受這麼大的苦難。我不明白，這樣的革命和政治運動究竟是為了什麼？抓出的反革命越多，成績越大，這是什麼邏輯？

南師附中高二丙班同學遲進軍的父親遲明堂，是一位「三八式」的革命老幹部，在派去南京大學蹲點搞運動時，被一名中層幹部泄私憤「檢舉揭發」後，也被打成「五．一六」骨幹份子，於一九七一年二月靠邊審查，同年十月被武裝押解投入監獄。這一突破，為日後成批的地方幹部被打成「五．一六」份子開了先例。江蘇省二辦隨即對全省幹部排查摸底，竟有百分之七十的地市級幹部及一大批廳局級幹部被排涉嫌「五．一六」問題對象，省革委會常委成了清查的重中之重，連彭沖也掛上了「大名單」。

省五七幹校變成關押「五．一六」的大本營，在幹校勞動改造的「五．一六」份子占機關幹部總人數的百分之六十以上。江蘇省的深挖「五．一六」運動在全國是一個最高典型。其他省份的主要受害者是群眾，基本上沒整老幹部，唯有江蘇省，是幹部群眾一起打，我父母的許多生前好友都被打成了「五．一六」份子。後來有位叔叔跟我談起那場運動時說，哪兒有什麼坦白從寬啊，本來沒啥問題，你一承認一交代，你的罪行反而更大了，受的審問和拷打更多，要求你交代的也更多。所以到後來，集中關押的獄友們總結出這麼一條經驗，叫做「坦白從嚴，牢底坐穿；抗拒從寬，回家過年。」他說，自己沒做過的事，沒說過的話，寧可被打死，也絕不能承認。屈打成招也許能逃過一時的皮肉之苦，但其實是對自己的不負責任。話是對的，可是，有幾人能熬過酷刑呢？面對強大的國家機器，被操縱的芸芸眾生，誰能主宰自己的命運呢？歷史上屈打成招的冤案何其多，共產黨員也是肉身，能在毒打之下挺住的何其少！

一九七五年初，「反擊右傾翻案風」運動在全國如火如荼地開展之際，領導宣佈，深挖「五．一六」運動是一場徹頭徹尾的冤假錯案，江蘇省乃至全國都沒有這樣一個組織存在，所有被打成「五．一六」份子的人都獲得平反。我深為賈晨感到惋惜，她死時年僅二十六歲。她用自殺的方式控訴和抗議那場殘酷的運動，成為自一九四九年以來中國在和平時期，由於毛澤東的暴政統治而非正常死亡之七千萬冤魂中的一個。

然而，迄今為止，我們都沒有聽到對發動「五．一六」運動的罪魁禍首的清算，連輕描淡寫的批判都沒有！

第十六章　埋頭讀書

在七一四廠上班的日子是相當好過的，沒活兒幹的時候就政治學習，而工人階級的政治學習是不會有人在發言時一套一套講大道理的，所以每天讀完報紙後，大家討論不出什麼東西，往往變成了閒聊和傳播社會上的小道消息。當時盛傳的什麼「江青其實是個禿子，她的黑髮是假髮；她的屁股根本沒那麼大，是假造的」之類，都被大家津津樂道。有活兒幹的時候，仍然可以邊幹邊聊天侃大山，手和嘴巴一起動，最帶勁的是聽班長講故事。那時社會上流行手抄本「梅花檔」、「第二次握手」和「一雙繡花鞋」等等，這些故事非常吸引人，我都是在上班時聽來的。

裝接班新任班長武必忠，復員軍人，才智過人，口才極佳，巧舌如簧，講起這類手抄本故事來繪聲繪色，賽過說書大師。故事都是反特內容，情節驚險，我們都聽得屏住呼吸，興趣極濃，十分過癮，十分著迷。經常在下班時故事還未講完，班長就嘎然而止，說聲：「且聽下回分解。」我們便停工打掃衛生，收拾工具，興猶未盡地離廠。晚上在宿舍，我把白天聽來的故事學說給同寢室的室友們聽，現買現賣，她們也同樣聽得津津有味。第二天照例班長接著講，我晚上再接著向室友「兜售販賣」。當時社會上正追查這些手抄本小說，聽說「第二次握手」的作者張揚已在湖南鋃鐺入獄了，可是根本擋不住民間對這些故事的流傳。手抄本小說受民眾歡迎的程度，遠遠超過了官方規定必看的八個樣板戲。八個樣板戲由於單位組織反覆看過多遍，所以熱度下降，不如手抄本新鮮有趣。手抄本越禁越讓人感興趣，所以屢禁不止。

上班倒是輕鬆愉快了，可是星期天卻枯燥無味。室友們都有親友串門，只有我常常一人待在宿舍裡無所事事，想看電影無電影，想看小說無小說。新華書店裡全是馬恩列斯毛，櫃檯上書架上，中國小說無影無蹤，停止銷售，許多作家遭受批判，更不要說外國文學了。中國在文革中已成為文化沙漠。

尼克森的訪華給了我重大啟發，我想既然我國恢復了與美國的交往，那麼英語就可大派用場了，我何不將荒廢了六年的英語再撿起來呢？我在學校時英文成績拔尖，校友們至今記憶猶新。七一四廠雖然好，可我的骨子裡是不甘心永遠當工人的。雖然我們天天喊著「工人階級領導一切」的口號，可那只是騙騙人的口號不是現實。當時我最愛讀的報紙「參考消息」就因我是工人而不許訂閱，而身為「臭老九」的設計師們因是國家幹部，人人都可以訂閱，我只能向他們借閱。所以我覺得中國的工人階級和中國農民一樣，地位其實是最低的，受到很多限制，這在我後來調往省外貿時更可以看得出來。只因我是工人，英文再好也不能當翻譯，只有國家幹部，也就是大學畢業生，才可當翻譯。幸虧當時因人才缺乏，懂英文的人太少，有人出了一招，叫做「以工代幹」，我的願望才得以實現。

下定了自學英語的決心後，我星期天就不再寂寞了。我做學生時，對教科書十分愛惜，所有的英文課本都保存完好，我全找出來了。翻開來一看，課文竟都還記得，讀起來還挺流暢，一下子就撿起來了。我非常高興，覺得在南師附中下的功夫沒有白費。我不僅讀英語教科書，還買了不少英文版的毛主席著作單行本來讀，不僅在寢室讀，還帶到廠裡去，在政治學習的間隙，大家做工間操時拿出來讀，而不做工間操。我班的一位老師傅看到後說：「你這麼喜歡外語，可以去廠裡的技術情報室看看，那兒有許多外文書籍和資料，也許你會感興趣的。像你這麼愛學習外文的，如今可不多見了啊。好，好！」

聽了老師傅的話，我馬上決定到情報室走一趟，希望能有所收穫。中午吃完飯，我不像往常那樣到設計師們的辦公室聊天打牌，而是去了廠技術情報室。情報室裡有個小圖書館，書架上放著多種外文書報雜誌。英、法、德、日，意多種語言文字，絕大部分是國外的電子工業發展資訊，沒有一本文藝小說，我不大感興趣，所以有些失望。正流覽著，一位三十來歲的男同胞走過來，很有禮貌地問我是哪兒來的。我說從設計所來，想找找有沒有英文小說。他一聽就笑了：「你還愛看英文小說？」

情報室的這位男同胞名叫王文玉，北京外國語學院英文專業畢業，在我廠情報室任英文翻譯，主要從事把國外有關電子方面的技術資料翻成中文的筆譯工作。他見我喜好英文，便和我攀談起來，從此我們成為朋友。他手裡有一本英文版的中國政治週刊「北京週報」，我很感興趣，便一起談論起政治術語的翻譯。談著談著，他突然用英文問了我句話，我也立即用英文回答了他。他又笑了，說我的發音不錯，英文有基礎。於是對我說，如果我想讀英文故事，他倒是有些私人藏書，下班後不妨跟他回家一趟，借幾本給我，我不加思索地一口答應。

老王和妻子住在七一四廠分給他的只有九平方米的小屋裡，他倆是大學同學，妻子在南京外國語學校教英文。他倆的藏書可真不少，中英文都有。我首先挑了一本英文簡寫本，狄更斯的名著《雙城記》，又挑了一本中文翻譯版的世界名著，法國大作家雨果寫的《悲慘世界》，老王說看完後再來換借。我心滿意足地回到宿舍，當晚就如饑似渴地閱讀起來，非常著迷。自從結識了老王，有了源源不斷的文學書籍，我的業餘生活再也不感到枯燥乏味了。

我讀狄更斯的《雙城記》時，碰到生詞，開始還翻字典查查意思，後來完全被其故事情節所深深吸引，不願停下來，所以碰到不認識的單詞就跳過去。星期天我用一整天時間一口氣讀完了它，愛不釋手，真想也有屬於自己的一本，可是無處購買，怎麼辦呢？我決定抄書。我用省吃儉用節餘下來的一點點零用錢買了十幾本筆記本，開始抄寫世界名著《雙城記》。我廢寢忘食，每晚開燈抄至深夜。在同寢室的人全睡下後，我仍伏案工作，直抄得渾身酸疼，手腳麻木，終於在兩星期內抄完了全本《雙城記》，有了第一部屬於自己的英文小說。我從老王那兒借來的英文書中，共有三本全文抄寫下來。它們是：狄更斯的《雙城記》，伏尼契的《牛牤》和薩克雷的《混血姑娘》。我後來在外貿學會了英文打字，便又把這三本手抄本列印出來，裝訂成書，比手抄的好看多了。多年後，我在英國買到了這些書的原版本，可是我親手列印的手抄本至今捨不得扔掉，它們都靜靜地躺在我英國家中的書櫥裡，成為我在七一四廠度過的那一段歲月的紀念。我的先生對我的求知慾和學習精神讚歎不已，他說，我是他見過的唯一為學英文而整本抄書的人。

一九七二年初，停課六年的中國各大學開始招生，招的都是工農兵學員，不用經過入學考試，而是靠領導推薦，所以我被排斥在外。這時候，上級號召辦工人大學，七一四廠也辦起了工人夜校。除了教授數理化課程外，還辦了一個英文班，由情報室的老王擔任教師，學生清一色全是各連隊的老大學生，目的是提高他們的英文水平，以便他們能夠看懂英文技術資料。那時，純樸的工人老師傅們早已不再歧視知識份子了，他們經常學著樣板戲「智取威虎山」裡的臺詞，親切地對他們說：「老九不能走！」不再稱他們「臭老九」而改稱「老九」了。設計所裡的好多老九，都是廠夜校英文班的學員。在沒有電視的年代，這樣的業餘安排極受歡迎，人們對知識的渴求，使夜校對於他們，就像久旱逢甘露，大家積極性很高，學習氣氛很濃厚。由於長期不用，他們在學校裡打下的那點英文基礎，基本上都還給了老師，忘光了。所以，老王對他們從最基礎教起，比較簡單。

一九七二年四月，老王被四機部借去北京一個月，陪同西方的一個電子代表團，擔任英語翻譯。廠教育科請他推薦一個人，在他缺席的一個月中代理他的夜校英文課，他推薦了我。教育科的人很驚訝，對我將信將疑，但終因一時找不到頂替之人，就讓我去教教試試。沒教過一天書的我，也是「初生牛犢不怕虎」，毫不猶豫地去上任了。我想，這不僅能夠鍛煉我的英文口語，而且每天還可領到兩毛錢加班費，何樂而不為呢？我按著初中時陳琇老師的教育方法去教他們，在黑板上寫下簡單句型，邊教單詞邊教語法，然後帶領他們讀課文，還舉出書上沒有的單詞來為他們做同音單詞的比較，不慌不忙，有條不紊。晚上九點下課後，我被學生們圍了起來。他們都說我教的比王老師生動，寫在黑板上的字也比王老師寫的漂亮。除了設計所的老九們知道我的來歷外，其他連隊的老九們還以為我是外國語學校的學生呢。一傳十，十傳百，第二天晚上來聽我講課的學生擠滿了教室，三個人坐兩張椅子，還有好多擠不進來的人趴在視窗聽。沒有想到，我的教學這麼受歡迎。

老九們都問我，英文是怎麼學的，有什麼訣竅。我對他們說，學外語是沒有訣竅和捷徑的。我的學習方法就是死記硬背，全靠反覆熟讀課文，讓所學英文都深深印在腦子裡，變成自己的東西，最後達到熟能生巧，信手拈來的程度。當他們得知我是復員軍人時，都嘖嘖稱奇。一個月很快就過去了，老王在北京完成任務回來後，我就不再代課了，還由他去教。

五月的一天早上，剛上班，呂素華師傅就笑嘻嘻地對我說：「小高，你有好消息了。」我不解地望著她問：「我能有什麼好消息啊？」原來，她丈夫在廠教育科得到消息說，由於我的代課受到好評，教育科決定培養我成為一名專職英文教師，在廠裡的職工大學授課。所以他們與南京大學聯繫，問他們能否讓我插進剛招進的工農兵學員英語班，使我得到深造。南京大學說，成為正式學生不可能了，名額已滿，但是可以讓我成為旁聽生，學期考試成績不計在冊，不發畢業文憑。廠教育科答應下來，為我交了學費，買了課本。就在呂師傅告訴我這一消息的當天，廠勞資科就通知我去教育科報了到，成為南京大學外文系英文專業的一名全脫產學習的旁聽生。

雖然我不是正式大學生，但畢竟也是跨進了大學的門檻，心中甭提有多高興了。南京大學的主課授課時間都在上午，下午是政治，體育等副課，旁聽生不用參加，所以每天下午都是我的自由支配時間，無人監督我。我學習非常認真自覺，從不偷懶，下午全部時間都待在宿舍裡，用在英文學習上，扎扎實實，不僅認真完成老師佈置的作業，而且自己找來很多課外讀物進行自修，就連去廠裡食堂打飯的路上，我的嘴裡也念念有詞，不停地背書。太投入了，對周圍的人都不注意。有時設計所的人向我打招呼我都不知道，走到跟前才發現，趕緊說聲對不起，他們都笑我走火入魔了。就這樣，我的英文水平有了突飛猛進的提高。南大放寒暑假時，我不用回設計所上班，而是去教育科參加政治學習。

一九七四年初，突然爆發了一場聲勢浩大的「批林批孔」運動，大搞「影射史學」，批判所謂的「現代的儒」和「黨內的大儒」，露骨地攻擊周總理，影射周總理一九七二年以來進行的調整工作是「復辟倒退」，整個運動歷時半年多。南大因開展「批林批孔」運動，停課三個月，學生都下鄉學農兼搞運動，我也只好回廠參加運動。記得當時主要批判的是林彪的「克己復禮」和批「周公」，可是在廠裡，這樣的批判，群眾根本就發動不起來，每天走過場，深入不下去。政治學習時，許多人對江青和張春橋指名道姓地挖苦，對一場接一場的運動怨聲載道，不明白為什麼要把死了兩千五百年的孔老二挖出來批判，對批「周公」影射周總理更是反感。由於「批林批孔」運動的影響，全國剛剛有所恢復的工業，農業，交通運輸，科學技術等各方面的工作又陷入了嚴重混亂之狀態。

從一九七二年五月至一九七四年四月，我在南京大學兩年的旁聽學習期間，實際上課不足八個月。除了「批林批孔」運動的干擾外，工農兵學員們動不動就離校學農或學軍，一學就是兩三個月。他們離校期間，我就回廠參加政治學習。雖然我受的大學教育並不正規，但是我很努力，所以英文知識掌握得比較牢固。一九七四年四月，南大的工農兵學員們離校學軍三個月，三個月後回來便分配工作，所以四月份學習就全部結束了。我回廠後，廠裡正搞「批林批孔」運動，工人大學也停辦了，我當不成英文老師，於是又回到設計所上班。

第十七章　我的婚姻

一九七三年，我在南大外語系旁聽時，有了新的男朋友。那年的五一國際勞動節，全廠放假一天。室友們都坐不住，出去玩了，只剩下我一人。我在宿舍裡讀了兩小時英語後，放下書本打掃衛生。我從小養成了愛整潔的好習慣，每天拖地抹桌收拾屋子，房間裡一塵不染，井井有條，弄得和我同住一個寢室的室友們都很依賴我，個個找藉口偷懶，我成了大夥兒的清潔工。不過我並不介意，只要宿舍乾淨舒適就成。

那天，我收拾好房間，洗好衣服，坐下歇息。每逢佳節倍思親，便拿出家庭影集翻看。翻著翻著，眼光盯在一張照片上不動了。那是一九五四年春，爸爸和他的好友，蘇州地委秘書長趙璧，帶著我和安東在通往明孝陵的林蔭道上拍的。趙叔叔是安徽宣城人，和我父母在新四軍時成為好友。我小時候常聽媽媽說，他喝有一肚子墨水，是黨內的大秀才。他和父親互相仰慕，交情很深。解放初，趙叔叔在江蘇省委統戰部工作，與我家住的不遠，常有來往。可是他更喜歡蘇州小城，喜歡蘇州的清靜，喜歡蘇州的小橋流水和蘇州的歷史文化，打報告要求調去蘇州工作，獲得批准，舉家搬走，從此再也沒有離開過蘇州。我想，不知趙叔叔目前情況如何？是否逃過文革劫難？是否結合進新生的革命委員會了？想著想著，不由自主地提起筆來，給蘇州地區革委會寫了一封信，打聽趙叔叔的情況。

沒過幾天，我就收到了回信，是趙叔叔的愛人馮彬阿姨寫來的。她告訴我，地委機關將我的信轉給了她，她讀後哭了。她說，趙叔叔是蘇州地委在文革初期第一批被揪出的走資派，由於身體差經不起批鬥，已於一九六七年六月去世了。她本人現在已被結合進地區革委會群工組工作，兩個大兒子經老戰友幫忙，去山東龍口當了兵，小兒子技校畢業後，分配在蘇州市工作，一切都好。

我馬上給馮阿姨回了信，可是一星期後收到的，卻是她的兩個當兵的兒子從山東部隊寫來的信，兩封來信都熱情洋溢。他們哥倆在一個團，老大趙平在特務連任班長，老二趙謙實在另一個連隊當文書，兩人都已入黨。他倆的來信都回憶起我媽媽在一九六〇年最後一次到蘇州他家時的情景，令我大受感動，立即分別給他倆回了信。趙平在給我寫過第二封信後就停止寫信了，我後來得知，他因為已經有女朋友了，覺得不宜再寫，所以只有老二趙謙實繼續給我寫信。

從通信中我瞭解到，趙謙實小時候特別文靜，不哭也不鬧，深受趙叔叔寵愛，加上趙家三代無女孩，趙叔叔特別想要個女兒，就給他取了個女孩名，叫趙小玲，大家都叫他小玲。直到他上中學時，趙叔叔才給他改名為趙謙實，意思是要他做謙虛踏實之人。但是家裡家外的人都叫慣了小玲，改不了口，所以還是一直叫他小玲，我也就跟大家一樣，叫他小玲。

小玲給我寫信很勤，而且每封信都很長，少則七、八頁，多則十五、六頁，像有說不完的話。他在信裡談到很多他讀過的蘇聯文學作品和蘇聯電影，有深厚的蘇聯情結。而我也是喜歡蘇聯文學和電影的人，因此兩人有很多共同語言，覺得心心相印。那一陣子，我除了忙於讀英語，就是忙於寫信，感覺生活很充實。

那年國慶日放假兩天，我和何天陵結伴去蘇州遊玩，住在馮阿姨家，受到熱情接待。老三趙虞生用一三五相機為我拍了一些風景照，說等他沖印出來後再寄給我。很久以後我才得知，那時小玲剛剛失戀，被他的女友甩了，心情鬱悶，情緒低落，與我通信後大有好轉。老三有心為我們牽線搭橋，沒有徵得我的同意，就將洗印出來的我的風景照寄給了小玲，小玲因而愛上了我。

一九七三年，是文化生活稍微鬆動的一年，為數不多的外國進口電影，由上海或長春電影譯製片廠配音後，在全國影院放映。主要是來自阿爾巴尼亞，羅馬尼亞，南斯拉夫和北朝鮮的電影。每當有進口的新電影放映，廠工會就發電影票讓我們大飽眼福。阿爾巴尼亞影片《寧死不屈》使我們精神為之一震，而北朝鮮的《賣花姑娘》更是深深地打動了每一個人的心。看《賣花姑娘》的時候，電影院裡哭聲一片。電影散場時，很多人手裡都捏著被淚水濕透的手絹，眼睛哭得又紅又腫。在經歷了連續不斷的派性仇恨和各種整人運動後，人民大眾普遍渴望友愛和親情，所以被《賣花姑娘》裡表達的親情感動了。這部影片的熱播，在全國範圍內都引起了轟動效應，連部隊也不例外。

小玲是去青島為部隊辦事時在青島看的這部電影。看完後，他的心情久久難以平靜，一個人在半夜裡獨自走上青島的棧橋，望著海水，想著影片中的花妮，想著我，覺得我就是花妮，潸然淚下。回部隊後，他哭著給我寫了一封信，信紙上點點滴滴滿是淚痕。他寫道：「小華，你受的苦太多了，我一定要讓你獲得幸福。你若有一分痛苦，我來分擔，就成了半分痛苦；我若有一分幸福，和你共用，就成了雙倍的幸福。」他的信溫暖著我的心，使渴求愛情的我一下子就陷入了紙上熱戀，沉浸在幸福的遐想之中。讀小玲的來信，成為我最大的精神享受。他的信越寫越長，越寫越勤，有一個月我收到他寫來的十五封厚厚的長信。我挑出其中的四封來，拿給何天陵看。她足足花了兩三個小時才看完，看完後說：「哪怕是鐵石心腸的人，也要被他打動的。」我和小玲，就這麼靠著寫信談戀愛，直到我們結婚，從來都沒有機會像我初戀時和本惠那樣，在花前月下卿卿我我。可是他信中對我的那份熾熱，真的讓我感到超過了當年的本惠。我將小玲的軍裝照寄給安東，告訴他我倆相好了。安東回信卻說：「我看他配不上你，像你這樣的女孩，找一個比他更帥的男友容易得很。」我讀信後笑了，心想，作為姐姐，安東希望我找一個更好的男友，是對我的關愛。可我圖得是小玲的一顆愛心，不是相貌。於是給安東回信說，雖然他不如小詹長得帥，但他對我很好，我知足了。

一九七三年，是我國在國際事務中比較活躍的一年。四月，周總理陪同柬埔寨王國的西哈努克親王訪問南京，七一四廠接受了夾道歡迎的任務。設計所的全體工人都有幸和其他連隊的工人弟兄們一起，站立在廠大門外通往中山陵國賓館的大道兩旁。周總理深受中國人民的愛戴，所以我們站在路旁等候時，心情是非常激動的。這是我第三次見到周總理。第一次是一九六六年九月，紅衛兵戰友裴進軍帶我去北京首都體育館見到的，第二次是一九七一年十一月，周總理陪同羅馬尼亞總統齊奧塞斯庫訪問南京，我們七一四廠的工人們也是這樣夾道歡迎的，看他們站在黑色敞篷車上，從我們面前緩緩駛過。那兩次我見到的總理是紅光滿面的，顯得很健康。可是這一回，當他陪同西哈努克親王的敞篷車從我們面前駛過時，我們看到的卻是一個十分消瘦，臉色蒼白充滿病容的總理。大家的心都抽緊了，回廠後議論紛紛，都說總理日理萬機，為全國人民操勞，還要被江青之流當成「黨內的大儒」來批判，真正豈有此理！那時我們還不知道，周總理已經患了癌症。直到周總理逝世後，我們才知道，在周總理身患重病之時，江青之流不僅阻礙他的治療，而且加緊了對他的精神迫害！連周總理的生殺大權，都掌握在這樣一幫禍國殃民的壞人手中，中國人民還能有好日子過嗎？我們怎能不感到壓抑呢？

一九七三年四月，在周總理的積極支持下，鄧小平第二次復出，給我們帶來了莫大的希望。六月，復出後的鄧小平陪同北朝鮮金日成首相來我們七一四廠參觀訪問，我們全廠職工站在廠內大道的兩旁歡迎他們的到來。大腹便便的金日成，在廠大門口就下了車，與他的隨行人員一起步行進廠，向我們頻頻招手。而鄧小平卻沒有下車，他坐在車裡，跟在金日成後面緩緩前進。我們看到車裡的鄧小平，交叉著雙臂靠在後座上，很悠閒地面帶微笑，我們也全都開心地笑了起來。我們呼喊歡迎口號時，廠裡的大喇叭裡播放的是《賣花姑娘》的插曲。聽說，《賣花姑娘》是根據金日成親自編寫的劇本拍成的電影，所以，當金日成從我們面前走過時，我們覺得他的微笑是親切的。然而，儘管北朝鮮是我們的盟友，可是軍用車間是不對金日成開放的，只允許他參觀生產熊貓牌收音機的民用車間。廠裡贈送金日成的禮物，是一台最新研製出的六波段超短波高級收音機，他想參觀設計所的要求被婉言謝絕。

那個時期，沒結婚的小青年調節精神的最好方法就是談情說愛。可是，住房緊缺，集體宿舍都那麼擁擠，屬於兩個人之間隱私的戀愛和親熱，往往都找不到地方，不少人談戀愛就在晚上跑到玄武湖或莫愁湖去。有的已婚中年男女，相互比較要好，在一起聊天怕被人看見引起閒話，也在晚上去公園。可是談起話來往往忘記了時間，公園關門後還未出來，這時候市里組織的民兵糾查隊就大顯身手了。凡是公園關門後還未出園的，一律當成流氓嫌疑犯抓起來送附近派出所關押，經初審後打聽出工作單位，第二天便通知所在單位的保衛部門來人鑒別。對一般的未婚小青年，訓斥幾句後就由本單位的人領走，但已婚中年人一旦被抓可就倒大霉了。和我同宿舍的阿菊，是設計所的設計師，與所裡另一位已婚男性老九談得來，而各自的愛人又都在外地，兩人一天晚上就一塊兒去了玄武湖。哪知那天公園提前關門，突擊搜捕流氓犯，他倆撞在巡夜的民兵手上，被關押起來。第二天上午，消息傳到設計所，全所震驚。他倆都是技術骨幹，都絕頂聰明。雖然他倆之間根本就沒有發生什麼出格之事，還是在被廠保衛科領回後停職檢查，連續批判多日。更糟的是，所領導還分別通知了他倆在外地的愛人，使他們名譽掃地，致使兩對夫妻關係破裂，其中的一對離了婚。阿菊的丈夫雖然沒有跟她離婚，但是從此動不動就對阿菊發火，造成夫妻感情不睦。為了這點小事，廠領導寧肯停下軍工產品的研製，也要對他倆整肅。我同情阿菊，也反感這種小題大作，萌生了外出散心的念頭。

我想見小玲一面，自從小時候兩家分開後，我們再也沒有見過。可我與他相隔千里，怎麼辦呢？一九七四年一月，一個寒冷的冬天，南京大學放寒假時，我沒有課可旁聽，便向廠裡申請探親假。我的理由是，我從小是上海的叔叔撫養的，等同於父母，所以應該享受去上海探親的權利，廠裡真的批准了。當時廠裡許多夫婦是牛郎織女分居兩地，平時住集體宿舍，全靠每年極其寶貴的十二天探親假，夫婦才能短暫相聚，與我們未婚者相差無幾。

我申請到手的探親假也是十二天，沒有去上海，而是買了去濟南的火車票。我穿上所有的禦寒衣服，將自己手織的大紅色長圍巾包裹住頭，上了開往濟南的火車。到濟南後，在火車站的長椅上捲縮了一夜，翌日買了去煙臺的車票，並且給小玲拍發了電報。當晚九點，我到達煙臺，沒有人來接。我立即找到長途汽車站，登上了最後一班開往龍口的長途汽車。大約夜裡兩點鐘，車開到龍口，我打算在車站再熬一夜，第二天再打聽九七〇七部隊在哪裡。沒想到，車門剛一開，就跳上來一名背著槍身穿軍大衣的解放軍戰士，見到我就說：「高安華，你好！我是趙平。」原來，小玲接到我的電報後，估計我會乘坐這趟車，就跑去找趙平，請他幫忙，去車站接我。趙平便將自己的這班崗換在汽車抵達時間內，順利地接到了我。

趙平連夜把我送到小玲的連隊，將近凌晨三點，我與小玲在他們連部相見了。他非常消瘦，中等個頭，看上去體質較弱。但他的一雙眼睛含情脈脈，剛見面就對我說了一句：「請相信，天下的有情人，終成眷屬。」小玲的連長，是安徽人，與小玲算是老鄉，平時待小玲特別好，親自介紹小玲入了黨，還打算培養小玲在部隊提幹。他特地將自己在連部的單間小屋騰出來讓我住，還鋪上了狗皮褥子，他自己則到班裡去和戰士們擠在一起睡。小玲將我安頓好以後，也去班裡睡。

第二天恰逢星期天，上午十點，小玲端著飯菜來了。他說，他們部隊星期天只吃兩頓飯，上午十點和下午四點，吃的是大米和小米摻在一起的二米飯。我已有兩天沒好好吃飯了，所以覺得大鍋煮的二米飯特別香。菜是大白菜燒豬肉，我不吃菜裡的豬肉，專撿大白菜吃，而把豬肉全給小玲吃，這樣就不會浪費豬肉了。吃完飯，小玲為我打來熱水，我梳洗過後，他便帶我去龍口鎮玩耍。他所在的連隊，離鎮上還有好幾里路，沒有車。我圍上紅圍巾，跟他走著去。龍口那個地方全是部隊，到處是身穿綠軍裝的軍人，我成了萬綠叢中一點紅，回頭率極高。

當晚，小玲連隊的戰士們全都擠到連部辦公室來了，趙平也從特務連跑過來湊熱鬧。戰士們帶來一麻袋帶殼的花生，大家一起動手剝出花生仁，說是剝好後讓我帶回南京。我們邊剝邊聊天，正聊著，一位戰士突然大叫：「熱烈歡迎老高為俺們唱支歌，好不好？」大家一起拍手大喊：「好！」可是卻沒有人唱，大家都看著我，我不明白，呆呆地問：「誰是老高啊？怎麼不唱呢？」他們一起大笑，說：「老高就是你啊！」我頭一回被人喊作老高，十分驚訝。一位戰士見我一臉的困惑，就說：「俺們文書說，你是六十八年的兵，而俺們都是七十年以後的兵，不喊你老高還成嗎？」原來，在他們部隊裡，哪怕你年齡比他小，只要當兵比他早一天，他也得稱你老，不敢喊你小，完全按軍齡論資排輩。這時，又有人喊：「老——高，來一個！」小玲對我說：「你就隨便唱一個吧。」

看來，躲不過去了。我想了想，說：「我唱一段『賣花姑娘』吧，唱得不好請別見笑。」於是我把在廠裡剛剛學會的《賣花姑娘》插曲唱了一遍：「小小姑娘，清早起床，提著花籃上市場。穿過大街，走過小巷，賣花賣花聲聲唱。」結果博得滿堂喝彩，被戰士們揪住不放，要我繼續唱。沒辦法，就又唱一首南斯拉夫電影插曲：「啊朋友再見……啊朋友再見……如果我在戰鬥中犧牲，請把我埋在山崗上，再獻上一朵美麗的花！」他們又一起大笑，七嘴八舌地說：「老高可不能犧牲了，你要是犧牲了，俺們文書可咋辦吶。」一屋子的人吵吵嚷嚷，一直折騰到熄燈號響才離去。

我在小玲那兒度過了愉快的一星期後，帶著戰士們剝好的一大口袋花生米，還有連隊送給我的一大木箱蘋果，由小玲送至煙臺，上了開往上海十六鋪的海輪。那段海路可把我折騰壞了。我是頭一回坐海輪，由於海面起風有浪，海船顛簸，我暈得厲害直犯嘔吐，只能靜靜地躺在四等倉裡，緊閉雙眼，不吃不喝也不動，好不容易才熬到上海，發誓永遠不再坐海輪。我從上海乘坐火車回到南京，至今都驚歎自己竟有這麼大的本事，將那沉重的一大口袋花生米和一大木箱蘋果都帶了回來，當然少不了一路上求人幫忙。幸虧那時的中國人，助人為樂的活雷鋒還相當多，而且不要搬運費。有時我還沒開口，見我那副可憐相，就有人主動來幫我。

一九七四年底，當了四年兵的小玲，堅決放棄在部隊提幹，和趙平一起，復員回到蘇州。我得知後，也請了假趕去蘇州，和小玲籌畫結婚事宜。馮阿姨叫我和小玲坐下，一臉的嚴肅，一本正經地對我說：「現在，我們家所有成員都是共產黨員了，實現了滿堂紅，可是你還沒有入黨，對這一點我是不滿意的。我不會因此阻止你和我兒子結婚，而是要你現在就對我下保證，保證兩年內入黨！」我聽了立即回答：「我保證不了。」誰知她臉色大變，用手將桌子一拍：「混帳話！你這是極端地不求上進！」面對這樣一個馬列主義老太太，我驚呆了，心想：「她與一年前的那個慈祥的老媽媽是一個人嗎？」我沉默著，不再回答，絕不作任何保證。馮阿姨非常生氣，陰沉著臉不再搭理我。若不是小玲硬拖住我，我會立即返回南京的。

馮阿姨那天對我的訓斥，從此在我們的婆媳關係上蒙上了一層陰影。好在小玲對我無此要求，而且他很快找到人對調到南京，成為南京曙光機械廠計量室的一名二級工。只要不和婆婆住在一起，隨便她如何看我，都無妨。由於小玲的廠不是軍工企業，他的二級工工資每月只有三十六元，比我還要少三元多，但是我們不在乎，只要兩人能在一起，就比什麼都好。小玲一到南京，我們就領取了結婚證，我倆就用每月總共的七十五元收入，開始了新的生活。

一開始，我們沒有住房，我仍住在集體宿舍，他住在其父老戰友——南京中醫學院王院長家。他買了一隻煤油爐，放在我的宿舍裡，每天來我這兒，兩人一起做飯吃。我們倆所在的工廠都不可能分房給我們，大批已婚多年的牛郎織女們都在排著長隊等候分房，有的人，孩子都上學了，夫妻二人還在各自的集體宿舍裡住著，等到我倆有資格分房了還不知是猴年馬月呢，我只有另想辦法，就又去了媽媽的老單位城建局。在那兒我打聽到，媽媽組織部裡的郭叔叔，現在已提升為南京市房屋管理局副局長了。我即刻去了華僑路的市房管局，見到郭叔叔，說明了來意。郭叔叔說：「你就放心吧，我來想辦法。我永遠也忘不了你媽媽對我的栽培，你的事我一定盡力照顧。只要我不是謀私利，撥一間房給烈士子女，誰也不好提意見。」

在等候住房時，我們從蘇州運來了雕花大木床和五斗櫃，暫時存放在房管局倉庫裡。不到兩星期，郭叔叔就從正在建造中的一座三層紅磚樓裡，分給我一間十三平方米的小屋，外帶一個兩平米的小廚房，廁所則與另一家合用。這所房子位於曙光機械廠後面，小玲上班只有兩分鐘路程。房子剛建好，窗戶還未裝玻璃，我們就迫不及待地搬了進去，用牛皮紙將窗戶糊上，住下了。一個多月以後，才來人安裝了玻璃。兩年後，郭叔叔又給我倆換了大一點的住房，位於鼓樓附近峨眉路二號，五層樓上的一個面積二十六平方米的兩間的小套，有個小陽臺，還有獨立的洗手間和廚房，我倆很滿意，也令廠裡的同事們人人羨慕。

第十八章　永別了，周總理！

初婚的日子，我是幸福的。我結束了多年住集體宿舍的生活，有了自己溫馨的小家。我和小玲結婚沒有擺酒席請客，也沒有做新衣服。兩人穿著舊軍裝，歡歡喜喜地搬入新房，內心十分滿足。我買了幾斤喜糖散發，花費不足五元錢，結婚大事便塵埃落定了。我的好朋友何天陵也在此時結婚了，婚後他們小倆口暫住蘭園十號原來的家，同時等待廠裡分房。兒時的玩伴，轉瞬間都已成為人妻。

一九七五年一月，四屆人大傳來好消息，敬愛的周總理繼續擔任國務院總理，江青等人妄圖篡權的陰謀未能得逞，我的心情大好。四屆人大後，周總理病重住院，由副總理鄧小平主持黨中央和國務院日常工作。頭年由於「批林批孔」運動的干擾破壞，全國的工業，農業，交通運輸，科學技術等各方面工作，在剛有起色之時重新陷入混亂狀態。鄧小平大刀闊斧地對各個領域的工作進行了全面整頓，經濟工作從整頓鐵路運輸抓起，接著大抓鋼鐵生產，帶動了整個工業戰線的整頓，工業生產迅速回升。在農村，鼓勵社員搞家庭副業。由於人心思治，一九七五年上半年形勢明顯好轉，全國大部分地區社會秩序趨於穩定，人民大眾的心情也都好轉了。

我的心情一好轉，馬上就有喜了，懷上了孩子。可是小玲卻還沒有做好當爹的思想準備，他對我說：「我倆還沒什麼存款，別這麼早要孩子，去做人工流產吧，我一定好好照顧你，把你的身體調養好。」我執意不從，告訴他，頭生的孩子聰明漂亮，這個孩子我要定了。他勸了我幾次，終因拗不過我而作罷。畢竟，這個孩子是他的骨血，所以也就和我一起高興地等待著孩子的降生。

一天晚上，我倆在勝利電影院看了一場羅馬尼亞電影《多瑙河之波》，因為太喜歡了，散場後，在回家的路上還津津有味地回味著這部電影，邊說邊拐進了回家的小巷管家橋。小巷沒有路燈，黑漆漆的看不清路面。好在巷子不長，出了巷子就到家了，所以並沒在意腳下。小玲學著電影裡男主角米哈伊的口氣說：「我要把你扔到河裡去！」話音未落，我腳下已踩空，重重地跌進路當中的一個大坑，坐在裡面好半天都爬不起來。那時候，南京市的好多道路都是這樣坑坑窪窪的，不少下水道都沒有蓋子，特別害人。我被小玲拽起後，感覺腹痛難忍，驚恐萬分，生怕因此而導致流產。幸運的是，腹中的孩子像是懂得我的心事似的，黏住我了不肯離去。我休息一夜後，第二天去醫院檢查，還好，一切正常。但因我受了驚嚇，所以醫生開了三天病假。全民所有制單位的職工休病假不扣工資，所以我能休一天是一天，孕期經常休病假。

在我懷孕四個多月時，發了一次高燒，在離我家不遠的省中醫院住院打點滴，打針吃藥一個星期才回家。看著日漸隆起的肚子，我既高興又擔心。這回擔心的是，我怕孕期的高燒引發後遺症，生下個孩子是兔唇或者畸形。忐忑不安地一直到生下了正常的嬰兒時，才完全放下心來。那次發燒出院後，醫院也給我開了幾天病假。我在家休息時，整理出過去我所收到的信件，發現了安東給我寫的「小玲配不上你」的那封信，覺得好笑，便拿給小玲看。本想告訴他我的愛情是多麼堅定，讓他樂一樂的，誰知他讀信後臉色陡地變得鐵青，恨恨地罵道：「安東是個王八蛋！」他的憤怒讓我始料未及，忙勸解說：「那是她老早以前說的話，我們結婚後，她不是來信祝賀了嗎？姐姐嘛，總是希望妹妹好的，沒有壞心。」小玲仍然悶悶不樂，半天都沉著臉不說話。我以為過幾日事情就會過去了，萬沒想到，小玲是個心胸狹窄的小男人，為了安東的這句話，他記了一輩子仇。我也沒有想到，小玲的脾氣很暴燥。

我與小玲的婚姻，門當戶對，是打算相濡以沫，白頭偕老的。所以我對他的一切缺點，都很包容遷就，愛屋及烏，以此換取家庭和睦。大城市裡一般的小家庭，多數都是做妻子的獨攬財政大權，做丈夫的每月發了工資，基本上都交給老婆管。而我家正相反，財政大權握在小玲手中，我每月領了工資後就全數交給他，他只給我兩元零花錢。因他上班的地方離家近，所以他下了班就買菜做飯，我到家後吃現成飯，所以我樂得不管錢，不煩神。就連兩元零用錢也不亂花，到了月底若還沒花，就買些牙膏肥皂草紙之類帶回家，然後再從小玲那兒，領取下個月的兩元零花錢。小玲在用錢上對我管得嚴，對他自己比較寬，每月抽煙喝酒都不少。我不喜歡他抽煙喝酒，可是他說，這是在部隊學會的。野戰軍與我們部隊醫院不同，當兵的若不會抽煙，便肯定會脫離群眾，人人都得會。他在部隊抽了四年煙，不可能戒了。他還說，兩天抽一包不算多，飯後一枝煙，塞過活神仙，別提有多舒服了。況且，他們兄弟三人都抽煙，一見面聊天就互相將煙扔來扔去的，不抽怎麼能行啊？而喝酒，他是小時候跟他爸爸學的。他在家是最受寵的一個孩子，所以他爸爸一有飯局，必帶他去，也就學了會喝酒。聽他這麼一說，知道他多年養成的習慣難改，勸也沒用，所以，雖然明知他抽煙喝酒就是燃燒人民幣，勞命傷財，可還是只有算了，隨他去了。

我的預產期是一九七五年十月底。小玲怕自己缺乏經驗照顧不了我坐月子，請個臨時褓母吧，家裡又住不下。就寫信給他媽媽，請求她同意我去蘇州生孩子，這畢竟是她的頭生孫子嘛。再說，蘇州的家比較寬敞，請褓母有地方住。他媽媽回信說，我去坐月子得交一百元錢，小玲一口答應。為了這個孩子的來臨，我們省吃儉用已經存下這些錢了。十月中旬我乘坐火車去了蘇州。一到婆婆家，就交給她一百元錢，心想，我坐月子是沒有問題了，很安心。

十月十六日，我感覺有些不適，婆婆立即叫我帶上產婦和新生兒用品，住進了蘇州市第一人民醫院婦產科。當天晚上我的羊水就破了，被送進產房。折騰了一夜以後，於十月十七日上午八點半鐘，生下一個五斤重的小小的女嬰，破了趙家三代無女孩的記錄。女兒剛生下來就睜開了雙眼，那雙眼睛與小玲活脫脫是一個模子裡刻出來的，黑色的頭髮已長得蓋住了半個耳朵，臉蛋紅撲撲的很光滑，可愛極了。產房裡，那天出生的都是女孩。有趣的是，頭天出生的都是男孩，生孩子都是一波一波的。別的產婦都有丈夫陪伴，唯獨我沒有，孤零零的一個人在醫院生孩子。小玲怕扣錢，不願請事假來陪我。不過，看著女兒，我心裡充滿了柔情。我想，哪怕我再窮再苦，也要把她養大。不管在什麼情況下，不管是誰，即使用一座金山來換我的女兒，我也絕對不換！那時我絕對不會想到，我發的這個毒誓，多年後真的會應驗。

在醫院住了幾日後，我包上頭巾，抱著女兒坐著三輪車回到婆婆家。原以為褓母已經在我住院時找好了，誰知道根本沒有找。婆婆說，我交給她的一百元錢已花完，沒錢請褓母。我大驚，因為我是公費醫療，從南京帶了廠醫開出的轉帳證明來的，住院是免費的。才幾天工夫，怎麼可能花完呢？可是人在屋簷下，不得不低頭，一切都是婆婆說了算，我只有忍氣吞聲，撐著虛弱的身子，自己帶孩子。沒有一個幫手，丈夫不在身邊，家裡又沒有電話，心裡有話都沒地方說，眼淚只有往肚裡嚥。

我缺奶水，孩子全靠人工餵養。白天，他們全上班，只有我一人在家，每隔兩小時給孩子換一次尿布，餵一次牛奶。家裡只有一個煤球爐，熱水不夠用，還得給上班去的他們留下一瓶，所以，換下的尿布，我就在冷水裡洗。夜裡，我整夜和衣靠在床頭，不敢睡下，孩子一哭，我就抱在手裡搖，讓她不哭，否則第二天婆婆就甩臉給我看，說：「誰叫你現在就生孩子的？吵得人睡不好，上班都打磕睡！」她的孩子自己沒有帶過一天，全是褓母帶大的，所以她認為我帶孩子也不累。我在月子裡沒有睡過一個整覺，極度的疲勞使我沒有胃口，每天只能喝下一點稀飯，沒有營養補充，惡露一個多月不止，沒有人過問我的苦處和需求。我終於撐不住了，一天上午在給孩子換尿布時，眼前一黑，栽倒在地，不醒人事。婆婆這才慌了，忙去請醫生。婆婆是十五級幹部，孩子全部工作了，經濟條件比普通百姓強很多，但是她從不顧及我們的困難，用光我做月子的錢請客，不肯請褓母，還常發脾氣罵人，使我的身體大受損傷。對我來說，她是個惡婆婆。

由於趙璧的關係，婆婆在蘇州有很深的根基，所以可以將醫生請到家裡來。醫生來看了後說：「產後最重要的是休息，若休息不好，無藥可治。」趙平看我如此虛弱，主動說，他願意晚上帶孩子睡覺，讓我可以睡個整覺。就這樣，我和趙平輪流帶孩子過夜，每隔一天我可以睡上一宿，情況稍有好轉。恰在這時，小玲廠裡一位師傅出差來蘇州，順便來看我，我即刻給小玲寫了封信，託他帶回南京。小玲這才得知家裡沒有為我請褓母，我已經快要累死了。他立刻請了一星期假，趕到蘇州來了。

他見我臉色蠟黃，黑眼圈很深，惡露不止，走路搖晃，知道我在月子裡受的是什麼罪了，對他媽媽很有意見，堅持要她請一個褓母。最終她從無錫鄉下請來一個五十多歲的老阿姨，既帶孩子又做飯，包吃包住，每月工資十元，我的處境才好轉了。但是那次坐月子落下的頭暈和腰痛，一輩子也沒治好。不過，只要孩子長大了能聽話，孝順，我便無怨無悔。五十六天產假休完後，經醫院檢查，發現我因月子裡過度勞累，已患上嚴重的子宮內膜炎，必須治療，醫生開了一個月的病假，讓我繼續休息。

一九七六年一月八日，褓母做午飯時，我抱著孩子餵牛奶，忽然聽見收音機裡傳出哀樂，隨後就聽到播音員用沉痛的語調，向全國人民報告周總理逝世的噩耗。我一下子就呆掉了，好似擎天柱坍塌，萬分難過。誰會來接替他當總理呢？鄧小平恐怕不可能了，因為就在前不久，在鄧小平整頓秩序卓有成效之時，毛澤東突如其來地發動了一場「批鄧」和「反擊右傾翻案風」的運動，令全國人民迷惑不解。江青之流趁機抓緊了篡權活動，集中力量攻擊鄧小平，還趁著批鄧，對很多老同志批鬥圍攻，竭盡人身迫害之能事。他們編造了一個「老幹部是民主派」，「民主派就是走資派」的荒唐公式，還把恢復工作的老幹部污蔑為「還鄉團」，造成了經濟形勢的又一次惡化。對祖國前途命運的擔心，使我感到特別鬱悶，很不開心，也休息不好。中國人傳統的坐月子時禁忌的幾條，我都犯了。

孩子快三個月時，我還剩下一星期的病假，小玲決定接我回南京調養。他媽媽說，孩子可以留在蘇州讓褓母繼續帶，但是我們必須每月寄給她四十元錢和二十五斤糧票。為了對我們母女都有利，小玲答應下來。小玲和我離開蘇州時，孩子正熟睡著。我看著繈褓中的女兒，覺得她是我生活的希望，是我的精神寄託，我吃再大的辛苦也是值得的。但願她長大以後身體健康，聰明能幹，誠實寬厚，不重金錢，上進心強。我和天下所有的母親一樣，對自己的孩子寄託了太大的希望，孩子若在某些方面做得不好，我會失望傷心，甚至生氣。我最不希望看到的是她會扯謊和自我中心主義。我不顧小玲的勸阻，堅持生下這個孩子，是不忍終止一個小生命，希望她長大後做一個善良的好人，希望她有良心，懂得感恩，生活快樂。而我自己，絕不要她的任何回報。我彎下腰，親了親女兒的小臉蛋，聞著那熟悉的奶香味兒，還想再抱一下她，小玲說：「趕快走，別回頭，別看她，要不然，你磨磨蹭蹭就走不掉了。」

我跟小玲回南京後，第一件事就是給女兒上了戶口。小玲為女兒取名趙焱，他說，我的父母和他的父親，三位革命老前輩都去世了，三個火，表示繼承三位去世老人的三把革命火炬。後來，他又為他弟弟的兒子取名趙淼，為什麼用三個水，他沒有說。只說是與小焱相對應。我廠有位老師傅會測字，他對我說，女孩可不能用這麼多「火」字取名，那樣孩子長到二十歲以後會火暴脾氣，會不懂事。我把這個意思對小玲說了，他一臉的不屑，說：「哪有那麼邪乎，他那是迷信！」所以，女兒的名字就定下來了。後來的事實證明了，那位測字先生說得很準。女兒很兇，侄兒很柔。

我發現，小玲相當大男子主義，他在家說一不二，凡是他決定的事情，絕不允許我有不同意見。而我呢，好不容易有了自己的家，不願因吵架而傷了和氣，所以一貫對他妥協，以求相安無事。我和小玲每月總共七十五元工資，寄去蘇州四十元撫養小焱，再交四元房租，剩下三十一元兩人過日子，柴米油鹽醬醋茶全在這點錢裡開支，小玲每月的香煙還不能少，儘管買的是便宜的低檔香煙，每月也得花費七、八元，致使我倆經濟上極其拮据，捉襟見肘，有時到了月底竟囊中如洗，連買蔬菜的錢都沒有了，只好用醬油湯泡飯吃。但是只要小焱的奶粉錢有足夠的保證，我們含辛茹苦也心甘情願，但願她長大以後能體會我們做父母的對她的一片愛心，做個好女兒。只是，我們再拮据，小玲也不肯戒煙，更不可能省下買煙的錢，為我買件衣服，我雖然太不開心，但是我什麼也沒有說，從來沒有為了錢和他鬧彆扭。

我在家休息一周後，去廠裡上班。一路上，看到大部分市民的左臂上都佩戴著黑紗，或者在胸前別朵小白花，自發地悼念周總理。走進設計所大樓，見牆上貼滿了悼念周總理的詩詞，全是老九們寫的，讓我非常感動。走進裝接班，看到所有的人也都佩戴著黑紗，非常安靜，班長不講故事了，亦無人聊天。我問班長，還有沒有黑紗了，我也要戴。他打開抽屜，拿出一個黑紗和別針遞給我說：「早就從工會給你領來了，快戴上吧。」我將黑紗套上左臂，默默地坐下。自批鄧和反擊右傾翻案風以來，就沒有活兒幹了，整天都在政治學習。連部每天發一份新華日報到班組，以往是一個人大聲讀，大家聽，總理逝世後，報紙還在搞大批判，沒有人願意讀，大家就傳著看，實際上只是裝裝樣子而已，誰也不想讀那些臭文章。設計所裡一片寂靜，以這樣的方式悼念我們的好總理，這是人心所向，我和他們的心是緊緊相連的。

周總理受到全國人民的衷心愛戴，也受到國際友人的敬重，聯合國都為他降半旗。可是，在我們悼念總理的悲痛日子裡，領導竟傳達中央指示，下令不准戴黑紗，不准擅自設置靈堂，也不准自行舉辦各種規模的追悼會，壓制群眾的追悼活動，致使人民大眾強烈不滿。一九七六年三月五日，上海《文匯報》在刊載紀念雷鋒的新聞稿時，故意將周總理的題詞全部刪除，引起了廣大人民群眾的極大憤慨。南京，杭州，鄭州，太原等地的人民紛紛走上街頭，爆發了悼念周總理，反對「四人幫」的聲勢浩大的自發性群眾運動。南京新街口和鼓樓的主要建築物上，都貼滿了各種悼念總理的大字報和小字報，好多路人都在上面簽字表示支持。三月底至四月初，抗議運動的中心移至北京，群眾從四面八方湧向天安門廣場，沉痛悼念周總理，憤怒聲討「四人幫」。

四月四日清明節，南京各界人士紛紛湧向雨花臺烈士陵園悼念周總理，南京市的工人階級在這場運動中起了領頭作用。七二〇廠的工人們，用不銹鋼做骨架，製成了直徑四米的特大花圈，由八名工人抬著，走在隊伍的最前面。我們七一四廠的工人隊伍緊隨其後，也抬著超大花圈。繞新街口一圈後折向雨花臺方向，一路上各單位群眾紛紛加入，隊伍不斷壯大，成為實際上的示威遊行。中國人民被壓抑了多年的情感，對文革的怨氣，對江青張春橋的不滿，終於像火山一樣爆發了。

可是，設計所的領導卻下令，不許設計所任何人在清明節這天離廠，不許加入我們本廠的工人隊伍，我們都很氣憤，坐在班組發牢騷。這時有人說，四樓的老九們正在寫大標語呢，我聽了拔腿就跑上了四樓。在研製90號機器的大房間裡，我看到地板上鋪開了一長排一米見方的白報紙，副省長陳同生的兒子陳公亮正潑墨揮毫，每張紙只寫一個大字，寫的是反「四人幫」標語。這次行動的發起人是從哈軍工分來設計所的王展展和朱建國，他倆都是軍隊高幹子弟，兩人的父親都是江蘇省軍區的首長。王展展說：「不讓我們去雨花臺，那麼在廠門口刷大標語總可以吧？」標語寫好後，等墨跡乾了，八名老九，還有我——唯一的一名工人，捲起標語紙，拿上兩把高粱秸掃帚，下了樓向廠大門走去。設計所裡的其他人雖然沒有加入我們，但各班組的人都趴在視窗目送我們，對我們點頭微笑表示支持。我們先去大食堂，請大師傅為我們做一桶漿糊。食堂師傅聽了來意，二話沒說，立即用水和上麵粉，放進大鍋攪拌，幾分鐘就為我們打好了一大桶熱氣騰騰的麵糊。

我們一行人到了廠大門外，分左右兩組，用掃帚蘸麵糊，將寫好的大標語一張一張刷上牆。左面牆上刷的是：「打倒中國的赫魯雪夫張春橋江青！」右面牆上刷的是：「敬愛的周總理永遠活在我們心裡！」我們刷標語的時候，路過的行人，不管是步行的還是騎自行車的，全都停下來觀看，一會兒工夫就圍了幾百上千人。他們有的高喊：「七一四廠是好樣的！張江二人還在臺上，就敢反！」還有的高喊：「向七一四廠致敬！」我們知道，在我們的身後，不僅站著全廠職工，而且站著全市人民，站著全國人民。誰都知道江青之流是怎樣的貨色，若不是他們有個強有力的現代皇帝做後臺老闆，就憑他們幾個十幾級的小幹部，要想扳倒中央一品二品大員，根本就是白日做夢，癡心妄想！誰都清楚他們的後臺老闆是誰，只是不敢公開明說罷了。若不是那個後臺老闆，他們豈能如此囂張?!如此冒天下之大不違?!如此胡作非為?!如此有恃無恐?!如此興風作浪?!

我們刷的大標語是為人民說話的，可是，剛刷上去不到半小時，市公安局的警車就開來了，早有小人報告了。警車一停下，就跳下幾名員警動手撕去了我們的標語，還威脅說要把肇事者都帶走審訊。這時候，聞訊趕來的廠革委會副主任，老廠長馮志遠對公安局的人說：「請你們把我廠這幾個刷標語的人交給我來處理，請相信，我保證給你們一個滿意的答覆。」鑒於那時全南京市像我們這樣的事件實在太多，公安局早已焦頭爛額，根本忙不過來，所以他們同意將我們九人交給馮廠長處理，他們臨走前，還要求馮廠長儘快將處理結果上報市公安局。

我們九人被帶到馮廠長辦公室，馮廠長將門關上，不讓任何人進來，單獨對我們訓話。他故意狠狠地說道：「你們太年輕氣盛了！你們知不知道這樣做只能是以卵擊石自取滅亡？你們要是出了事，我怎麼去向你們的父母交代?!悼念總理是好的，關起門來搞搞就行了，這麼大張旗鼓地搞法，不是送給人家打送給人家抓嗎？除了惹禍上身還能有什麼用？你們自己要學會鬥爭策略，學會保護自己，少給我這個廠長添麻煩好不好？」馮廠長沒給我們扣任何大帽子，他的訓斥使我感到，他就像我們的父母一樣愛護我們。他把我們從公安局手上要回廠，完全是為了保護我們。不過他確實像是生了氣，氣呼呼地叫我們坐在他的辦公室裡反省，下班時間到了也不讓我們回家，他自己也不回家，而是打電話叫大食堂下一大鍋麵條送來。他說：「這會兒若放你們回家，馬上就會有人彙報到公安局了。今晚你們就在這兒反省，不到九點不許走。」很快，大食堂送來了可口的白菜肉絲雞蛋麵，我們和馮廠長一起吃得津津有味，感覺真是香極了，而且沒有付飯菜票。

那天晚上，小玲可真是急壞了。我平時下班從不逛街，晚六點之前肯定到家。可是那天，我在馮廠長辦公室一直待到晚上九點才離廠。回到家後，小玲說，他在當晚七點左右到七一四廠找過我。設計所值班人員告訴他，我參加了「標語事件」，被關在廠部，還不知道如何處理呢，小玲嚇出了一身冷汗。見我平安回來，他仍心有餘悸，生氣地對我說：「你太簡單幼稚了，快三十歲的人了，還這麼不成熟，跟在人家後頭瞎起哄！」我反唇相譏：「我有獨立思想就是不成熟啦？悼念總理怎能說是瞎起哄呢？像你那樣世故圓滑就叫成熟嗎？」他一下子被我說得噎住了，過了好半天才說：「你嘴巴也太厲害了，噎得我找不出話來回。」我「格格格」地開心得笑了。還好，小玲也恨江青張春橋，與我觀點一致，志同道合，所以並沒有真的生我的氣。

第二天，馮廠長召開了一個只有半小時的全廠大會，告誡大家認清形勢，不要隨便行動，不管做什麼都必須三思而後行，要對自己負責。然後他說：「有人批評我膽小怕事，我可以告訴你們，我不是什麼膽小的問題，我根本就沒得膽，我的膽早已手術切除了，我沒膽！」大家聽了哄堂大笑，覺得這老頭兒太可愛了。

馮廠長對我們愛護關心，可是設計所新提拔的副指導員鍾某，卻不肯放過我們。他是個極左份子，批鬥起人來一向兇狠。他把連部的大辦公室騰出一半來，用三夾板隔成兩間小屋，把我關在其中的一間作反省，另一間關著朱建國，王展展則被叫到廠保衛科談話。鍾某要我寫材料，交代王展展和朱建國平時向我灌輸了哪些壞思想，為什麼我要跟他們跑。他惡狠狠地對我說：「你若不老實交代，不會有好下場！」說完起身走開，把小屋的門關死。可我有反骨，雖一人坐在小屋裡，卻毫無畏懼，我看不起鍾某這種小人。我和安東一樣，人家越壓制，我越強硬。我一個字也不寫，看他能把我怎麼樣，我就不信，他能把一個什麼罪也沒犯的烈士子女關進大牢。設計所領導裡頭，只有鍾副指導員對我兇狠，其餘的領導沒有一個願意整我，相反，他們都為我說話。白天我被關在連部反省，但是晚上可以回家，所以我不在乎。關了兩天後，連長費了番口舌，做了鍾某的工作，把我放回了班組，鍾某什麼也沒從我這兒得到。

四月六日，我們聽說，北京天安門廣場的人民英雄紀念碑上的大批花圈被收走，激起民憤，北京市民與員警發生了衝突。四月七日，《人民日報》發表了天安門事件的所謂「真相報導」，我們才知道，北京的群眾運動被殘酷地鎮壓掉了，許多人被毆打，不少人被抓，天安門廣場發生的事被打成「反革命政治事件」，鄧小平被說成「黑後臺」，被開除了一切職務，保留黨籍，以觀後效。中國的上空，再一次被陰雲籠罩。

天安門事件一定性，南京的雨花臺事件和七一四廠的標語事件跟著就定了性，也都成了「反革命事件」，這樣一來，七一四廠就必須抓出一個反革命來，否則無法向市革委會交差。設計所將矛頭鎖定在王展展身上，說他是這起「反革命事件」的主謀，朱建國是從犯，其餘七人屬於「受蒙蔽」。四月七日夜裡，設計所領導組織了一些人，連夜寫出了幾十張內容大同小異的大字報，聲討「反革命份子王展展」，貼滿三樓和四樓的走廊。

四月八日早晨上班時，我還沒走到設計所，遠遠就見設計所樓下圍著一大堆人，個個仰頭向上看。我抬頭一看，我的天！只見王展展的身子懸在四樓窗戶外面，雙腿在拚命蹬踢，他的腰被裡面一個人死死抱住，只要一鬆手，他就會掉下來。我摒住呼吸，腦袋嗡嗡亂響，停止了思維。也是王展展命不該絕，他很快被幾個人一起用力拽進窗戶。原來，那天早晨，王展展來上班時，看到走廊裡鋪天蓋地聲討他的大字報，知道自己逃不過這一劫了，便高呼一聲：「人民萬歲！」隨即向四樓走廊的視窗奔去，打算跳樓自殺。這個窗戶，正是六年前錢壽山跳樓的同一扇窗戶。當他的一隻腳跨上窗戶時，被正上樓的復員軍人小郎看見了，他大叫一聲：「不好！」一個箭步衝到窗下，說時遲那時快，就在王展展躍出窗外的一剎那間，小郎伸出雙臂，拼出吃奶的力氣，將他攔腰死死抱住。小郎的雙膝死死頂住窗下的牆，兩個膝蓋全頂破了，鮮血直淌。由於小郎爭取到這可貴的半分鐘，後面上樓的人再合力一起幫忙，才使這一自殺事件變成一場虛驚。從鬼門關被拽回的王展展，立即被送到市公安局關押起來，直到半年後「四人幫」垮臺了，他才被放回來。一九七六年底，王展展和朱建國被評為廠級先進工作者，我們跟著去刷大標語的七人，都在廠報上予以表揚。

第十九章　以工代幹

在王展展被關押期間，停頓了近十年的中國對外貿易重新啟動。我聽說，江蘇省對外貿易局正在全省的插隊知青中，挑選懂一點英文的老三屆高中生和文革前的南京外國語學校的學生，以補充進外語人才奇缺的江蘇外貿各進出口公司。我很想調進省外貿，以便使我這幾年學到手的英文能夠用得上。可是我一打聽，就傻了眼。因為外貿工作人員都是國家幹部編制，尚無從工廠調動工人的先例。國家幹部歸人事局管，而工人歸勞動局管，不對口，分屬兩個人事系統，我的心涼了半截。

一個星期天，我和小玲去省中醫院看望住院的柳林叔叔。柳林是我倆父母的老戰友，解放初期任中共南京市委副書記，後來調任蘇州市委書記，文革中他被打倒，直到一九七六年春才被解放出來，奉命到南京來等候省委分配工作。在等候期間，他住院查病帶休養。我們走進柳叔叔的病房，見他與一位白髮老者聊得正歡。見我們來了，非常高興，問長問短。我趁機對他說，我這幾年進修了英語，想去外貿工作，請柳叔叔幫忙。柳叔一聽就笑了：「你找得可真準，這不，坐在你面前的這位就是江蘇省外貿局副局長謝金聲，主管人事。」我馬上對白髮老人說：「謝局長好！」柳叔叔對謝局長做了個手勢說：「這個姑娘想去你那兒工作，你把手抬一抬她不就進去了嗎？」謝局長卻不立即答應，而是對我說：「我得先派人去考考你的英文，才能作決定。」我自信地回答：「行，保證讓您滿意。」

謝局長說話算數，第二天就派了五化機進出口公司（那時由於業務少，五礦，化工和機械三個公司是一個公司）幹部科女科長姚以芬，帶著化工科外銷員章志偉，到我們七一四廠勞資科來聯繫了。上午十時許，廠勞資科負責人把我叫去他的辦公室，指著從省外貿來的兩人對我說：「他們想跟你談談。」我對兩位來客微笑著說：「你們好！」姚科長問我：「能談談你為什麼想來外貿工作嗎？」我回答說：「我是黨撫養大的，只想為黨為國家多做貢獻，發揮自己懂英文的一技之長。」她點點頭，就叫章志偉考我英文。章志偉拿出一封外商的英文來函遞給我說：「請你看一下這封信，給你五分鐘準備時間，然後朗讀一下。」我瞅了一眼信函說道：「不用準備，我現在就念。」說著，一口氣流暢地朗讀了一遍，其中有不懂的化工原料名詞，就說一聲：「這兒有個專有名詞不懂。」跳過去繼續讀，讀完後，章志偉叫我譯成中文，我馬上按自己的理解譯了出來。他點了點頭，不動聲色地說：「今天就到此為止吧，我們回去研究一下，再給你答覆。」

當晚，我就跑到新街口羊皮巷謝局長家去打聽結果。謝局長高興地對我說：「今天對你的英文考核，反映很不錯。姚科長看了你的檔案，也沒有任何問題，所以你不用再像其他新招進來的知青一樣進行政審和英文培訓，馬上就能用。但是調動上存在一些問題，因為你是工人編制，不能由外貿直接調動，只能找一個迂迴的辦法，找一個合理的藉口把你調過來。這件事你不要著急，我來想辦法。我們局裡有五十個名額招收插隊知青，我們花了很大的力氣尋找有一點英文基礎的人來培訓，就是無法招滿，知青們基本上都把學校學的那點英文統統忘光了。我想，讓你頂一個知青的名額進來，應該問題不大。這個工作我來做，你等調令就是了。」

這下我稍稍放下心來，繼續在七一四廠上班，同時忐忑不安地等侯調令。在沒有正式調動前，總是擔心會發生不測。一九七六年是中國多災多難的一年，一月八日，敬愛的周總理逝世；七月六日，深受全國人民愛戴的朱德總司令逝世；緊接著，七月二十八日，唐山發生八級特大地震，二十四萬人剎那間失去生命，更多的人變成殘廢，一座百萬人口的城市瞬間被毀。我們聽說，國際紅十字會要派救援隊來中國，但是卻被江青之流拒絕了，說是「絕不要資本主義的施捨！」致使許多本來可以得到救助的人，耽誤了時間而死於非命。在他們眼裡，中國人的命實在不值錢！南京市大部分居民也在戶外搭建了各種各樣的防震棚，在裡面過夜。我和小玲沒有隨大流，我們認為南京不在地震帶，不必大驚小怪，所以夜晚堅持睡在自己家裡，果然平安無事。不過，看到市區隨處可見的零亂的防震棚，想到多難的祖國，心情很壓抑。

唐山大地震發生過後沒幾天，我就接到了省外貿的調令，分配在五化機進出口公司化工科任外銷員。作為工人，我本無資格做幹部的工作。但是，當時我的這種情況在南京還不止一個兩個。有位在新街口北京羊肉館工作的回城知青周祖德，能背下整本的英文字典，經過南京大學三位知名教授的考核，確認他有驚人的英文辭彙量，決定將他調進南大。可是，他是工人，不好調動，怎麼辦呢？全國其他地方亦有類似問題，所以中央出臺了一個政策，叫做「以工代幹」，就是，領工人的工資，做幹部的工作。這樣，一些確有專長的工人，就可以名正言順地進入國家機關，被安排在幹部的崗位上了。中國的人事制度在全世界都是很獨特的，「以工代幹」更是中國特色。

記得我是一九七六年八月六日去中華路五十號省外貿大院報到的。一進辦公室，章志偉就笑嘻嘻地對我說：「歡迎，歡迎！」當時的化工科只有六人，我加入後才七人。科長名叫徐林泉，四十多歲，胖胖的體態，很有老闆派頭，在對外貿易洽談中，很多外商都把他當成經理，而把經理當成他的部下。兩名外銷員，一名就是來考我的章志偉，南京大學外語系畢業，主管醫藥原料的出口；另一名叫房林，蘇州師範學院英文專業畢業，主管化工原料的出口。年齡最大的老康，五十多歲，解放前畢業於上海聖約翰大學，英文極好，可是因家庭成分不好，不許他涉外，公司領導責成他專門負責審理各國開來的信用證，另外還有兩人分管出口貨源。我國的對外貿易，在「四人幫」被打倒後，發展迅猛。幾年後，我們公司就發展成四個獨立的省級進出口公司。我們化工科也一分為二，升級成為省化工進出口公司和省醫保進出口公司。

我一進外貿，就有了自己的辦公桌，非常開心。徐科長先介紹我和大家認識，然後向我簡單扼要地介紹了本科室的情況。我這才知道，他們也都才調來不久，時間最長的徐科長和章志偉才來了四個月。我們一九七六年調入的幾個人，是江蘇省化工進出口公司的元老。江蘇省外貿是在一九七六年春天才組建的，剛剛開始對外自行出口少量工農業產品。江蘇省生產的大部分出口商品都調撥給上海外貿經營出口，是上海外貿最大的出口貨源基地。後來，江蘇省外貿獲得了省內所有產品的出口權，改供貨為自營，出口貿易額一下子就超過了上海。

徐科長介紹過情況後，遞給了我一個小冊子，那上面用中英文印著由我科主營出口的化工原料和醫藥原料的產品目錄，總共才十二個品種。他要我熟記所有產品的英文名稱，我當天就做到了，他十分滿意。那時，除了廣交會上與外商洽談貿易外，平時沒有外商來，所以上班很輕鬆，一張報紙一杯茶，政治學習聊聊天，一天就打發了。我有時也跟著老康學習信用證，很快入門，對各種信用證處理自如，又贏得科長賞識。上班沒幾天，科長就通知我，八月十五日之前到廣州交易會報到，參加當年秋交會的展品籌備工作，等到十月十五日開幕時，再加入化工交易團，參加對外洽談工作，歷時三個月。這可真是天大的喜訊，要知道，當時參加廣交會，等於半個出國，能夠獲得機會者，少之又少，所以我的興奮之情溢於言表。徐科長對我說：「帶上你最好的衣服和皮鞋，廣交會有規定，不許穿軍裝入場。」

可我只有舊軍裝，從部隊復員六年了，我仍然穿著它們，除了看上去舊了，卻一點也沒有破。這麼多年來，我只添過一些新內衣，沒有添過一件新外衣。我想，必須趕快解決服裝問題，決不能給中國人丟臉。小玲也沒想到外貿的領導這麼快就給我機會，很為我高興。他立即寫信給他的媽媽，請求本月份允許我們少寄十元錢，以便能給我做件新衣服參加廣交會，但遲遲沒有接到回信，我只好向科長求助。他說，這好辦，可以提前多支取些差旅費，從中拿出點錢來先做了衣服再說。出差期間每天有六角錢補助，只要不買什麼東西，回來報銷時應該可以做到收支平衡。我立即去財務科領取了一百元差旅費，當天中午就和小玲一起去新街口百貨公司，挑選了當時最流行的藏青色滌卡布，買了六尺，跟著就去了家門口的小裁縫店，做了一件當時的流行款式小西裝領的春秋兩用衫，小玲又向趙平的女朋友借了一雙八成新的丁字皮鞋，我就帶著這兩樣體面的衣鞋，奔赴廣州。

那是我頭一次參加廣交會，也是平生頭一回跟外國人說英語。廣交會期間，我就靠著僅有的一件新衣服和一雙借來的皮鞋，會見來自世界各地的外商。那時沒有雙休日，每週開館六天，我只能在每星期六晚上脫下外衣洗了，星期一再穿上，連件替換的都沒有。那時從南京到廣州，沒有飛機，只能先坐火車到上海，到江蘇外貿駐上海小組處領取從上海到廣州的火車票，再與上海外貿參加廣交會的人一起乘火車去廣州。上海鐵路局對外貿全力支援，每年廣交會期間，都保證赴交易會人員有臥鋪車票。從上海至廣州，火車行程長達四十二個小時，而且還是快車！我們在火車上要度過兩夜一天，這麼長的時間和各進出口公司的人同在一節車廂裡，打撲克吹牛皮，自然也就結識了很多其他公司的人。就是在這樣的一次赴廣州的火車上，我認識了江蘇省糧油進出口公司的周經理。周經理是軍隊轉業幹部，聽說我也當過兵，馬上就熱情起來了，於是聊起來沒完。趁他高興，我試探地問道：「周經理，你能不能幫忙把我愛人調去你們公司啊？他雖然英文不太會，但是可以搞其他工作的。」周經理並沒有推辭，而是詳細詢問了小玲的情況，聽說小玲是黨員，他就答應回去辦辦看。他沒有食言，半年後，周經理把小玲調進江蘇省糧油進出口公司，安排他在運輸科打單證，當然也是以工代幹。兩個公司同在一個大院，我倆從此一起上下班。此是後話。

一九七六年八月十五日，我們江蘇和上海參加秋交會籌展的一幫人，到達廣州，與來自北京，大連，石家莊等進出口公司的人員匯合，住進交易會旁的流花賓館。我第一次住進這樣的高級賓館，自己還不用花錢，二人一間，發給就餐券，睡席夢思床，還有空調和熱水淋浴，當然非常開心，覺得很享受。那時全國只有九個省市可以自營對外出口，其他省市都是出口貨源基地，不能直接對外，中國對外開放的步子邁得很慢很謹慎。因此，我們是極少數可以享受賓館待遇的普通中國人。

廣交會的前身是中國出口商品展覽會，一九五六年秋在廣州的中蘇友好大廈舉行。後來改稱中國出口商品交易會，簡稱廣交會。第一屆廣交會，於一九五七年四月十五日在廣州舉行，共有來自十九個國家和地區的近一百位商人參加。以後每年春季和秋季都在廣州舉行一屆交易會，會期整整一個月。這種規模一直延續到一九八二年，才由國務院改為二十天，又於一九八九年改為十五天。時間縮短了，但效率卻提高了。廣交會創辦以來，對外貿易業務發展迅速，對展館場地不斷提出更高的要求。一九七四年，新展館在東方賓館對面的流花路建成，總面積達十一萬多平方米。廣交會是目前中國歷史最長，規模最大，層次最高，到會客商最多，成交效果最好，服務專案最廣，具有綜合性，多功能性的國際貿易盛會。如今的廣交會，有來自全世界一百八十多個國家和地區的外商參加貿易洽談，每屆到會客商都超過十萬人次。

一九七六年春，文革中停辦了十年的廣交會重新啟動，新展館首次對外開放。我趕上了好時機，在新展館啟用的當年，就參加了秋交會，大大開闊了眼界。我們到達廣州以後，先休息兩天，由交易會組委會審查我們的政治身份。我們向組委會交上貼有照片的外貿單位工作證，「驗明正身」後，組委會發給我們進館證，用別針別在胸前衣襟上，才有資格進館進行籌展工作。那時候，廣交會場館和涉外賓館一樣，普通中國百姓不許進入，門崗把守很嚴。

我們籌展的任務，一是打掃衛生，春交會一落幕就閉館了，裡面落滿了灰塵，必須徹底掃抹乾淨。二是把上屆的展品撤換下來，放上新展品。我們從正門進入交易會大廳，首先看到的是「馬恩列斯毛著作館」。那麼大的地方，全部用來擺放成千上萬冊的馬恩列斯毛的著作，而不是用來進行對外貿易談生意，突出政治仍然放在首位。對面的東方賓館，是主要接待西方發達國家客商的五星級賓館，我們中午去那兒的工作人員餐廳吃飯。聽那兒的人說，從這年春交會開始，每間客房裡都放有一本英文版的「毛主席語錄」，作為禮品贈送客商。可是，春交會一結束，百分之九十以上的客商，都將英文版的紅寶書扔進紙簍，並不帶走，作為垃圾倒掉。即便是這樣，領導仍然要求秋交會期間，在每間客房裡放上一本紅寶書，用英文寫上「贈品」，真讓人哭笑不得。更讓人難以理解的是，交易會開幕的當天，所有來賓必須先在交易會大廳站好，由懂英文的工作人員帶領著讀幾段毛主席語錄，才允許客商前往各展廳進行貿易洽談。這樣強加於人的情景，我在首次參加的秋交會開幕式上親眼見識到了。

我們開始籌展工作之前，先在交易會裡面逛上一大圈，各個場館都跑一遍。我覺得交易會真是富麗堂皇，佈置得太好看了，以前從來沒有見過，感覺很新奇。最讓人開心的是，在花鳥館裡，我生平頭一回看見了會說話的八哥。我們一行人剛踏上花鳥館的臺階，忽然聽見一聲：「你好！你吃過飯了沒有？」我一楞，順著聲音望去，只見一個金色鳥籠裡站著一隻神氣活現的黑色小鳥，正搧動著翅膀，頭頸一伸一縮，像在歡迎我們。大連來的老韓說，這就是有名的會學人話的八哥。我們上前一步，它抖了抖翅膀，又叫了一聲：「你好！你吃過飯了沒有？」惹得我們哈哈大笑。我們一笑，它就更來勁了，不斷重複著這句話。老韓在春交會時就來搞過籌展，那時就認識了這隻八哥。他說這隻八哥的舌頭被修剪過，所以發音清楚，是北京外貿的人訓練出來的，只供展覽，不賣。我想，它老是說中文，外賓能聽懂嗎？於是，我對它大喊一聲：「Hello！」沒想到，它也回了一句：「Hello！」我們又大笑。我們離開時，只聽八哥在我們身後又喊了一句：「您慢走，慢走，您吶！」一口京腔，真讓人叫絕。

各公司來籌展的人有分工，我只參加化工館的籌展工作。化工館被佈置得很有特色，像一個裝飾過的巨大的實驗室。展臺上呈放著許多各種形狀的大大小小的玻璃器皿，裡面大部分裝著白色粉末，也有少數其他顏色的粉末，只能憑玻璃瓶上貼著的中英文標籤，才可知是什麼東西。那些白色粉末，既不是鹽，也不是糖，全是化工原料和醫藥原料，很多都有劇毒。上屆交易會的展品，都撤下來扔掉，換上新的。只有袋裝的維生素C原粉和瓶裝的魚乾油丸，由總公司來的帶隊人老紀作主，讓我們籌展的幾人分掉，歸為己有。最佔便宜的是糧油館和土產館的酬展人員，他們分得的各種食品和土特產品，多得帶不回去，所以也分一點高級糖果和金針木耳什麼的給其他館的籌展人員，大家有福同享。在物質生活匱乏的年代，能分到一點不要錢的東西，感覺真好。只是，撤換下來的服裝和紡織品不許瓜分，而是送到南方大廈百貨公司去「出口轉內銷」，以便宜價格賣給老百姓。

秋交會定於十月十五日開幕，給我們兩個月的時間籌展，十分寬鬆。我們白天可以在交易會裡閒逛，但不許私自離館外出上街，每天必須按時上下班，不許遲到早退。總公司的老紀每天掛在嘴上的就是：「文革中被破壞的規章制度必須重建，沒有規矩，不成方圓！」我們也都贊同，沒有人擅自行動。

九月九日下午，老紀沒讓我們進館，而是集中到他的房間，說是下午三點有重要廣播。三點整，我們聽到了毛澤東主席逝世的消息。我們靜靜地坐著收聽廣播，好一會兒沒有人說一句話，也沒有人哭泣。最後，還是大連的老韓先開口：「主席逝世了，誰會當主席呢？華國鋒嗎？那麼總理又會是誰呢？千萬別是張春橋江青之流！」老韓說出了我們大家的心裡話，那年頭的人，都很憂國憂民，所以會有此擔心。而帶隊的老紀卻說：「不管誰當，老百姓的日子照樣過。萬事萬物，相生相剋，禍福相依，好壞兼有，萬變不離其宗，世界離了誰，地球都照樣轉。人到老就會死，這是自然規律，不以人的意志為轉移。我們只須順其自然就好，不必太過在意，不必太過悲傷，不必影響我們的正常生活。」

第二天上午，老紀決定停工一天，帶領我們化工館全體籌展人員，去肇慶市遊玩著名的七星岩。他從交易會借來一輛中型麵包車，我們上車跟著他去了肇慶。七星岩在廣東省號稱是「小桂林」、「小楊朔」，湖光山色久負盛名。我們進入公園，只覺眼前一亮，山清水秀，果然名不虛傳，猶如置身於美麗的圖畫中，覺得真是太美了。公園裡有七座碧綠的山頭，因而得名七星岩。園內遊人很少，除了一些港澳同胞，就是我們了。大家都忘記了毛主席剛剛去世才一天，一路上談笑風生，又爬山又划船，個個玩得興高采烈，與周總理逝世時的悲痛心情相比，可以說有天壤之別。

毛澤東的追悼大會於九月十八日下午四時舉行，主會場是北京天安門廣場。其他各省市和自治區首府也都設有地區主會場，另外還有不計其數的分會場，十億中國人民全部參加。黨中央決定，不邀請任何外國首腦或國際友人前來參加毛的追悼會，追悼大會實況只能由新華通訊社統一對外報導。所以，這是一個中國人關起門來自己舉辦的一個悼念活動，對外戒備森嚴。

廣州市的追悼大會主會場設在露天的廣州體育場，而我們交易會工作人員，不用去市里的主會場，組委會在交易會裡的電影館內設了一個追悼會分會場，我們去那兒就行了。比起室外的追悼會來說，真是太舒服了。可是就這樣，很多人也架不住三四個小時的站立而暈倒。全中國的追悼會都與北京同步，所以交易會電影館裡的大喇叭裡，放出的是中央人民廣播電臺的實況播音，全國人民都跟著播音走。我們在中午十二點鐘列隊進場，剛坐下來，就聽見哀樂響起，於是全體起立，再也不敢坐下，就這麼一直站了近五個小時，直到追悼大會結束。由於大家都直挺挺地站著不敢動，幾個小時都保持一種姿勢，不一會兒就累得不行了。我很快就頭暈噁心想嘔吐，可是又不敢坐下，就用手撐著前排的椅背，身體也靠了上去，才稍微好過一點。

從下午兩點左右開始，電影館裡就不斷有人堅持不住而暈倒，被工作人員拖出去了。等待開會的時候，時間過得慢極了，度分如年。好不容易才熬到四點鐘，傳來了王洪文的聲音，接著又聽到華國鋒的聲音。他們說了些什麼，我一概不知，只覺得又累又暈。追悼會結束後，我跟著大夥兒跌跌撞撞地堅持自己走回近在咫尺的流花賓館，一頭栽倒在床上，天旋地轉，動彈不得，暈得眼睛都不能睜開，晚飯自然是不可能起來吃了，第二天又休息了一整天，才緩過勁來。追悼大會那天，廣州上空烈日高照，氣溫高達三十九度。聽說，廣州體育場主會場上有上千人中暑暈倒被拖出會場，其中有兩人不治身亡。後來聽安東說，氣溫比廣州低得多的呼和浩特市主會場，也有幾百人受不了長時間的站立而暈倒，被拖出會場。毛澤東的追悼會，真是一個讓全國人民活受罪的大會。追悼會結束後不久，我們就聽說，華國鋒決定在天安門廣場為毛修建紀念堂，被總公司的老紀稱作是「修建第十四陵」，我覺得他比喻得十分貼切。

十月上旬，我們的籌展工作結束，一切準備就緒，參加交易會的各公司正式代表們也已陸續抵達廣州。我們外貿的體制是，平時由各省的外貿局統管，但是到了交易會上，全部打破各省的塊塊，而由北京各進出口總公司按條條統一領導。來自全國各進出口分公司的化工小組，全部集中住在廣州警備司令部招待所，組成了化工交易團，我也從流花賓館搬到警司招待所，加入江蘇化工小組。這個組由陸經理帶隊，徐科長擔任主談，章志偉和房林兩個外銷員擔任陪談，我擔任翻譯。我們五人組成的江蘇化工小組，連續數年一起參加每年兩屆廣交會，親眼見證了我國的對外出口貿易，是怎樣一日千里飛速地成長壯大起來，見證了我們偉大的祖國，是怎樣在短短的幾年裡一躍而成為世界工廠的。

搬入警司招待所後，我們每天由總公司領導帶領著學習對外貿易國別政策，制定各出口商品的統一對外單價和報價底線。我參加的那麼多交易會，貿易政策中最優先照顧的都是巴基斯坦，給他們的報價最低，數量上也盡量保證。一九七六年，國內生產仍不正常不穩定，所以不少產品在交易會上供不應求，遠遠不能滿足外商要求。對此我們早有準備，總公司給我們統一口徑的答覆是：由於中國剛剛發生了唐山大地震，不少工廠遭破壞，國內需求也加大了，請他們予以諒解。開始時客戶是諒解的，可是後來連續幾屆都供不應求，國內生產幾年都沒有上去，客戶的反映是相當不好的。他們說：「唐山地震已經過去幾年了，你們還用這個藉口搪塞我們，誰相信啊？」弄得我們經理挺尷尬的。這種時候，談判老手徐科長會把話題叉開，談天氣、談美食、談西方電影、繪畫、藝術，是哪個國家來的客商，他就吹捧哪個國家的長處，很快就將氣氛融洽起來。我在擔任他的翻譯時，不管他天南地北地怎麼侃，我都應對自如，他非常滿意。

十月十四日，國別政策學習得差不多了，我們已熟記在心，只等第二天開幕了。這時，領導向我們傳達了「四人幫」被一舉粉碎的大好消息。招待所裡群情振，舉杯同慶。小賣部裡的酒類頃刻間銷售一空，一片歡騰，人人心情舒暢。文件上說，十月六日晚八時，在華國鋒，葉劍英和汪東興的周密部署下，不到半個小時，不費一槍一彈，千夫所指的「四人幫」就都被抓捕歸案，與此同時，派人控制了中央人民廣播電臺和新華社等新聞輿論機構。傳達完畢後，各貿易小組分頭討論，然後交易團連夜開大會，聲討「四人幫」，大快人心。所有的小組都派代表上臺發了言，全力支持和擁護黨中央粉碎了「四人幫」，惟獨上海化工無人發言，他們仍被上海的「四人幫」餘黨所嚴格控制，誰也不敢像我們一樣狠批「四人幫」，否則回到上海後要倒楣。我們深感上海的政治氣氛與全國很不一致，幾個月後得知，上海的「四人幫」餘黨曾妄圖策動武裝叛亂，被黨中央粉碎後，上海人民才敢說話。

交易會組委會決定將當年的秋交會推遲兩天開幕，十月十五日和十六日，我們全部走上街頭，參加廣州人民慶祝粉碎「四人幫」的盛大遊行。土產交易團將準備出口的高質量鞭炮全部拿出來，從交易會大樓的四個樓頂，一直掛到地面，在我們的遊行大隊從交易會出發前一併點燃，頓時亮光閃閃，清脆而響亮，成為流花路上一道亮麗的風景線，我們走出兩裡之外，還能聽見爆竹聲。遊行時，路旁擠滿了前來參加交易會的各國外商，許多人舉著照相機，不停地拍照，有的外商還爬上了樹，坐在樹杈上向下拍攝。那天晚上，招待所的大食堂準備了螃蟹宴，聽說糧油交易團將準備出口香港的大閘蟹全部貢獻出來了。每張飯桌上都配了蒸熟的三公一母四隻螃蟹，代表著在中國大地上橫行霸道多年惡貫滿盈的「四人幫」，如今被中國人民吃掉了，可以揚眉吐氣了！「四人幫」的倒臺，結束了中國長達十年的災難深重的文化大革命，順應民心，我們國家從此進入了一個新的歷史發展時期。

十月十七日上午八點半，我們乘坐進口的高級大巴前往交易會，進入各自的談判間，等候交易會開幕。徐科長允許我去大廳看領導剪綵，我便跑去了。上午九點整，秋交會在「東方紅」的樂曲聲中，由廣東省委書記王首道宣佈開幕並剪綵。剪綵後，等候在外的外商一湧而進。他們在大廳裡站好，由交易會工作人員用英語領著讀了幾段毛主席語錄，然後才許進入各自的談判間進行貿易洽談。好在這種強加於人的做法，下一屆就取消了，開幕式的音樂也改成了「歌唱祖國」的樂曲。

參加這一屆的美國商社一共只有三家，他們是第一批獲准參加廣交會的美國商社，其中有位商人與我保持了一生的友誼，直至現在。他就是：美國ＩＣＤ國際集團公司的總裁丹尼爾•齊格（Daniel Zigal）先生。這屆的秋交會，我是第一次有機會用英語與大鼻子老外交談，可我並不緊張，不膽怯，沉著應對，對答如流，好多外商都以為我是從英國留學回來的。頭一天談判下來，我已在化工交易團裡出了名，各公司都盛傳：「江蘇化工有個小高，英語特棒。」後來，凡有外國代表團前來參觀廣交會，總公司就把我從江蘇小組借去陪同代表團，擔任翻譯。我由衷地感激「以工代幹」政策，因為有了這個政策，才使我這個小工人可以做翻譯，有了用英語的機會。我前幾年的刻苦學習，養兵千日，用兵一時，沒有白費。

這屆秋交會，由於我們江蘇自營出口的商品很少，所以總公司下達給我們的出口指標只有五十萬美元。秋交會結束時，我們實際完成簽約五十四萬美元，超額完成任務。隨著江蘇省自營出口產品的逐年增加，我們的出口金額也在突飛猛進地增長。短短幾年內，江蘇化工小組在一屆廣交會上的成交額，就突破了一千萬美元。廣交會上，外商簽約後往往會和我們合影。我當時根本沒有彩色照片的概念，當他們把所拍的照片寄到公司後，才發現，照片竟是彩色的！公司同事們爭著傳看，好生羨慕。

那時的交易會，每週都安排一場大型表演。解放軍總政歌舞團，戰友文工團等單位為交易會的中外來賓們免費演出，比現在參加交易會的人員待遇要好。但是，我在江蘇小組裡卻只是個灰姑娘。只有全體人員都能觀看的演出，我才有份。像東方賓館的開幕宴會，或者外商宴請，經理回請等，基本沒我的份。晚上經常他們幾人全赴宴去了，而我卻留在招待所打合同，為徐科長洗衣服。除了章志偉沒有差遣過我以外，誰都叫我幫他們做事或洗衣服。徐科長自己是從來不洗衣服的，交易會開多少天，他就要我為他洗多少天衣服。參加幾屆廣交會，我就為他洗了幾屆衣。為了在業務上不受排擠，不穿小鞋，我都照辦了。星期天我們會一起逛街，主要是逛北京路和上下九路。他們每人都有一份採購清單，每回都買上十幾把折疊傘和好多雙塑膠涼鞋，帶回南京都是搶手貨。我不買那些東西，我買廣州的水果糖，一種很好吃的硬糖，不貴，南京卻沒有。

一九七七年六月，房管局的郭叔叔在鼓樓附近的峨眉路二號，分給我一小套住房，化工公司派了輛卡車幫我搬了家。我們剛把新家安頓好，就把女兒小焱從蘇州接回來了。小焱二十個月大了，梳著兩條羊角小辮，特別可愛。她走路已很穩當，就是還不怎麼會說話，但是什麼都聽得懂。我們白天把女兒托給峨眉路十四號裡的一位退休大媽，每月付給她十二元，再送些奶糕白糖去，女兒在大媽那兒搭一頓午飯，晚上下班接回來，不再寄錢去蘇州，經濟上立刻寬鬆了許多。

一九七八年十月，在我赴秋交會之前，把三歲的小焱送進了省委幼稚園上全托，這樣，在我出差期間，小玲就不至於因帶孩子而太累了。他週一把孩子送去幼稚園，週六接回，每月的入托費十一元，因領過獨生子女證，可以在公司報銷，我和小玲都覺得徹底獲得了翻身解放。小玲頭一回為我買了的確涼新襯衫和外衣，獎勵我這麼多年來任勞任怨，沒問他要過一件新衣服的良好表現。停止給蘇州寄錢後，我們每個月不再是月月光了，而是有了少量儲蓄。只要小焱不生病，我們相當快樂。可是小焱一生病發燒，我就心焦，請假在家照顧她。小焱住醫院，我也陪住，捲縮在兒童醫院的小床上。小玲是一家之主，一切由他作決定。他不願多請假，怕影響不好，而我只是個非黨員群眾，所以不必顧及什麼影響，就該我請假帶小焱。雖然我覺得他這種觀點有些不平等，但從來沒有跟他爭論過，而是按他的意見辦了。作為母親，我也覺得自己應該對女兒多承擔一點責任，多吃一點苦。想到我媽媽帶大我們這麼多孩子，真是太辛苦了。我只有一個孩子，從生下來到養大，一步一步走過來，都覺得不容易，時刻都得操心，孩子上學後也不能輕鬆。但願她長大以後，不要像其他獨生子女那樣不懂事，成家立業以後還不斷要求我為她付出。希望她能平等待人，實事求是，勇於自我批評，寬容豁達，別對雞毛蒜皮的小事斤斤計較，濫發脾氣，甚至對我也狠狠訓斥。至今我都認為，我生了小焱，養大了她，對得起她，問心無愧。

一九七八年秋交會，因火車臥鋪票不夠，經領導批准，我和章志偉從上海坐飛機去廣州。章志偉的一個同學正好在機場工作，她說反正頭等艙沒有人，就乾脆給我倆簽了頭等艙。這是我生平頭一回坐飛機，坐的是三叉戟，和死去的林彪乘坐的一樣。

第二十章　經濟英語培訓中心

粉碎「四人幫」以後，中國在各方面都亟待改變，國內形勢嚴峻。經濟上，百業俱廢；政治上，冤案遍地；思想文化上，是非顛倒，問題成山。三次被打倒的鄧小平，成了中國政治舞臺上的焦點人物。千千萬萬的目光，注視著鄧小平，全國人民翹首以待，期盼著鄧小平早日復出。

可是，華國鋒為了鞏固本人的黨主席地位，以死人壓活人，於一九七七年二月提出了「兩個凡是」：凡是毛主席作出的決議，都必須維護；凡是損害毛主席形象的言行，都必須制止。在各種場合，華國鋒的講話，還是「批鄧」和「反擊右傾翻案風」，封住了人們要求為鄧平反的呼聲，百般阻撓鄧的復出，繼續堅持毛澤東晚年的錯誤，堅持文化大革命及其以前的左傾錯誤，來維護「英明領袖華國鋒」的權威。

按照「兩個凡是」，不僅鄧小平不能平反，一九七六年清明節發生的天安門事件不能平反，而且大批被打成走資派的老幹部也難以平反，因為那都是毛主席作出的決議。一九七七年四月七日，鄧小平給華國鋒和葉劍英寫了一封信，提出了「準確完整的毛澤東思想」這一新概念，意思是不能把毛澤東的某句話或者某一條批示，都算成是毛澤東思想。這封信在葉劍英的努力下，華國鋒不得不於五月三日以中共中央名義轉發給全黨，發出了鄧小平第三次復出的訊號。

一九七七年七月十六日至二十一日，中共中央十屆三中全會在北京召開，追認華國鋒為中共中央主席和中央軍委主席，並且通過了恢復鄧小平職務的決定。這樣，鄧小平就成了僅次於華國鋒和葉劍英的全國第三號人物，東山再起，形成中國三駕馬車式的新的領導核心，一時間成為全世界的熱門話題。由於葉劍英年事已高，鄧小平成了實際上的第二號人物。

一九七八年，鄧小平多次對「兩個凡是」提出批評，強調要堅持實事求是的思想路線，實際上是提出了應該走什麼道路的問題，是繼續走文化大革命的內鬥和以前閉關自守的老路，還是開闢一條撥亂反正的新路？這是一次生死攸關的選擇。

一九八〇年九月五日，五屆人大三次會議認為，華國鋒集黨政軍大權於一身十分不妥，解除了華的總理職務，由思想開明的趙紫陽接替他當國務院總理。十月，黨內四千名高級幹部討論了〈關於建國以來黨的若干歷史問題的決議〉初稿。十二月五日，政治局全體成員舉手通過了「中央政治局會議通報」，認為華國鋒錯誤嚴重，有負眾望，不適合繼續擔任黨主席職務。華國鋒迫於壓力，提出了辭職請求，獲政治局接受，短暫的華國鋒時代到此結束。中國從此排除了「四人幫」殘餘勢力的干擾，真正走上了改革開放的道路。不久，重新掌權的鄧小平就徹底否認了文化大革命，並為一九七六年四月的天安門事件平反。與此同時，全面平反冤假錯案的工作也加快了步伐。鄧說，中國今後不再搞階級鬥爭了，而是要打開國門，走向世界，發展國民經濟，提高人民生活水平。這些，都順乎黨心，軍心和民心，得到全國人民的支持和擁護。

隨著國門對世界敞開，越來越多的外商到中國來尋找商機，投資興辦各種不同類型不同規模的中外合資企業，帶動了中國的鄉鎮企業蓬勃發展。在短短幾年內，使四億中國人脫貧，創造了世界經濟發展史上的奇蹟。中國政府有計劃有步驟地引進西方先進技術，各種大型貿易談判需要越來越多的英文翻譯。可是文革十年，中國的教育事業受到重創，造成教育斷層，人才青黃不接，翻譯人員奇缺。為了幫助中國儘快地培養出一批能夠勝任大型國際談判的翻譯，聯合國教科文組織決定，一九八〇年秋在北京建立經濟英語培訓中心，向中國派遣一支七人的教師隊伍，由加洲大學洛杉磯分校的語言專家泰勒博士率領，前來中國對中國人進行英語培訓。

美國人要求，接受培訓的人員必須有一定的英文基礎，所以中國政府決定將招生工作交由外貿部辦理，責成他們從中國現有的從事涉外工作的懂英文的人中間，挑選一部分人出來，送到北京培訓，提高他們的翻譯水平。一九八〇年四月，外貿部向全國涉外單位發出了招生通知，南京中華路五十號省外貿大院裡，也貼出了這麼一張一米見方的通知。那天我一進大院，就看到了佈告欄上的通知，於是站下來仔細讀了一遍。上面明確規定，只有具備大學本科文憑的外語工作人員才可報考。但是，如果具有三年以上英文工作經驗，確有一定英文水平的人，經審核後，沒有大學文憑也可破例報考。我那時已在外貿工作近四年了，雖然沒有大學本科文憑，但是有三年以上工作經驗，符合報名要求，所以馬上向省外貿教育科報了名。

我省外貿各進出口公司共有五十人報考，教育科科長劉樹德帶上這份報考名單，各人簡歷及一寸黑白照片，赴北京外貿部，交由部裡審核定奪。審核結果，部裡刷掉十六人，認為沒有錄取希望，不予參加考試，其中也有我。幸虧劉科長為我據理力爭，他對招生辦的人說：「別的人被刷掉我不爭，但是化工公司的這個小高，具有很強的英語實力，若不讓她考就太可惜了。」就這樣，外貿部招生辦被他說服，只刷掉了十五人，允許我參加考試，給我發了准考證。這次經濟英語培訓中心在全國範圍招考，只錄取二百人，我決心一試，如果考上了，我就會有文憑，將來能夠在更廣闊的天地裡有所發展，有所作為，說不定還能走向世界呢。

一九八〇年五月初，來自江蘇各市縣和安徽省的近二百名考生，前往南京山西路的解放軍工程兵禮堂，參加英文考試。試題是美國的托福，試卷在美國印好，根據各考區的參加人數，將考卷封死在特大信封內，在全國統一考試的前一天，用飛機送到各考區，對各考區同時發放，考前試題絕對保密。我們進考場前在門口受到嚴格檢查，口袋都掏空，只許帶支筆進去，不許帶進一丁點兒紙片。托福考試在當時對我們來說，完全是個新事物，我們沒有經歷過這種考法，不少人都很不適應。

我們全部坐好後，監考人拆開封死的大信封，取出考卷發給我們。第一部分考聽力，監考人在禮堂舞臺上放上一台收錄兩用機，放進一盤磁帶，隨即開始播放，我們聽見了一個美國人的聲音，是在發出提問，要我們在試卷上的選擇答案裡勾出正確的那一個。每道題播放兩遍，然後給我們半分鐘選擇答案，接著播放下道題。這台收錄機質量很糟糕，放出的聲音極其嘈雜不清。我在廣交會上與美國人交談多次，完全能夠聽懂美國人的英語。可是這會兒聽到的是嗡嗡嗡的英語，根本聽不清說了什麼。這下子我可慌了，十五道聽力題，基本上全是蒙著答的。後來我們聽說，其他考區的考生全都發給耳機聽錄音，效果很好，只有我們南京大蘿蔔，沒有耳機。在那麼大的禮堂內，答錄機在離我們二十米開外的地方，發出殘缺不全的聲音，我們自然要比其他考區吃虧得多。但是最終的考試結果，江蘇省的考生仍然在全國拿下了總分第一！我們勝在第二部分閱讀能力和第三部分語法知識的考試上，連美國老師都說沒有想到我們考得那麼好，我們的英語語法成績，超過了美國大學生的平均水平。

考完試回到化工科，徐科長問我考得怎麼樣，我回答說，第一部分聽力就考砸了，下面就沒說。徐科長安慰我說：「考不上不要緊，重在參與，畢竟你沒有受過正規大學教育嘛。」七月初，教育科的蔣健跑來化工科，在門口就大叫：「小高，你考上了！」說著遞給我教育科剛剛收到的我的錄取通知書。蔣健說，江蘇外貿共有十五人考上了，我是考上的人中，唯一沒有大學文憑的工人。這時，徐科長笑嘻嘻地發話了：「看來，我今後對小高的話不能太相信了，說是考砸了，卻是考取了。」我說：「我是怕萬一考不上，太刷色，所以不敢自吹。你不知道，考場裡的那個倒頭收錄機多麼害人，把我嚇得不輕。」我還有句話沒說出來，怕人說我驕狂。那句話是：「沒有想到，那麼多名牌大學畢業的本科生都沒有考上。」

我是化工公司唯一考上經濟英語培訓中心的人，公司領導還是挺高興的，所以替我交付了四百元培訓費，這筆費用是我整整十個月的工資總數。老實說，這麼高昂的學費，我自己還真付不起。九月初，在我去北京報到之前，徐科長帶領全科人員到玄武湖公園的餐廳，擺了一桌全魚席為我餞行，餐費大家平攤，卻不許我出錢。我去北京的火車票錢，也由公司支付。小玲送我去火車站，買了站臺票隨我上車，幫我將箱子在行李架上放好，囑咐我當心身體，才揮揮手離開。

經濟英語培訓中心，設在北京西郊南辛莊的一個大院裡，離蘋果園和八大處都不遠。這個大院，文革中曾經是北京市政府機關的五七幹校，全是平房，經修整後，成為我們培訓中心的教室和學員宿舍。美國老師們都住在友誼賓館，有大客車早晚接送他們上下班。大院裡有大食堂和開水房，我們接受的是全封閉型培訓。

我到大院報到後才知道，來自全國的二百名學員，按托福成績分為ＡＢＣ三個班。Ａ班是低班，成績在五百一十二至五百三十五分之間，Ｂ班是中班，成績在五百三十五至五百五十分之間。而五百五十分以上者，都在Ｃ班，也就是高班。在教師辦公室裡，我找到了我的考卷，總分五百五十九分，分在Ｃ班。我的考卷表明，我的聽力考得很糟，十五題只答對了三題，還是蒙對的，慘敗。但是第二部分四篇短文的閱讀，十六道題我拿了滿分，全勝。第三部分語法，五十道題，我答對了四十五題，成績是百分之九十，大勝。分在Ｃ班的只有二十名學員，班長是來自南京中國銀行的劉明康。由於我倆都是從南京來的，所以我在培訓中心學習期間，與他交往最多，也最要好。從談話中得知，他和我一樣，也沒有大學文憑。我倆是考進培訓中心的僅有的兩名工人級別的學員。

劉明康，江蘇丹陽人。因為其父一九五七年被錯劃為右派，全家下放農村，使他在高中畢業後失去繼續升學的機會，當了好多年農民。後來他自學成才，以優異的英文成績考入中國銀行南京分行。他給我的感覺是，大腦極其聰明，業務極其優秀，又極謙虛謹慎，絕對是塊做大學問的料子，而又絕對不張揚。他從培訓中心畢業後，發展順利，從福建省副省長做到中國銀行總行董事長，現在擔任中國銀監會主席，是我們這批學員中的佼佼者。

九月十日，培訓中心開課，沒有開學典禮上臺講話這一套，泰勒博士做的第一件事，就是再考我們一次托福，以檢驗我們真實的英語水平，也為了證明，我們之中真的沒有人是冒名頂替作弊進來的。這次考試，我們是戴著耳機考聽力的，所以我的托福成績一下子就提高到了五百九十分，超過了劉明康。但在後來的主課學習上，他的成績超過我，在班上是最拔尖的。

我們的主課是「組織行為學」，由一位具有碩士學位的美國女教師辛蒂講授。這門課是為培養中外合資公司經理而設的，我不太感興趣。我覺得，我不是經理，今後也不會當經理。所以不太用功，只在上課時注意聽，記住重點，下課後從不復習，辛蒂建議的參考書我也不讀，考試卻都能達到八十分以上，成績是Ｂ，我很滿足。因為還有不少人成績是Ｃ和Ｄ，甚至Ｆ（不及格）的呢。學員們大部分都很用功，每晚讀參考書自習到很晚，唯獨我是個例外，每晚八點半準時上床睡覺，馬上進入夢鄉，同寢室的人什麼時候睡覺我都不知道，據她們說，差不多都要到夜裡十二點左右，才歇息。而我考試還能夠得Ｂ，她們都很佩服我，說我在學習上潛力很大。

泰勒博士為我們講授的是美國文化，是副課。我可來勁了，特感興趣。他從美國的政治制度，教育制度，法律事務，銀行系統，平民生活等各個方面，向我們全面介紹美國社會和美國人民的生活習慣。他佈置我們的課外作業是每天寫一篇日記，寫聽他的課的感想，週末交給他審閱。大部分人都把精力放在主課上，日記寫得馬馬虎虎，應付差事而已。而我，卻認認真真地把泰勒所講的美國文化和中國文化相比較，每天下課後，主要精力用於寫日記，內容寫得相當豐富，篇幅也相當長，以此向美國老師們大力宣傳和介紹中國的傳統文化。泰勒博士十分欣賞我的日記，而且把我的日記給所有的美國老師傳看。上泰勒的課很輕鬆，不用作筆記，只要豎起兩隻耳朵聽就行了。在期末考試中，美國文化這一課我獲得了全班最高分九十七分，成績列為Ａ＋，即Ａ上。美國的評分標準，九十至九十五分為Ａ，九十五分以上是Ａ＋。這說明，只有感興趣的東西，才有可能學得很好。

一九八〇年十一月二十日，班長劉明康通知大家，晚上八點，全部集中看電視，誰也不許缺席。原來，那天晚上是播放當天最高人民法院特別法庭開庭審判「四人幫」的情況。這次審判由特別法庭庭長江華主持，將林彪案同江青案並作一案審理，很讓人費解。大家都知道，林彪與江青不是一根藤上的瓜，他倆長期互相傾軋，明爭暗鬥，根本就不是一夥的，為什麼要合併審判呢？只有一種解釋，用林彪案為毛澤東的錯誤開脫責任。說到底，無論是林彪案，還是江青案，都是毛澤東的替罪羊。

從電視畫面上，我們看到，江青到了法庭上還頤指氣使，擺出一副「首長」架勢，傲氣十足。張春橋自始至終一言不發，表情陰險，難怪林彪背地裡一直稱他為眼鏡蛇。其餘諸案犯的法庭表現，看起來還都比較老實。特別檢察廳廳長黃火青宣讀起訴書，他列舉了林彪，江青反革命集團的四大罪狀和四十八條罪行，江青竟然當庭振臂高呼：「革命無罪！」她還在法庭上說：「我是毛主席的一條狗，毛主席叫我咬誰，我就咬誰。」態度非常蠻橫。當她再提毛主席時，聲音突然中斷，我們只能看到電視畫面，而聽不見聲音了。電視室裡一片議論：「肯定是江青又說了對毛主席不利的話，所以上級指示把聲音掐掉了。」看完電視後，沒有組織討論。那晚看電視是中方領導佈置的，而在訓練中心，美國人是領導，晚上看電視他們不干涉，但是白天不許政治學習或討論，一切要為他們的英語教學讓路。所以，我們看過電視，三三兩兩自發地議論一下就算了。

十二月底，C班的課程全部結束。原本需要一年學完的課程，C班只用了三個多月，拿到的結業證書與學滿一年的A班是一樣的。離開培訓中心之前，美國老師邀請我們去他們居住的友誼賓館作客。泰勒夫人特別送給我一盒餅乾，說是請我帶回去給我的女兒，她從我的日記中已經瞭解了我的家庭。我是唯一收到禮品的學員，美國人說我坦率真誠，對他們不防範，喜歡我的性格。他們的這種評價，徐科長也曾幾次在化工科說過。他說：「高安華這個人，像一碗清水，一眼就能看到底。幾位經理的看法也很一致，那麼多領導對一個人作出同一個評價，這種情況不多見。」

一九八一年元旦前夕，我回到南京，帶回了印有「美國加洲大學洛杉磯分校」大印的結業證書。這份證書，使我有資格從工人轉為國家幹部。江蘇省人事局下達了紅頭文件，化工公司召開全員大會，經理在大會上宣讀：「經考核，特批准高安華同志從即日起，正式轉為國家幹部，行政二十四級，享受大專待遇。」我將近五年的「以工代幹」身份，到此終結，成為正式國家幹部。我在化工公司，被公認為是業務精湛的外銷員，我的英語也被公認為公司最高水準的一級棒。但凡有重要的談判任務，經理必帶我去。但凡有對外重要文件，經理必要我負責翻譯。如果是別人譯的，經理必要我過目點頭以後，方同意發出。這使得我更堅定地認為，現在已經改革開放了，不是從前政治掛帥的時候了，我不需要關心什麼政治，我只要業務好就比什麼都強。

還是在一九八〇年的六月，在我去北京培訓中心之前，安東曾帶著九歲的女兒昭昭，千里迢迢，從呼和浩特坐了二十多個小時的火車，回到闊別了十一年的南京，一方面是來看我，敘敘姐妹情，另一方面是想找找父母的老戰友，請他們幫助她調回南京。我接到她的電報後，非常興奮，打算去火車站接她。萬沒想到，小玲竟突然發怒，堅決不許我去接車。我十分驚愕，當然不聽。與他結婚以來，我對他一貫言聽計從，但是這一次，我反抗了。安東考慮得很周到，安排在星期天抵達南京。下午二時許，在預計火車抵達前一小時，我下樓前往火車站。小玲竟將五歲的女兒小焱一人留在家裡不顧，一直追我至1路汽車站，硬要我回家，不許去接安東，我執意不從。我的反抗令他憤怒至極，就在大街上，在眾目睽睽之下，當胸猛揍我一拳，痛得我兩眼冒金星，眼淚直淌。小玲對我突然施暴，令我瞠目結舌，實在難以置信。我不明白，當初他追求我時，說過那麼多好聽的話，這時怎麼都跑到九霄雲外去了呢？我大喊一聲：「你忘了你自己從前對我的甜言蜜語了嗎？」他冷笑：「那些都是紙上談兵！」說著又給我一拳：「你不聽我的，我打死你！」他的話，字字狠戳我的心。幸虧許多路人前來勸架，小玲才放了我，一個人恨恨地回家去了。

我乘車去火車站順利接到了安東母女，不敢告訴她小玲不歡迎她。心想，等安東到了我家，小玲總該會在大面子上過得去的，起碼的禮節性接待總會有吧。但是我完全錯了，我們到家後，小玲鐵青著臉，可怕地陰沉著不說一句話。安東笑嘻嘻地跟他打招呼，他也不答理。事實上，安東從來沒有得罪過小玲，她對小玲唯一的不恭，就是在我結婚前，在給我的信中對我私下裡說了一句悄悄話，認為小玲配不上我。而頭腦簡單的我，把這封信拿給小玲看過，做夢都不會想到小玲會因這句話而記恨安東，真是令我追悔莫及，悔不該讓他知道。

安東和我一樣單純，並不介意小玲的冷淡，而是覺得到了自己妹妹的家，就跟到自己家一樣，言行很隨便。天色已晚，我和安東進廚房，邊準備晚飯邊聊天。那麼多年未見，當然有說不完的話。安東說，她做夢都想吃南京的大米飯和炒青菜。我說：「這好辦。」接著就淘米洗菜。不料，小玲突然進廚房對安東惡狠狠地說：「你們若想住我家，每天得交十元錢！」我聽後氣極了，大聲對小玲說：「堅決不能收錢！她一個月才幾十元工資，這麼大老遠來這兒看我，這樣的話你怎麼說得出口？這不是趕人家走嗎？」小玲吼道：「就是趕她走！她看不起我，我也看不起她！」我的老天！我真正驚呆了！那時我不懂得小玲的這種行為是自戀症，他不能容忍任何對他不利的話語，很容易產生對他人的仇恨。我覺得他蠻不講理，平時的教養無影無蹤，表現得不可理喻，令人完全不能接受。而自尊心極強的安東，這時也生氣了，她氣憤地對小玲說：「我們這就走，你沒有必要這麼大發雷霆！」說著，她拎起行李，拉著昭昭就要走。我竭盡全力拉住了她，對她說：「你在南京就我一個親人，能去哪裡呢？至少也得等吃了飯再說吧，孩子們都餓了，總得先讓孩子們吃飽肚子，再作打算。」好說歹說，安東看在我百般哀求的份上，留下來吃晚飯。我炒了青菜，打算再開兩盒午餐肉罐頭。小玲那時已調入省糧油進出口公司，經常能分得罐頭食品帶回家，有時多得吃不了，就送給朋友或鄰居。可是，他不允許我給安東開罐頭，還說我無權動用他的東西。他是繼我的大姐培根之後，我見到的又一個不近人情的人。只是，他並無培根那樣設圈套搞陰謀的害人之心，他的喜怒哀樂全部寫在臉上。

安東回南京吃的頭頓晚飯，只有米飯和青菜，大家都吃得很不開心。晚飯後，我去洗碗，安東和昭昭默默地坐在裡屋等我。不料，小玲又怒火中燒地對著安東大吼：「你是資產階級嬌小姐嗎？不洗碗不抹桌，要人伺候嗎？」我聽到後忍無可忍，從廚房跑進裡屋，對小玲大喝一聲：「她是我姐姐，是客人，你怎麼可以這麼無禮?!」小玲聽了二話沒說，兩眼冒著凶光，伸出手來，當著安東的面，對著我的臉蛋，左右開弓連打幾記響亮的耳光，我的雙頰被打得又紅又腫，火辣辣地疼痛。一旁的小焱嚇得哇哇大哭，昭昭也嚇得退到屋角蹲下不敢動。安東也火了，上前一步將我攔在她身後，厲聲對小玲喝道：「你這個衣冠禽獸！誰給你的權利竟敢打我妹妹?!就連我們的父母在世時都從來沒有動過她一個手指頭，你憑什麼這麼兇惡地待她?!我非要去你們單位告你不可！」小玲自知理虧，鐵青著臉一言不發。但他胸中的怒火卻仍在燃燒，這在他的臉上可以一覽無餘。這次小玲的暴力舉動，完全出乎所有人的意料之外，對我，這更是做夢也不會想到的事。

安東想起了一位同班同學，說帶昭昭去那兒擠一宿再說。臨走，她扔給小玲十元錢，鄙視地說：「這是今晚的飯錢！」我堅決不許小玲收，可是小玲怎會聽我的？已失去理智的他，將安東的十元血汗錢緊緊地捏在手裡，塞進了自己的褲兜，對安東的困難毫不同情。他的舉動，讓我在安東面前顏面掃盡。安東此番來寧，本打算住兩個星期的，結果她回到南京的第二天，就買了返程的火車票，帶著昭昭回去了。我去車站送她走的，小玲的暴燥和安東的強脾氣都使我無法留住她。看著火車載著安東遠去，我在心裡暗暗發誓：「我一定要想辦法幫她調回南京！」

安東走後，我不願跟小玲講話，兩人關係第一次陷入冷戰。我覺得他突然變成了一個陌生人，他在我心裡存放的那面明亮而純淨的愛情之鏡，已經被他打碎了。可是小玲卻緩和下來了，每天下班回家炒菜做飯忙個不停，還破天荒地為我買了橙汁飲料，對我特別殷勤。可我不為所動，冷冷地看著他，心想，難道他和從前的那個趙謙實是同一個人嗎？小玲見我不理睬他，傷心地哭了。他向我賠禮道歉，他哭著說，他不是有意要傷害我的，是病態的，不能自控，希望我能原諒他。看著一個大男人哭得那麼傷心，再想想自從他與我相好以來，他心裡也確實沒有裝過其他女人，我的心軟了。我可以和他和睦相處，但是內心深處與他從此拉開了距離。

在挨打的那瞬間，我甚至想過離婚，可是又怕提出離婚。當時的社會，離婚談何容易！哪兒像現在的人們，觀念那麼開通，說離就可離。那時候，在單位裡夫妻吵架鬧離婚的我見得多了，世俗的偏見總是造成人們譴責女方的多，若女方提出離婚，不管有理無理，都是女方的錯，是不守本份，名聲隨之而壞。而名聲對於女人，比政治迫害還要厲害，是殺人的軟刀子。加之領導規勸，工會說合，同事做工作，鬧上兩三年，弄得滿城風雨還是離不掉，領導就是不批准，離不成婚倒成了人們的笑柄。我害怕這種輿論，也耗不起長時間的規勸，又不願成為人家的笑料，所以考慮再三，不敢輕易提出離婚。再說，我還有小焱，為了女兒也得保持家庭完整。大家都說，婚姻是愛情的墳墓，大家還說，在中國，有百分之九十的夫妻都是為了兒女而湊合著過的，那麼，我也湊合著過吧。對於小玲的暴力，我對外守口如瓶，沒有吐露半個字。他和我的同事們，一如既往地認為我倆是一對美滿幸福的好夫妻。我如此顧及小玲的面子，並不完全是為他著想，實在是為我自己因嘴嚴而不至於又激怒他，在家可少受他欺負。

那次暴力事件過後不久，我就去北京經濟英語培訓中心學習近四個月，與小玲分開的這段時間裡，我一次也沒有想念過他，我的心被他的一頓耳光打冷了。但是這次的分開，也使我們之間的關係得到了緩衝。我回寧後，兩人表面上和諧相處，他出差時還為我買了新衣服。他內心到底怎麼想，我沒問過，但我相信他對我是真誠的，他內心深處恐怕還是愛我的。然而在我的內心世界，已不可能再像我去山東龍口看望他時那樣的熾熱和純情了，他對我再好，都難以抵消他對安東的粗暴無理以及對我的暴力毆打在我的心上造成的傷害。我在他面前把自己的心包裹起來，不再對他說心裡話了。

第二十一章 生活的變故

一九八一年春節過後，我的全部心思都放在找關係上，一定要幫助安東調回來，因為這是安東的心願，也是我的心願。我利用晚上或星期天去跑這件事。以往我是非常本份的，恪守婦道，晚上和星期天從來不單獨外出。而現在，老要外出去找這位叔叔那位阿姨的，而且是為了安東的調動。小玲的火氣不打一處來，脾氣越來越壞。真沒想到，在對待安東的問題上，他這麼不容我。

三月份，安東調動的事情終於有了轉機。我原先不太懂得異地調動的訣竅，所以沒有找對人。經一位叔叔的提醒後，我才去找市委組織部部長方黎阿姨，才知組織部有權調人，權力大過具體用人單位。方阿姨在五十年代初，任南京市地方工業局監察室主任，我媽媽任監察室副主任，她倆關係相處非常好。方阿姨的丈夫徐步，六十年代初任南京市市長。一九六五年夏，根據毛澤東的戰略部署，認為地方官員在同一個地方待久了會盤根錯節，形成地方上的山頭和幫派體系，所以必須挪挪地方。中央決定，南京，西安和太原三市的市長對調，徐步調去西安市當市長，太原市市長來南京，西安市市長去太原，全國其他城市也有相應的調動。

徐步全家搬去西安之前，特地將安東，我和衛國三姐弟接到公教一村三十一號樓他家中招待了三天，說他今後離得遠，照顧不到我們了，所以臨走前表表心意。那年的八一建軍節，他和江伯伯讓我們三姐弟分乘他倆的小汽車，去南京人民大會堂觀看前線歌舞團的精彩演出，和他們一起坐在前排的首長席上，對我們關懷備至。徐步一家於一九六五年八月五日離開南京，前往西安。文革大串聯時，安東和王史唯結伴去西安，就住在他家。當時徐步已遭批鬥，但還未被打倒，所以可以接待她倆，只是晚上家裡不能開燈，造成家裡無人的假像，造反派就不來騷擾了。一九六七年，徐步被造反派從四樓推下摔死，事後查明這是一場謀殺，兇手在文革後被繩之以法。一九七七年，在彭沖的努力下，離開南京十二年的方阿姨帶著四個孩子回到南京，徐步被定為革命烈士。

在公教一村三十七號紅樓的一套高幹住宅裡，我見到了方阿姨，她見到我便流淚了。我請她幫助將安東調回來，方阿姨說：「你放心，只要阿姨在，就一定會照顧好你們的。」她詳細詢問了安東和小詹的情況，然後說：「我可以安排小詹去晨光機器廠工作，與他在炮工學的專業是對口的。」說著，她拿起家裡的電話，撥通了晨光機器廠黨委書記梁尚仁，對他說：「老梁，我這兒有個人要調進你廠，請你給安排個工作，不管你們廠的情況如何，反正你收也得收，不收也得收，沒有討價還價的餘地。就這麼定了，噢！」方阿姨放下電話後說：「我明天就往呼市發函，調你姐姐一家。安東的工作好安排，各中學都缺教師，她可以在中學裡當教師。」後來我才知道，當時晨光廠嚴重超編，調出可以，不許調進，而小詹就是在這種情況下進了晨光廠。

沒想到這麼順利就辦妥了，我高興極了，第二天一到辦公室，就寫信將這個好消息告訴了安東。自從安東和小玲鬧翻後，我跟安東通信不再用家裡的地址，而是改用公司地址，我們的通信內容，也不再告訴小玲了。

我們在外貿上班挺自在的，好多人上班時就是一張報紙一杯茶混一天。那時機關臃腫，人浮於事。偶爾來一個外商，公司領導請客吃飯，陪同竟能有十幾人之多，一桌子中國人，全是局長處長經理科長，只陪一個老外。公款請客，逐漸成風，吃的人也越來越多。有人為當時的體制編了個順口溜：「正副局長一走廊，正副處長一禮堂，正副科長一操場。」

外貿工作人員在公司幹私活是司空見慣，下午往往成群結隊地去自由市場買菜，甚至逛街，紀律鬆散。公司若發電影票，也全在上班時間去看。我幹的私活就是寫寫信，當然用的是公司信箋紙，小便宜大家沾。我有時也和同事一起去逛街，自由度很大，只要上下班時在領導面前露一下，表明自己全天都在上班就成，要做的事都在上班時間做好，星期天全是自己的。哪像現在的工作單位紀律嚴明，尤其是中外合資企業，上班時間有誰若敢逛街幹私活，非被炒魷魚不可。鐵飯碗倒是真舒服，大鍋飯真好吃，至今都讓我挺懷念的。

給安東報喜的信發出後，很快就收到了她的來信。她對方阿姨和我的努力感激不盡，但是現在她碰到的問題是，呼和浩特市不放他們走，因為內蒙缺人才，而安東和小詹都是單位裡的業務尖子，呼市對內地去的人原則上一律不放。我讀了信就急了，當晚跑去找方阿姨，給她看了安東的信。方阿姨說：「不用急，我有辦法。你現在就去寧夏路十六號跑一趟，找一下惠浴宇省長，對他說是我叫你去的，惠老跟我關係很好，我請他辦的事他都會辦。他的親弟弟周惠，現在是內蒙古自治區的第一把手，請惠老跟他弟弟打聲招呼，要他們放人。」

我謝過方阿姨後，馬不停蹄，一刻也不耽擱，直奔寧夏路十六號惠省長的家，按響了門鈴。惠家的老阿姨給我開的門，將我引進客廳。我請她告訴惠老，市委組織部長方黎叫高藝林的女兒來找他。阿姨去了不一會兒，惠老就從樓山下來了，一進客廳就對我說：「你爸爸高藝林我知道，患骨癌去世的，對吧？」我回答：「對的。現在我有件事情要請惠伯伯幫忙。」於是把安東的事說了一遍。惠老說：「行，我明天就打電話同我弟弟說說，要他們那邊放人。」不幾天，安東就來信說，她和小詹的一切調動手續均已辦好，工作也交接了，正在把傢俱行李打包托運，要不了幾日就可回到南京了。我得知此消息後，興奮地唱起了歌。

星期天到了，小焱從幼稚園回家，我高興地拿起剪刀，給她剪了一個挺漂亮的童花頭，和小焱一起開心地哈哈大笑。猛然間，小玲一把拽著小焱的胳膊，拎起來朝我身上一摜，吼道：「看你把我女兒的頭剪成什麼樣子了？你弄醜了我的女兒！」小焱頓時嚇得大哭。小玲此時緊鎖眉頭，怒不可遏，把多日來因我為安東的調動多次外出所積攢起來的怨氣，統統發洩出來。這一回，他抽我耳光，而是脫下一隻拖鞋，照著我的腦袋狠砸下來。我抬起手臂護住我的頭，他就恨命地抽打我的全身，簡直像個瘋子。我的臉部、臂膀、背部、臀部，腿部多處肌肉嚴重挫傷，嚴重瘀血，青紫紅腫，整整一個月之後才褪盡。我被毒打後第二天上班時，公司同事看到我青紫的額頭，臉頰和眼眶，都驚問是怎麼了。我淡淡地說：「不小心跌了一大跤，摔的。」他們哪裡肯信，說從沒見過有人摔一跤會摔成這樣的，但我不再言語。小玲對我施暴，在我的心上造成的嚴重傷害遠遠超出肉體的傷害。如果我說了出去，回家後等著我的，將會是他對我的更加兇殘。如果離不了婚，還不如不說為好。為了小燚有一個父母雙全完整的家，我硬是忍下了這口氣。但我對小玲的愛情，從此死亡。中華民族五千年的文明發展，都不能消除夫權思想，真正可悲可歎！

一九八一年的紅五月，陽光明媚，安東一家三口，離開生活了十二年的內蒙，回到南京。他們一下火車，就直接去城南雨花路的晨光廠報到。晨光廠的梁書記，想得很周到，不僅給小詹安排了工作，還分給一大間住房，外加一個液化氣爐。那個時候在南京，液化氣爐的身價抵得上一間住房，可以和住房互相交換。他們回到南京的第二天晚上，我陪他們去公教一村看望方阿姨，向她表示感謝。令我們萬分驚喜的是，方阿姨已經為安東留好一小套住房。當時市級機關的工作人員排著大隊，眼巴巴地等候分房的名單長達好幾頁紙，而房管局那年才分了五套住房給他們。方阿姨為了能讓安東一到南京就有地方住，利用職權，不顧機關裡的人有意見，硬是從這五套僅有的住房中扣下了一套給安東。她將房門鑰匙交給安東時說：「給你的這套房在光華門小區的藍旗街，遠了一點，面積只有二十四平方米，小了一點，但是有兩小間，還有獨立的廚房和廁所。阿姨我也只能做到這樣了。」這意外的好消息讓我們喜出望外，對方阿姨感激不盡。小詹一回廠就退掉了廠裡分的那一間房，帶著廠裡給的液化氣爐，還有從內蒙運來的傢俱行李，與安東和女兒一起高高興興地搬進了新居，惹得晨光廠的人紛紛猜測說：「這個詹品澄來頭不小啊，一調來廠裡就分給他房子，他還不要，有更大的新房子住，上面肯定有人！」正是人們的這種主觀猜測，加上小詹表現出色，他的好運不斷。他在晨光廠青雲直上，很快被提拔為車間主任，入了黨，後來又升為副廠長。

一天下班後，我跟小玲說，要去安東的新家看看，從外貿大院出來就乘四路到了光華門。我在安東那兒吃飯帶聊天，玩了一晚上。回家後，用鑰匙竟開不了家門，小玲從裡面反鎖，扣上了保險，還插上了插銷，不讓我進去。我知道，這是因為在安東的問題上，我始終不肯屈服於他，使他惱羞成怒。他說這是因為安東褻瀆了他對我的愛，而他這種狹隘的愛，我實在消受不起。我至今都不明白，為什麼那麼一點小事卻能產生那麼大的仇恨，難怪有人說，陷入愛情的人，智商等於零。而我覺得，小玲用傷害我的方式來表達他的愛，如此冥頑不化，說明他的智商已經是負數了。我敲門喊門，小玲都置之不理，我沒辦法，只好又回安東家。安東十分驚愕，她對小玲的行為怒不可遏，兩人從此成為不共戴天的死敵。在我們三個人的關係處理上，憑良心講，錯在小玲。

那晚，安東燒了熱水，讓我在她家的廚房裡洗個澡。由於前不久我被小玲毒打過，此時的兩臂都還沒有消腫，手臂抬不高，脫不下圓領衫，就喊安東來幫我脫。安東脫下我的內衣，看到我渾身青一塊紫一塊，震驚至極。上次她回南京時，曾親眼見過小玲打我，所以她問都不問，就斷定我身上的傷是被小玲打的。我在她那裡，什麼也瞞不了。安東氣憤得嘴唇直哆索，一定要我當天晚上就帶她去見趙謙實的領導，我要是不聽，她就不再認我這個妹妹。話說的這麼重，我拗不過她，只好帶她去了省糧油進出口公司的周經理家，就是把小玲調進外貿的那個周經理。

晚上九點過了還有人造訪，周經理十分吃驚。我沒有說話，一切都由安東代我說了。周經理聽後，也很震驚，說：「小趙平時在公司不多言不多語，比較內向，與人相處都還不錯，沒跟人吵過架，真是難以相信他會打人。作為黨員，這樣的行為是不能允許的。夫妻之間也是革命同志嘛，怎可使用暴力呢？明天我會找他談話，對他嚴肅地進行批評教育，若他不思悔改，請相信，還有黨紀國法。」

翌日，我從安東家去上班。中午，周經理找到我，對我說，他已批評過趙謙實了，他已認錯，今晚不會將我關在門外了，我可以放心回家。又說，此事不宜聲張，傳開了大家的面子都不好看，我也同意。再說小玲挺老實的，自己做過的事都不賴帳，我也就不再追究。那時我還不知道，安東給小玲的母親寫了信，告了小玲的狀。安東在給她的信上是這麼說的：「如果你不能好好管教你的兒子，我將把你兒子對我妹妹的暴行公佈於眾，讓蘇州地委和江蘇外貿人人皆知，讓所有的人都知道你們是什麼樣的貨色！到時候別怪我叫你們母子名譽掃地！」小玲的母親在文革後，擔任蘇州地委組織部部長一職，正春風得意。有了文革的教訓，她特別在乎外界影響。安東這招果然厲害，小玲立即被他媽媽招回蘇州，全家開了個黨小組會，要小玲深刻檢討，小玲作了檢討，痛哭流涕。他媽媽下了死命令，從今往後若是他再打一次人，她就不再認他這個兒子，請他自行退出趙家。

小玲從蘇州回來後，又一次向我賠禮道歉，而且又哭了，顯得很痛苦，仍然說他不是有意要傷害我，是病態的。可是我已心如止水，任他怎麼解釋，也打動不了我的心。我只不過為了小焱和他湊合著過，拒絕和他同房，對他的一切漠不關心。他服從了母親的權威，不再打我，給了我經常去安東家串門的自由。但是兩人互不干涉，也沒什麼話可說。我覺得，雖然同住一個屋簷下，兩顆心卻像是相距十萬八千里。而他並不認同我的觀點，他覺得他心裡還是只有我，可我心裡已沒有他。我想起小玲曾經對我說過的話：「你若有一分痛苦，我來分擔，就成了半分痛苦；我若有一分幸福，和你共用，就成了雙倍的幸福。」說得多好啊，他用這樣的話贏得了我的心。可如今的現實生活是怎樣的不同啊。再翻出這些信來看，我只能很無奈地苦笑一下。我將自己保存的整整一紙箱小玲寫給我的信件拿出來，趁小玲出差外地時，統統付之一炬，燒了個精光。小玲回來後得知此事，痛惜不已，愛恨交織，看起來是真誠的，不像是裝出來的。現在回想起來，我仍然相信，他是愛我的。可他一定有某種心理缺陷，需要心理治療，但他自己不認識，我也不認識，至今我也沒有搞懂是怎麼回事。

那時，我得出這麼一個結論：天下沒有一個好男人，男人的甜言蜜語一句也不能信！尤其不能相信男人發過的誓言。這也是為什麼在他去世以後的十幾年裡，不管多少人張羅著為我介紹對象，我都堅決不聽，不肯再婚的原因。但後來的事實證明，我對男人下的那個一棍子打死的結論是錯誤的。在我守寡十二年後，為了找出路，嫁給了英國人海瑞，他就是一個好男人。他很愛我，但愛得絕不自私，不會將我當成他的私有財產，而是給予我充分的自由和空間。

中西方的男人對待他們所愛的女人有很大的不同。記得以前我在化工公司上班時，有時會與科裡的男同胞們互相說些笑話，開心時會開懷大笑。我們科的老康，是個老活寶，會用各種方言學說洋涇浜英語，常逗得我們哈哈大笑。一次，他又逗得滿屋子的人大笑不止，被從四樓下來找我的小玲一頭撞見，看到我笑得前仰後合，頓時拉長了臉，說：「這麼瘋瘋顛顛的，成什麼體統！討男人喜歡嗎?!」弄得我科的男同事們都挺尷尬的。老康過後說：「今後我們跟小高說話都得注意，不能開玩笑，否則的話，給她家小玲看見，會吃醋！」小玲在世時，沒有一個男同事敢上我家來串門，因為小玲會下逐客令，甚至摔門。中國男人喜歡「金屋藏嬌」，得了個漂亮老婆不讓外人看，生怕被別的男人勾走。而西方男人正好相反，得了個美女結婚後，帶著她到處招搖過市，到處炫耀，生怕人家不知道，絕不關在家裡一個人獨享，自己的老婆若被眾多男人追捧，是體面，是光彩，是榮耀。

八十年代初，我國形勢一天天好轉。華國鋒下臺後，被稱為「團派」（即共青團派，黨內少壯派）的胡耀邦當上總書記，在鄧小平的支持下「撥亂反正」，全面否定了毛澤東發動的文化大革命，大刀闊斧地平反冤假錯案。從七十年代末開始，在胡耀邦的直接干預，過問，組織和間接影響下，全國平反了幾百萬冤假錯案，影響極其深遠而深刻。胡耀邦不僅平反了毛澤東時代的受害者，而且打開了中國人僵化了的思路，對毛澤東時代的思想，政治和制度進行反思，是極大的思想解放。他發起了真理標準的大討論，澄清了很多不正確的混亂認識。他是一個品格高尚，中央高層裡比較前衛和開明的領導人，深受中國人民的敬重。

針對華國鋒的「兩個凡是」，他針鋒相對地提出了「兩個不管」：不管是什麼時候，什麼情況下搞的案子，不管是哪一級組織什麼人批的，都要實事求是地糾正過來。面對來自黨內高層的一些左派勢力，尤其是元老派的壓力，胡耀邦一身正氣，他心中裝著全國人民，喊出了這樣鏗鏘有力的話語：「我不下油鍋誰下油鍋？我不下地獄誰下地獄？」他對黨和人民的赤膽忠心卻遭到黨內高層的批評，於一九八七年被鄧小平用「反對資產階級自由化」為藉口撤換下來。但是，他為中國人民所做的大量好事，將永遠銘記在千千萬萬中國人心中。

這一時期，我個人的生活沒有多少起色。我每天按部就班地上班下班，去幼稚園接送小焱，日子過得平平淡淡。看著女兒一天天長大，越來越聰明伶俐，我心裡特別高興。那年，小玲向別人借了點錢，加上我們僅有的一點積蓄，買回了一台十二英吋黑白電視機，晚上看看電視，豐富了一點業餘生活。可是小玲規定我必須在晚上八點半帶小焱上床睡覺，再好看的電視節目，到了睡覺時間，看了一半也得停下不許再看，而他可以隨心所欲地想看到幾點就看到幾點。他看完了電視後，還要看一會兒書，要絕對安靜，一點聲響都不許有，否則會發脾氣。我為避免和他吵架，順從了他。他在外屋鋪了張單人床自己睡，幾點上床，我都不得而知。

一九八二年九月，我將小焱送進我家附近的高樓門小學上一年級，並在她脖子上掛了一把家門鑰匙，以便她放學後，自己能進家門。那時候，脖子上掛著鑰匙的孩子，差不多占了小學生中的一半，很多雙職工家中無老人，祖孫三代住一起的傳統已經逐漸被打破。小焱在學校成績優良，字也寫得比其他孩子漂亮，我很高興。但我不敢掛在嘴上給她太多表揚，怕她驕傲自滿，故步自封，所以只有暗暗竊喜。

一九八三年一月，南京遇到了罕見的嚴寒，氣溫驟降，坐在家裡雙腳都能生凍瘡。小玲為了取暖，在廚房裡安裝了一個大爐子，有鐵皮煙囪通向窗外，燒鋸木屑取暖。燒了幾日後，家裡雖然暖和了，可是太髒，而且買鋸木屑也很麻煩。他就將這個爐子拆除，弄了一隻紅外線取暖爐回來，用一根很長的橡皮管子接到廚房裡的煤氣灶上，燒煤氣取暖，就很乾淨了。為了保溫效果好，他把取暖爐放在外間，將裡間的門和廚房門都關死，還把外間的窗戶縫，全部用牛皮紙貼得嚴嚴實實，不透一絲風。取暖爐點燃後，溫度上升很快，基本上可以保持在攝氏十五度左右，看書看電視都比較舒服。我在取暖爐上放一口大鋼金鍋燒熱水，用來灌熱水袋和睡覺前洗漱之用。

一月二十日晚，我與平常一樣，晚上八點半準時帶小焱進了冰冷的裡屋。關上門，鑽進放有熱水袋的被窩，很快進入夢鄉。第二天凌晨五點，我醒來披上棉襖，起床上廁所，一推開外屋，一股強烈的煤氣味撲面而來。我慌忙打開了所有的門窗，隨即檢查了煤氣開關，發現沒有關緊，還在漏氣，立即關上總閥，然後進屋大喊：「小玲！小玲！」他像是睡著了，一動不動，臉色十分安詳。我推了推他，又喊一聲：「小玲！」他還是沒有回應。我這下真正慌了，心想他恐怕是煤氣中毒了，嚇壞了。我家隔壁住著一位女醫生，我跑過去猛敲他們的門，把我們五樓的人全都吵醒了。女醫生趕緊過來查看，與此同時，她叫他的丈夫跑到鼓樓醫院去請救護車。在這生死攸關的時刻，必須分秒必爭，及時醫治，方可有救。可是那時誰家都沒有電話，只能憑著兩條腿跑去喊人叫車，最快也得二十分鐘才能跑到。更糟的是，文革中被破壞的規章制度還沒有完全建立起來，救護工作尚未完全恢復正常。我的鄰居跑到了救護中心，那裡卻沒有人值班！從五點鐘發現小玲不行了，到救護車開來，整整過去了兩個小時，痛失了寶貴的救治時間！小玲被送進鼓樓醫院後，雖經醫護人員全力搶救，終因耽擱得太久，血液裡的一氧化碳沒有及時排出，不治身亡，年僅三十四歲。

化工和糧油兩個公司的人一上班就聽說了這一不幸事件，紛紛趕來我家，擠滿了一屋子，安東也聞訊趕來了。我呆坐著，默默地流淚。有人問我：「怎麼，你們沒睡在一起呀？」我沒有回答。除了安東，誰也不知道我和小玲的真實關係。公司當天就派車去蘇州，把小玲的媽媽接來南京。她得知兒子的死訊後，悲痛欲絕，嚎啕大哭。無論是她老來喪子，還是我中年喪夫，都是人生的大不幸。小玲在世時，沒覺得他多麼重要。他突然一下子去了，我便想起他的許多好處來了，深深地自責自己，為什麼沒有多給他一點關心，多一點提醒？由於內心的自責，我傷心得難以自拔，好多天精神恍惚，無法正常生活，每日以淚洗面。安東每天都陪在我的身旁，怕我出問題。人說一日夫妻百日恩，我與小玲是自由戀愛，共同生活了整八年，再有矛盾，內心深處還是存著一份情的。不久前，我還以為我對他的愛情已死，可是這會兒，我竟這麼懷念他。我想起了我們的通信，想起了我千里迢迢地跑去龍口的部隊看他，想起了我們在一起度過的快樂的新婚，一點一滴，竟是那樣美好，傷心得不能自制。人說，醉過才知酒濃，愛過才知情重。我陷入了一種昏昏沉沉的意境，多日不能上班。

小玲的遺體一周後在石子崗殯儀館火化，周經理在追悼會上致悼詞。除了我們外貿的人參加了追悼會外，還有從七一四廠趕來的好友何天陵和阿菊。鑒於我的精神狀況很差，化工公司每天都派人到我家來照顧我，何天陵下班後買了菜，來我家為我和小焱炒菜做飯，昔日的同窗陳光華也來看我，可我的神智仍然恍恍惚惚。安東看我這樣下去是不行的，乾脆將我和小焱接去她家住了一陣。她的工作單位在鼓樓附近，所以就由她每天接送小焱上學。一天晚上，我又哭了。安東厲聲對我大喝一聲：「如果哭能把小玲哭回來，我會陪你一起哭！人死不能復生，你必須接受現實，振作起來。你不必自責了，夠了！小玲是死於他的家庭專制，死於他的家庭暴力，任何活著的人都不應對他的死負有責任。我認為，他的死，對你是最好的解脫！這是上天的安排！」安東的這一頓劈頭劈腦的訓斥，終於把我訓醒了，使我從多日的渾渾噩噩中掙脫了出來。她的話，我句句都聽進去了，情緒漸漸平穩下來。她是那麼會勸解我，可是幾年後，當她陷入情緒低落的困境時，無論我如何努力勸解她，都未能勸醒她。

省委第二書記柳林，是高家和趙家兩家人的朋友，所以有時在星期天來接我和小焱到他家去吃飯。他對我說：「你還年輕，總不能老這麼下去過單身生活，總還得找個愛人才行啊，帶著個孩子在身邊多有不便。我看，還是把小焱送到蘇州去，跟她奶奶生活為好。」我當時既要上班又要照顧小焱，身心十分疲勞，再說，孩子去蘇州後能受到更好的照顧，便聽了柳林的話。就這樣，柳林與馮阿姨共同決定，在一九八三年暑假，小焱念完了一年級，柳林用他的車將小焱送到蘇州奶奶處，小焱在那兒生活了三年。這三年中，奶奶不斷派人到我家，企圖說服我，把小焱的戶口轉去蘇州，都被我一口回絕。我想她恐怕是嫉恨我，想以此來割斷我和女兒的一切聯繫。可是我和安東一樣倔強，堅持不讓轉戶口，她強制不了我，只好算了。

我每天走進中華路五十號大院，仍會觸景生情。小玲的公司也在那兒，多少年來，我和他一起上班下班，中午在一起吃飯，現在我成了孤身一人，難免會傷感，所以想換換工作環境，便與剛剛成立的電子進出口公司聯繫。他們正愁找不到懂英文的業務員，我要去那兒工作，正中下懷，求之不得。由於電子進出口公司直屬電子工業廳管轄，不是省外貿系統的，調動上有些費事，電子公司又急等著用人，便派人到化工公司把我借用過去，然後再慢慢辦理調動手續。一九八五年三月，我被借去電子進出口公司上班，將全部精力投入工作，早出晚歸，全力以赴，兢兢業業，成了工作狂。這樣，一切痛苦和煩惱就都淡忘了，精神狀態隨之大有好轉。

一天晚上，我在家看電視，聽見有人敲門，起身開門一看，竟是多年不見的本華和他的妹妹，他倆是專程從合肥來南京看望我的。本華對我說，他們全家人一時半刻都不曾忘記過我。這麼多年來，他們一直託南京的朋友關注著我的一切，隨時向他們通報，我的一舉一動他們都瞭若指掌。我聽了感到驚訝不已，同時心裡也倍感溫暖。本華說：「今晚本惠也想與我們一起來的，可是他不敢來，怕你罵他。以前的事，確實是他不對。」我對本華說：「請你轉告本惠，我從來沒有恨過他，不會罵他的。他若想來，隨時都可以來，我家的大門永遠對他敞開。」

第二天晚上，本惠與愛人帶著兒子一家三口來到我家，還買了一盒高級餅乾帶給我。令我欣慰的是，從我手裡奪走本惠的小方，最終並未成為本惠的妻子。小方參軍入伍後，因一點小事把他甩了，本惠的妻子是一位通情達理的小學教師。十幾年前本惠與我分手，並沒有使我們成為互相仇恨的敵人，我倆都珍惜曾經有過的那一段戀情。在我的生活發生變故時，他還在關心著我，這使我們成為永久的朋友。

我在電子進出口公司做的是進口業務，一去就成為業務骨幹，科長李鴻義特別器重我。當年南京有許多大型的電子工業引進項目，都是李科長帶著我去進行談判。無論是在華東電子管廠（即七四一廠），與荷蘭菲力普公司洽談彩電顯像管流水線的引進，還是為南京電訊局引進瑞典程式控制電話體系的談判，我都是首席英語翻譯。我還全程陪同過美國電子代表團和保加利亞電子代表團，在陪同他們參觀蘇州電話機廠的時候，我抽空去馮阿姨家看望了小焱。馮阿姨見我工作出色，陪同的都是大型外國代表團，所以也很欣慰，對我比較客氣。

我在陪同保加利亞代表團時，發現了一個十分有趣的現象。他們十一個人的代表團，只有兩人是真懂技術的工程師，其餘的都是黨委書記或者政府官員，佔用了出國名額。而且，他們和當時中國的出國考察人員一樣，每人手裡只有少量美元，去友誼商店時，頂多買幾瓶珍珠美容霜就沒錢了，只好隨便逛逛，什麼也買不起。看來，社會主義國家都差不多。隨著一九九一年蘇聯的解體，保加利亞的社會主義制度也轟然崩潰。如今，保加利亞已成為歐盟成員國，與我生活的英國變成了同一個圈子裡的國家。世界的變化真大真快。昔日的敵人瞬間可成為朋友，昔日的朋友瞬間也可成為敵人。世界是個大舞臺，亂紛紛，你方唱罷我登場，盡情表演。

一次，南京無線電十三廠要引進日本夏普公司的收錄機生產線，中日雙方的代表在金陵飯店的一間會議室裡，進行了為期一周的談判。李科長帶著我，會同無線電十三廠的技術副廠長老田，作為中方代表，與日方的夏普公司談判，每天都長達十幾個小時，甚至通宵達旦。日本人極其注重細節，特別會咬文嚼字，有時揪住一兩個字扯皮半天，談判十分冗長，令人頭疼。談了三天，還沒談出個所以然來。

三天後，中午休息時，談判間只剩下我和十三廠的田副廠長，我倆便聊了起來。當老田聽說我曾在南師附中讀過書，十分驚異，問我道：「你是哪屆哪班的？」我說：「我是六十七屆高二乙班的。」他聽了更為驚異，說：「你叫什麼名字？」我回答：「高安華。」「啊呀，你是高安華啊？」他大叫：「我一點也認不出來你了。你知道我是誰嗎？」我仔細端詳了他一番，只見他頭髮稀疏，已有些謝頂，想不出他是誰，搖了搖頭說：「我猜不出。」他又大叫：「我是田智敏啊！」這回輪到我吃驚了。我倆在一個談判桌旁談了三天，竟互相都沒有認出來。我只知他是「田廠長」，他也只知我是「高小姐」，歲月的流逝，竟是這樣無情，在我們的臉上刻下了十幾年的滄桑，讓我們完全改變了相貌。往日的學校生活還歷歷在目，一瞬間，我們都已人到中年。昔日的好友，面對面都不知對方是誰。

在金陵飯店的重逢，使我倆非常興奮。那天晚上，田智敏執意要在南京飯店請我吃飯，我歡歡喜喜地去了，他帶來了八歲的女兒田潔，三人共進晚餐。當年我們在學校裡是十幾歲的青少年，如今都已為人父為人母了，我們都感慨歲月飛逝人生短暫，都覺得要好好珍惜我們的後半生，從此我們一直保持友好往來直到今天。

第二十二章　坐牢

我在電子進出口公司的工作，十分出色，廣獲好評，所以自我感覺良好。做夢也不會想到，在我的事業一帆風順，蒸蒸日上之時，已大禍臨頭了。一九八五年九月十日，天氣炎熱難當，南京遇上了罕見的秋老虎，所以公司仍然使用夏令作息制度，中午休息三小時。我和往常一樣，在大食堂吃過午飯後，回到辦公室，將幾張椅子拼起來，躺下午睡。大約兩點半左右，快到下午上班時間了，我被人搖醒。睜眼一看，是公司黨支部書記陳傳通，他示意讓我到他辦公室去一趟。他的辦公室在走廊的盡頭，在公司最裡面。我進去坐下後，陳書記和藹地問我家裡還有些什麼人，我回答說：「就我一人。」正說著，突然衝進來幾名腰間紮著皮帶全副武裝的員警。還沒等我反應過來，一名女員警已站在我跟前了。她一把拉起我的左手臂，迅速摘下了我的手錶，麻利地將一副手銬銬住了我的雙手。我被這樣的突然襲擊打蒙了，驚愕地轉向陳書記，而他卻避開了我疑問的眼光，把頭扭向窗外。

我被員警喝令站起跟他們走，正欲站起，卻被其中一名滿臉橫肉的員警猛地拎起，粗魯地往門外一推，我站立不穩，打了一個大大的趔趄，差點兒摔倒。就這樣，我被幾名員警押著，出了陳書記的辦公室，穿過公司長長的走廊，走向樓梯口。走廊兩側所有的辦公室，此時都門洞大開，所有的職工都擠在門口，驚恐地看著我從他們眼前被員警銬走。在完全不明白原由的情況下，我屈辱地在眾目睽睽之下被押上了警車。他們選擇剛上班時來抓我，就是想給我一個下馬威，讓我名譽掃地，不論查不查得出我的「罪行」，我都百口莫辯，我的被抓醜聞會立刻傳遍整個外貿，人人皆知。

我被推進警車的後座，左右兩側各坐著一名全副武裝的員警，兩人手裡都舉著一把手槍，對準了我的腦袋，怒目圓睜，面目猙獰。在這樣的大熱天，他們穿戴這麼正規的制服，還戴著大蓋帽，一副煞有介事的樣子，自然是汗流浹背，厚厚的警服濕了一大片，額頭上的汗珠子成串地往下掉。一股濃濃的汗臭味直鑽我的鼻孔，令我想吐。警車徑直開到我家樓下停住，員警押著我上了五樓，讓我在所有的鄰居們面前再次顏面掃地，百口莫辯。他們遂令我打開家門，一夥人進屋後，一名中年員警，大概是個領頭的，對另一名員警說：「去把玄武門派出所所長叫來！」等了半個多小時，那名員警回來說：「派出所所長不肯來，因為我們的抓捕行動事先沒有通知他們，他們有意見，只好帶來了峨眉路居委會的陸主任。」這時，那位領頭的給我看了他的工作證，我才知他們不是公安局的員警，而是江蘇省國家安全廳的特工。久聞安全廳就是中國的克格勃間諜機關，凌駕於公檢法之上，一向以老大自居，什麼人也不放在眼裡的，難怪這夥人如此趾高氣揚，盛氣凌人呢。

領頭的叫居委會主任陸大媽坐下，對她說：「我們搜查時，必須有該地段派出所參與，他們不來，就請你作個見證吧。」他隨即下令搜查我的住房，還特別強調：「不要放過任何文字的東西，若有日記本什麼的，一律收繳。」直到現在，他們對我的粗暴的行為，都還沒有向我說明原因。我忍無可忍，大聲問道：「你們為什麼抓我？為什麼抄我的家？」領頭的厲聲喝道：「你自己知道！」我氣極了，回說：「我憑什麼知道?!」他卻不再答理，繼續在我家翻箱倒櫃，連床板都掀了個底朝天。我整潔的家，一眨眼工夫，就變成了亂狗窩。從他們的談話裡，我隱約地感到，他們抓我，跟政治有關。那我才不怕呢，我家裡不可能被查出任何反革命罪證的。

他們搜索了半天，倒是翻出了我的一本日記。可那裡面寫的，全是我前些年咒罵「四人幫」，悼念周總理和歌頌鄧小平的改革開放的話語，不但無罪，反而有功。他們翻箱倒櫃的結果，只翻出了一些我在化工公司時，領導分給我的一些外賓贈送的小禮品。那些小禮品，化工公司人人都有份。那時，外商在談判簽約後，常會贈送我們一些禮品，這些禮品全部上交，聚到年底拿出來，分給大家。安全廳的人在我家搜出的外國貨有：日本的計算器，英國的香肥皂，法國的洗髮水，還有科長出國回來後送給我的幾枚外國小錢幣。

搜出的東西實在少得可憐，連參與搜查的人都苦笑著搖搖頭。可是他們的頭兒還是下令將這幾樣外國貨擺放在桌上，還在旁邊放上一摞從抽屜裡搜出的國內親友來信，包括九歲的女兒的來信，最上面放上一封香港朋友的來信，進行拍照。這樣的照片拿出去，會給人造成印象，好像這一大摞信件全是境外寄來的。我想，若是用這樣的照片來指控我「裡通外國」，那就是偽證！是他們在我家裡明目張膽地造的假！若是把這樣的照片公佈於眾，就是欺騙輿論！這時，領頭的又下令說，查查我是否藏了錢。這回，更加令他們大失所望了。除了我錢包裡的二十幾元現金外，我一無所有。我每月幾十元工資，寄去蘇州二十元給小焱，交了房租水電煤氣費，扣除飯錢後，所剩無幾，從來沒有去銀行開過戶頭，沒有一分錢銀行存款。如果他們想抓我「受賄」，那就更是白費勁了。我不過是個普通業務員，無職無權，連對外談判的價格和簽約都要由科長經理來決定，誰會來巴結我呢？我對著這幫人冷笑一聲，指著牆上掛著的父母的革命烈士證書說：「你們若想查我的反革命罪證，不會有！革命的證據倒有不少！」居委會陸大媽拉了我一下，輕聲說：「別硬頂，好漢不吃眼前虧。」

我是峨眉路居委會和玄武門街道唯一的一戶雙烈家屬，每年春節，街道都要來慰問，發給我慰問品和電影票，還邀請我參加區政府舉辦的春節茶話會。而我也對街道工作積極支持，比如宣傳計劃生育什麼的，他們找誰誰推辭，但只要他們找到我，我從不推辭。別人不肯上臺發言，我上臺發言；別人不肯為居委會的黑板報寫稿，我寫。所以在街道上，我名聲很好。安全廳突然對我家搜查，對街道和派出所來說，都是始料未及。況且，他們事先沒有向派出所打招呼就行動，使派出所反感。按規定，搜查居民住宅，應該有所在地派出所派人參加，監督行動。但是，我所在的玄武門派出所認為，安全廳不打招呼就單方面行動，也太不把人放在眼裡了，所以拒絕參加在我家的搜查。他們只好帶來了不敢抗命膽小怕事的居委會陸大媽，也算是與我居住地的

「治安部門」「共同辦案」了。更可笑的是，他們把我手抄的英文本《雙城記》也抄走了，因為是外文，也許他們以為裡面有什麼密電碼，所以要帶回去研究！

搜查結束後，領頭的拿出一張拘留證，要我簽名。拘留證上根本沒寫明以什麼理由拘留我，但是我知道，跟這幫傢伙根本無理可說，所以簽了名。我沒做壞事，內心毫無畏懼，堅信可以搞清楚的。我簽完字，這幫穿制服的就像到了自己家一樣，不跟我這個一家之主打招呼，就自己上廚房倒茶，洗臉，如入無人之境。他們把我的家搞得像一片垃圾堆，零亂不堪，還在屋裡走來走去，把我平時很愛惜的衣物任意踩踏在腳下，我氣憤地大聲抗議：「誰允許你們用我的毛巾和茶杯啦？你們憑什麼踩髒我的衣服？你們的行為玷污了你們頭上的國徽！」陸大媽伸手捂住了我的嘴說：「姑娘，別硬頂。」

可是那個頭兒已經聽到我的抗議了，他對著我露出一口大黃牙，罵道：「你還以為你是什麼寶貝碰不得的啊，老子告訴你，你是特務嫌疑，是不齒於人類的狗屎堆！」我反唇相譏：「誰不知道安全廳裡全是特務啊！」那人惱羞成怒，又罵道：「你他媽的還嘴硬，關上你幾年，老子就不信制不服你！」大堆的污言穢語，從他那戴著國徽的大蓋帽下的嘴裡吐出來，已經讓我看清楚江蘇省國家安全廳是怎樣的水平和素質了。他們想整人，先定罪名，然後搜羅證據，搜羅不到證據，就造假證，中國由這幫人來治理，怎能消除冤假錯案？這種人若能秉公執法，那等於叫河水倒流，太陽西出！我這才是拘留，案情還不清楚，就這麼不把我當人，若是逮捕，恐怕我連豬狗都不如了。儘管我猜不出自己究竟得罪了誰，但敢肯定是又遭小人暗算了。

這幫頭戴國徽的人，在我家裡喝好了歇足了，站起身來叫我拿上漱洗用品和幾件換洗內衣，帶我走出家門。我發現，他們剛才用來拍照的那幾樣外國小禮品和我的信件，都留在桌上了，沒有帶走。可見，他們自己也清楚，那些東西不是罪證，他們拍的照片純粹是為了騙人。門鎖上後，他們令我交出家門鑰匙，又在我家門上貼上了交叉的兩張紙封條，封條上事先早已用毛筆寫好如下的字樣：「一九八五年九月十日查封」，並蓋有安全廳的大印，完全是有備而來的。我當時就痛徹地感到，中國的安全部門，永遠把自己的國民當成最大的敵人來防範，把絕大部分時間和精力，花在不斷清查和整肅對國家安全毫無危害的普通小民身上。即便到了二十一世紀的今天，國內的持不同政見者，仍然是他們的主要清查和整肅對像，真正的特務恐怕多數都逍遙法外。

關押我的地方，是南京娃娃橋看守所。中國江南的許多城市的監獄和看守所，往往都設在名叫「橋」的地方。比如，上海有提籃橋監獄，南京有老虎橋監獄，還有娃娃橋看守所。人們多半省略地簡稱叫「××橋」，而不說出「監獄」或「看守所」，一聽就明白那是個什麼地方了。一旦進了帶「橋」字的地方，往往離奈何橋也不遠了，形象地表明瞭此岸彼岸，陰陽兩界，人鬼不分的狀況。南京人有句順口溜：「進了娃娃橋，小命也難逃」，由此可見娃娃橋在人們心中是什麼形象。

娃娃橋看守所地處白下路地段的鬧市區，橫跨兩條街，明清時期就是關押嫌犯的地方，歷史久遠，規模很大。目前的主要監房，是從東到西的兩進院落，中間用封閉走廊隔開，像一個睡倒了的「日」字，為侵華日軍於一九三八年所建，左右兩個「口」字形的方框上都是一間間監房，左「口」字關女犯，右「口」字關男犯，「口」字中間空曠的地方是天井，供嫌犯放風用。在我被關押的三個多月中，只放過一次風，所受待遇遠遠不如國民黨時期的重慶渣滓洞。無論誰掌權，從古代皇帝到國民黨，再到日本鬼子，最後到共產黨，這兒的關押對像都不變，主要是中國的老百姓。

押送我的警車開進娃娃橋第一道門後，在第二道門停下。大黃牙向站崗的武警出示了拘留證，站崗的武警拉鈴，裡面便走出一個看守，大黃牙就將我交給了他。那人將我帶到一個櫃檯前，叫來一名女看守搜查我的全身，連我的內褲都被她伸手進去摸了一把。然後她命我脫下皮鞋，用鉗子拔去鞋跟，再扔給我，叫我穿上。看到好好的一雙鞋被她扯壞了，我大聲抗議：「你為什麼弄壞我的鞋？你賠！」女看守聽了，伸出手指就在我的腦門上狠戳了一下，吼道：「你他媽的少囉索，關進娃娃橋了還不老實！頂撞我們要加刑的，再敢頂撞就記在你的帳上，一起量刑！」看來，中國的國罵「他媽的」三個字是公安機關的專用術語，這兒的人，不論男女，開口就是國罵，閉口就是「老子」。

我被搜身後，手銬就下掉了。女看守將我的雙手按進櫃檯上的一碗墨汁裡，用吸水紙在我沾滿墨汁的手上稍稍吸了一下，就把我的雙手按在了一張白紙上了。她的力氣真大，把我的手捏的生疼。她放開我的手以後，我看見自己兩手的手掌紋和指紋都清晰地展現在白紙上，這就是我在娃娃橋的「一進宮」案底。我的心痛苦地揪了一下，因為他們把我當成刑事犯來處理了！錄下我的手紋後，女看守又命我靠著一堵刷上了白石灰的牆前站好，隨著閃光燈一閃，我的罪犯照就拍好了。這才算是手續齊全，可以入監了。進入監房前，女看守把一個布標籤用別針別在我的上衣上，布標籤上寫著號碼「一七二〇」。她對我說：「從現在起，你的名字就叫一七二〇，在監房裡不許告訴其他人你的真實姓名，也不許打聽其他人的姓名，只許喊各人的號碼，不許談論各自的案情，若有違反，按串供處理，罪加一等！」看來量刑加刑，並不完全根據法律，而是根據這些人的意見來定。不管嫌犯有理無理，頂撞看守在娃娃橋都算「表現惡劣」，而「表現惡劣」者在法院判處刑期之後，還可以加刑四至十年，由看守所主管來定。在娃娃橋，絕對是「只許州官放火，不許百姓點燈」。嫌犯挨打挨罵，受人格侮辱，吃發黴的米飯等等，都不許抱怨，否則算「違法」，可以加刑。這樣的法，也是一種中國特色吧！

我作為一七二〇號人犯（判過刑的叫犯人），被送入了牢房，當看守在我身後「通」地一聲重重地關上牢門時，那響聲像一記重錘狠狠地砸在我的心上。上午我還是公司的業務骨幹，傍晚我已成了階下囚。我頭腦中第一個反應出來的是，我被關押這件事將會給女兒帶來多麼大的打擊和創傷。在中國，好事不出門，壞事傳千里。她很快就會知道的，她在學校將受到同學的嘲笑和歧視，她會自卑，她會哭泣，還可能會怨恨我……我不敢再往下想了。坐牢我並不怕，我擔心的是對女兒造成不良影響。我只有努力搞清情況，澄清自己，無罪釋放，一切就都好了。

我這間牢房大約十平方米大小，一扇小小的窗戶高高地開在及閘相對的牆上，只有平常人家窗戶上的一塊玻璃那麼一點大，所以牢房裡昏暗，白天也得開燈。窗戶上面釘有四根豎起的鐵棍，難怪人們稱牢房為鐵窗呢。窗戶高得我踮起腳來伸手都夠不著。牢房裡進門處是一片水泥地，濕漉漉的，直往外滲水，牢房裡十分潮濕。裡面則鋪著老舊的地板，走在上面「咯吱咯吱」直響。牢房裡沒有床，幾床薄被疊好了放在屋角。屋裡已經關押著三名婦女了，她們都曲腿靠牆坐在地板上。我們的室長是一八〇號，見我進來，主動作了自我介紹。她三十來歲，與我年齡相仿，皮膚白晰，大大的眼睛，透著一股精明強幹。一位五十多歲的老媽媽是一七〇一號，另一位是四五三號。一八〇看了我的號碼小聲驚歎道：「呀，你的案子是大案！你看她，」她用手指著一七〇一說：「她媳婦死在她家，公安局懷疑是她兒子殺的，她是包庇犯被逮捕進來的，大號碼的都是大案。」我一聽就笑了，輕聲對她說：「聽說，牢房裡不讓互通案情，你怎麼知道這麼多呢？」她詭秘地眨了眨眼說：「沒有人遵守這一條，誰都互通情報，只不過不讓看守知道罷了。若真是同案犯，是不會關在一個號子裡的。我看你像知識份子，八成是政治犯。」我聽了又笑了，說：「何以見得？」她回答：「憑你鼻子上的眼鏡可以判斷。」我覺得她真聰明。

正在這時，牆壁上傳來「咚咚」兩聲響，是隔壁牢房的人敲的。一八〇說：「趕快坐好，看守來了。」我挨著她，靠牆坐下，像她們一樣，雙腿曲起，雙手抱膝，一動不動。不一會兒，門外傳來腳步聲。「叭！」門上的一個小小的長方形洞口被拉開了，兩隻賊賊的眼睛從門洞往裡窺視了半分鐘，見我們都老老實實地坐著，不言不語，「叭」地一聲又關上了。我又輕聲問一八〇：「怎麼沒有床？」她笑說：「你真是個書呆子，坐牢，坐牢，就是坐在地上，睡在地上，哪兒來的什麼床！」我又問：「為什麼要拔掉我的鞋後跟呢？」「噢，那是怕你吞釘自殺。凡是金屬的東西都不能帶進來，你瞧我的這件拉鏈衫，進來時拉鏈都被扯掉了，天涼時只能披一披，出去以後只有扔了。」我再問：「你是如何知曉看守要來了？」這回她是真開心了：「看過電影《烈火中永生》吧？共產黨人在敵人的牢房裡對付國民黨的那一套，在我們這兒得到繼承並發揚光大了。蹲監獄的人全都心連著心，住路口那間牢房的人負責望風，把門洞打開個小縫，偷偷往外看。看守從辦公室一出來，他們馬上敲隔壁的牆，只敲兩下。人犯們接力棒似地一間間往下傳，一切竊竊私語和其他小動作立馬停止了，看守根本抓不到我們的錯，可以有效抵制他們任意給我們加刑。這在娃娃橋早就是多年的革命傳統了，以老帶新，一代一代往下傳，比起共產黨的後代們在繼承革命傳統方面，自覺自願多了。人犯們可聰明了，人才濟濟，發明了好多聯繫方式，你慢慢學吧。」我聽了，也開心地笑了，附在一八〇的耳朵上小聲說：「坐一小時牢，勝讀十年書！」

娃娃橋的看守大部分是從部隊下來的轉業軍人，那時南京的公檢法系統裡，當過兵的人起碼占了一半。我們這排四個監房的女看守姓穆，人稱穆管，人高馬大力氣也大。據一八〇說，穆管以前是軍區排球隊的，是扣球手。誰要是惹惱了她，她在你頭上扣這麼一下，你得趴下躺半個月起不來。一八〇很喜歡跟我說話，她說那兩個獄友都沒有文化，談話沒趣，她就願跟知識份子聊天，我便成了她的忠實聽眾和聊天夥伴。

從談話中得知，一八〇是一年多以前被收容進來的。那時她在中國走南闖北販運貨物，從福建石獅販服裝鞋襪，從安徽江西販茶葉，從東北販山貨，木耳人參的什麼都販。她在江湖中結識了一幫四川人，那些人請她幫助四川農村姑娘在江浙一帶介紹婆家，她可收取介紹費，於是她也販人了。她和她的一幫朋友被當成「拐賣人口」團夥被收容審查，分開關押。無奈所有的人犯口供都不一致，而且被他們介紹過來的四川媳婦們又都挺滿意的，生活過得不錯，也不肯指控他們，所以關押一年多了，還未查實，繼續收容。她說，還不如拘留或逮捕呢，總有個盼頭，判了刑就走了。而她這個被收容的，根本沒有期限。為了爭取早日出去，她對穆管恭恭敬敬，還經常向穆管請教法律知識。穆管認為她表現好，就命她當號子裡的室長，做穆管的臥底，負責監視其他人犯的言行，每晚向穆管單獨彙報，所以她在號子裡有些小權，可以支配其他人犯。一年多以來，一八〇換了好幾個號子，擔任過好幾間號子的室長，可是一批批人走了，她還蹲在裡面，還未夠上轉拘或轉捕的條件，想走出娃娃橋，回到自由天地，真是遙遙無期。說著，她流下了眼淚。我安慰她說：「人在得意時要想失意，人在失意時要想得意，就能樂觀起來。總有一天會出去的，保重身體最重要。留得青山在，不怕沒柴燒。」其實我這話又何嘗不是用來安慰我自己的呢？

牢房水泥地的一角，是一個水泥砌成的二尺長半尺寬長方形的坑，上面有一個自來水龍頭。我們洗臉刷牙大小便全在裡面，沒有澡洗，只能用涼水擦擦身，天冷了就完全不洗。每人每天早上給一杯熱水喝，這一天就再也沒有飲水供應了。所以這杯水得節省著喝，留下半杯下午喝，喝涼的。天熱時沒有大問題，天一涼，喝涼水渾身就更涼。所有牢房的坑是相通的，隔壁有人大便，臭味也能傳過來。一人大便，滿屋子臭。我開頭真不習慣。但是沒幾天就「久聞不知其臭」了，人的適應能力真強！

我進監是下午四時許，很快就開晚飯。一名男看守拎著裝米飯的大木桶和裝菜肴的鉛桶，放在天井裡，挨著號子送飯，只給半個小時吃飯時間，就回來收碗筷，而且要洗乾淨了交回去。米飯裡不僅沙子多，而且還有蟑螂屎，吃起來咯牙不說，一旦咬了蟑螂屎，那怪味讓人難過得半天緩不過來。菜是鹽水煮菜幫子，用「豬食」來形容，恰如其分。所以我的第一頓牢飯實在難以下嚥，吃了幾口就不吃了，把飯全倒在屋角的水泥坑裡，放水沖走了。一八〇說：「你若有晚上刷牙的習慣，現在趕快刷。等會兒收碗筷的來了，必須交出牙刷牙膏，明天一早，他們再發還。」我驚異地問：「為什麼？」她說：「聽說曾有人夜裡試圖把牙刷柄或牙膏皮塞進吼管自殺，所以這些東西都不許放在牢房裡過夜。」

於是我趕緊刷牙，還沒刷好，就聽見那個送飯的男看守在門口破口大罵：「你他媽的刷牙，讓老子在門口等！在外面養成的壞習慣，還帶進號子裡來！」我忍不住頂撞了一句：「我刷牙不是壞習慣！」他伸出大手一揮，打掉了我的牙刷，也打掉了我鼻子上的眼鏡，還對我咆哮如雷：「你他媽的還敢頂撞！看老子明天來收拾你！」說完收走了一切他要收走的東西，重重地關上了牢門。一八〇說：「你膽子不小，還敢頂撞？」我從地上拾起眼鏡，鏡片裂了一道縫，還好，玻璃未碎。我戴上眼鏡，對一八〇說：「他不講理！不把人犯當人待，我出去後非告他不可！」一八〇說：「你告他？到哪兒去告？天下烏鴉一般黑，官官相護，你鬥得過公檢法嗎？」我脫口而出：「我到省委書記柳林那兒去告，他是中央委員！」一八〇這下咧開大嘴笑了：「我說嘛，這回怎麼就我們四人一間屋呢，原來你認識中央委員，肯定是為了照顧你，人才這麼少，我們都沾了你的光。以前我們都是十五至二十人一間，擠得要死。哈哈，有你在，我們就舒服了。」我搖了搖頭，不以為然地說：「他們並不知道我都認識誰，我們號子裡人少，恐怕另有原因吧。」

晚上七點，一八〇被穆管叫出去了，要她彙報我的表現。不一會兒，一八〇回來了，笑瞇瞇地對我說：「我報告穆管，說你認識中央委員，出去以後要告娃娃橋的狀，穆管的臉都嚇白了，他們都有些怕你呢。」果然，看守所所長跟著就來到我的牢房，把我請到他辦公室去了。他和顏悅色地請我坐下，還倒了杯茶給我，說：「我們看守所新來的工作人員不少，工作上還存在一些不足，你有什麼意見，可以向我提，我們願意改進。」看他態度誠懇，說話和氣，我也十分禮貌地說：「我初來乍到，不太清楚這兒的規矩。看守人員應該耐心向我說明，而不應張口罵人。還有，米飯裡沙子太多，還有蟑螂屎。」所長說：「我會教育我們的管教人員的，至於伙食，我們有一定的困難，上面撥給的伙食費每天每人只有兩角四分，很難改善，請予以諒解。」

自從那晚與看守所所長談過話以後，我就再也沒有挨過罵，而且每天晚上，看守都送來一桶熱水，讓我們洗漱用，白天還送一份《新華日報》給我們號子。有報紙看，牢房生活就不再那麼枯燥了。在單位裡從不看報的我，在娃娃橋，每天都把《新華日報》從第一版到第四版全部看完，以此打發時間。一八〇高興地對我說：

「二丙（因我戴眼鏡，獄友們給我起的外號），跟你住一起，真是幸福死了！我進娃娃橋一年多，從來沒有熱水用。而你一來就有了，還有報紙看。真是千好萬好不如有個好爹娘。」她的話使我強烈地感到，在中國，無論哪一級官員，法律對他們的震懾和約束，遠遠不及上級領導對他們起的作用大。我無意中喊出的「我認識中央委員」這句話，竟鎮住了他們，迅速地改善了我在牢房裡的待遇，從一個側面反映出中國幾千年沿襲下來的人治，是多麼根深蒂固。中國的公務員們，看著領導的臉色行事，前瞻後顧，小心翼翼，唯命是從。用「奴才」二字來形容他們，並不過分。而仗義執言的人，往往被排擠出局。

從所長那兒回到號子，門上掛著的拉線喇叭就響了。原來每晚八點，娃娃橋對所有人犯播放中央人民廣播電臺的新聞聯播，所以我們並非完全與世隔絕，一般的國家大事我們能知道。一八〇說，娃娃橋在全國的看守所裡，算是很好的了。小地方的看守所，她也見識過。江西和四川小縣城的看守所，把人犯吊起來毒打是家常便飯，而娃娃橋，沒有吊打人犯的現像，但是他們會給「調皮」的人犯上手銬。那種銬子，你越掙扎，它勒得越緊，往往勒進皮肉裡，直至骨骼，鮮血淋漓，疼痛難忍。人犯受不了，自然會向看守低頭求饒，表面上變得很老實，便於獄方管理。可是，在他們的心裡，卻增加了對共產黨的仇恨。所以，中國的看守所和監獄根本不可能教育好被關押的人，讓他們重新做人，而是造就了一批又一批與政府作對，以至於「二進宮」「三進宮」的人，屢抓屢犯。

牢房裡實行嚴格的作息制度，每天早晨六點起床，晚上九點睡覺。睡覺就是往地板上一躺，改坐姿為臥姿。頭天晚上我躺下後，被天花板上吊著的那盞一百瓦大燈泡照得睡不著，就起來找開關，想關燈，發現牢房裡根本就沒有開關。我問一八〇：「什麼時候才關燈？」她「格格格」地笑了：「二丙你真是書呆子，娃娃橋是一天二十四小時，一年三百六十五天都不關燈的。全南京市停電，娃娃橋都不會停，這兒有自備的發電機，誰想趁黑搗亂都是枉費心機。這兒沒有白天黑夜之分，我們永遠身在亮處，被人從暗處監視。」

亮著燈睡覺，我開始還真不習慣，睡不著就與一八〇小聲聊天。聊著聊著，成群的蚊子便來襲擊我們了，在耳邊「嗡嗡嗡」地揮之不去，全身到處被叮咬，癢得鑽心，我不停地抓撓，弄得精疲力盡，也解決不了問題，根本無法入眠。我對一八〇說：「我們喊報告吧，要一盤蚊香來。」一八〇說：「千萬使不得，娃娃橋沒有買蚊香的開支。我原來的號子裡有個女的，性子剛烈，為了要蚊香與穆管大吵，被穆管揪住她的頭髮，咚咚咚地往牆上撞得鼻青臉腫，頭上鼓起好幾個大包，多日不消。」我聽了，打消了要蚊香的念頭，不是懼怕穆管，而是因為他們沒有這筆開支，我是要不到的。

那晚，我和一八〇竊竊私語至深夜，互通了姓名。她叫李小雪，家住浦口大場鎮，比我小兩歲，只有初中文化水平，而另兩位獄友基本上是文盲。那個一七〇一老太太，一個大字不識，被捕時都不會簽名，只能按手印。難怪一份「新華日報」被我攥在手裡讀一天，也沒人來與我爭呢。一八〇是冬天下雪時出生的，所以她母親為她取名小雪。我覺得這個名字真美。

這時，傳來一陣淒厲的哭叫聲。是一名男犯在喊「救命」！這聲音在萬籟俱寂的深更半夜，特別瘆人。那一聲又一聲，足足喊了半個多小時，就聽到一陣腳步聲，然後安靜下來。小雪說：「那人恐怕被穿了老虎衣，現在被拖到別的地方去了。」我問：「什麼是老虎衣？」小雪說：「那是娃娃橋發明的最厲害的一種刑具，比電影裡看到的老虎凳還要厲害，我在其他號子裡親眼看見過的，那個吵著要蚊香的女人就穿過。看守所明文規定不許毆打人犯，而上手銬，穿老虎衣不算打人，卻比打人厲害得多。中國人就是聰明，上有政策，下有對策。老虎衣是一種皮制的馬甲，給人穿上之前，要將人的雙臂別在背後，然後套上皮馬甲，將馬甲兩旁的線拉緊。穿上老虎衣的人犯，整個上身不能動彈，被緊緊地箍在裡面，吃喝拉撒全靠獄友幫忙。人若穿上了老虎衣，血液流動極其不暢，不到一個時辰，就痛得受不了，再喊也沒用，一旦穿上身，最短也要二十四小時才會給脫掉。脫掉後，人犯的雙臂根本就不會挪動了。我們幫她從後背慢慢往前挪，稍一動彈，她就痛得大叫，說兩隻膀子真像是被老虎咬掉了一樣。我們一點一點幫她把手臂往前搬，花了好幾個小時，才把她的兩臂搬到身體兩側，雙手多日不能恢復功能，像個殘廢人。據說，老虎衣穿上身以後，頂多三天，可以使人永遠殘廢，頂多六天，人就死亡。」我驚歎道：「現在都已是八十年代了，還有這種酷刑啊？」小雪笑道：「這個問題只有你這樣書生氣十足的人才會提出來。」

小雪繼續說：「這裡是專政機關，永遠都是他們嘴大，你嘴小，他們永遠有理，所以今後對他們的罵人話，別較勁。他們罵你，你就當他們放屁，只要他們不打你，你聽見就當作沒聽見，就過去了。在這兒，最大的自我保護，就是當聾子的耳朵，瞎子的眼睛，什麼都當沒聽見，什麼都當沒看見，就不會惹禍上身，少受傷害。」我聽了小雪這一番話，著實佩服她。她雖然沒有很高的文化，看問題卻比我透徹，比我成熟，社會經驗比我豐富，懂得很多生活中的學問，這大概與她闖蕩江湖多年有關。

突然，我的腿上被什麼東西狠狠螫了一下，痛得坐了起來。低頭一看，原來是條暗紅色百足蟲蜈蚣，我很怕它。蜈蚣的毒很厲害，只被它咬了一口，小腿上有塊地方就又紅又腫，熱辣辣地痛。小雪用她的鞋底將蜈蚣打死，我用衛生紙捏住它的屍體，起身扔進屋角的茅坑。這才發現，潮濕的水泥地上，爬出來許多鼻涕蟲，還有不知名的黑蟲，有好多都爬上了牆，心裡覺得異怪。這些蟲子一到早晨就不見了，一到晚上就出來，與蚊子為伍，干擾我們睡覺。而白天，人犯是不許躺下的，只能坐著，所以我進娃娃橋的第一周，睡眠嚴重不足，成天昏昏沉沉地打瞌睡。不過，才過了短短的一周，我就完全適應了，電燈照也好，蚊蟲咬也好，都不再干擾我睡覺。平生不做虧心事，半夜敲門心不驚。我什麼心事也沒有，倒下就睡著。

進娃娃橋的第二天上午，牢門開了，穆管在門口高喊：「一七二〇！」因是頭一回被人喊號碼，我還傻楞著。小雪捅了我一下：「二丙，叫你呢。」我忙回答：「到！」「出來！提審！」我站起身，穿好鞋，跟著穆管出去了。這是我被抓後的第一次提審，也是最後一次。關押在娃娃橋的人犯，只經過一次提審就結案的，我是絕無僅有的一個。因為我的案情實在是太簡單了，一問就清楚了。

那天走進預審室，公安局的預審員問了我姓名、年齡、籍貫、住址和職業等例行問題後，便不再言語，而是示意坐在一旁的安全廳來的人問話。提審人五十多歲，大腹便便的很胖，姑且就叫他胖子吧。胖子旁邊還坐著個陪審，我向他瞟了一眼，猛然認出，竟是七一四廠設計所的副指導員鍾某。真是冤家路窄，我們在娃娃橋狹路相逢。心想，他可真會鑽營，幾年工夫，搖身一變，成了安全廳裡頭戴大蓋帽的克格勃了。看來，但凡遭到群眾痛恨的人，多半會被領導賞識，飛黃騰達的，因為他們是維護專制體制最忠實最得力的工具和打手。

胖子問我：「你跟那個香港商人大衛是什麼關係，從實招來！」哈！我暗暗好笑，如此興師動眾的，原來就為這麼點小事！我答道：「我們是貿易關係，只見過兩次面，談過一樁進口生意，陪他遊覽過一次中山陵，他請我在金陵飯店吃過一頓飯。就這些。如果是為這件事，昨天你們就可問清楚的，幹嘛抄我的家，還說我是特務嫌疑！」胖子說：「沒人定你是特務，只不過是嫌疑，是需要證據來證明的。現在根據我們掌握的情況，你屬於洩露國家機密，違反了我國的保密法規。」哈！看來，「特務」的帽子不會給我戴上了，卻又給我扣上一頂「洩露國家機密」的大帽子。我笑問：「你們清楚，我只是個普通業務員，連黨員都不是，能知道什麼國家機密啊？」他卻拿出一封信來，問我：「這封信是你寫的嗎？」我一看，是我寫給大衛的一封業務信。這下，我可真正體會到老幹部們被打成「走資派」，被抄家，被關押，被提審時心裡是什麼滋味了。在你成為專政對象時，只能束手就擒，在審問你的人面前，根本就是有冤無處申！

但我必須據理力爭。我說：「是我寫的信，因為在我與他談判過後三天，外貿部就實行了一系列進口產品的許可證制度，其中也包括大衛經營的日本東芝的收錄機散件。本著做生意有誠信的原則，我在公司傳達外貿部文件的當天，寫信告訴大衛，請他申請辦理進口許可證，否則這筆生意不能做。這有錯嗎？」

胖子說：「這就叫洩露國家機密，該你們外貿知道的東西，其他單位的人就不能知道，即便是對你的丈夫，也不能說，否則就是洩密！」我大聲反駁道：「你們知道大衛的真實身份嗎？他是共產黨員，是國家輕工部派去香港的，不信，你現在就打個電話去北京問問。我一個非黨群眾，給共產黨寫信還有罪嗎？」胖子聽了怔住了，顯然很吃驚，很意外。但他不愧為克格勃老手，很快鎮定下來說：「他是共產黨員也不行！因為他已到了境外，就只能按港商對待。」胖子的表現，完全印證了小雪對我說的話：「他們嘴大，你嘴小，他們永遠有理。」

然而，我不服，繼續據理力爭：「需要進口許可證的產品名錄，《新華日報》上都登了，全社會都知道了，還能算機密嗎？」胖子竟強詞奪理：「我們查過了，《新華日報》是在你們公司傳達之後第二天才登的，你提早一天說出去，就算洩密！」我立即回他：「按照你的邏輯，那我們公司所有的業務員都是洩密者了。公司經理盧先保是頭一個洩密的，他當天就把外貿部紅頭文件拿給港商看了，我還沒有紅頭文件呢，所以他的罪過比我要大，你們為什麼不抓他？」胖子說：「你說的這個情況我們也知道，可他們是口說無憑，我們沒有證據，而你呢，白紙黑字是你寫的，證據確鑿，不抓你抓誰啊？」這下，我的心真正地痛了，因為這次提審使我懂得了什麼叫做「欲加之罪，何患無詞」。安全廳對之於我，他們對也是對，錯也是對，只能是我錯，我對也是錯，無理可說，說了也白搭，再怎麼唇槍舌劍，還是我輸，所以我就不說了。

鍾某站起身，拿著審訊記錄走過來，對我說：「你承認這封信是你寫的，就夠定罪了。你讀一下這份筆錄，如果無誤，就簽字。」我讀了一遍，確實是剛才的所問和所答，就簽了字。鍾某打開一盒紅色印泥，抓起我的右手食指，在印泥裡按了一下，再往我的簽名上按上我的紅指印，提審就結束了，整個過程不到一小時。

回到號子，我悶悶不樂，覺得自己面對強大的國家機器，是那樣的無能為力。其實那個胖子自己也一定很清楚，在我國，任何機密文件，密級都要從中央政治局開始往下分等級，傳達到中央委員一級的是絕密，傳達到十三級以上幹部的，是機密，傳達到十七級以上幹部的是一般機密，而且還是先黨內再黨外。任何文件，傳達到全民的，還能叫機密嗎？究竟是哪個小人，要這麼往死裡整我？想來想去，只有一個人，就是公司總經理盧先保，後來的事實證實了我的這個判斷。

盧先保，湖北人，部隊轉業幹部，在安全廳裡有一幫酒肉朋友。他沒有外貿知識，所以平時不插手我們的業務。可是有一天，他卻叫我為他打一份進口合同，是從香港某公司為南京某電子廠進口日本東芝的收錄機散件，我一看單價，比其他香港公司的報價高出許多，就跑去問他說：「為什麼不貨比三家，買便宜的，反而去買貴的呢？」他說：「這你就別管了，你把合同做出來就是了。」換了其他業務員，恐怕會按總經理的意思辦，反正自己不承擔責任，何必得罪經理呢？而我卻不幹，覺得這裡面有貓膩，是肥了他自己，坑了我們的工廠。作為工廠的進口代理，我們怎能坑害他們的利益呢？所以我堅決地抵制了。從此，盧先保就嫉恨我，多次在公司幹部會上說我是「刺兒頭」，可我不在乎，照樣我行我素。就這樣，我得罪了盧先保，引火焚身，使他一找到藉口，就請安全廳的朋友幫忙，把我送進大獄。在中國，我們普通群眾，對之於領導，永遠是「順者昌，逆者亡」，很少有領導會實事求是地對待有不同意見的下屬，幾千年的封建傳統，在華夏大地上，繼承得很好。

幾天後，我又被從號子裡叫出。這一回，是一位姓汪的律師來見我。原來，他是受電子進出口公司陳書記的委託，擔任我的辯護律師。他告訴我，陳書記很同情我，主動為我請了律師，並由公司支付律師費用。汪律師說，因為我的工作關係還在省外貿，所以我的案子由南京市中級人民法院受理。目前我的案子已偵察終結，不日將由南京市檢察院向中級人民法院提起公訴，開庭審理。我的唯一犯罪證據，就是那封寫給大衛的信。汪律師說，我的案子，是一九四九年南京解放以來，市中級人民法院受理的最小的一樁案子，卻被安全廳從一開始就以「特務嫌疑」定為「大案要案」，現在查不出什麼東西，在我家拍的照片又算不得罪證，被檢察院退回，他們很尷尬。但為了他們的臉面，不肯撤案，非要給我扣上個罪名，否則完全下不了臺。在對待我的態度上，檢察院，法院和律師三方意見完全一致，都對我十分同情。一般情況下，刑事案件中，辯護律師與公檢法是對立的，而我的案子卻是個例外，他們站在同一方，共同對付安全廳。我聽了律師的一番話，心裡燃起了很大的希望。同時，我對安全廳的做法感到憤怒，大聲說道：「安全廳執法犯法！罪加一等！」汪律師忙說：「在娃娃橋裡，還是少說為佳。」

我被關押一周後，穆管拿來一張逮捕證要我簽字，我由拘留轉為逮捕。小雪說，一逮捕就快了，要不了多久就會開庭，開庭後很快會宣判，一宣判，我就可以離開娃娃橋了。正如小雪所說，我轉捕後第三天，兩名女法警就來提我出去開庭了。那天早晨太陽高照，我從陰暗的牢門跨出時，被耀眼的陽光刺得睜不開眼，一陣搖晃，眼前一黑，向下摔去，被女法警一把拽著我的胳脖拉了起來。她的力氣可真大，拎起我就像拎隻小雞，肯定練過功夫。另一名女法警給我上了手銬，押著我上了警車，向中級人民法院開去。路上，我從警車的車窗向外看去，已是一片金秋景象，到處都是法國梧桐的落葉，警車開過時，大堆落葉在警車兩側，跟著一陣狂舞。

我被押進一間小法庭，首先映入眼簾的，是正對面牆上高懸著的大大的國徽。國徽下一排長桌，左面坐著兩位檢察員，中間桌上寫著「審判長」字樣後面坐著的，就是我的法官了。他幽黑的臉龐透著軍人的威武，一雙眼睛在大蓋帽下炯炯有神，他的臉色嚴肅但不冷漠，他看著我的目光是和藹的。那時我絕不會想到，他日後會成為我永遠的鐵哥們，會用他的一顆愛心，給予我關懷和幫助，使我得以平安地度過人生中最困難的一段時光，並和我保持友誼直至今天。他的兩邊各坐著一名書記員，汪律師坐在右邊，他們這些人組成了我的審判庭及合議庭。

我被帶到法庭中央站好，沒讓我進木籠。法官宣佈：「現在開庭，依法對高安華洩密案進行不公開審理。」下面照例是詢問姓名年齡職業住址，問完後，由檢察員宣讀起訴書。起訴書很短，說根據刑法第幾條第幾款提起公訴，然後就宣讀證人證詞。證詞只有一份，就是電子進出口公司總經理盧先保寫的。果然是他！真是上有九頭鳥，下有湖北佬，信也，然也！這個懦夫，不敢親自到庭面對面作證，只寫了一紙證詞，我從心裡看不起他。

盧先保的證詞是這樣寫的：「高安華寫給大衛的信，一旦出境，有可能使得境外人士分析出我國的對外貿易政策，有可能對我國的對外貿易造成損失，就有可能給我們國家帶來危害。」他用了三個「有可能」，用這樣的主觀臆斷，就定了我的罪！他的這種分析，我聽來耳熟。我想起在文革中聽到的一樁離奇的案子，一個人由於吐了一口痰而被另一派組織揪住不放，打成了反革命。他們的分析推理是這樣的：「你隨地吐痰就是散佈病菌，散佈病菌就是破壞人民身體健康，破壞人民身體健康就是破壞社會主義建設，破壞社會主義建設就是反革命！」盧先保對我的分析推理，與上述案子如出一轍。吐一口痰尚且能被打成反革命，那麼我寫一封業務信被定罪，又有什麼奇怪的呢？這不就是中國特色嗎？

汪律師站起來為我作了簡短扼要的辯護，他出示的證詞比盧先保的那份有力量得多。他出示的是電子進出口公司職工代表大會蓋了章的，有全公司一百多名職工聯名簽字的要求從輕處理我的請願書。這份請願書書由公司的工會主席代筆，是這樣寫的：「高安華同志自從進我公司工作以來，工作積極，認真負責，英文水平和業務水平在公司拔尖，不計較個人得失，受到本公司職工和客戶的一致好評。高安華同志也有一定的缺點，有小資產階級情調，喜歡穿著打扮。考慮到高安華同志身體狀況比較弱，我們要求法院對她從輕處理。」我聽了公司同事們的請願書，感動得熱淚盈眶。真沒想到，那麼多的人為我求情，群眾的眼睛是雪亮的啊！這份請願書，至今仍然保存在南京市中級人民法院我的檔案裡。

這時，法官說：「下面由被告人高安華陳述。」我只說了一句：「盧先保對我是公報私仇。」法官又問：「你還有什麼要說的嗎？」我想了一下，又說：「我是黨和政府撫養大的，沒有任何理由做出危害國家的事，我過去沒做，現在沒做，將來永遠也不會做！我的話完了。」法官對我點了點頭，說道：「我叫王志棟，是負責你的案子的審判員。你回去以後如果又想起什麼要說的話，可以隨時找我，不用害怕。今天的庭審到此結束，你等候法庭宣判吧。」書記員劉藹強讓我看了審訊記錄，我簽了字畫了押，由女法警送回娃娃橋，下了手銬，回到號子。

小雪見我這麼快就回來了，頗為吃驚，聽說我的庭審已經完畢，就等宣判了，她更是吃驚，說：「我這一年不知看過多少人出去開庭，從來沒有一個像你的這麼快。最快的也要一整天，有的連續開庭多日都判不了，而你開庭只有半個小時就完了，看來確實沒啥好審的。」我說：「我認為我的案子根本就不存在，是盧先保硬整我的，是他從公司信箱裡拿走我寫的信，交給安全廳的。」小雪說：「二丙，我看你不用急了，你很快就會出去了。一般來說，庭審完畢後，少則三日，多則一禮拜，就會下達判決書的，你就可重見天日了，恭喜恭喜！」我對她說：「公司裡好多人為我求情呢，你覺得這對判決有用嗎？我會無罪釋放嗎？」她不加思索地說：「按我的分析，很有可能無罪釋放。」她的話真像一罐蜜糖，一直甜到了我的心裡，我開心地笑了。

可是三天過去了，沒有動靜。一周過去了，也沒有動靜。十天過去了，還是沒有動靜。我開始焦慮不安起來，問小雪：「你不是說庭審結束後，頂多一星期就宣判的嗎？那我怎麼還不宣判啊？」小雪也迷惑不解地說：「你這種情況，我也是第一次看到，我在娃娃橋的閱歷還不夠哩。」正說著，牢門開了，穆管把我叫出去，說汪律師要見我。

見到汪律師，我劈頭就問：「我宣判了嗎？」他搖了搖頭說：「我就是為這事來的，現在情況複雜化了，你得耐心地等待一段時間。具體哪天宣判，我也不知道。」我一聽就急了：「為什麼呀？我在牢裡什麼也沒幹，怎麼會複雜化了呢？」他說：「現在完全不是你的問題，是辦案人員之間的權力之爭，意見不統一而影響了對你的判決。我不能多說，你只有耐心等待。別著急，庭審既然已經結束了，他們再拖也拖不了多久的，你安下心來等就是了。」說完起身告辭。

我實在吃不透汪律師的話到底是什麼意思，回到號子，忙不迭地問小雪：「憑你的經驗，幫我分析一下，延遲對我宣判的真正原因究竟是什麼呢？」小雪敲了敲自己的腦門說：「是很奇怪，難以判斷。我猜，八成跟安全廳有關，其他部門都不會有問題。」小雪真是聰明絕頂，一語中的，事後我所得知的情況，完全如她所說，是安全廳搞的鬼。她見我有些垂頭喪氣，就說：「急也沒用，反正你已坐了快一個月牢了，再多坐幾日也無妨，總要宣判的。」我想也對，就不急了，安心等待。

被疑包庇罪的一七〇一和盜竊罪的四五三兩個人犯，差不多被天天提審，兩人都採取不合作態度，所以她倆的案子很難突破，就這麼日復一日地被提審。我和小雪都不再提審，閒著沒事，就自己找事幹。每天趁看守查房後，站起來做一會兒廣播體操，再繞著圈小跑一陣。然後坐下來搜腸刮肚，把所有想得起來的會唱的歌輕聲唱一遍。小雪會唱很多歌，但最喜歡唱的只有一首歌：「在那遙遠的小山村，小呀小山村，我那年邁的媽媽，白髮蒼蒼……過去的日子難忘懷，難忘懷……」唱著唱著，她的眼睛就紅了。她說，她好想家。她有一個丈夫和一個八歲的兒子，她很愛他們。可是在她被收容後，她的丈夫一次也沒有來看過她。小雪說：「這不怪他，他是個要面子的人。我坐牢已經讓他丟了面子了，哪還能要求他來看我呢？」每說到此，她就哀傷。我安慰她說：「只要我先出去，一定叫他來看你。」於是，她又一次違反監規，把她的家庭住址告訴了我，重複說了幾遍後，我就牢牢地記在心裡了。

我們在牢房裡得過且過，一天天打發著日子。有一天，我感覺頭暈，便站起來，把額頭貼在冰涼的水泥牆上提神，確實有作用，我略感好些了，雙手扶牆，想做幾下「俯牆撐」（俯臥撐是一個也做不了的），不經意間，看見牆上刻著好多字，還有詩詞，忙喊小雪過來看。她說：「這不稀奇，每間號子的牆上都有，全是老早以前的人犯刻上去的，那時候的人犯能帶進牢房的東西比現在多，像什麼髮夾啦，鋼筆啦，鞋上的釘子也不會被拔掉，所以可以在牆上刻字，而現在不行了。」

牢房牆上的字，有寫案情的，有什麼人判刑幾年的，有想念家人的，有寫娃娃橋再見的，有罵看守的，還有……！我的眼睛定在兩句屈原的詩上面，不動了：「路漫漫其修遠兮，吾將上下而求索」。我指著這兩句給小雪看：「這兒曾經關押過文化人哦。」小雪說：「我們不都是在不斷求索嗎？一個聰明人絕不會第二次掉進同一條河裡的，我出去後，絕不會再讓他們抓住把柄，絕不會第二次失去自由。」

天氣漸漸涼了，我沒有被子，晚上就和其他三人合蓋她們的被子，擠在一起睡。後來汪律師會同檢察員和電子進出口公司工會，三方面人一起從安全廳拿到我家的鑰匙，到我家裡取了棉被和冬衣送來娃娃橋，由穆管送到號子裡給我，我才不用跟她們擠著睡了。在娃娃橋住到第二個月時，我喊報告，要求得到書報雜誌，讀讀解悶，自然不被理睬。但是，穆管從外面的工廠接了一單毛線活來給我們做，是用各種顏色的晴綸毛線織圍巾，還給圍巾勾上花邊，據說在東北農村很暢銷。我和小雪都做得很好，一直受到穆管的表揚。一七〇一和四五三提審回來後，也一起做活。我們做活掙的錢，給娃娃橋的看守分紅，沒有我們的份。

但是在一次週末，穆管為做活的人每人買了四個小籠包子送來。那時我們肚裡早已多日沒有油水了，所以拿起包子風捲殘雲般地幾口吞下，吃得太快，噎住了，趕緊喝幾口涼水，才舒服了。可是吃慣了清湯寡水的腸胃，卻消受不起這突如其來的葷油。當天晚上，我們四人全部腹痛拉肚子，拉的全是稀水便，臭不可聞。我們一個接著一個走馬燈似地輪流蹲坑，折騰了一夜，平均每人拉了五次。第二天又拉了一天，才漸止，弄得我們個個渾身疲軟沒有力氣。這頓小籠包子，不僅沒有給我們補充營養，反而損傷了我們的身體。就像病入膏肓的人不能下猛藥一樣，體質虛弱的人是經不起猛補的。我們都說，下回再發小籠包子，我們一定細嚼慢嚥，一次吃一個，留著慢慢吃。我們每天繼續幹活，卻再也沒有發過小籠包子了。

一九八五年十二月十四日，一個陽光和煦的溫暖的冬日，在我被監禁的第九十五天，在庭審結束整整兩個半月後，被釋放回家。那天上午，我正低頭做活，穆管來了。這回她沒有喊我「一七二〇」，而是喊：「高安華，收拾東西走人。」我將手中的半成品交給小雪，對她點了點頭。監規上說，人犯走時不許打招呼，出監後亦不許互相聯繫互相來往。她們都停下手中的活計看著我，誰也沒有說話，以免被扣上「互相串通」的帽子而被加刑。我只拿了換洗衣服，而把毛巾被褥全部留給了她們，好讓她們冬天能夠蓋得暖和一點。

穆管帶我走進預審室旁邊的一間小屋，我看見了王志棟法官和他的書記員劉藹強。令我吃驚的是，站在王法官旁邊還有一個人，竟是多年未見的小舅！王法官對我說：「我在審案時發現，你在南京還有一個親戚小舅，就設法找到了他，由他領你出去後，先在他家住些日子。以後怎麼辦，我會一步一步告訴你的。」至今我都不知道，他是如何知道我還有個小舅，又是如何在南京的茫茫人海中找到了他的。任我後來怎麼問他，他都只是笑笑，什麼也不說。如今，年近古稀早已退休的老王，成立了一家偵探公司，生意紅火。從他找到小舅這件事上，我就相信他有高超的偵探水平，要不，他怎麼能在我什麼都沒告訴他的情況下，把我的身世，我的家庭，我的社會關係，我的一切，都打聽得那麼清楚呢？

在我跟小舅回家之前，老王在娃娃橋的小屋裡，對我單獨進行了宣判。令我失望的是，我還是被扣上了「洩密罪」，被判緩刑一年，刑期從緝押之日算起，當庭釋放。我把疑問的目光投向老王，他移開他的眼睛，保持著沉默。

第二十三章　我的法官

小舅的家在評事街二十號，位於三山街旁一條汽車都開不進的狹窄小巷中，大片破舊矮小的房屋，參差不齊密密麻麻地擠在一起，是南京市人口最稠密的地方，很像上海的棚戶區。年近五十的小舅此時已經結婚，妻子是南京去江浦的插隊知青，沒有南京戶口。她家有姊妹十一人，父親是退休工人，退休金微薄，母親拾破爛，是特困戶，所以才肯嫁給比她年長十多歲的小舅。我跟著小舅，穿過幾條小巷，來到小舅家的平房前。只見一個矮墩墩胖乎乎皮膚幽黑的中年婦女，交叉著雙臂靠在門框上，活像個母夜叉。我想，這個女人大概就是小舅母了，剛要稱呼她一聲，她卻首先對我發話了：「你先去洗個澡，把娃娃橋的晦氣洗乾淨了，再進我家門。」

小舅是個典型的懼內型男人，對老婆百依百順。他從家裡拿了臉盆和肥皂交給我，領我到離他家很近的老虎灶，交給賣開水的兩角錢，然後對我說：「進去洗吧。」我怔怔地不知所措，這兒哪有澡堂啊？老虎灶的老闆娘笑嘻嘻地說：「姑娘，你是頭一回來洗澡吧，跟我來。」原來，南京人冬天洗澡是個老大難。於是，許多賣開水的老虎灶就在灶旁修起了簡易澡堂。這種澡堂只有幾平方米大小，分男女兩間，沒有蓮蓬頭，亦無洗澡缸，在水泥地上放幾隻裝著冷熱水的鉛桶，用葫蘆瓢從鉛桶裡將水舀進自己的臉盆，水溫自己兌，蹲在地上洗，有地漏通向室外，不會積水。水用完了喊一聲，外面就有人遞水進來，並拿走空鉛桶。雖然簡陋，但從早上五點開到晚上十一點，隨時都可來洗，確實在很大程度上解決了附近居民冬天洗澡的問題。人們只需花兩角錢，就可以洗個澡。老虎灶賣開水，兩分錢一水瓶，不如小澡堂賺錢快，一個人來洗澡，等於賣了十瓶水。

我在娃娃橋坐了三個多月牢，一次澡也沒洗過，所以也很想洗個熱水澡。我掀起厚厚的棉門簾，走進女澡堂。小小的空間裡，已有四五個女人在洗澡，霧氣騰騰，非常暖和。我脫了衣服放在一旁的小凳上，也加入其中，痛痛快快地洗了頭洗了澡，渾身輕鬆舒坦。洗完澡以後，換下的衣服在室外洗乾淨晾在竹杆上後，小舅母放行，進了小舅的家。一進門就看見了年逾八旬的外婆，她認出了我，撩起衣襟抹眼淚。即遭小舅母一頓喝斥，她卻一聲不響。她靠小舅養老，不敢得罪小舅母，所以忍氣吞聲。我好生奇怪，這個沒有任何經濟收入的女人，卻能夠在這個家庭裡稱王稱霸，小舅任她欺負自己的母親，還能算個男人嗎？但這是別人的家事，我不便多嘴。

小舅家有兩間屋，外婆住外間，一張小床加張吃飯的大方桌，就滿滿當當了。那張大方桌，正是我們住在蘭園二十四號時使用的同一張，我腦海裡迅速浮現出昔日溫馨的蘭園的家，媽媽若還活著，該有多好啊。有媽媽在，我們何至於會落泊於此？汪律師對我說過，如果我的爸媽有一人活著，我都絕不會有牢獄之災，安全廳都動不了我一根手指頭。本來，我個人的事跟父母在不在應該沒有關係，可是在人治體制下，在法律形同虛設的中國，朝中有人好辦事，就能改變一個人的命運，這是被無數遍證明了的不爭的事實。小舅見我楞著想心思，便拉我進裡屋。裡屋稍大一點，擺著一大一小兩張床。晚上我與小舅母以及他們的兩個女兒擠一張大床，小舅睡小床。

在小舅家住了兩天之後，我想回自己家。小舅便與法院的老王聯繫，老王與檢察員小李一起，去電子公司陳書記處取回我家鑰匙，開著警車將我送回家。上了五樓，見我家門上依然貼著封條。小李動手撕下封條，開門進屋。小李從他的手提包裡拿出了被安全廳搜走的我的錢包，打開錢包，當著我和老王的面，數了錢，總共二十幾元幾角，問我對不對少沒少，我說沒少，在他帶來的收條上簽了字。他便起身告辭，臨走還對我說。今後若遇到什麼問題，可以去檢察院找他。老王也告訴我，判我緩刑，單位就無權開除我的公職，我可以照常去上班。

他們走後，我一個人打掃落滿灰塵的零亂的家，摸著被他們抄家時砸壞了的小電子琴，對安全廳恨得咬牙切齒。這台小電子琴是我被抓之前用剛發的工資新買的，小焱還沒機會玩過一次，就被他們砸壞了。而且他們不會道歉，更不會賠償我損失！太欺負人了！難怪中國的大蓋帽們讓老百姓切齒憎恨深惡痛絕呢。那天晚上，化工公司有兩位同事來看我，給我帶來一些食品，我很受感動。兩位再三關照，他們是偷偷來的，千萬別把他們來看我的事說出去，因為徐經理在公司大會上說，誰也不許去看高安華。看來，公司領導已經把我視為四類份子了，我在公司已經成為人下人。

我用僅有的二十幾元錢，補交了四個月房租，又買了點大米油鹽，差不多就用光了。自從我被抓後，公司就停發了我的工資。我現在首先得解決吃飯問題，然後才談得上進行上訴。我想，既然我仍然是化工公司的正式職工，當然應該去上班，並要求補發我被扣的工資。可是我去公司後，黨支部書記朱鼎卻振振有詞地說：「我們不能發給你錢，也不能安排你的工作。你在哪兒犯的事，就找哪兒解決，我們不能管。」我便去了電子公司。電子公司領導對我說：「你是化工公司正式職工，不是我們公司的。我們只是借用你，給你開工資根本沒有出處，也沒有義務管你。」就這樣，兩個公司像踢皮球一樣，把我踢來踢去，互相推諉，誰也不願管。

我對化工公司領導說：「古時候的楊宗保戰場成婚犯了殺頭的死罪，尚可帶罪立功，為什麼在共產黨領導下，就不能發揮我的英語特長，讓我也帶罪立功呢？」朱鼎麻木不仁地說：「我們現在沒有這種規矩，不可如此古為今用。」一句話就堵死了我的出路。此時我才算真正明白了，為什麼刑滿釋放人員，有很多都會二進宮三進宮了，因為他們被整個中國社會所拋棄，想好好做人都沒有機會，根本找不到工作。他們被生活所迫，只能像印度電影「流浪者」裡的拉茲一樣，去偷，去搶，再次淪為罪犯。難怪小雪對我說，好多犯人根本就不想出獄，他們說，與其在獄外沒飯吃餓死，還不如蹲在監獄裡，一輩子吃飯不要錢！

娃娃橋的經歷，成了我的夢魘。看來，我若不能爭取平反，沒有一個單位會接收我的。我知道，要想憑自己的力量得到平反，等於癡人說夢，就去找省委書記柳林，請他幫助我平反。可是，柳林的態度令我大失所望。他雖然對我同情，卻說：「我已經老了，又經歷過文革，不願再攙和到複雜的人事關係中間去。尤其是安全廳搞的案子，很不好辦。你既然已經安全地回家了，就好好過日子吧。每個星期天上我這兒來吃飯洗澡，還和從前一樣。」他的話像一盆冰水，對我從頭澆到腳。他不肯幫我，因為我畢竟不是他自己的孩子。從他家出來後，我心灰意冷，再也沒有登過他家的門。

我出獄後曾寫信給在蘇州的小焱，但是沒有回音。也許我給她的信被她奶奶扣下了，她根本就沒有見到。我也給小衛弟弟寫過信，他收到了，但是沒有給我回信，而是寫了封信給小舅，請他通知我，今後不許再往他的部隊去信，他不願受到我的牽連。而安東生病住院也顧不了我，我就像離了群的孤雁，任我怎樣哀鳴，等待我的只有茫茫無盡的黑夜，我覺得活在世上已經沒有什麼意思了，我完全體會到了為什麼文革中有那麼多人因絕望而自殺了。

出獄一個多星期後，我想告別人世。但我沒有忘記自己對小雪的承諾，我摸出口袋裡最後一枚五分錢硬幣，買了四分錢郵票，給小雪在大場鎮的丈夫寄去一封信，請他務必前去娃娃橋看望一下自己的妻子，即使不讓見，也可送些東西去，託穆管捎進去，讓她知道親人仍在關心她。做完這件事以後，我還要把小焱託付給一個可以信賴的人，然後就可以安然離去，像賈晨一樣，用我的死抗議社會不公，警醒後人。

我向白下路中級人民法院走去，我要去見王法官，向他最後訴說一下我的心思。同時又隱隱地覺得，我對人世還有諸多留戀。也許老王有辦法救我呢？也許我還用不著去死吧？一路上，看到來來往往川流不息的車輛，心想，其實死是很容易的，比活下去容易得多，只要猛地往大馬路上一跑，迎著飛馳的汽車一頭撞去，瞬間便跨過了奈何橋。

在法院的一間接待室裡，我見到了王法官。他很和氣地問我有什麼事，我說：「我已走投無路，我……想託你……託你照顧我的女兒……我想告別……」不料王法官把眼珠子一瞪，一改往常的和藹，厲聲喝斥：「你想幹什麼？想去死嗎？那我真是看錯了你！原以為你是個剛強的女性，沒想到你這麼軟弱，這麼自私！你只想自己解脫，忍心拋下未成年的女兒，使她成為沒娘的孩子。你如果現在去死，不僅對不起你父母的養育之恩，連我這麼多天的努力都白費了！你誰也對不起！連你自己都對不起！」老王一頓連珠炮似地喝斥，使我呆若木雞。但是他的話句句在理，我實在無話可說。過了一會兒，老王的口氣緩和下來，對我說：「別胡思亂想，回家去吧，總有辦法的。我多日來努力地幫你，就是為了讓你好好地活下去，別叫我失望啊。」

在老王說話時，我已經意識到了我的愚蠢。不知不覺中，放棄了尋死的念頭，覺得聽他的話是沒有錯的，有他在，我就不會山窮水盡。只要我好好地活著，說不定哪天政治氣候變了，還會柳暗花明又一村呢。我謝了老王，起身回家。

走到我家樓梯口，我習慣性地打開我的信箱，看看有沒有來信，發現裡面還真有一封信。進家後，我拆開信封，看見一張毛邊紙裡夾著一張新版的五十元鈔票。毛邊紙上寫著這樣的話：「希望你勇敢地活下去。當你重踏征途之時，有了收入之後，可以還我錢。」落款是「三橫」，沒有寫日期，但郵戳日期是前一天。啊！「三橫」不就是「王」字嗎？一定是王法官，他早已想到我的生活會遇到困難了，又不便直接與我聯繫，就用這樣的方式來幫助我。後來在我和老王成為朋友時，才得知，他使用的這種毛邊紙，是特工專用的，情況緊急時可以吃下肚，被腸胃消化掉。

我必須向他當面表示感謝。這天，北方的寒流侵入南京，北風呼呼地吹著，陰冷陰冷，可我的心卻是那麼熱，那麼燙。第二天一大早，我在峨眉路路口的小店化開了那五十元大鈔，將一迭小錢裝入褲兜，乘坐三十一路電車到了白下路，才剛過早上七點。我站在法院對面的路旁，等著王法官。每一個走進法院的人都得從我跟前經過，我一定可以等到他。儘管我裹著圍巾，穿著棉襖毛褲，還是凍得瑟瑟發抖，手腳都凍僵了，手指和腳尖都像針刺般地疼痛，然而我不在乎。

一批批人從我面前走進了法院的大門，可是一直不見王法官。我堅持不懈地等，兩眼緊盯路口。八點差兩分，王法官騎著自行車出現了。我跨上前一步，迎著他喊了一聲：「王法官！」他就像沒聽見一樣，臉上毫無表情，看也不看我。可是當他的自行車經過我時卻慢了下來，用近乎耳語般的輕聲對我說：「快把你家的電話號碼告訴我！」我忙說：「七二二二〇九」。他說了聲：「等我電話！」便頭也不回地騎著車進了法院。

我家的電話，是在我被抓前一個月，請市委老幹部局幫助安裝的。那時南京市電話線路極其緊張，私人電話的申請和安裝十分困難。我因一個人生活，萬一生了病不能起床，都無法通知公司。所以去市委老幹部局找了局長，他寫了個小條讓我帶到電訊局，交給那兒的頭兒，事情就順利解決了。當然我得付安裝費三百元，將我上半年的積蓄全部花光。我安裝電話非常及時，幾個月後，安裝費就升至一千元了，一年以後，升至兩千五百元，那我就根本裝不起了。我一向沒有存款，一有點錢就添置一樣東西，或者買件新衣服。安全廳抄我家時沒有抄到錢還挺吃驚。

從法院回到家，我哪兒也不敢去，一整天都守在電話機旁，等老王的電話。可是一直等到天黑，都已經晚上六點多了，下班時間早過了，電話鈴也未響。我想，今天恐怕不會有電話了，明天再等吧。我一放鬆下來，電話就「釘鈴鈴」石破天驚般地響了。我一把抓起電話說：「喂，」裡面傳來老王的聲音：「你到北極閣往鼓樓方向的三十一路電車站等我。我穿深藏青風衣，頭戴鴨舌帽。」不容我再問一聲，他就掛斷了。

我不敢怠慢，立即裹上圍巾去了北極閣三十一路電車站。我站在路旁，注意地觀看每一輛停靠此站的電車上下來的乘客。一輛又一輛擁擠不堪的三十一路電車開了過去，一批又一批人下了車，總不見有穿風衣的人下來。我站在寒風中瑟瑟發抖，精神卻不敢鬆懈，生怕看漏了人。等人時，時間過得特別慢。大約半個多小時後，我終於看到老王從一輛三十一路電車上走下來了，我忙向他跑過去，喊了一聲：「王法官！」他只當沒聽見，不動聲色地把風衣的領子高高豎起，真像日本電影「追捕」中的杜丘檢察官，冷俊、瀟灑、有風度。他看也不看我，但在經過我時，低聲命令：「在前面帶路，不許回頭！」我心領神會，什麼也不問，快步走在他前面，從一條小巷拐進去，在昏黃暗淡的路燈幫助下，辨認著方向，直奔峨眉路，一次都沒有回頭。

我家樓梯是黑古隆冬的，沒有燈光。那時候，家家戶戶都用電錶，只管自家，家門以外的公用之處，誰也不管。這反而成全了老王的行動，黑燈瞎火的誰也看不見，最安全。我上樓時，聽到後面有輕微的腳步聲，知道老王跟上來了。這一幕，直到今天，我都覺得跟電影上國民黨時期的共產黨地下工作者一樣，是秘密行動。我開了門，進廚房時長了個心眼，沒有馬上開燈，等老王進來後，我關好門才開燈。老王笑說：「你真還不笨，懂我意圖。」

進了裡屋，我請老王在沙發上坐下，準備去泡茶，老王卻示意我什麼都別做，他有話要說。他對我說：「你的案子，由於我的疏忽，考慮不周，才造成了這樣的結果，很對不起。本來在開庭之後，我想在安全廳不知道的情況下就放你出去，可是放人時需要家屬簽字領人，我就找到了你的小舅，請他第二天來領你出去。只要你一離開娃娃橋，若無新的案情發生，任何人都不能再抓你了。可是萬萬沒有想到，你的小舅母硬逼著你小舅去電子公司拿你家的鑰匙，她認為蹲過大牢的人進她家會帶去晦氣，所以叫你小舅領你出來後馬上送你回家。

「你小舅去要鑰匙等於向他們通風報信，電子公司的經理立即與安全廳聯繫，問他們是不是決定放你了。安全廳一聽，那哪兒成！一放人就說明他們全盤皆輸，全錯了。於是，他們連夜找到省政法委書記沈達人，說安全廳是代表黨的，黨是不能錯的。而高安華只代表她個人，個人利益必須服從黨的利益，為了維護黨在群眾中的威信，絕不能使這個案子以無罪釋放來結案，絕不能造成安全廳抓錯了人這樣一種印象，這會在社會上給黨造成不良影響。沈達人歷來與安全廳關係不錯，於是他大筆一揮，給我們法院高俊星院長寫了紙條：『高安華一案，暫緩放人。』法院是在政法委領導之下的，所以高院長看了沈達人的小條後，沒轍。你也知道，如今社會上很多事情都憑大人物的小條辦事，而不是按法辦事。中國的法院不能像西方的法院那樣獨立辦案，必須在黨的領導下辦案，由黨管著。法律只對老百姓管用，對當官的只是一個擺設。中國千百年來都是刑不上大夫的，現在還是一樣，除非他得罪了皇帝。

「我得知此事後，氣得火冒三丈，跑到你小舅家狠狠訓斥了他一頓，沒有叫他做的事幹什麼要去做？自己的外甥女來家住幾天都不行嗎？可是再訓斥也晚了。都怪我疏忽，事先沒有想到這一層，沒有對你小舅強調這件事對外必須保密，不能傳到安全廳的耳朵裡。由於這一疏忽，結果捅了漏子。

「安全廳本來想抓一條大魚的，以為通過抓你興許還能帶出一批人犯來，憑他們的主觀臆斷，認為即使抓不了特務，也可抓個經濟犯罪。他們覺得你幹外貿那麼多年了，接觸過那麼多外商，肯定有反動言論和一些不義之財。事先下結論，再去抄你家搜羅罪證，結果卻什麼也沒抄到，連小魚小蝦也沒撈著，傻了眼。但是他們強詞奪理，說為了保黨的威信，保這個大局，犧牲個人沒啥，便定了你一個洩密罪。我接手你的案子以後，仔細閱讀了案情，對你很同情，覺得像你這樣的烈士遺孤，丈夫又去世了，孤兒寡母的夠可憐的了，還要整人家幹什麼呢？對安全廳的做法十分反感。

「而安全廳呢，得知我這個審判員與他們意見不一致，便對法院採取了強攻。他們三次派人到我們法院來找院長，直接干涉法院辦案。他們要求一定要給你判實刑，送勞改農場，以證明他們抓人正確。他們還三次打來電話，要求我對你判刑。我非常氣憤，曾把卷宗一撂說，這個案子我不辦了，你們安全廳拿回去自己辦吧。可是安全廳自己是辦不了的，他們只能抓人，無權宣判。於是他們又二次找到沈達人，給法院施壓。

「你的這個案子，案情可以說小得不能再小了，可是卻驚動了沈達人這樣的大人物。安全廳在維護『黨的威信』的幌子下，竭力維護他們自己的臉面，不惜毀掉一個無辜的人的一生，我絕不幹！我對高院長說，我寧肯丟掉烏紗帽，也不願按照安全廳的要求去做。這就是為什麼在庭審結束後，我遲遲不能對你宣判的原因。法院和安全廳天天都在為你的案子吵架，爭論不休，無法按法律程式宣判。

「我知道你身體不好，本想早點放你回家，少受些牢獄之苦，卻被你的小舅母一攪而沒有辦成。後來又與安全廳每天這麼拉鋸戰，一拖就是兩個多月，讓你多坐那麼多天的牢，對你很不公正。最後，院長做我的工作，說這麼拖下去也不是個事，若什麼都不判，安全廳絕不肯甘休，就判個最輕的緩刑吧，先把你放出來再說，至少你可以住在自己家裡，有行動自由，看病自由。這是我在安全廳的嚴重干擾之下，所能做到的最好結果了。雖然他們嫌我量刑太輕，但我畢竟判了刑，沈達人也無話可說。

「今天我來，就是想告訴你，如果你能找到你父母的老戰友，願意出面為你翻案，從省級以上壓下來重新審理，撤銷一審判決，我會非常高興，絕不會因為我經辦的案子翻了案而感到丟臉。」

我聽到這兒，對安全廳的卑鄙伎倆義憤填膺，怒不可遏。有這幫人臨駕於法律之上，說誰有罪，誰就有罪，中國哪有實現法制的一天啊？頓了一會兒，老王對我說：「請你拿出紙和筆，我說，你寫。」我拿出了紙和筆，他把安全廳的什麼人什麼時候到法院來說了什麼話，統統告訴了我，讓我詳細記錄下來。然後說：「還有一條，你可以狀告他們違法辦案。在我們一審判決還沒有下達之前，安全廳就派人去省高級人民法院打招呼了。因為你被判刑以後有權向省高院上訴，安全廳為了不讓你上訴成功，對省高院說，一旦高安華上訴，不論有什麼理由，必須駁回。一審還未出來，二審就已事先定了調子，實屬罕見！」我聽了怒火中燒，極其哀怨地說：「我與他們前世無冤今世無仇，為什麼非要置我於死地呢？難道他們的面子比一個人的性命還重要嗎？知法犯法，一點也不實事求是，這還能算是共產黨幹的事嗎?!假如我的父母在天有靈，知道我的處境如此兇險，怎能瞑目啊？」

老王將省高院參與此事的人名，會見安全廳的時間，地點也一一告訴了我，讓我記下。最後他說：「法院嚴格規定，審判員不能私下會見當事人。但是，我必須會晤你，告訴你實情。請你趕快找人幫助翻案吧。」說完起身告辭。開門時，他回過頭來補充了一句：「記住，任何時候都不能提及我的姓名，否則會招來我的殺身之禍。」我堅定地點了點頭說：「你就放心吧，任何情況下，我都絕不會吐露你的名字。」

老王走後，我坐了下來，看著手上記下的安全廳那幫人的名單和所幹的事，先是憤怒，很快就只有悲哀了。悲的是爸爸媽媽參加革命時的那個為人民謀福利的共產黨哪裡去了？哀的是怎麼都是這麼一夥以整人為職業的惡人，在掌握著國家的命運和老百姓的生殺大權呢？連黨的政法委書記沈達人，都與安全廳的一幫惡人狼狽為奸，沆瀣一氣，中國社會還會有公正嗎？冤假錯案還能消除嗎？老王叫我找父母的老戰友幫忙，以人治對付人治，可我能找誰呢？我找過柳林，他都不肯管，怕引火焚身，誰肯管我呢？爸爸媽媽人在人情在，人死如燈滅，這就是現實的世態炎涼。但是不管怎樣，我有老王給我的名單在手，有他們執法犯法的證據在手，先給北京的國家安全部寫信告他們一狀再說。雖然我是個無名小卒，但是我用強有力的事實參他們一本，也夠他們喝一壺了。

我給安全部的告狀信發出不到一個星期，中級人民法院刑庭庭長王美華就開了一輛白色麵包車，來到我家，說接我去法院，有些事情要請我去「說清楚」。到法院後，我被帶進一間會客室，裡面已經坐著幾個人。一位五十多歲老幹部模樣的人，示意我在他面前的籐椅上坐下，然後向我作自我介紹。原來他是省高級人民法院的刑庭庭長，旁邊一位是省高院的審判員，加上市中院刑庭庭長王美華，一名審判員和書記員，受沈達人之命，組成了一個陣容強大的五人專案組，追查另一起洩密案：辦案人員向當事人洩露辦案經過的洩密案。很明顯，我給安全部的信件起了作用。安全部將我的信批復到省安全廳，責成他們依法查處不法辦案人員，他們不好好自我反省，反而氣急敗壞地又去找沈達人，恬不知恥地以「中級人民法院有人向當事人高安華洩密」為由，要求查處洩密人。他們把矛頭鎖定了王志棟，但是他們沒有證據，他們需要我的口供。可是，他們在我的告狀信中，是我指控的被告人，按照回避制度，他們不可以參與這起洩密案的審理，於是就又一次與沈達人勾結，迅速組成了這樣一個五人小組，追查主持正義而對他們不利的人。看看五人小組的這些人的頭銜便可知，他們是動了真格的了，安全廳想殺人了！我暗暗咬牙發誓：「王志棟是上天派來救我的貴人，打死我也不能說出他！」

果然，專案組組長，省高院刑庭庭長單刀直入地向我發問了：「你是怎麼知道安全廳的辦案內幕的？是誰向你透露的？你今天必須在這兒說清楚，因為這樣的事情在法院辦案人員中是不允許發生的。」我毫不示弱，反問道：「安全廳不按法律程式辦案就能允許了嗎？」組長緊鎖眉頭，厲聲喝道：「那會另案處理，與你現在的案子無關，別想把水攪混！」我反駁他：「請你搞搞清楚，是誰在攪混水！安全廳執法犯法理應罪加一等！」他把眼珠子一瞪：「你必須老實交代，否則現在就可以再次關押你！」我聽了，把兩手往前一伸，以極其強硬的態度說：「請你老人家銬我吧，現在就請送我去娃娃橋！我已經坐過一回牢了，反正已經落到了社會的最底層，死豬不怕開水燙，再坐一回牢，也底不到哪兒去，我不怕！」他顯然沒有料到，他的恐嚇對我根本不起作用。我有安東那樣的反骨，況且，老王早已告訴過我，如果沒有新的罪證，誰也無權再關押我。八十年代的中國，畢竟比文革動亂時期進了一大步了。

專案組長五十多歲了，所以我稱呼他為老人家。老人家看硬的不行，口氣緩和下來，說：「我們請你來，是因為尊重你是黨的後代，有一定的思想覺悟，能夠幫助我們清除黨內洩密者。這種洩密，對黨的事業是有害的，你應以黨的利益為重。」我看了看他，說道：「看你這位老人家，一定也是解放前就參加共產黨的老革命吧？你一定經歷過文革的磨難，早已有深刻體會了，你認為文革那種自己人整自己人的事還應該再發生嗎？你想，不管是誰向我洩密，除了擔風險以外，無利可圖，既不能升官也不能發財，圖什麼呀？我是一個無權無職的社會最底層弱女子，除了出於正義和同情來幫助我，還會是其他嗎？安全廳不去檢討自己的違法行為，成天整這個整那個，從你們自己的隊伍中追查好人，這種事你能幹嗎？你能要求我幫你幹嗎？你有這個時間幹嘛不去抓社會上的壞人，卻非要抓出一個自己的同志來呢？」我這一頓反問，顯然說到老人家心裡去了，他楞在那裡半晌沒說話，屋子裡靜靜的。

過了一會兒，中院的王美華打破了沉寂，她問我：「請告訴我，王志棟有沒有去過你家？別怕，我並不想整他，是我叫他去你家的，只想核實一下，他是否去過。」哈！她想誘供！小雪在牢裡早已教會我怎樣識別誘供了，不能跟著他們提問的套路走。於是我回答她說：「謝謝你對我的關心，可惜你手下的王志棟沒有聽你話，他從未來過我家。」王美華說：「我不信！」我說：「那麼你去問問王志棟本人，不就清楚了嗎？」她再問，我就說：「實在對不起，該回答的我都已回答了。我身體不好，很累，要休息了。」說完就趴在椅背上閉上眼睛，任他們怎麼問，就是不理，一拖就拖到吃午飯時間了。王美華拉我起來，帶我到法院食堂去吃飯。她自掏腰包，為我買了飯菜，還加給我一個荷包蛋。她對我客氣得很，可我心想：「吃了你的飯，也不給你你要的口供。」

中午我坐在專案組裡休息，一名書記員看住我，不讓我出屋。我暗自思忖，如果不說點什麼幫他們收場，這麼沒完沒了地審下去，恐怕不行。我想起深挖五•一六運動，被打成五•一六份子的人往往反咬一口，把整人的人咬進去，我何不也使出這一招呢？誰整我，我咬誰！堅決把矛頭指向安全廳！這樣一想，我已成竹在胸。

下午兩點，專案組繼續對我審問。還是老人家先開口：「我們是奉命辦案，所以希望你能給予配合，協助我們完成任務。」我裝成老老實實的樣子說：「我願意配合你，為黨為人民除害。」老人家面露喜色：「那好，我再問一次，是誰向你洩露辦案機密的？」我故意用手撐著頭，裝作思索的樣子說：「讓我想一想吧，我記性差，不能亂說。」他們給我時間，讓我想。過了一會兒，我抬起頭，對老人家說：「其實安全廳辦我的案子，怎麼辦的，外貿大院早已傳遍了，人人皆知。傳到我耳朵裡時，早已不是新聞了。化工公司的黨支部書記朱鼎，成天在外面吹噓自己認識安全廳的人，瞭解我的案情，說得活龍活現，就好像她親自參加了辦案一樣。」老人家問：「是誰告訴你朱鼎說的這些話的？」我說：「那我可記不清了，每天都有人遞消息給我，我記不清哪句話是張三說的，還是李四說的，反正你們可以去化工公司排查嘛。好多人都聽朱鼎說過的，安全廳辦我的這個案子，早就被他們自己捅出去了，不知告訴了多少人，現在還來追查別人，真是滑天下之大稽！」老人家聽後，與王美華兩人小聲嘰咕了一陣，然後對我說：「今天的詢問到此為止，你可以回家了。」

我想，如果專案組再來找我，我一定還是要死死咬住安全廳不放。兩個星期過去了，一九八六年元旦都過了，專案組再也沒來找過我。一天晚上，有人敲門，我開門一看，竟是王志棟！這次他沒有穿便衣，而是大大方方地穿著法官制服，戴著大蓋帽來的。進門後，他把一瓶紅酒放在桌上說：「我們勝利了！拿兩個杯子來，我們幹一杯，慶賀一下吧。」我拿出高腳酒杯，他滿上酒與我碰了杯，然後仰頭一飲而盡，微笑著的臉上泛著紅暈，對我說道：「我沒看錯你！說實話，五人小組審問你時，我是很有些擔心的，作好了最壞的打算。我相信你不會出賣我，但是你畢竟太單純，可能經不起他們的誘供，上他們的圈套，或者被他們激將，不小心說漏了嘴是有可能的。但是你是好樣的，將矛頭對準了安全廳。現在專案組已經結案了，並向沈達人交了差，結論是安全廳自己泄的密。他們這回真正是搬起石頭砸了自己的腳，七竅生煙，跳腳罵娘都沒用了。案子一結，沒有新情況不會再立案。」我聽了以後哈哈大笑，幾個月以來真正開心地大笑！

老王告訴我，其實無論是省高院還是市中院，都心知肚明，是他老王泄的密，但是都對安全廳憋著一肚子氣。市中院院長高俊星氣得拍了桌子：「安全廳成天跟我們過不去，干擾我們辦案，現在又想在我這兒抓個人出來整整，給我們法院找麻煩，實在太壞了！」法院方面當然不願意看到自己單位的人出事，一旦出事，高院長都要承擔責任，吃不了兜著走。老王說，高院長對我在五人小組面前的表現很滿意，他說：「這個高安華不簡單，很講義氣，有俠骨肝膽，好！」

一九八五年十二月底，市中院評選先進工作者時，特地把老王評為法院和南京市兩級先進工作者，老王成了法院的光榮模範人物。當然他的先進事蹟上絕不會提及如何辦理我的案子的，但誰都清楚，高院長這一手，是對安全廳的示威，出了一口惡氣，還讓安全廳氣瘋了都沒處發洩。道高一尺，魔高一丈。

我對老王講，在江蘇省想找人幫我翻案太難了，我想去北京上訪。可是，化工和電子兩個公司都不發工資給我，我上北京連經費都沒有。老王想了一下說：「如果你在江蘇找不到有職有權的人幫你翻案，到北京上訪八成也是徒勞的。你想想，從五十年代鎮壓反革命，三反五反開始，每年有多少人上訪啊！可又有幾人平反了呢？單是我們法院收到的申訴信件，直接寫來的也好，從北京退來的也好，每個月都有幾麻袋，很多信件根本不看就付之一炬了。如果沒有大人物過問，有幾封信件會認真對待的呢？最近報紙上有篇報導說，有一個人從一九五一年被打成貪污犯以後，一直上訪了三十多年，傾家蕩產，妻離子散，債臺高築，但他始終不放棄，最近終於平反了。當他接到那一紙平反書時，激動得老淚縱橫，興奮得犯了心臟病。這時候他已年逾七旬，形同朽木，行將入土了。他一生都耗費在上訪上了，受盡歧視和苦難，窮其一生掙來的這一紙平反值得嗎？他的人生價值在哪裡呢？我看你上訪就不必了，沒有必要去浪費自己的大好年華。還是現實一點，先讓生活正常化，把身體搞搞好。工資問題，你先別著急，我會想辦法的。目前我每月補貼你五十元，你先用著。別以為我是施捨給你的，算你向我借的，以後你有了錢再還給我。」望著這個萍水相逢的人，真心實意地幫助我，我內心充滿了感激，接受了他的勸告和資助。五十元這個數字在今天看來微不足道，可在當時，卻幾乎等於我一個月的工資。

我出獄後，曾託一位去上海出差的朋友，乘便去看望一下王峰表叔，向他說明我的處境，聽聽他的意見，並問問能否找人幫我平反。朋友回來後帶給我的消息卻是：王峰表叔已不再認我這個姪女了。原因是：我的婆婆馮彬在我被關押期間，特地去了一趟上海，把我的兩位表叔王峰和馮文叫到她下榻的酒店，對他們說，我是整個家族的恥辱，誰也別再認我，她已宣佈與我一刀兩斷，請兩位表叔與她保持一致，誰也不要在政治上和經濟上給予我任何幫助。兩位表叔與馮彬是老戰友，也以我為恥，一致同意了馮彬的意見，所以誰也不會再過問我的事。

到目前為止，所有的親戚，包括嫡親手足的弟弟衛國，都不願再理我。唯有安東，拖著病體在為我鳴不平。可是她的聲音，在一個不公平的社會裡，實在是太微弱了。由於她與我的觀點一致，她收到了高鵬從合肥的來信，高鵬對她寫道：「從今往後，你和安華都不許再進我的家門。」一九十年代初，王峰和馮文在上海相繼病逝，兩位嬸嬸通知了所有的親戚，唯獨沒有通知我和安東。雖然我與他們從來沒有任何恩怨過節，但他們視我為異己。我想，兩位表叔若在天堂裡見到了我的父母，他們將有何臉面去面對他們？盧先保夥同安全廳，對我坑害之大，非語言所能形容。

不僅如此，馮彬還向我們省外貿打了招呼，叫他們不要分配我的工作。那時外貿的領導都是從蘇州調來的，與馮彬熟悉，所以全都言聽計從。她所做的一切，都只有一個目的：逼我向她低頭，將小焱的戶口轉去蘇州，直至放棄對小焱的一切權利。只要我服從了，她會考慮給我一些資助。我瞭解到這一切以後，再次發誓：無論馮彬如何軟硬兼施，哪怕她給我一座金山，我也絕不放棄小焱！

一九八六年五月，老王針對化工和電子兩個公司互相踢皮球，與刑庭副庭長安南珍共同努力，由法院下文，判決電子公司出錢，化工公司收人。法院的判文下達後，電子公司立即將我一年的工資總額滙至化工公司，化工公司不得不收留我。我接到化工公司的通知後，馬上就去了。誰知他們只補發給我一半的工資，說另一半作為我犯洩密罪的罰款，被公司沒收，充作公款。也就是說，在我受了刑事處罰後，他們還要對我實行經濟處罰。中國沒有一條法律規定可以這樣做，完全是他們的土政策。更有甚者，他們說不能分配我工作，讓我在家待著，每月工資照發。

老王得知化工公司的做法後，氣得把帽子一摔，說：「我又疏忽了！我應該在文件上寫明：實發工資全額。真是防不勝防！沒有想到，沒寫上這一條，他們就鑽了空子。中國人可悲啊，總有人千方百計地要讓人家過得差一點，他們才高興，很多人的血液裡都有整人的基因！」那時，「基因」是個新名詞，通過檢測血液基因來做親子鑒定，剛剛在我國起步，老王就用上了這個詞，特別與時俱進。

不管怎樣，安全廳想滅我，可天不滅我，我有了一半工資，生活可以維持了。況且，我不工作，光拿錢，有什麼不好？縱然兩袖清風，沒有多少錢，但我樂得在家讀讀書報雜誌，看看電視，或逛逛街，悠閒自得，小雅得很。

一天，我接到了小雪打來的電話，驚喜萬分。她告訴我，在我走後三個多月，她就被無罪釋放了，此刻正在鼓樓電報大樓給我打電話呢，還問我峨眉路怎麼走。我趕忙說：「你在那兒等著，我來接你。」我興奮地蹦跳著下樓，一路小跑著去了電報大樓，拉著小雪就往我家走。兩位獄友在自由的天空下見面，真是太高興了！回家坐下後，她告訴我，她的丈夫接到我的信後，真的去娃娃橋送了東西給她，她特來表示感謝。我忙擺擺手：「同是天涯淪落人，相逢何必曾相識？」她笑了。我們聊了大約兩個小時，她要回去忙生意去了，我送她下樓，揮手告別。小雪出獄後又幹起了個體買賣，生意興隆，我和她都走出了最低谷。

我下一個要解決的問題，就是將小焱接回南京。我知道，如果我隻身一人去蘇州，肯定是無功而返，領不回女兒。不能蠻幹，只能智取。於是和老王商量怎麼辦。老王說，給馮彬寫封信，千萬別說想接小焱回南京，只說：「馮阿姨，我很想念女兒，希望放暑假時，您能高抬貴手，讓小焱回來與我見上一面，玩一個星期，我再把她送回去，行嗎？馮阿姨，您是受黨教育多年的老幹部，相信您是通情達理的大好人。」

七月中旬，馮彬請人將小焱送來南京。小焱的個子長高了許多，什麼行李也沒帶，只背了一個小書包。孩子一進家門，馬上打電話去蘇州報平安，還在電話裡對奶奶說：「我保證只過一個星期就回蘇州。」小焱對我有點兒若即若離，好像還有些害怕。我問她：「你是不是聽說媽媽被員警叔叔抓過，所以害怕？」她點點頭。我拉著她的小手，和顏悅色地說：「假如我叫員警叔叔來，告訴你真相，你會相信他的話嗎？」她很認真地點點頭：「我會相信。」於是我打電話給老王，請他下班後來一趟，務必穿制服，戴大蓋帽。在一個十歲的孩子眼裡，戴大蓋帽的都是「員警叔叔」。

老王沒到下班就來了，還給小焱買了冰棒。我對小焱說：「這位員警叔叔就是辦我案子的，請他對你說吧。」老王對小焱說：「你媽媽是個好人，她沒有做過壞事，你任何時候都不要對自己的媽媽有疑問，不要相信別人的謠傳。」小焱聽後，開心地笑了，像是大大地鬆了一口氣。

小焱喜歡吃冷飲，我就買了個冰瓶，每天都買好多冰棒冰磚裝在裡面，拎回家給她吃。而她在蘇州卻很受限制，奶奶不給她多買。在我這兒沒有任何限制，我放開了讓她吃，她覺得還是在媽媽這兒自由，所以很快和我融洽起來。我堅定地相信，天下的孩子都是戀母的，這是天性，所以我對小焱充滿信心。

小焱回來的第三天，我試探地問她：「你這次回來，就不要再去蘇州了，好嗎？在南京上學，和媽媽一起過，行嗎？」小焱猶豫地說：「可是我已經答應奶奶了。」我說：「小焱啊，世上只有媽媽好，有媽的孩子像個寶，沒媽的孩子像棵草。你怎麼能不要媽媽呢？如果你不要媽媽，長大了一個朋友都不會有的，沒有人會理睬不孝的孩子。你願意這樣嗎？」小焱說：「我要媽媽。」就這樣，小焱在她奶奶和我之間，選擇了我。可她還想回蘇州一趟，去拿她的東西。我勸她：「那些東西都不要了吧，我全給你買新的。」但是孩子捨不得，執意要去。我問她：「要是你去了以後，他們不讓你回來，怎麼辦呢？」她堅定地說：「你放心，我一定回來！」我說：「好，我相信你！」

我找了個蘇州籍的女友，跟隨小焱去奶奶家拿東西，並為她倆買好來回的軟席火車票。小焱走後，我在家焦慮不安地等她回來。第二天中午，我的朋友就帶著小焱和她的大箱子回來了。小焱是好樣兒的，關鍵時刻與我貼心。她告訴我，她離開奶奶家的時侯，奶奶哭著說：「小焱在我這兒三年，都抵不上在她媽媽那兒一個星期！」我聽了覺得老人也挺可憐的，可我又怎能放棄女兒呢？假如小焱的奶奶不宣佈與我一刀兩斷，不歧視我，我們本來就是一家人，完全可以和平相處。然而現在，趙家已不容我，而我也不能一味委屈求全，只能接受現實，與趙家形同陌路。我給小焱辦好轉學手續後，對峨眉路居委會主任說：「婆家已經不認我了，我想給女兒改姓高。」居委會主任二話沒說就同意了，給我開了證明。我拿了證明，去玄武門派出所順利地將女兒的名字趙焱改成了高焱，一直沿用至今。女兒覺得跟媽媽姓就等於跟外公姓，而外公不僅是革命烈士，還是書法家，名聲很好，所以欣然接受了。

第二十四章　為了生存

在被安全廳抓走之前，我的身體狀況已經很差。本打算過了酷暑，秋天去醫院檢查的，卻不幸身陷囹圄。出獄後又一直忙忙碌碌，不斷寫信告狀，不斷對付安全廳的再次迫害，落實工作單位，接小焱回家等等，沒顧上看病，一拖就是一年。一九八六年十月，秋高氣爽，不冷不熱，很適合住院動手術。我是化工進出口公司的正式職工，所以享受公費醫療。這樣，我就很安心地去鼓樓醫院看病。

經過B超檢查，醫生診斷我患了嚴重的子宮肌瘤，必須立即住院手術切除。為我檢查的是位和藹慈祥的老醫生，她對我說：「你子宮裡的瘤子已經長得太大，像懷孕四個月的胎兒，子宮肯定是保不住了。給你做手術必須家屬簽字，得通知你的父母家人。」我答道：「我沒有父母，我從小是孤兒。」她說：「那就叫你愛人來吧。」我又答：「我沒愛人，他去世了。」「那你家裡還有什麼人嗎？」「只有個十歲的女兒。」「嗯，是個問題呢。那你先去辦住院手續，病歷留我這兒，剩下的事我來辦。」

我想，先得把小焱安頓好再說，否則我住院後把她一人留在家裡，不放心。所以沒有馬上去辦住院手續，而是回家給老王打電話，請他幫我拿主意，他說考慮後再給我答覆。就在那天晚上，我教會了小焱給煤氣灶點火，教她如何蒸雞蛋和煮速食麵。她是個心靈手巧的孩子，在做飯方面有天賦，一學就會，而且無師自通。後來我沒怎麼教，她就會做飯炒菜了。即使我不在家，她也會自己弄吃的，什麼時候都不會餓著自己，不用我太操心。

第二天早晨八點半，小焱剛去上學，就有人敲門。開門一看，是化工公司工會的王志紅。他一見我就說：

「快拿上漱洗用具，我送你去住院，經理的小車在樓下等著呢。」原來，好心的醫生發現我昨天沒去辦住院手續，就根據我病歷上填寫的工作單位，給化工公司打了電話，叫他們辦理了我的住院手續。這下，我只好寫了個字條放在桌上，留給小焱，跟著王志紅，去鼓樓醫院住下了。

中午，我在病房裡買了飯菜，心想，小焱中飯吃什麼呀？正想著，就見小焱的小腦袋瓜兒從病房門口伸進來向裡窺視。這個鬼靈精！她讀了我的字條，馬上就到醫院來了。醫院規定每天下午三點才許家屬探視病人，可是小焱總有辦法趁大人不注意時溜進來，跟我一起在醫院裡吃病號飯。我住院期間，她的吃飯問題就這麼解決了。我住院那段時間，她自己上學，晚上自己一個人睡覺也不害怕，相當省心。

住院的頭一個星期，醫生給我做了全面檢查，Ｘ光、心電圖、肝功能、Ｂ超、驗血常規、驗大小便等等，然後才決定了手術日期，由婦產科主治醫生主刀。手術前，醫院還查明化工公司已完成了當年的獻血任務，憑公司的獻血證，我順利地從醫院的血庫領到兩袋一千毫升ＡＢ型免費血液，交給醫生，供我手術時使用。萬事具備，只欠家屬簽字了。化工公司將此事彙報到外貿局，局幹部科和化工公司政工科各出一名女同志，兩人在醫院的手術單上簽了字。在「與病人關係」一欄裡，她們填寫的是「組織關係」。

動手術的那天早上，簽字的兩位女同志代表家屬，守候在手術房外面，小焱也沒有去上學，和那兩位一起守候。我在清早七點鐘就被推進手術房了，由於腰麻失敗，給我進行了全身麻醉，一會兒就什麼都不知道了，醒來已經是中午了，躺在病床上，手臂吊著葡萄糖鹽水，下身插著導尿管。第一個感覺，就是腹部的刀口劇烈地疼痛，痛到渾身大汗淋漓。看到小焱在病床旁邊，我很欣慰。她告訴我，手術做完後，一名護士從手術房走出來問：「誰是六六床家屬？」小焱跳起來說：「我！」兩位外貿的政工幹部也站了起來。護士指著手中滿滿一小盆血淋淋的一堆肉說：「請看好了，這就是病人體內切除下來的東西。」那兩位女同志後來對我說，她們看到的是一盆腥味很濃的爛肉醬似的東西，噁心得兩頓沒吃下飯，以後一看到紅燒肉就想吐。小焱看了卻不怕，一點兒也沒影響胃口。

刀口痛得我受不了，而醫生卻不肯給止痛藥，說怕影響傷口癒合。我只好叫小焱回家幫我拿止痛片來，我經常不是這裡痛就是那裡痛，所以備下了不少止痛片。小焱以最快的速度跑回家，拿了止痛片，又以最快的速度跑回病房，跑得一頭大汗，氣喘噓噓，跑得小臉紅撲撲，油光光的，將一小袋止痛片交給了我。這些藥片，不僅我自己服用，而且分給同病房做過手術的病友服用，使我們的疼痛得到緩解，夜晚得以睡上幾小時的覺。我嫌導尿管插得太痛，也讓小焱幫我拔去了。

手術的當天下午，老王來病房看我，臨走時他將一個信封放在我的枕下。他走後，我打開信封，發現裡面裝著四百元錢，是他送給我的營養費。那天病房裡可巧就有七一四廠的人，消息傳到七一四廠，何天陵聞訊就趕來醫院，帶來兩個大西瓜，兩瓶水果罐頭。化工公司的廣大職工，也都以各種方式對我表示了關心。公司的工會，組織了幾位女同事，白天黑夜輪流到醫院來陪床。白天，她們按摩我因掛水而浮腫的手臂。夜晚，她們在我的病床旁邊用幾張凳子一拼，和衣而臥。一旦我要小便，陪床的女同事就扶我起來，在床上放一個便盆，解決問題。在病中，我感到，我的那幫親戚，遠遠不如我的普通朋友和同事。親戚們都是共產黨的幹部，受黨教育多年，卻極易產生政治偏見和歧視，缺少同情心，很少人情味，對我不聞不問。倒是非親非故的同事和朋友，心地善良，對我關心，自發地來到病房照顧我。

手術後一個星期，護士為我的刀口拆了線。我這才看清了腹部的刀口，是從肚臍眼一直到底的一大長條，縫了十一大針，縫線處依然紅腫，看上去像一條巨大的百足蟲。切除的腫瘤送到病理科做了活檢，證明是良性的，我完全放下心來。住院十七天後，我帶著醫生開具的三個月病假單，出院回家，自我感覺恢復得不錯。進了家門就覺得家裡落滿了灰塵，於是動手打掃，拖地抹桌擦窗戶，毫無顧忌地在自來水龍頭下搓抹布。結果，家裡是乾淨了，身體卻垮了。由於身體虛弱，經受不起自來水的涼氣，當天晚上我就發起了高燒，兩隻手腕的骨關節腫得老高，手指關節腫得不能彎曲，疼痛難忍。

好不容易熬到天亮，小焱扶著我，一步一挪地走到離家最近的玄武門衛生所，掛了急診。驗血結果，紅血球只有四．五克，而血沉卻高達九十六！醫生說我得了很嚴重的急性關節炎，一旦轉為慢性，雙手可能永遠殘廢，像雞爪子似地握住不能動彈了。他當即為我注射了八十萬單位的青黴素，一日四針，同時給我內服消炎藥，外用紅花油揉搓，並叮囑我千萬別再下冷水，躺在衛生所觀察半日後，才放我回家。我連續注射青黴素整整一個月，兩個屁股蛋子全都被打得硬幫幫的無處下針了，才停止。那一場大病後，醫院給我開了三個月病假，三個月後又接著再開三個月，連續開了三次長病假，可見我的身體狀況是多麼差，正中化工公司領導的下懷，更有藉口不分配我工作了。這段時期，小焱每天一放學就去自由市場買菜，很會精打細算，很會討價還價，還會用家裡多餘的糧票換雞蛋回來。小焱的精明強幹，此時初露崢嶸。她從一開始上街買菜，就是砍價的高手，完全是自學成才，不管買什麼，都比我買的便宜。

一九八七年五月十一日，還在病休中的我，從當天的新華日報上看到一則招聘廣告，是深圳的廣東核電合營有限公司，在全國範圍內，為他們公司的外國主管和部門經理招聘英文秘書。我的心動了，深圳特區對我有巨大的吸引力。據說，深圳是中國唯一不注重政治條件而注重個人能力的地方，也是中國最為開放的地方，那兒的許多大公司都求賢若渴，不拘一格選人才。既然江蘇省外貿不再用我，我何不去深圳闖天下碰碰運氣呢？說不定人家會用我的英文特長呢。我看報上的報名截止日期是五月十八日，還有一個星期，現在動身完全來得及！我剛剛交給化工公司三個月的病假條，在這三個月中，我相信自己憑實力能夠在深圳搞定。我打開抽屜，數了數我的錢，還有一百元帶個零頭，我決心去深圳試一試。

吃完晚飯，我和小焱認真地談了一次話。我告訴她，去深圳找工作，是不可多得的一次機會，那兒的工資高，也許會改變我們母女的命運，使我們不再受窮。可是當下我的錢太少，不能帶她一起走，只能我一人先去，掙了點錢以後再回來接她。她還不足十二周歲，才上小學五年級，一個人在南京生活一段時間能行嗎？小燚很堅定地點點頭說：「行！我能行！你在那邊搞好後，就回來接我。」有了女兒的支持，我決定立即行動。我交給小燚四十元錢，叮囑她別亂花，到了「六一兒童節」，別忘了去化工公司領取她的獨生子女費，每月中旬要記得去領我的工資，錢就會夠用了。她說：「媽媽你就放心去吧，我沒問題。」

就這樣，五月十二日一大早，小燚還在熟睡中，我帶上僅有的六十多元錢離開了家。在南京火車站，我花了六元錢買了去上海的頭班快車票，乘坐火車於當天中午抵達上海。可是在上海火車站卻買不到去廣州的火車票，售票處貼著佈告：「六日內開往廣州的火車票全部售完。」這下可糟了，六日以後即便買到火車票，也過了報名期了。這時，我想起了復興中學的同班同學潘仕鏞，聽說他在上海鐵路公安分局當處長，就一路打聽找到了他的辦公室。老同學見面十分高興，寒喧過後我說明了來意。他立刻帶我去了車站票房，從內控的車票中為我要了一張當晚去廣州的車票，還是臥鋪下鋪！我付了二十幾元錢，車票到手，我沒在擁擠不堪的候車室候車，而是跟著潘仕鏞，從車站工作人員進出的小門進入站臺，他將我送上火車，還交代了那躺列車的列車長路上對我多多關照，我是頭一個登上這列火車的人。在中國，不論哪行哪業，不論何時何地，只要有熟人，就好辦事，今天仍然如此。

四十多個小時後，我到達廣州。出了站就直奔售票處，想購買去深圳的火車票。可是售票窗口貼著一紙說明：「憑邊防通行證，可購一張去深圳的車票。」我徹底傻眼了，我到哪兒去辦邊防通行證呢？旁邊的人說，可以憑本單位出差證明，去廣州鐵路公安分局辦理。這我根本不可能辦到，我是瞞著化工公司自己外出的，即使不瞞，他們也絕不可能給我開具證明。我冷汗直冒，不知所措。難道就這麼無功而返嗎？這時聽到旁邊又有人說，如果是省級機關工作人員，可憑省級工作證，在車站辦理去深圳三天的旅遊邊防證。我喜出望外，掏出我的大紅色江蘇省化工進出口公司的工作證，向售票員出示，付了五元車票錢外加二元辦證費，拿到了去深圳的火車票和有效期三天的旅遊邊防證，於五月十四日下午兩點抵達深圳。

深圳，是一座年輕而新型的城市。在短短幾年裡，從一個小小的漁村，以一日千里的速度迅速崛起，成為現代化大都市，在全世界都堪稱是一個奇跡。我從高聳入雲的國貿大廈，沿著寬闊的深南大道往西走，一路流覽著深圳美麗的城市建設，沒多久就找到了核電大廈，立即走了進去。在核電人事部，我再次使用我的工作證，順利報上了名，他們說：「明天上午來參加考試吧。」我在核電大廈對面，找到最便宜的建材招待所，每晚住宿費十元，住了進去。此時我兜裡只剩下了幾元錢，吃兩頓飯就光了，如果考不上核電，不僅回家的路費沒有，而且連最便宜的招待所也住不起了，只能露宿街頭，流浪為生。但我已無退路，只有破釜沉舟，拼死一搏，全部希望都寄託在翌日的考試上了。

五月十五日上午九點，我準時到達核電人事部，由一位在加拿大獲得碩士學位的香港雇員出書面考題，讓我們幾個前來應徵者考試。那幾位都是當年剛從外語學院畢業的大學生，非常年輕，只有我是媽媽級的，是參加考試的人中最年長的一位。考題分為中譯英和英譯中兩大類，全都是有關對外貿易合同條款方面的內容，我太熟悉了，正對我的業務路子，所以很快就答完了卷子。這一類的考題，老實說，若無一定的實際工作經驗，英文再好，恐怕都答不好。會者不難，難者不會。剛畢業的大學生跟我比拼，那是吃了大虧的，很多合同術語恐怕他們都不知道。

果不其然，我在書面考試中拔得頭籌，取得最高分，人事部很滿意，立即安排我上八樓，由施工合同部經理，英國人艾西莫（Ashmore）先生面試。艾西莫先生只想瞭解我的英文聽說能力，所以與我隨便聊，就像侃大山似的，天南地北什麼都聊，我也很放鬆很投入，拉家常似地應對自如。大約聊了十幾分鐘，他笑嘻嘻地說：「ＯＫ！」揮揮手讓我退下。等我下樓到了人事部，艾西莫的電話已經打過去了，說下面幾個等著他面試的，就不用上樓了，就要這個密斯高。人事部的人高興地說，在我之前，艾西莫先生已經面試過十幾名大學畢業生了，都不滿意，不在招聘單上簽字，而我是他立即敲定的人，從即日起，我就是艾西莫先生的英文秘書了。試用期三個月，試用期工資每月一百八十元，三個月以後，若轉正，每月工資增至三百元，以後每年都加薪。而我試用期的工資待遇，已經是江蘇化工公司經理的兩倍！此事若讓他們知道了，真會嫉妒死了的。

由於核電公司起步不久，職工宿舍還在建築中，沒有住房分配，所以就安排我住進迪富賓館，由核電公司支付房費。許多在核電工作的中國工程師們，也都安排住進迪富賓館。公司為我辦了有效期一年的邊防證，還發放了早中晚三餐的餐券，可憑餐券在公司餐廳裡免費吃飯，條件真是太好了，我很興奮，覺得鄧小平的改革開放政策就是好，可以憑本事找工作，只要有一技之長，就有用武之地。我的前途有希望了！

深圳大亞灣核電站，是廣東核電公司承包建設的我國第二座核電站，規模和發電總量的設計，都大大超過我國第一座核電站——秦山核電站，由當時的李鵬總理親自抓，中國政府與香港當局合資經營，採用的是法國的核電技術，另外還有來自英國，美國，瑞典和日本四個國家的土建工程方面的專家，在各個部門擔任經理。我所在的施工合同部，就是負責土建工程的。

我的辦公桌放在艾西莫的辦公室門口，每一個想要進他辦公室的人，首先要經過我，由我報告艾西莫，再由他決定見不見。我的工作，主要是為艾西莫先生收發文件，給文件歸檔，也幫他做些私事，比如買食品，修鞋什麼的。他因語言不通，自己上街去辦有困難，就交給我去辦。另外，我還負責為全部門的工作人員領取福利和文具用品，然後分發。核電的福利，在當時的中國是處於領先地位的，每人每月可以分到好多卷衛生紙和香肥皂什麼的，用都用不完。那時內地的公司，還不敢這麼大張旗鼓地給員工發福利，我不禁感歎：還是資本主義好！

那時候，國內直撥電話業務也是剛剛起步，費用昂貴，如果在郵局打國內直撥，起價就是十元，然後按通話時間再算，我是不敢在郵局給小焱打電話的。而艾西莫桌上的電話是國際直撥的，打到南京不成問題。艾西莫和香港雇員都住在香港，每天由公司的大巴在深圳和香港之間來回跑，接送他們上下班。所以到了晚上，等艾西莫回香港後，我就用他桌上的電話，打回家跟小焱說話。每天只有聽到她的聲音後，我才可安心回賓館洗澡睡覺。我想，只要三個月一到，我一轉正，馬上就回南京把小焱接來身邊，日子會一天天好起來的。在核電上班後，我眼前展現的是一幅美麗的前景。

七月下旬的一天上午，我在辦公室突然接到一個朋友從南京打來的電話，說她那天帶小焱上館子吃飯，飯還沒上桌，小焱就暈倒了。經醫生診斷，是營養不良引起的低血糖，雖然已無大礙，但她叫我一定得回家照顧孩子。接完電話，我心急如焚，馬上去人事部請假回家。人事部對我的情況很同情，不僅批准我請假，還為我買了從廣州至南京的飛機票，讓我回南京把孩子接來深圳。只是三個月試用期還未滿，按照公司規定，一旦中斷，回來以後要從頭開始，再試用三個月。我一口答應，只要還讓我繼續在核電上班就行。那時從深圳到南京尚未開通直達航班，所以我先乘大巴到廣州機場，然後再從廣州飛南京，比乘火車快得多。

回到南京的家中，看到瘦弱的小焱，我難過極了，一把抱住了她，對她說：「我再也不會把你一個人丟在家裡了，我現在有足夠的錢，可以買飛機票帶你走。」我在家給小焱調養了將近一個月，於八月下旬，帶著小焱飛到廣州，再從廣州乘中巴到了深圳。核電公司沒有食言，還讓我當艾西莫的英文秘書。核電的工會為小焱開具了證明，使她轉入附近一所小學上六年級。由於我們沒有深圳市戶口，我除了交學費外，還交了八十元借讀費，小焱順利入學。中小學學生根據戶口所在地，按片分配入學，否則就必須交納額外的借讀費或贊助費，實乃中國一大特色矣！小焱極有語言天賦，在蘇州時，學得一口蘇州話，在南京可講南京話，在深圳上學兩個月後，已會說一口流利的廣東話了。

十一月底，我在核電三個月的試用期快要結束了，人事部通知我說，打算為我辦理調動手續。我才知道，所謂轉正就是正式調動，他們還是要與化工公司聯繫，必須調我的檔案！沒有檔案不能轉正！我的檔案裡有法院的判決書，政治上算有污點，何況化工公司領導也不會說我好話的。我的心禁不住怦怦亂跳，覺得這下完了。果然不出所料，化工公司給核電的回函，不僅不同意我調動，還寫了這麼一段話：「本公司職工高安華，因犯有洩密罪，不宜從事涉外工作。她去深圳，沒有經過本公司批准，是擅離職守的無組織無紀律行為，不能予以支持。」這封公函蓋有化工公司的紅色大印，一下子就堵死了我在深圳的發展之路。

核電人事部部長余樹球很同情我，他對我說：「只要你回去能把你的案子翻過來，我還願意接受你來工作，我把這兒的位置給你留著。」我聽了，當場就在他的辦公室失聲痛哭，哭得非常傷心。過去的兩年中，化工公司一直不分配工作給我，現在我自己找到了工作，他們又絕不允許。孫悟空本事再大，也跳不出如來佛的手掌心。我再有能耐，也逃脫不了黨的控制。黨不給我出路，我只有離開核電。

核電公司對我非常人道，不僅給了我飛機票錢，而且還多發了兩個月的工資。我收拾好行李，帶著小焱，心情鬱悶地於十一月底回到南京。剛把小焱轉入中央路小學上學，就接到化工公司通知，要我立即去公司上班。他們給我的工作是當文具倉庫保管員，編制歸在秘書科，與打字員，小車司機在一起。我不再有自己的辦公桌，若有人來領文具，我便上六樓屋頂的倉庫去取。在我前面的管理員，發放東西很摳門，而我卻大方得很，心中那一股對公司領導的氣，全都用來慷公家之慨了。誰要來領一本筆記本，我給兩本，誰要來領四節電池，我給八節。信紙信封圓珠筆什麼的，更是隨便給，廣結人緣。我還經常給各科室送去漂亮的大筆記本，人人都有份，就是不給經理室和政工科。幾個月工夫就把倉庫發空了一大半，再打報告添置，竟得到公司領導簽字批准，他們從來不查倉庫的帳。到後來，誰來領東西，我都不記帳了，隨便他們拿。

在年底討論加工資時，職工代表大會全都為我說話，各科室一致表態同意給我加一級工資，還是被經理否決了，說我回公司上班時間太短，這一年不算。不知為何，國營單位的領導，很多是由最壞的人擔當。不過，我不在乎，因為那時已經開始實行獎金制了。一級工資才七八塊錢，不加就不加，我只要出全勤，獎金就不會扣，而獎金遠遠超過一級工資，生活毫無影響。我還是我行我素，大大方方地把公司的文具發給大家，還把公司的方格稿紙和練習本，發給有孩子上學的職工，公司職工基本上不用花錢為他們的孩子買作業本，連小焱的作業本，也基本上從公司倉庫裡拿。在我的職權範圍內，就按自己的意思辦，我的原則就是為公司職工謀福利，能謀一點是一點。所以大家都在經理面前為我說好話，說我把倉庫管理得很好，有條有理，經常在開會時表揚我，對我十分友好。

外貿單位從那時起，福利就一天比一天好。逢年過節工會給員工分發很多魚肉蛋禽，平時也經常發東西，像旅行箱啊，電熱水杯啊，還有絲巾臺布毛巾被什麼的，還把裁縫請到公司來，為每一位職工量身定做了兩套不同款式的西服套裝。一九八八年春，公司開始發大件了。首先發的是十八英吋日立牌彩色電視機。我領的那台，由公司小車司機幫忙送回家，我和小焱合力抬上了電視機櫃。有了彩電後，我把家裡原來那台十二英吋黑白電視機，送到玄武門街道辦事處，捐給了街道上的孤寡老人。

一九八九年年初，公司收發拿給我兩本英國ＢＢＣ出版的英文雜誌，說公司訂的這些東西沒人看，而我管倉庫常常閒得沒事幹，英文又好，不如讀讀消遣。我高興地收下了。在其中的一本雜誌上，登著英國一所語言學校的招生廣告，說學校面對全世界招生，只需交付三十英鎊報名費，學校就可以寄來報名表和一份英語試卷，填寫好報名表後，與做好的試卷一起寄回學校，學校就可以根據你的水平，安排你上初級，中級還是高級英語班，學期可長可短，根據你自己需要，學校盡量滿足，然後寄給你錄取通知書，憑此通知書申請英國簽證，學費可在到達之後再付。我的心又動了。雖然我沒錢付學費，但是報名費是付得起的。只要我選一個三個月的短期課程，拿到錄取通知書，申請到短期學生簽證，一旦到了英國，我就打工賺錢而不去上學，然後再慢慢找機會，打拼出自己的一片新天地。在國內，我沒有前途，背上了政治黑鍋，永世不得翻身。化工公司領導不許我涉外，我偏要涉外，而且要涉到外國去！

我換了足夠報名費的外匯，給英國的語言學校寄了去。一九八九年三月，我接到了英國語言學校寄來的錄取通知書，決定申請因私護照。那時，個人申請護照，必須向公安局出示本單位同意的證明，方可辦理。在化工公司，和我同時申請自費出國留學的共有四人，那三人都獲得了經理批准，只有我的申請不予批准。理由是，我的英語已夠水平，不需要再學。總而言之，我的任何個人奮鬥和努力，在他們看來，都是「不老實」，必須卡死，他們就是見不得我好起來。我發誓：永遠努力，絕不放棄！

英國的語言學校對我很好，不僅給我寄來課程表，還為我找了一對住在學校附近的英國退休老夫婦，以便我去讀書時可以借住在他們家裡。這位退休老人名叫傑拉德（Gerald），年近七旬，在英國算是小康紳士。他按照學校給他的地址，給我寫了信，還寄來了他和妻子在家中拍攝的照片，非常歡迎我去英國讀書時借住在他家裡。他說，由於家裡空房多，他退休後，就接待來自世界各地的留學生，收取少量費用。那時他已經接待過來自世界五大洲三十多個國家的留學生，連俄國大文豪托爾斯泰的孫女都在他家住過，可是還從來沒有接待過來自中國大陸的留學生呢，所以很期待我去。我立即回信表示感謝，並告訴他，我不能去英國上學了，因為領導不批准。傑拉德很快給我回信說：「讀了你的信非常吃驚，沒有想到，中國人出國留學這麼不自由，還要領導審查批准！我們很不理解。」從此我和傑拉德保持通信，結成終生朋友。他後來幫助我與英國人海瑞認識，締結連理。

這一年的四月十五日，中共傑出的領導人胡耀邦突發心臟病，不幸逝世。消息傳來，舉國悲痛。胡耀邦，湖南瀏陽人，十四歲參加中國工農紅軍，是久經考驗的無產階級革命家。一九四九年中華人民共和國成立後，他任團中央書記；一九八一年至一九八七年一月，任中共中央總書記。他在任期間，大力平反冤假錯案，推動中國的經濟改革，重用和提拔了現任國家主席胡錦濤。一九八七年，他被中共高層守舊的元老派指責反自由化不力而下臺，由另一位黨內改革派趙紫陽接任總書記。胡耀邦逝世後，北京各大學的學生們，通過悼念他，表達對各種社會弊端的不滿，反官倒，反腐敗，要求民主和自由的呼聲十分高漲。四月二十日，北京學生開始罷課，學潮迅速蔓延全國。

南京的學生運動與北京遙相呼應，以南京大學的三千名大學生為首，南京各界人士上街遊行，打出的口號是：「打倒官僚」、「打倒貪污」、「還我民主」和「自由萬歲」。鼓樓廣場成為人們集會的主要場所，每天那兒都是人山人海。學生們搭建了簡易講臺，一個接一個地站上去，慷慨激昂地進行演講，真像又爆發了一場「五四運動」。那一陣，每天吃過晚飯，我就帶著小焱去鼓樓廣場看熱鬧，興奮得很。

本來黨中央是肯定學生運動是愛國行為的，可是四月二十四日風向突然轉變，《人民日報》發表社論說這是一起有組織有預謀的「反黨反革命運動」。這樣的定性當然不能被學生接受，大大激化了學生與政府之間的矛盾。而全社會也都不能接受這樣的定性，全都感到中央某些大人物又想用文革那一套來整人了，動不動就扣上嚇人的大帽子，都對這篇社論十分反感。我當然是同情學生反感「四•二四社論」的，每天都關注著運動發展的情況。

一天晚飯後，我們又去鼓樓廣場。正逛著，忽聽有人叫我。回頭一看，原來是電子公司的小王。他對我大聲說：「高安華，我們為你報仇了！」我忙問怎麼回事，他告訴我，在當年三月份的整黨中，公司總經理盧先保是唯一沒有過關的黨員幹部。大家一致認為，他蓄意整我這件事，做得太過分了，不符合一個共產黨員的行為準則，他的自我鑒定一次又一次被黨員大會否決，最後，他被電子工業廳撤職並降半級，調去系統工程公司任副經理。他在那兒也很不得志，人人對他敬而遠之。他受不了，就辭職跑到深圳。終因他只是一個手段低劣的政客，無一技之長，處處沒人要，現在已淪落到與乞丐差不多的地位了。他做了壞事，天理難容，受到了應有的報應。

我聽了小王的講述，深為電子公司的廣大黨員的正義行為所感動，對小王說：「群眾的眼睛是雪亮的，害人者必定以害己而告終。凡是喜歡整人的人，都只能得逞一時，決不能得逞永久。請你回去後，一定代我謝謝大家！」與小王在街頭的邂逅，極大地增強了我對生活的信心。五月初，我聽說一家中港合資的泰文玩具有限公司，正在南京招聘外銷員，便毫不猶豫地去面試，當即被聘用。我決定走自己的路，隨即向化工公司辭職，堅決扔掉了鐵飯碗，去可以讓我涉外的合資企業打拼一番。走出中華路五十號的大門，我長長地舒了一口氣，渾身輕鬆自在。從此以後，我擺脫了黨的領導和管束，再也不用受「黨的光輝」照耀了。

泰文玩具有限公司，是江蘇泰州玩具廠與香港一家貿易公司新建立的合資企業，他們生產的長毛絨玩具，九十%以上銷往歐洲和美國。他們的對外貿易辦事處，設在南京的丁山賓館，我就在這個辦事處上班，處理對外函電，若有外商來訪，由我陪同去泰州參觀工廠。我加入泰文公司後，每天騎自行車上班，中午不回家，在辦事處吃工作餐。小焱其時已考入重點中學十三中，早已是做飯的老手了，所以她中午回家自己弄飯吃。

我在新公司還沒上幾天班，南京的學生運動，已經發展到與政府對抗，嚴重影響了城市的交通，公共汽車被阻攔，連火車站都有大批人去臥軌，使多列火車停開。每天早晨，我在上班的路上，都不斷被人攔住，要求我參加罷工，不要去上班，以支持學生運動。但是，合資企業有他們的規章制度，不上班要扣工資，所以我總是千方百計地繞小路，排除一切阻攔，去丁山賓館上班。每天晚上回家後，認真看電視，密切關注著北京學生運動的情況。

五月十三日，北京的學生開始在天安門廣場靜坐絕食，天安門廣場成了北京和外地赴京學生的棲居場所。五月十六日，數十萬北京市民湧向天安門廣場，聲援學生。學生要求與政府對話，而李鵬總理卻遲遲不肯露面，被群眾罵為「縮頭烏龜」。五月十八日，趙紫陽在人民大會堂接見了來訪的蘇聯領導人戈巴契夫，他當著戈氏和眾多記者披露，已經退休的鄧小平仍是中共實際上的掌舵人，中國的一切大事均要由鄧作決定。五月十九日凌晨四時五十分，趙紫陽出現在天安門廣場的學生中間，他含淚向學生道歉，並向學生鞠躬，勸學生撤退，令在場學生十分感動。趙紫陽希望用比較溫和的方式，解決這場學生運動。然而，他披露的鄧小平退休不放權的消息，使得學生打出了「小平糊塗了」的標語，惹惱了鄧小平，導致了這位黨內改革派的領軍人物的倒臺。五月十九日，是趙紫陽最後一次在公眾和媒體前露面。

趙紫陽是鄧小平改革開放政策的得力助手，一九八〇年至一九八七年，任國務院總理，大力發展市場經濟，並提出了政治體制改革，打擊腐敗，曾一度被認為是鄧的接班人。在一九八九年的學潮中，他因同情學生，反對武力鎮壓，招致了以鄧小平為首的中共部分元老派的不滿，被鄧免去了一切職務，在軟禁中度過生命中的最後十五年，於二〇〇五年在北京病逝。已經退休了的鄧小平，竟能有權罷免在任的黨的總書記，說明他是地地道道的黨的太上皇，是人治的典範，被西方媒體稱為「中國真正的末代皇帝」。

血雨腥風的一九八九年，中國處在風雨飄搖中。五月十九日，才幹平庸的李鵬，發表了語氣十分強硬的電視講話，更加激化了與學生的矛盾，學生的對抗情緒猛增。五月二十日，北京頒佈戒嚴令。五月二十一日，香港民眾自發地組織起自開埠以來最大的百萬人大遊行，聲援北京學生。我們泰文公司每天從傳真機裡收到的，不再是訂單，而是大量的香港報紙支援北京學生運動的內容。六月三日，鄧小平決定對天安門廣場實行清場，調用軍隊鎮壓。六月四日凌晨，大批坦克和軍車開向天安門廣場。中國人民解放軍，這支從建軍起就被稱為「人民子弟兵」的軍隊，此時架起了機關槍，對手無寸鐵的學生和市民掃射，震驚了全世界，也毀了鄧小平的半世英名。而李鵬，更是留下了「鎮壓學生運動的劊子手」的千秋罵名。

「六四」事件中，究竟打死打傷多少人，眾說紛紜，從數百至數千不等。但可以肯定的是，有名有姓的死亡人數逾百，最小的遇難者年僅三歲！北洋政府鎮壓學生運動時，才打死了十幾人，總理段祺瑞就向群眾下跪賠罪。「一二九」運動時，蔣介石都不敢向人民開槍。而如今，人民的子弟兵卻向人民開槍了！很多學生精英都被打成反革命，遭到通緝。他們中有的人逃往境外，更多的人被抓，投入監獄。無論中國政府如何解釋，都無法讓世界人民信服。

「六四」是一場悲劇，悲劇過後，鄧把一貫見風使舵沽名釣譽的江澤民換上來，代替趙紫陽，被外界認為是鄧晚年的最大失誤，使中國的國際形象受到極大的損害。很多外商在「六四」血案後，紛紛撤走訂單，造成中國的對外出口貿易遭遇了前所未有的大滑坡。「六四」事件雖然沒有動搖中國共產黨的一黨執政，但對中國的政治和外交，產生了深遠的影響，至今仍是中國極為敏感的話題。

泰文玩具有限公司，在「六四」事件後，由於港商撤資而倒閉關門。我在扔掉了鐵飯碗後僅僅一個月，剛剛端起的泥飯碗也被砸碎了，變成了一名無業遊民。

第二十五章　幸福之橋

雖然我失業了卻並不感到恐慌，因為我相信，只要中國堅持改革開放的道路，將國門打開，我就一定會有機會。六月中旬，我接到在深圳認識的朋友葉懷打來的電話，原來他現在已加入中國青年旅行社，正忙著接待從臺灣返鄉探親的國民黨老兵，說有兩位散客要去南京，問我是否可以幫助接待一下，每天付我接待費一百元。我一口答應下來。我的任務是，去南京機場接客人，送他們下榻南京飯店，然後陪他們在南京玩兩天，再把他們送上開往安徽蕪湖的計程車就行了。

等接到了客人，我才知道，來者是國民黨少將艾家本先生和他的夫人。艾先生自一九四九年底去了臺灣以後，四十餘年來還是頭一次返回家鄉探親。他是安徽省蕪湖地區房山縣人，就因為他在臺灣，他的叔叔伯伯侄兒侄女，幾十年來在中國大陸吃盡苦頭，好幾人都在文革中含冤去世。我把他們送到南京飯店住下後，他們請我吃飯，我欣然應允，邊吃邊聊。艾將軍聽說我的老家也在安徽省，父母都是共產黨員，笑著對我說：「你我都是安徽同鄉會的，好，好！」昔日國共兩黨之間的一切恩仇，都付笑談中，被血濃於水的同胞感情完全化解了。我這個共產黨的後代，和國民黨少將艾家本，從此結為忘年之交。他年年回來都由我接待，我到英國以後，還與他保持通信聯繫，直到二〇〇八年初，艾將軍在臺北桃園病逝為止。

接待艾家本，是我第一次做導遊。以後每隔一段時間，旅行社就給我幾個散客，讓我接待，每次一兩天，時間不長，掙錢不少。我不需要向任何人請示彙報，我是自己的老闆，不受任何限制，獨往獨來，自由自在，隨便涉外，感覺真痛快！那一年的業餘導遊工作，使我收入頗豐，生活反而比在省外貿時過得好。除了旅行社給我一些散客接待以外，日本各商社的駐寧辦事處，有時也請我陪同他們的親友觀光旅遊。他們給我的報酬，是國內旅行社的雙倍。

一九九〇年五月，我在外貿時認識的朋友，日本東棉株式會社南京辦事處主任齊藤先生因病住院，我去醫院看望他，恰逢他的妻子也從日本來看他，齊藤先生就請我陪同他的妻子遊覽安徽黃山。他本人已經遊覽過好幾次了，對黃山讚不絕口。這次因病不能親自陪夫人去玩，便託我辦這件事，他們包我吃住車票，另外付我八百元勞務費。我高興地接受了任務，立即打電話與黃山市旅行社聯繫好，我們到達黃山市以後，由他們負責帶領我們遊玩，費用也由日本人支付。然後我在南京飯店買好南京至黃山的軟席火車票，便與齊藤夫人上路了。

早就聽說民間有「黃山歸來不看山」一說，知道黃山美景享譽天下，可我還從來沒去過呢。能有這麼一次免費旅遊黃山的機會，還有酬金拿，真是太感謝化工公司對我的壓制了，因為不服壓制，我才被迫辭職，才換來今日的自由身，得以享受黃山一遊。火車抵達黃山市，已是晚上九點。一出車站，就被黃山旅行社接走，安排我們在當地最好的賓館住下。翌日上午九點，導遊來賓館帶我們上山。

室外陰雨連綿，冷風颼颼。五月的天氣，導遊還帶給我們一人一件晴綸棉襖，說山上冷。導遊說，我們趕上了最佳觀光時間，黃山的主旋律是在雲霧中，而陰天雲霧最大，最好看。我們乘纜車上山，在纜車上，我仰頭看見迎客松長在懸崖峭壁上，挺拔偉岸，瀟灑地舒展著枝體，以優美的姿態向遊客問好。這才發現，黃山的松樹，都是從石縫中生長起來的，令人叫絕。俯首看見一條蜿蜒細長的石階小道，從山腳通往山頂，小道上走著緩緩上山的一行挑夫。導遊說，他們的擔子裡挑的是供給山頂賓館的大米，菜肉和各種飲料。那麼高的山，全靠挑夫們肩挑背扛，令我驚歎不已！中國的老百姓，掙的都是血汗錢啊！

到山頂下了纜車，只覺得寒氣逼人，所以立刻穿上晴綸棉襖。我們在高山之巔，在濛濛細雨中俯視雲層，看到的是漫無邊際白茫茫一片起伏的雲海，如臨大海之濱，波起峰湧，浪花飛濺，驚濤拍岸。黃山雲海，世界奇絕，果然名不虛傳。漫天的雲霧隨風漂移，時而上升，時而下墜，時而迴旋，時而舒展，構成一幅奇異無比千變萬化的雲海大觀。被雲霧籠罩的山峰突顯出來，層層迭迭，隱隱約約。飄動的雲霧如一層面紗在山巒中遊弋，不斷變化，稍縱即逝，宛如人間仙境。山之秀，雲之奇，景之美，令人歎為觀止。

安徽黃山，地跨黟縣，黃山區和徽州區，面積一千一百平方公里，風景以其自然景觀綺麗而馳名天下。黃山的奇松，怪石，雲海，溫泉和冬雪被稱為「黃山五絕」。黃山八十二峰，或巍峨雄偉，或峻峭秀麗，佈局錯落有致，鬼斧神功，天然巧成。以天都峰，蓮花峰和光明頂三大主峰為中心向三周展開，跌落為深壑幽谷，隆起為峰巒峭壁。

黃山歷史悠久，古稱黟山。相傳公孫軒轅黃帝路經此處，被美麗的風景吸引，沉迷於秀麗的山水之中，不願離去，遂將大位傳給其子，自己終日在山中煉丹，數年後得道升天。依此傳說，天寶六年（西元七四七年），唐玄宗李隆基改黟山為黃山。唐玄宗八百年後，徐霞客來此一遊，寫下了這樣的驚歎：「登黃山而天下無山，觀止矣！」

安徽黃山是繼山東泰山之後，又一座被聯合國教科文組織定為世界自然和文化雙遺產的山脈，世界遺產評選委員會對它的評價極高，贊之為「震旦國中第一奇山」。對於全世界的遊客，詩人，畫家和攝影家而言，黃山具有永恆的魅力。黃山是中國傳統的筆墨山水畫的自然藍本，中國的萬千名山大川，唯有黃山形成了一個專門畫派，是山水畫家的朝聖之地。黃山孕育了明末清初的著名畫家石濤和近代的山水畫大師張大千。他們的功成名就，皆因黃山之美，無與倫比。無論是豔陽高照下顯現出的鐵骨崢嶸之陽剛之美，還是雲遮霧繞下若隱若現的嫵媚之美，亦或是陽春三月裡漫山遍野盛開的鮮花透出的浪漫之美，甚至在雪花紛飛的嚴冬時銀妝素裹的聖潔之美，皆是美不勝收。在黃山欣賞奇松怪石雲海，一年四季都是全天候的理想景觀。陰觀雲海變換，雨覓流泉飛瀑，雪看玉樹瓊枝，風聽空谷松濤。黃山，是我一生中最難以忘懷，最值得一遊的地方。黃山，是中國的驕傲！

我離開化工公司以後，擺脫了黨組織的直接領導，一直做著涉外工作，非常開心和滿足。最讓人高興的是，老同學田智敏帶我參加了久違了的廣交會。那時，田智敏已經調入江蘇新時代公司，專做出口貿易，一有外商來訪，他就打電話請我去擔任他的翻譯。他們公司派他參加廣交會時，他徵得領導同意，聘我為臨時翻譯，和他一起參加新時代交易團，差旅費全由新時代公司出。

當我穿著鋥亮的高跟皮鞋，漂亮的套裙，挎著時髦的小手提包走進熟悉的交易會大樓時，心裡那個舒坦啊，嘿，甭提了。我特地走進化工交易團的談判間，來到江蘇化工小組的代表前，笑嘻嘻地向他們問好。他們吃驚地張大了嘴巴，沒有想到我這個在政治上被判了「永遠不得涉外」死刑的人，竟然能夠鹹魚翻身，還打扮得這麼光彩照人。除了化工公司的經理外，其餘的舊日同事，都圍過來跟我寒暄一番，為我高興。感謝老同學田智敏，使我在人前抬起了頭，恢復了自信。跟田智敏參加廣交會，是我自一九七九年加入外貿以來，最開心的一次廣交會。

小焱於一九九一年秋考取了南京女子中專，學的是賓館服務專業。兩年後，她跟著老師去深圳三九大酒店實習，南京就剩下我一人在家，安東常來我家串門。她因肝臟不好，加上神經衰弱，在四十二歲時就辦理了提前退休手續。而我，是自由職業者，所以兩人都有很多時間。那一陣，安東幾乎天天上我家，與我聊天。從談話中，我發現她心情不好，總是不太開心。她主要是抱怨小詹加班太多，不僅晚上加班，而且週末也加班，對她這個妻子很忽視。我聽了卻不以為然，勸她說：「男人一般都看重事業，加班就加班嘛，老夫老妻了，幹嘛還要他陪啊？」安東卻說：「難道他是與機器結婚的嗎？上班時兢兢業業就行了，下了班還一心撲在工作上，說明他心裡沒有我！」說完失聲痛哭。

說實話，我對安東如此強烈的愛情追求，不理解。我覺得年輕時陷入愛情的狂熱是正常的，可是結婚二十多年了，她還希望能像初戀時一樣火熱有激情，確實讓人不理解。我們誰也不會想到，她那時已經患有憂鬱症了，所以不管我怎麼勸，她還是悶悶不樂。有一次，六十六屆高三乙班老同學聚會，把她也叫去了。可是還不到晚上九點，大家正談在興頭上，她卻執意要走，同學們拉都拉不住。過後她來到我家，對我說：「我班好多同學，過去學習成績都遠不如我，而現在，他們好多人都大學畢業，有的還當了教授，公司老總，都比我強了。而我呢，要事業沒事業，要健康沒健康，全部希望只有寄託在愛情上了，可是愛情在哪兒啊？小詹只愛他的機器！」說完又痛哭。她哭時，我往往不知所措，只覺得不理解，而對安東的病態，則完全無知。

一九九一年十二月二十五日，一件世界大事極大地震撼了我的心靈。蘇聯最高蘇維埃主席團主席戈巴契夫宣佈辭職，同時宣佈解散蘇聯共產黨，把國家權力移交給俄羅斯聯邦總統。當日十九時三十二分，蘇聯紅旗從克里姆林宮徐徐落下，代之以白藍紅三色的俄羅斯聯邦國旗，為立國七十四年的蘇聯劃上了句號，「蘇聯」二字從此成為歷史。戈巴契夫不費一槍一彈，不死不傷一人，一舉將列寧創建的世界上第一個社會主義國家，變成了資本主義國家，在全世界堪稱偉大的壯舉。前蘇聯的十六個加盟共和國，除車臣和韃靼斯坦外，全部宣佈獨立。蘇聯解體後，東歐的社會主義國家，紛紛倒向資本主義陣營，就連被毛澤東讚譽為「唯一的一盞歐洲社會主義明燈」的阿爾巴尼亞，也熄滅了社會主義的燈，投入了西方資本主義懷抱。那時我雖然已進入不惑之年，可還是深感迷惑：難道我從生下來就一直接受的共產主義教育，全錯了？毛澤東曾經說過，資本主義把和平演變的希望，寄託在共產黨的第三第四代身上，若不警惕，國家會變色，紅旗會倒。他老人家的預言果然應驗了，這只能說明，共產主義，此路不通。

如今的俄羅斯，傳統的東正教代替了共產主義思想，成為人民的信仰和精神支柱。我想，如果傳統文化能夠淨化人的靈魂，團結人心，幫助社會走向和諧，那麼，這種文化的力量是堅不可摧的。所以，我們對自己國家的傳統文化的精髓，應該敬畏，應該傳承。我欣喜地看到，近年來，中國古代教育家孔子所倡導的儒學，受到越來越多的重視。在全世界幾十個國家，創建了二百多所孔子學院，孔子的儒學被公認為中國傳統文化中最燦爛的遺產。全世界都接受了中國的傳統文化，這是值得中國人驕傲的。這說明，中國將來必定會融入世界大家庭，絕不會再走閉關鎖國的老路。

一九九三年歲末，耶誕節前夕，我收到了英國朋友傑拉德的一封信。信上說，像我這麼討人喜歡的女人不應該老是守寡，找個英國丈夫完全不成問題。因此他自掏腰包，為我登了一則「徵友廣告」，作為耶誕節禮物送給我。我讀了他的信後一笑了之，回信去謝謝他，沒有真的當回事。哪知沒過幾天，我就收到傑拉德轉來的十幾封應徵者的信。我一時犯了難，我不可能同時給這麼多人回信。於是，根據自己的判斷，挑了封我認為最有誠意的信，寫信人就是後來成為我老公的Harry。我之所以給他回信，是基於這麼一個想法：我若想走出國門，既無親戚在國外讓我繼承遺產，又不可能靠自己的能力自費留學，只有嫁給老外是最可靠的捷徑。我對於愛情沒有多少追求，只要能作伴就成。在所有的應徵者中，Harry的文字最流暢，寄來的照片也最大，所以我認為他既有學問又有誠意，便開始與他通信。由於他名字的英文發音，與中國明代清官海瑞的中文發音相近，所以就給他起了個中國名字叫海瑞。

為了不讓他有太大的優越感，我寫信給他時半開玩笑地說，英國不僅是美帝國主義的老祖宗，而且還是美帝國主義的頭號走狗。從鴉片戰爭直至二十世紀八十年代，英國都是我們的敵人。沒想到，在一九九四年情人節這天，我收到了他的情人節賀卡，卡上的署名竟是：「你的忠實走狗」。

海瑞那年五十九歲，年長我十四歲。他已離婚十二年了，一直單身。他原本已不打算再婚，但是自從看了我的照片以後，便改變了主意，認定我這個黑頭髮的中國婦女，超過任何一個西方國家的金髮碧眼女郎。從通信中，我得知他出身貧苦。他母親在十八歲那年，給一個富人當女傭時被主人玩弄而懷上了他。二十世紀三十年代，英國社會還相當保守，未婚先孕的女孩被視為傷風敗俗，被人看不起，連她的父母都不肯讓她進門。海瑞與狄更斯筆下的「霧都孤兒」奧立佛一樣，是在濟貧院出生的。他是個私生子，一輩子都不知道自己的親生父親是誰。

海瑞小時候因家境貧寒，唯讀了四年小學就外出打工，自食其力。後來他在皇家空軍服役十二年，靠自學讀了很多書，通過了英語A級考試，奠定了現在的文學基礎。由於他說一口漂亮的標準英語，服役期間還被BBC廣播公司聘為軍事節目播音員，一干就是四年。他說他之所以應聘去當播音員，是為了逃避早上出操！

海瑞曾經有過兩次失敗的婚姻。他的第一個妻子貝蒂是他在皇家空軍認識的，當時十九歲的貝蒂是皇家空軍的話務員，平時是個挺不錯的姑娘。但她有個致命的弱點，就是酗酒。一喝醉了，就胡言亂語，不能自控，行為也就不檢點，在軍營中造成不好的影響，而她又任性，不思悔改。不得已，海瑞在結婚的第十二年與她離婚。鑒於貝蒂的不良言行，法院判決貝蒂對三個孩子不得享有監護權，孩子們全都判給了海瑞，海瑞也因貝蒂的不良影響而退役。

海瑞的第二個妻子是位金髮美女，而且很會做家務，海瑞很愛她。但她也有一個致命的弱點，就是貪圖錢財，有太強的物質欲。無論海瑞如何努力掙錢，買房買車，都不能滿足她的欲望。終於有一天，她背叛了海瑞，投入另一個更有錢的男人懷抱，導致了與海瑞的離婚。這次離婚對海瑞打擊很大，在很長一段時間裡，他都痛苦得不能自拔，幾乎失去生活的信心，從此一蹶不振，得過且過。

海瑞對婚姻徹底失望後，不願再婚，打算一個人寂寞到老死。我的出現使他重新燃起了生活的希望。在他眼裡，我是個「東方美人」。他堅定地相信，具有傳統美德的中國婦女最可信賴，但此時的海瑞已是一貧如洗，失業在家，靠領救濟金生活。他對我很誠實，把他的實際狀況都寫信告訴了我。他寫到：「我一無所有，沒有東西送給你，只能送給你我整個的心。」我回信說：「世界上還有什麼東西能比人的心更可寶貴呢？錢是可以掙的，可是人心卻是金錢買不來的呀。」海瑞被我的誠意感動了，很想來中國見我，可是卻無錢買飛機票。我知道後，立即把我這些年給人當翻譯掙來的三千美元電匯給他，請他來中國。安東和小詹知道後，都說我傻。他們說：「三千美元值兩三萬人民幣，夠你快快活活過兩年的，就這麼扔出去了呀？萬一他是個騙子呢？」我說：「我與他通信半年多，覺得他是個好人，我就愛跟著感覺走，值得賭一把。萬一我錯了，就算交給社會大學當學費了。」幾乎所有知道這件事的人都認為我頭腦太簡單，匯出去的錢八成是打了水漂。

但是，我的直覺是對的。海瑞收到我的匯款後，馬上買了從倫敦飛北京的機票，並告訴我抵達時間和航班號，我決定去北京接他。臨走，我把家裡的鑰匙交給安東，告訴她我和海瑞會一起回來。安東非常高興，支持我嫁給老外，遠走高飛。一九九四年六月十八日，在海瑞五十九周歲生日這天中午，我在北京機場見到了海瑞。事先想好的問候話語，卻一句也沒有說出來。海瑞也沒有說話，只在我的左臉蛋上輕輕吻了一下，我就很自然地伸出手，挽住了他的臂膀。我倆一起乘坐當天下午的飛機回到南京。

安東和小詹已經買好了一塊很大的生日蛋糕，在我家等著了。我們進門後，小詹就進廚房掌勺，大顯身手，做了一桌好吃的飯菜，使海瑞稱讚不已。然後安東在蛋糕上插上蠟燭，劃根火柴點著了，讓海瑞吹滅。海瑞高興地說，他已經好多年沒有過生日了，想不到第一次來到中國，就過了這麼好的一個生日。接下來的兩星期，安東和我每天都陪海瑞出去遊玩，把南京的風景名勝全部跑遍了。其中的一個星期天，安東還讓我把海瑞帶去她家作客。小詹使出他的絕活，自己和餡擀皮包餃子。看著一張張餃子皮在小詹手裡的擀麵杖下飛舞出來，海瑞佩服之極，連連稱讚中國男人廚藝高超，心靈手巧。

吃過餃子，坐下聊天，天南地北，歷史人文，無所不談，免不了要談中國的文革。當海瑞聽到紅衛兵運動時，猛地一拍大腿大聲叫嚷起來：「啊哈！我可是地地道道的『紅五類』啊，我是真正的無產階級，紅衛兵不會排斥我的。」惹得我和安東哈哈大笑。安東的英文很好，她與海瑞交流無需我翻譯，而小詹卻傻笑著看著我們，什麼也聽不懂，得由安東翻譯給他聽。

回家後，海瑞告訴我，二十年前，他曾經讓一個吉普賽女郎看過手相。那個女人說，他以後會娶一個來自另一個世界的遙遠國度的女子為妻，還問他要了一英鎊。海瑞那時候完全不信她的話，覺得那是騙人錢的胡謅，過後就忘得一乾二淨。現在他猛然想起了那次看手相的事，徹底信服了吉普賽人的本事。他想，這事一定是在冥冥中早已安排好了的，是命中註定的，是天意。他不再猶豫，決定返回英國辦理結婚登記所需的檔，然後回來和我結婚，並把我帶去英國。

海瑞走後，安東照例還是經常來我家聊天，談話中透著對我的羨慕，說我找到了海瑞，比她幸福。我總是回答說：「你的小詹也很好呀。」而她卻搖頭歎氣。我以為她是一時煩惱，與小詹有些口角而已，沒有引起重視。八月中旬的一天，她頂著烈日來了。一進門就對我說，她想與小詹離婚，也找一個像海瑞那樣的老外嫁出去，還請我幫助她找。我聽了大為震驚，對她說：「你開什麼玩笑啊，你們倆好好地都過了二十多年了，女兒都工作了，怎麼能想到離婚呢？」她說：「我不是開玩笑，小詹心裡沒有我，我已經失望透了。我覺得應該像你一樣，嫁到國外去。」我認為她與小詹的婚姻是很不錯的，所以對她的話極不理解，勸她別胡思亂想，也不答應幫她找外國老公。安東見我不同意她的想法，非常生氣，大聲說：「你自己好了卻不幫我和你一起好，從此我沒有你這個妹妹！」說完摔門而去。

我覺得她是一時氣話，過幾天就會好的，所以想讓她靜一靜，過一陣再去找她，就沒有跑出去追她。我完全不知道，她其實已經患了憂鬱症，特別需要親情，需要開導。我只是覺得她的想法太怪，實在難以理解。事後我曾對陳光華說起安東的反常表現，陳光華懂醫，他說：「你們得當心，她可能會自殺。」我覺得陳光華說得太嚴重了，將信將疑，對他的提醒沒有引起重視。萬萬沒有想到，陳光華的話不幸言中。那次安東摔門而去是我最後一次見到她，讓我終身後悔莫及。

九月二十日，海瑞帶著經過中國駐英使館認證並蓋章的婚姻狀況檔，再次飛來南京。他休息一天後，和我一起，走進南京市民政局涉外婚姻登記處。我們向工作人員交上我倆的婚姻狀況證明文件，他收取了八十元登記費，就叫我去指定的鼓樓醫院體檢，另外再交五十元翻譯費，由他們指定的翻譯把海瑞的英文文件譯成中文。我和海瑞在鼓樓醫院體檢時，同樣的檢查專案，他們收取海瑞的費用是我的四倍！只要是老外，就猛宰！四天後我們拿到肝功能化驗單後，所有要求體檢的專案完畢，再次走進婚姻登記處，才知海瑞的檔還沒有翻譯出來，一些語句他們吃不准意思。我說我來翻吧，他們同意。我譯好後，他們收取的翻譯費卻不退還。一切手續完備後，他們說還要向上級彙報，叫我們再等幾天，我們只有耐心等待。一九九四年九月三十日，我們的婚姻經上級領導審查合格，獲得批准。我們在婚姻登記處被告知，必須購買他們出版的「婚姻須知」和「計劃生育」兩本書才可頒發結婚證。於是我們又繳納一百二十元，購買了我們不想要的兩本書後，才讓我倆簽字按手印，領取了大紅燙金的結婚證書。

一走出登記處，我就將剛買的兩本書扔進了街邊的垃圾箱。海瑞直搖頭，說在中國天天都能看見其他國家沒有的稀奇事，連結婚的事都要由黨來審查，婚姻登記處竟無權自行辦理，還要報批，還要買書！接下來，我們就忙著辦理結婚公證和申請我的護照。在公證處，我們被告知，一般情況下，要等一個月，但是若付加快費，可在一周內辦好。我便付了加快費，是公證費的三倍。在公安局出入境管理處，我們同樣被告知，一般情況下，要等一個月，若付加快費，一周內可以辦好。於是我在付了五十元護照費之後，又付了一百五十元加快費。中國人巧立名目亂收費的做法，由中國的各政府機構帶頭大行其道，蔓延全國的各行各業，連一貫清廉，為人師表的教育界，大中小學都跟著亂收多收，使得低收入的中下層民眾不堪重負，叫苦不迭。

在等待護照的時候，正值南京市舉辦「金秋懇談會」，我便領著海瑞進館參觀。本來只打算看看玩玩的，沒想到，海瑞是進館的唯一大鼻子老外，一下子就被各展臺的廠長經理縣長書記業務員們圍了起來，爭相要求跟海瑞合作做生意，拉他來投資。海瑞雖然兜裡沒有一個子兒，但面相卻很富態。加上他那個因年紀大了而發胖的大肚子，很像中國寺廟裡的彌勒佛。在那些世俗的中國人眼裡，他就是一個腰纏萬貫的外國富商，大老闆。儘管海瑞一再聲明，自己無力投資，可是他的大實話在那兒根本就沒有人相信，還對他說：「如果你沒有錢，高小姐怎麼會嫁給你啊？」在他們看來，當今的中國，不會有這樣的傻瓜，願跟個窮光蛋去英國吃苦。

在他們的軟硬兼施下，海瑞不得已在一份二百萬美元的投資意向書上簽了字，南京市的一位副市長還向海瑞敬了酒，拍了合影，我們才得以脫身。好在意向書不是合同，不履行也不要緊。倒是那些盛情邀請的宴會，使海瑞大飽口福，遍嘗中國的美味佳餚，對於他目前在英國向人介紹中國的飲食文化和中國風情很有幫助。

十月十日，我拿到了護照和公證書，與海瑞一起飛北京，到光華路的英國大使館簽證處申請我的移民簽證，以實現我的誓言：我不僅要涉外，而且要涉到外國去！我們在友誼賓館住下，第二天一早，乘坐黃色麵包計程車（北京人稱「麵的」）去英國大使館。我們到達時，還不到早晨九點，已有好多中國人在大使館簽證處側門外，排起了長隊。海瑞說：「我們走正門，我是英國公民，任何地方的英國大使館，都會對我開放。」於是我們沒有排隊，直接走向使館正門。海瑞向站崗的武警戰士出示了他的英國護照，武警戰士立即放行。而直到今天，我若想隨意進入在倫敦的中國大使館大門，根本就不可能。中國大陸的海外公民，若無私人關係，永遠被排斥在世界各地的中國大使館的大門外。辦事只能在大使館旁的辦事處，看的是冷臉，聽的是官腔。

我們順利地從英國大使館內，穿過走廊，進入簽證處，排在第一位。九點鐘，大使館一上班，簽證處當街的小門打開，剛才我們看到的一群中國人一湧而進，而我已被叫進一間小屋，由英國簽證官問話了。他先問我需不需要翻譯，我說不需要。後來我才知道，很多人在辦簽證時，由於英語聽說能力差，十分吃虧，往往被拒簽，而英語好的人佔便宜。英國不歡迎不會英語的人，但是有例外，不懂英語的乒乓球世界冠軍，或者特級廚師什麼的，走去就能簽，英國政府對於身懷絕技者永遠開放，來者不拒。簽證官要我交上護照和公證書，然後問了我四十多個問題，包括海瑞所有孩子的名字，我都對答如流，他一一記下。最後，他要我提供至少十封與海瑞的通信，以證明我們不是買賣婚姻，我提供給他二十封，他便叫我去付款處付款。當時的一個學生簽證要付二百元，而我的移民簽證付了一千一百元。幸虧我來北京之前準備得比較充分，什麼都考慮到了，所以一切很順利。當我把付款證明交到簽證官手上後，他叫我回南京等待，我的資料需要寄到英國移民局審核，一個月左右會給我消息。絕對沒有什麼付加快費就可以加快辦理一說，英國人辦事循規蹈矩，一切按章按法來辦。

我在北京機場送走了海瑞，一個人飛回南京等簽證。十一月二十二日，我收到了北京的英國大使館寄來的掛號信，裡面有我的護照和有效期一年的簽證。我終於松下了一口氣，從此我可以走出國門，永遠涉外了。化工公司領導對我的禁錮，被我徹底衝破了！那晚，我安心地進入夢鄉，睡得很甜。翌日凌晨五點，電話鈴聲驟響，將我吵醒。電話是小詹打來的，傳來的是安東自殺的噩耗。我萬萬沒有想到，就在我拿到簽證的同一天，安東因對小詹感到絕望，在自己的家裡懸樑自盡。

我接到電話驚駭不已，趕緊穿好衣服，叫了一輛計程車直奔安東家。一進門就看見客廳裡設著安東的靈堂，安東美麗的遺像已鑲上黑綢，放在靠牆的方桌上，遺像前燃著三柱香，清煙嫋嫋上升，散發著寺廟裡的香氣，帶著安東的靈魂飛向天國，與爸爸媽媽團聚。我走進裡屋，看見安東的遺體安祥地躺在床上，慘白的臉上掛著淚痕，嘴巴是張開的。想到安東在所有的姊妹和親戚中，是政治上唯一對我沒有任何歧視的人，我禁不住淚如雨下。看到她家滿屋的家用電器、彩電、冰箱、空調，樣樣俱全，生活比起她在內蒙時好轉了那麼多，我不明白，她為什麼還要走上絕路啊？

過了一會兒，衛國也趕來了，表情同樣難過和不解。小詹說，他已給大姐培根拍發了加急電報。但是培根永遠都沒有露面，也沒有發來唁電。想到安東當年為了對小詹的那份愛，頂住工宣隊的壓力，作出自我犧牲，放棄當兵，跟隨小詹去內蒙，可後來小詹卻對她有所忽視，我覺得小詹對她的死難辭其咎。小詹此時也已認識到，安東一輩子都在愛著他，後悔自己二十多年都沒能真正讀懂安東的心，後悔自己沒能在安東活著的時候多給她一些溫情，終於釀成不可挽回的悲劇。他在安東死後才醒悟到，愛是一把慢刀，一點一點地割傷了安東的心。而死則是一把快刀，一下子就結束了所有的痛苦。可是，一切的後悔，都已太晚，太晚！

幾天以後，安東單位的領導出面，為安東在南京石子崗火葬場舉行了簡短的追悼會。我們繞安東遺體一周後，安東被火化了。一小時後，衛國捧出了安東的骨灰，並在放有安東滾燙的骨灰的口袋上，繫上了一條紅頭繩。然後，由安東單位安排，開車帶我們去下關江邊，登上了一所租來的小艇。那天天陰，風大，江面波濤滾滾。小艇行至江中心時，小詹和衛國兩人一起，托著安東的骨灰袋，拋入江心。骨灰袋瞬間就被洶湧的江水吞沒，安東與我們永別了。我再也抑制不住自己的感情，嚎啕大哭，一直哭回家。安東，我的好姐姐，你永遠活在我的心中。

十二月初，我在國際旅行社買好了當月十四日從南京飛北京，十五日從北京飛倫敦的機票，小焱也和她的男友阿峰一起從深圳趕回來送我。初次見面，阿峰給我留下很好的印象。他不僅是廣東的靚仔，而且性格溫順，待人寬厚，不多言語，對小焱特別好，特別體貼。看到兩個孩子相親相愛的情景，我覺得將小焱託付給他，是可以放心的。後來的事實證明，阿峰確實是個好丈夫。小焱與阿峰結婚後，阿峰和他的父母把她視為掌上明珠，無微不至地愛護和照顧她。可是幾年後，她卻為了金錢，忍心背叛阿峰一家人，我感到遺憾。在物欲橫流的社會裡，人的變化太大了！此是後話。

十二月十三日晚，田智敏在北極閣的皇宮酒家設宴為我餞行，從美國回來探親的陳光華來了，衛國也來了，到場的還有幾位附中校友。十四日清早，田智敏要了一輛計程車開到我家樓下，對我說，他因工作忙不能去機場了，已交代計程車司機把我送去南京光華門機場，然後揮手告別，小焱和阿峰陪我去了機場。

辦理登機手續時，小焱突然喊道：「媽媽，舅舅來了！」我回頭一看，是衛國，真心實意地來為我送行。我在進入候機室前，對衛國說：「請多多關心小焱。」然後頭也不回地向候機室走去，淚水糊住了我的雙眼。

淚眼朦朧中，我看見了十歲的衛國弟弟，走在我的身旁，佩戴著悼念媽媽逝世的黑紗，一起從光華門到和平路小學去上學時的小小的身影，我對他的一切反感和怨氣，頓時消失得無影無蹤了。我知道，在我的內心深處，其實一直都是憐愛他的，我也知道，他此時正和小焱一起，站在欄杆外注視著我的背影。可我不敢回頭，我不願讓他們看見我傷心的淚水。

當天晚上在北京，老紅衛兵戰友裴進軍和王亞東，在一家飯館為我餞行。他們每人送我一樣小禮物，作為告別紀念。老裴送我一枝秀氣的景泰藍女用圓珠筆，亞東送我一把檀香扇。席間，亞東對我說：「希望你在英國過得好，我只要求你一條，任何時候都不要忘記，你在北京有朋友。如果你在英國不愉快，請隨時告訴我，任何時候，我都會給你彙去返回祖國的機票錢。」多好的朋友啊。不幸的是，亞東於二〇〇五年十月，因患腦溢血在北京逝世。那次他和老裴在北京為我餞行，竟成為永訣。

一九九四年十二月十五日下午兩點，我登上了飛往倫敦的波音七四七飛機。起飛後，我從機窗俯視著離我越來越遠的祖國的山河大地，向這片生我養我的故土默默告別。我覺得自己走上的是兒時在雨後的果園裡看到的那座掛在湛藍天空上的美麗的七色橋，這是一座幸福之橋，在橋的那一邊的另一個國度，海瑞正等著我，等著我飛往天邊。

（全文完）

後記（一）　哭泣的靈魂

「江南佳麗地，金陵帝王州」。自古以來，南京以其悠久的歷史，優越的自然環境和綺麗的山水風光而聞名於世。作為「十朝都會」的南京，兩千多年間，多少回戰爭的煙塵在這裡升起，多少次王朝的更替在這裡進行。她有過虎踞龍盤歌舞昇平的繁華，也有過潮拍空城無人過問的冷落。人事有代謝，過往成古今。歲月在這裡留下了煙雨樓臺，柳堤禪房，城垣陵闕，遺苑故壘。它們裝點著南京，使這座城市具有一種特有的歷史氛圍。

「昔日王謝堂前燕，飛入平常百姓家」。蒼涼而古老的南京，曾經如夢如詩、如煙如雨、如歌如畫、如訴如泣，引得無數遊人竟折腰，多少古今文人墨客為她綽約的風姿賦詩作畫。可惜這樣一個風情萬種的南京古城，如今卻已是面目全非，到處扒房拆屋，到處塵土飛揚。多少歷史遺跡被鏟平，多少高樓大廈拔地而起。古城的寧靜與柔美被大都市的喧嘩和擁擠所取代。一個獨特、水靈、碧綠、清潔的南京，一個看一眼便令人終身難忘的美麗的南京，失去了往日的倩影和端莊。南京變了，變得陌生了，變得不認識了，變得毫無特色，灰塵滿天，與中國其他新興城市沒有多大區別了。現在的南京，喧鬧而嘈雜，攪得連死人也不得安寧。日夜轟鳴的推土機和打樁機，使得南郊雨花臺望江磯革命公墓失去了往日的寂靜和肅穆，使得大片陵墓驚魂。埋葬在這裡的幾千名共和國英雄們的遺骨被挖掘，墳墓被摧毀，令人心碎。

一九九七年七月，我接到童年的朋友何天陵從南京寫來的信。她告訴我，南京市人民政府要將市郊的公墓區改建成公園以吸引遊客，於當年三月中旬在報上刊登遷墳通知，規定公墓東半部所有墳墓必須在一個月內全部遷走，逾期者一律作無主墳處理。天陵的父親是繼我父親逝世之後，第二位去世的南京市老幹部，也被政府授予「革命烈士」的光榮稱號，也是棺葬。他被埋葬在公墓的東山頭，隔著一條共青團路，與埋葬在西山頭的我父母的陵墓遙相對望。就像我們兩家在蘭園是隔著一條馬路門對門的鄰居一樣，他們死後仍然是門對門的鄰居，我們兩家的子女以前經常在清明節結伴一起去掃墓。

天陵的母親於「文革」中被迫害致死，兄妹幾人將其母骨灰葬在了父親墓旁。現在，東山頭首先遭劫難。要遷墓，勢必毀棺。無奈，父母都是共產黨，共產黨叫他們搬，組織的命令焉能不服從？然而，公墓不再「公」了，共產黨不管了，一切費用由家屬自出，自找新墓地。天陵兄妹便分頭四處查找，在牛首山下尋得一個村落，名叫「何家大地」，與他們同姓，覺得比較合適。於是大家湊錢，花了兩萬元買了一塊不足兩平米的土地，準備遷墳。誰知還未來得及動遷，新墓地附近的農戶就找上門來索要墳錢，自稱是「墳親家」。就像分田到戶一樣，他們的生產隊將賣出的墓地統統「分墓到戶」，每戶按人口分得十至十五座墓不等，讓他們發死人財。墓主若不肯給錢，那些人就百般辱罵，言語污穢不堪入耳，甚至揚言要搗毀你家墓地，讓你的家人死無葬身之地。墓主若找到市政府遷墳辦公室評理，他們卻推脫此事不在他們的責任範圍內。真是無法可依，非法法也！人們只有忍氣吞聲，交錢給「墳親家」，動輒幾百上千元，買個清靜。至於那些下了崗經濟困難的人家，連自身生活都無保障，哪兒有錢去孝敬「墳親家」呢？他們只有愧對死去的親人，仰天長歎，任人處置了。

天陵兄妹為父母遷墳的那幾天，正值清明時節，「嘩嘩」的大雨下個不停。為了趕在政府規定的期限之內將墓遷走，他們只有加倍花錢，雇請工人挖棺掘墓。可是剛挖的小坑馬上就成了小水塘，無論眾人如何努力向外舀水，水塘還是水塘，就是不露底。天陵想，一定是父母不願搬家，故而老天垂憐，落雨阻擋。她不由得仰頭對著蒼天呼喊：「老天爺呀，幫幫我們吧！我們是按黨的要求辦事啊。」頓時，鹹鹹的淚水和著雨水流進了她張著的嘴裡，就像老天爺逼她吞咽一杯苦酒，那潺潺的雨聲，就像是父母的靈魂在哭泣。此時天陵最害怕的，就是一旦期限到了，墓還未遷走而被政府統一處理。只得再花錢調來一台抽水機，邊挖邊抽水。砸開水泥蓋板後，發現其父棺木已被白蟻侵蝕，只好拾骨裝入事先買好的骨灰盒中，與母親的骨灰盒連同兩個墓碑一起運往新墓地，深埋地下三米。掩埋好後，他們在地面插上木牌，寫上父母的名字。新墓地裡豎起的一排排這樣的木牌，倒也整齊肅穆。他們懸了個把月的心總算放了下來，默默地祈禱著，希望父母在新居裡得到安寧。

誰知，等待他們的卻是更沉重的打擊。一九九八年五月，我又收到天陵來信。她告訴我，這年清明，他們兄妹去新墓地探望父母，新墓地竟已無影無蹤！取而代之的是一條五十米寬的新修的公路，蜿蜒伸向遠方。真是晴天霹靂！政府在徵用這片土地修路前，沒有通知墓主，即將木牌全部拔去了！雖然天陵知道，父母的骨灰就埋在公路下面某個地方，但是卻永遠也無法找到確切的位置了！遷墳所花的錢都白扔了不說，精神上的打擊之大非言語所能夠表述。他們心頭那對父母的愧疚所帶來的巨大痛苦更是一言難盡！作為良民的他們，從來都是黨叫怎麼做就怎麼做。然而當卻從不顧及他們的感受，如此粗暴地踐踏他們的人權，他們感到深受傷害。

天陵還告訴我，由於我的父母葬在西山頭，與「皖南事變」中犧牲了的項英，袁國平和周子昆這三位新四軍巨頭的墓地毗鄰，沾了「三烈士墓」的光，不在動遷範圍之內，叫我放心。這個消息確實使我感到了一絲欣慰，只要我的父母能有安息之處，就好。

豈料好景不長，我的父母也慘遭厄運。一九九九年六月，我接到衛國弟弟的來信，說政府有令，「三烈士墓」周圍的墳墓都要在年底之前遷走，父母的墓亦在必遷之列。他原以為父母的墓挨著「三烈士墓」，安然無恙，所以不久前剛花了五千元大修了一下，用鋼筋水泥加固，修得非常結實。父母墓旁其他幾家的墓也都學衛國，全都大修過。時隔僅一年，父母以及其他為共和國現身的戰友們在公墓中已無一席之地了。我的父母都是革命烈士，「文革」之前，他們的墓都是公家出錢維修，「文革」之後便無人問津，現在還要被掃地出門，所有當的親人們都心情沉重。衛國與幾家需要遷墳的人在一起開了會，作出了這樣的決定：為避免今後再遭不測，還是把對逝去的親人的懷念永存心底，砸墓毀碑，骨灰撒江，不再修墓。

我接信後大驚失色，立即打國際長途給衛國，囑咐他遷墓時，墓可砸遺體可火化，但是無論如何也不要砸毀父母的墓碑，找個地方保存好，等我回去再一起從長計議。因為那兩塊墓碑是珍貴的歷史文物，市人民政府所立，使用自然界很少見的整塊的花崗岩做成，在公墓中絕無僅有，極具收藏價值。每塊墓碑高達一點二米，重達千斤，並由政府聘請第一流的書法雕刻家家，將父母的生平簡歷用篆書刻寫在碑的反面。衛國表示同意，我便以為萬無一失了。當時我在英國因出書的事務繁忙難以脫身，無法回國，便電匯三千元給衛國作為遷墳的費用。我們姐弟四人，安東已故無法盡孝，而經濟寬裕的大姐培根，竟對父母遷墳一事無動於衷，不僅不出一分錢，而且人也不到場，全靠衛國一個人單槍匹馬地四處張羅。衛國因此覺得十分寒心，認為她太沒有良心，從此不再搭理她。

一九九九年十一月上旬，我接到衛國來信，向我報告遷墳經過，還寄來了幾張墓被砸毀前拍攝的最後的照片。看著照片上那端莊大方的陵墓，想到它們已不復存在，我禁不住一陣心酸。衛國告訴我，他好幾次雇請了卡車開到墓地山下，司機一聽說是起墳，掉頭就走，預付的錢款根本不退。好不容易花大價錢雇請到了原意拉死屍的司機，才帶上四名工人和四位朋友一起去砸墓開棺。因為墓修得太結實了，幾名工人半天都砸不開一個口子。多虧其中一位身強體壯的安徽小夥子，他在讀了父母的碑文後，大受感動，隨即脫光上衣，掄起大鎬，硬是震裂了雙手的虎口，砸開了一個窟窿。其他人再一起努力，從上午忙到下午，費了九牛二虎之力，終於打開了父親的墓牆。

這時，呈現在大家面前的是一付嶄新的楠木棺材。打開棺蓋後，發現裡面還有一個內棺，內外棺之間放有上千個小包防腐劑。內棺打開後，奇蹟出現了。人們看到的不是一付骨架，而是一具保存的幾乎完好的遺體。四十三年過去了，竟然一點都沒有腐爛，就像剛剛放進去似的，開棺的工人還看見了父親的眼珠。只是一見風，眼珠便迅速凹陷下去了。父親去世時，衛國只有五歲，他對父親的記憶全憑照片。現在他終於看到爸爸了，與一九五六年七月他躺在靈床上拍攝的照片一摸一樣。內棺很乾燥，爸爸身上穿的西服和蓋著的紅緞被都是嶄新的，連棺材的油漆都是嶄新發亮。衛國和工人們小心翼翼地將爸爸的遺體從棺材裡抬出來放在地上，然後從頭到腳撫摸著父親，心中湧起無限的愛。我讀著信流淚了，邊讀邊譯給海瑞聽，他聽著也流淚了。衛國說，爸爸的肌體是軟軟的，體重也基本上保持了他逝世時的七十斤左右，沒有減輕多少。衛國想與父爸爸在一起多待一會兒，實在捨不得將他的遺體火化。可是工人們催促著他，他只好又令人打開了媽媽的棺材。由於媽媽死於爸爸五年之後的一九六一年，正值三年大饑荒的困難時期，一切材料質量都差，所以遺體已腐，與衣服黏在一起了，但衛國還是清楚地看見，媽媽的鼻樑上還架著一付眼鏡。

當父母的遺體運至火葬場時，整個火葬場轟動了，人人奔相走告，紛紛趕來觀看父親那埋葬了四十三年還保存完好的遺體。本來，父親的遺體可送去醫學院做科學研究，可是天色已晚，來不及聯繫，只好將遺體火化。火化過後，衛國又與工人們趕回墓地搬運兩塊墓碑，卻發現那床蓋在父親身上的紅緞被子不翼而飛，估計是被附近住戶拿走的，權當是對他們的生活補助吧，算了，還是抬墓碑要緊。誰知墓碑出人意料地沉重，八個男人都抬不動一塊。在他們筋疲力盡之時，衛國對著墓碑束手無策，又恐一旦離去會被人盜賣。想到共產黨如此無情無義，他心灰意冷。於是狠下心來，忍痛叫工人們用大鐵錘將父母的墓碑砸毀了。他說，那一錘又一錘，砸碎了墓碑，也砸碎了他的心，大滴大滴的淚珠順著臉頰滾落下來。雨花臺，這片浸透了烈士鮮血的土地，如今又浸透了烈士家屬們痛惜的淚水。當我讀到此處，得知我心中的無價之寶已毀，嚎啕大哭，痛心疾首，不能自己，就像第二次失去父母一樣悲傷。我萬分悔恨，為什麼不放下手中的一切飛回南京親自坐鎮指揮遷墳?只要我在，墓碑就一定在！可是再悔恨也晚了，縱然可以乾了眼淚也無濟於事了。天長地久有時盡，此恨綿綿無絕期！

在中國，任何時候老百姓的個人利益都必須無條件服從共產黨。不管你有無道理，共產黨的原則是「小道理必須服從大道理」。人民的喜怒哀樂算得了什麼，黨的需要才是最大的道理！而在西方，政府是人民的公僕，任何時候都不能輕易傷害民眾的感情。尤其是埋葬著先人們的公墓，在人們心目中極其神聖。沒有公眾的同意，政府是絕不敢輕舉妄動的。前幾年，英國政府曾因財政支出的限制，打算將安葬著馬克思陵墓的那座地處倫敦北郊的公墓管理權賣給一家資金雄厚的私人公司，由私人公司出錢修繕和保護公墓。本來這是出於好意，是為了獲得更多的錢力物力使公墓得到更好的照顧。可是英國人民就是不答應，人們不信任私人公司，唯恐他們會將公墓挪作他用，牟謀商業利益，從而破壞公墓，讓埋葬在那裡的死人的靈魂不得安寧。人們情緒激動地抗議政府放棄公墓管理權的責任，認為這是對全體英國人民的不尊重，英國政府只好收回公墓管理權。在英國人看來，公墓，顧名思義，就是公家管理的墓，理應由政府負責。政府若有任何推卸責任的舉動，人民是不允許的。而這才僅僅是出讓公墓的管理權，就已惹惱了人民大眾。倘若是像中國政府一樣，乾脆將公墓平毀，那英國人民一定要鬧翻了天的，首相非下臺不可。

在英國劍橋，我參觀了一個龐大的美軍墓地。當我看到那一排排整齊潔白的墓碑，靜靜地站立在鮮花草坪中，不禁百感交集。二戰中犧牲的盟軍戰士們，安寧地躺在政府為他們修建的幾號的墓塚中，得到安息。他們的墓地受到政府極其小心的呵護。不僅他們活著的親人能夠經常到此寄託哀思，而且年輕的一代也都能前來緬懷和憑弔前輩，激揚愛國熱情，奮發鬥志。而在中國，為共和國獻身的英雄們，我的父母和革命先輩們，就這樣淒慘地被中共無情地拋棄，不再過問。今後，我們連清明節為他們掃墓的機會也永遠地失去了！

英國每年都隆重紀念為保衛祖國和保衛世界和平而犧牲的將士們。一九九五年八月十五日，英國大規模地慶祝抗日戰爭勝利五十周年，幾百架戰機緩緩穿過藍天白雲，在空中排成一個巨大的５０，飛越倫敦，接受女王檢閱。幾千名白髮蒼蒼的二戰老兵們，身穿戎裝，佩戴勳章，昂首闊步地走過懷特豪爾大街。甚至幾百名受傷致殘的老兵們，也坐著輪椅參加了遊行慶典，女王向他們頻頻招手致意。這種場景令我深受感動。令我不解的是，最應該慶祝抗日戰爭勝利的中國，卻冷冷清清。除了南京舉行了一個規模很小的今年活動外，中國的其他城市幾乎沒有什麼動靜。在中國，倖存下來的抗戰老戰士們，如今都已退休。他們默默無聞，許多人生活貧困，晚年淒涼。他們被冷落和遺忘，他們的待遇使我心裡難過。比比他們，我因父母墓地的動遷而引起的悲憤逐漸平靜下來。中國政府對活著的功臣尚且如此無情無義，何況對死去的功臣呢？想想敬愛的周恩來總理吧，他也沒有陵墓，他的骨灰撒在了祖國的江河裡和土地上，我個人的哀傷又算什麼呢？

親愛的爸爸媽媽，願你們在烈火中永生！

高安華

二〇〇〇年十二月於英國

後記（二）　南京，我內心永遠的痛！

南京，你是我內心無法癒合的傷口，一個時時縈繞的痛苦的記憶。我是多麼愛你，但我怕想到你，怕見到你，怕別人談起你，你是我心中永遠的痛。

不知當那隆隆的推土機鏟掉你身上的第一塊城磚，挖走第一座公墓，卸下第一片舊瓦時，你是怎樣的泣血？這一切是為了什麼？怎麼敢這麼下手？父母先輩們的陵墓啊！在一夜之間被毀壞得乾乾淨淨。你現在僅存於子女後人思念的筆下，留在黑白相片那模糊的影中。我只能從斷續的夢中見到你那斑駁而親切的舊影，有的只是那份欲哭無淚又難以表達的無限眷念，纏繞於心的是暴風雨過後土地被太陽蒸發的回味。

南京，我生在你的懷抱中，長在你的臂彎裡，然而我看不到原來的你。我曾用手撫摸父母陵墓歷數歲月的印痕，我曾坐在古城牆下傾聽「江南豐收有稻米」的歌聲，我曾擁有一張藤榻鋪在院中的老槐樹下消暑，我曾在晴朗清澈的夜晚，坐在庭院裡欣賞中秋的圓月，看無數的星星閃爍，你卻在一瞬間被摧毀，被瓦解了，徹底得都不給我留下一個憑弔的遺跡。

我的童年被無情地剝奪了，我可愛的家園被無情地破壞了，我喪失了本應有的家庭文化遺產，可誰又能來撫平我心頭滴血的傷口！

南京，明太祖當年修建城牆時，曾經是怎樣的一片籌略在胸，把你規劃得是那麼細緻完整，東西南北整齊劃一，十三個城門均勻分佈，畫棟雕樑的朝天宮與百姓簡樸的院落交相輝映，夫子廟、朱雀橋、烏衣巷……恢宏壯觀的高大城牆方方正正地把你的瑰寶攬在懷中，城外亭台樓榭對應著湖光山色，十朝古都啊！

你是中國的一部見證史。你的城樓下曾走過英美聯軍，在你的土地上簽署了喪權辱國的第一個不平等條約——南京條約。為雪恥辱，你的身上曾插有太平天國的大旗；為求解放，你的軀體更留有百萬雄師的腳印。難忘江東門被日軍屠殺的三十萬同胞的皚皚白骨，更難忘雨花臺被無數英烈的鮮血染紅的山崗。你沒有毀於戰火，也不曾死於槍彈，卻在「愛國」的名義下，活活被你生你養的炎黃子孫肢解了！雞鳴寺的佛祖金像早在「文革」中灰飛煙滅，望江磯革命公墓如今又被夷為平地，皆是血淚無聲！

有著兩千五百年歷史的我的南京啊，我不明白為什麼你會有如此劫數，也不知道你前世造了什麼孽使得你今生這樣災難深重。中華門周圍的城牆被毀只是厄運的序曲，你還在一步步被宰殺，古跡在坍塌，樹木被砍伐，在洶湧的汽車洪流中，在一幢幢崛起的摩天大廈中，我看見你在黑煙中哀哀欲絕。

南京，我去過別國的帝都，也見過他鄉的古城，我看到巴黎從未改變雕欄的樣式，也看到英國處處被圈圍的古城堡的斷壁殘垣。從凡爾賽宮到古羅馬的角鬥場，別人都是千方百計地保護、修繕、呵護自己老祖宗的文化，可是南京，還有北京，全世界都沒有像你們這樣被如此虐殺的第二例。你們知道嗎？你們已經被評為世界上被破壞得最厲害的古都！西方人從四面八方來到這裡，不是看現代的鋼筋水泥，不是看被污染的灰濛濛的天空，而是來看東方的皇城，來看中國幾千年輝煌燦爛的文化遺產。

南京，我明白我絕無目睹你端莊原容的一日，你美麗的遺容只永遠留在了我的心中。蒼天在上，如來有眼，希望中國人能夠猛醒。須知，文化破壞不能再繼續，須知，黃鶴樓倒了還能重建，海公祠淹了還能重修，而整個城池被毀，就只能永遠是遺址！

南京，我內心永遠的痛！

高安華

二○○一年十二月寫於英國，為父母的陵墓被毀而泣作

血歷史04　PC0164

新銳文創　天邊
INDEPEDENT & UNIQUE

作　　者	高安華
主　　編	蔡登山
責任編輯	蔡曉雯
圖文排版	蔡瑋中
封面設計	陳佩蓉

出版策劃	新銳文創
製作發行	秀威資訊科技股份有限公司 114 台北市內湖區瑞光路76巷65號1樓 電話：+886-2-2796-3638　傳真：+886-2-2796-1377 服務信箱：service@showwe.com.tw http://www.showwe.com.tw
郵政劃撥	19563868　戶名：秀威資訊科技股份有限公司
展售門市	國家書店【松江門市】 104 台北市中山區松江路209號1樓 電話：+886-2-2518-0207　傳真：+886-2-2518-0778
網路訂購	秀威網路書店：http://www.bodbooks.com.tw 國家網路書店：http://www.govbooks.com.tw
法律顧問	毛國樑　律師
圖書經銷	貿騰發賣股份有限公司 235 新北市中和區中正路880號14樓 電話：+886-2-8227-5988　傳真：+886-2-8227-5989

出版日期	2011年9月　初版
定　　價	300元

Printed in Taiwan

國家圖書館出版品預行編目

天邊 / 高安華著. -- 初版. -- 臺北市：新銳文創,
2011.09
面；　公分. --（血歷史 ; PC0164）
ISBN　978-986-6094-13-2（平裝）
1.高安華　2.傳記

782.887　　100010183

讀者回函卡

感謝您購買本書，為提升服務品質，請填妥以下資料，將讀者回函卡直接寄回或傳真本公司，收到您的寶貴意見後，我們會收藏記錄及檢討，謝謝！

如您需要了解本公司最新出版書目、購書優惠或企劃活動，歡迎您上網查詢或下載相關資料：http:// www.showwe.com.tw

您購買的書名：________________________________

出生日期：________年________月________日

學歷：□高中（含）以下　□大專　□研究所（含）以上

職業：□製造業　□金融業　□資訊業　□軍警　□傳播業　□自由業

□服務業　□公務員　□教職　□學生　□家管　□其它____

購書地點：□網路書店　□實體書店　□書展　□郵購　□贈閱　□其他

您從何得知本書的消息？

□網路書店　□實體書店　□網路搜尋　□電子報　□書訊　□雜誌

□傳播媒體　□親友推薦　□網站推薦　□部落格　□其他________

您對本書的評價：（請填代號　1.非常滿意　2.滿意　3.尚可　4.再改進）

封面設計____　版面編排____　內容____　文／譯筆____　價格____

讀完書後您覺得：

□很有收穫　□有收穫　□收穫不多　□沒收穫

對我們的建議：________________________________

____

____

____

請貼
郵票

11466
台北市內湖區瑞光路 76 巷 65 號 1 樓
秀威資訊科技股份有限公司 收
BOD 數位出版事業部

....

（請沿線對折寄回，謝謝！）

姓　　名：________________　年齡：________　性別：□女　□男

郵遞區號：□□□□□

地　　址：____

聯絡電話：(日)____________________(夜)____________________

E-mail：____